不確実性を乗り越える
7ステップアプローチ

完全無欠の問題解決

BULLETPROOF PROBLEM SOLVING
The One Skill That Changes Everything

Charles Conn, Robert McLean
チャールズ・コン｜ロバート・マクリーン［著］
吉良直人［訳］

ダイヤモンド社

Bulletproof Problem Solving

by

Charles Conn and Robert McLean

This translation published under license with the original publisher John Wiley & Sons, Inc.
through Japan UNI Agency, Inc., Tokyo

序文

「完全無欠《ブレットプルーフ》」。マッキンゼーでは、問題解決者としての評判にどこから攻撃を受けても守れる防弾処理を行ったという意味で「完全無欠の」という表現を超える褒め言葉はない。現代のコンサルティング会社を機能させるには、多くのスキルと多様な種類の知性が必要だが、基礎となる能力は常に創造的な問題解決力である。

近年、経済的および技術変化のペースが加速するにつれ、優れた問題解決の重要性は増大し、それに伴って対処しなければならない問題の範囲や複雑さも増している。今日私たちは、消費者向け新製品のデジタルマーケティング戦略を開発するために雇われるのと同じように、ある国の公衆衛生システムが次のエボラ出血熱発生に備える支援のために雇われる可能性がある。より多くのデータが利用可能になるにつれて、思考の質の基準も高まっている。だからこそ、完全無欠の問題解決者が必要とされている。

産業界であれ、非営利団体であれ、政府機関であれ、新しい組織構造や運用ルールがこれからどうなるかを予測し、計画することは不可能である。また、従来のドメイン指向のトレーニングアプローチを単に推進し、適応させるだけでは十分ではない。このレベルの変化をうまく乗り越える唯一の方法は、流動的で創造的な問題解決者になることである。**世界経済フォーラムが21世紀に最も求められるスキルに「複雑な問題解決スキル」を挙げた**のは、このためである。あらゆる組織が、人材採用にこの能力を何よりも求めている。

学校や大学で規律ある包括的な問題解決アプローチが教えられていないことは、驚くべきことだろう。多くのビジネススクールでさえ、ほとんどのカリキュラムに存在しない。根本原因分析や、現在流行しているアジャイルチームやデザイン思考などの要素を見ることはできるが、十分ではない。**本書は、私たちがマッキンゼーで長年実践してきた実績のある方法論をアレンジし、これまでなかった問題解決の体系的なプロセスを紹介するもの**である。

あらゆる問題に使える完全無欠の問題解決メソッド

本書の著者であるチャールズとロブが示している7ステップの方法は、明白でわかりやすいものだ。専門的なスキルや派手な数学の才能は必要ない。本書は、この洗練された分析技術がどのような場合に価値を発揮するのか、そしてなぜそうした技術が一般に思われているよりも身近なのかを示している。この方法は反復的で柔軟性があり、素早く適用して大まかな回答を得たり、じっくり適用して微妙なニュアンスを含むよう微調整した回答を得たりすることができる。また本書は、近年明らかになった意思決定における人間のバイアスに抗う方法を示している。**個人的な人生の決断から、ビジネスや非営利団体の問題、社会が直面している最大の政策課題まで、ほぼすべての種類の問題に有効**である。

長年ランナーである私は、膝の手術を受けるかどうかについてのロブの分析に特に惹かれた。また、漁業や教育資金などに関する複雑な政策決定に対して、有権者が対応を検討するのに役立つわかりやすい分析にも感銘を受けた。当然、事業戦略や収益性向上などの分析も楽しく読んだ。社会・環境問題には本当に手に負えないものがあるが、**この方法論は、気候変動や肥満対策など、最も厄介な問題の解決にも光を当てることができる。**

この種の本を書くのに、この2人の著者以上にふさわしい人はいないだろう。チャールズは、私たちがトロント事務所の若手コンサルタントだったときに、マッキンゼーの問題解決に関する社内資料として「完全無欠の問題解決への7つの簡単なステップ」を起草した。**この資料は、世界中のマッキンゼー事務所から最も閲覧要求の多かった専門能力開発文書の1つ**となった。また、私はロブとは35年以上の付き合いで、初めて彼に会ったのは、オーストラリア最大企業のCEOの時間をいかに活用するかというプロジェクトを一緒に取り組んだのが始まりだった。チャールズとロブはマッキンゼーにいる間、他の同僚と協力し合い、現在も使われている「成長戦略のための地平線までのアプローチ」を開発した。彼らが会社を辞めた後でも、起業家として、そして非営利セクターの変革者として、問題解決メソッドを実践し続けているのを見るのは楽しかった。近年では、チャールズがローズ財団の戦略開発と変革にこの独特の考え方を導入するのを、私は間近で見た。

問題解決力は21世紀のコアスキルである。誰もが知るべき、誰もが実施できる正しい問題解決ガイドがようやく完成した。

マッキンゼー・アンド・カンパニー　元マネージング・ディレクター
ドミニク・バートン

はじめに──大学生から経営者まで使える「完全無欠《ブレットプルーフ》の問題解決」ガイド

ビジネスや社会にとって、優れた問題解決力がかつてないほど重要になっている。人類が直面する問題は、より大きく、より複雑で、より速く変化している。技術やビジネスモデルの変革が加速するにつれて、これまでのキャリア形成のためのトレーニングアプローチは時代遅れのものとなっている。問題を定義し、創造的に管理可能な要素に分解し、解決に向けて体系的に取り組む方法を学ぶことは、21世紀に働く人に欠かせないコアスキルとなっている。もはや、変化に追いついていく唯一の方法と言えよう。しかし、学校、大学、企業、組織内でどのように問題解決メソッドを教えればよいのか、打開案が不足している。私たちには、新しいアプローチが必要なのだ。

問題解決の定義から始めよう。

問題解決とは、**複雑さと不確実性が高く**、明確な解決策が得られない場合、また良い答えを得るための努力に見合うだけの**結果が得られる**場合の意思決定のことである。

問題解決がまずかったことで、企業、地域社会、人々の健康や環境に大きな損害がもたらされることは、誰もがよく知っている。本書は、企業の戦略立案者から非営利団体の職員まで、より優れた問題解決者になりたいと思うすべての人に教えることができる、長年の経験に基づく体系的なアプローチを紹介している。この強力なフレームワーク「完全無欠《ブレットプルーフ》の問題解決メソッド」は、世界的なコンサルティング企業、マッキンゼー&カンパニーで著者らが学び、発展させてきたものである。この7ステップからなるプロセスは、これまでマッキンゼー社外には広く伝えられてこなかった。この手法は、個人、チーム、企業経営者、政府の政策立案者、社会起業家など、複雑で不確実な問題に取り組んでいる人なら誰もが使うことができる。**この問題解決への体系的なアプローチを使うことで、素晴らしい職に就き、仕事がより効率的になり、市民としての役割がさらに充実し、さらには私生活がより良いものになるだろう。**こうした言葉は大げさだと思えるかもしれないが、私たちにはうまくいくことがわかっている。

「複雑な問題解決」は、現代で最も求められるスキル

ビジネスや社会における古い秩序が大規模に破壊されたことで、独創的な問題解決に焦点を当てた新時代がもたらされた。インターネット、機械学習、バイオテクノロジーなどの革新的な技術から新しいビジネスモデルが急速に出現し、各分野で現状を脅かしつつある。ビジネスや社会・環境問題への対応にも新しいルールが生まれている。成功するには、これまでにないほど複雑な問題解決スキルが必要なのだ。もしあなたが破滅的な競争に直面している製品担当マネジャーであれば、競争に打ち勝つための経営資源を活用する権限を用意しなければならない。しかしその経営資源を得るには、勝つためのゲームプランと経営資源の計画について仮説を立て、重要な命題を裏付ける分析を提示することで、説得力のある議論をしなければならない。もしあ

図表0-1 ▎経営スキルの変化

時代	戦略	実行	複雑な問題解決
期間	70～80年代	90年代～2015年	2015年以降
課題	どこでどのように競争するか	物事を成し遂げる	アジャイルで創造的な問題解決

なたが、世代間の不利益に直面している地域社会を扱う非営利団体のリーダーであり、組織の運営委員会からの支援を望む場合、問題と介入と結果を結び付ける変化の理論を明瞭に述べなくてはならない。

この新しい世界に立ち向かうために、賢く、敏捷になることを求めた組織は、問題解決型の組織という様相を呈するようになる。すなわち、正しい問題に立ち向かい、根本原因に取り組み、短期間の作業計画でチームをまとめ、責任とスケジュールを割り当てて、説明責任を果たすことを目指すようになる。私たちのコンサルタントとしてのキャリアを振り返ると、組織がどのような能力を望み、どこに焦点を当てているかということが、時代ごとに変化するのを目の当たりにしてきた。すなわち、それは戦略から実行、そして複雑な問題解決への進化である（**図表0－1**）。

70年代から80年代は、戦略策定への興味が高いのが特徴だった。それが90年代以降、物事を成し遂げることに深く注意を払い、実行することに焦点を当てる時

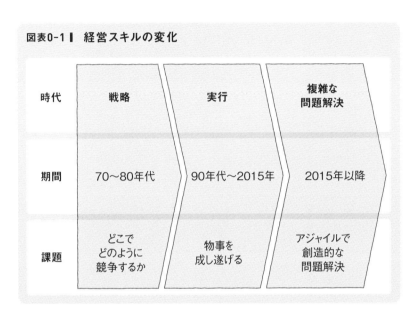

代に移った。このことは、ラム・チャランとラリー・ボシディ、チャールズ・バーク共著の『経営は「実行」』などの当時出版された複数の書籍によって例証される。[*1] しかし、わき目もふらずに実行に焦点を合わせることには、ある前提が存在している。それは、戦略の方向性が正しく、業界外から頻繁に仕掛けられる新たな競争に適応できることだ。そして、これはもはや前提とは言えなくなっている。

問題解決型の組織の時代という新しい潮流が定着するにつれて、どのようにして複雑な問題解決と批判的思考の力をチームで研ぎ澄ましていくのか、一層高い関心が集まってくるだろうと私たちは予想している。これらの能力は、書籍『人工知能時代に生き残る会社は、ここが違う!』の著者ら[*2]が「精神的筋肉」と呼んでいるものだ。一方、急速に変化しているシステムに対応するために、機械学習や人工知能の重要性が増加している。消費者行動、病気の診断、信用リスク、その他の複雑な現象のパターンを予測するために、問題解決に機械学習の発展がますます活用されるようになるだろう。これを「機械筋肉」と呼ぶ。

21世紀の難題に立ち向かうには、精神的筋肉と機械筋肉がともに働く必要がある。機械学習は、人間の問題解決者を計算処理という苦役から解放し、外部からの難題に素早く組織的に反応するために必要なパターン認識能力を拡張してくれる。この協調作業がうまく機能するためには、21世紀の組織には、迅速に動き、新しい能力を素早く身につけ、新たに出現する問題に自信を持って取り組む人材が必要である。**世界経済フォーラムが出版した『仕事の未来』[*3]では、2020年に必要なスキルベスト10の第1位に「複雑な問題解決」を掲げている**（図表0-2）。

雇用の成長分野の焦点が、ルーティーンでマニュアル的な作業ではなく、非ルーティーンで認知的な作業に当たっていることが非常に明確になっている。非ルーティーンの作業と認知能力が交差する領域が、複雑

図表0-2｜現代で求められるスキルベスト10

1. 複雑な問題解決
2. 批判的思考
3. 創造性
4. 人材管理
5. 他の人との調整
6. 感情指数（EQ）
7. 判断力と意思決定
8. サービス指向
9. 交渉力
10. 認知の柔軟性

な問題解決の中心地なのだ。最近の『マッキンゼークォータリー』の記事の著者らは「深い専門性、高い独立性に基づく判断力、優れた問題解決力を持つ従業員を必要とする職種がますます増えている」[*4]と述べている。すでに多くの組織が分析力と問題解決力に最上の価値を置き、採用の必須要件としている。ニューヨーク・タイムズ紙のコラムニスト、デイヴィッド・ブルックスは、「カフェテリアで働いていようが工場の製品検査ラインで働いていようが関係なく、企業は、問題を見抜き、対応策を考えて実施する者しか採用しない」[*5]と語っている。

問題解決力を開発するフレームワークはまだ十分ではない

創造的な問題解決力が21世紀の最重要スキルであるならば、学校や大学は学生のこうしたスキルを伸ばすために何をしているのか？　現状の取り組みでは、とても十分とは言えない。教育機関は問題解決のベストプラクティスを体系化して広めているが、この取り組みはいまだ黎明期である。経済協力開発機構（ＯＥＣＤ）事務総長の特別顧問であり、教育・技能担当ディレクターであるアンドレアス・シュライヒャーは、学生の問題解決力開発の必要性についてこう説明している。「簡単に言ってしまえば、今の世の中は、グーグルがすべてを知っているから、単にモノを知っているだけでは報われなくなりました。そうではなく、**自分が知っていることを使って何ができるのかが重要**なのです。**このスキルの中心に問題解決能力があります。**問題解決能力とは、解決の方法がすぐにはわからない問題の状況を理解し、解決に結びつけるために、認知的な処理を行う個人の能力のことです[*6]」

ＯＥＣＤによる学習到達度調査（ＰＩＳＡ）では、２０１２年に個人の「問題解決能力」のテストが始まり、２０１５年に「協同問題解決能力」のテストが加えられた。興味深いことに、学生を優れた問題解決者に育てるためには、単に読解力、数学的リテラシー、科学的リテラシーをしっかり教えるだけでなく、それ以外のスキルも必要であることが初期の調査結果から得られた。つまり、**創造性、論理的思考力、推論といったスキルが不可欠な貢献要素**なのである。これが本書の主題だ。

大学は、卒業生が職場で求められている問題解決スキルを身につけていると証明しなければならない。大学卒業後に批判的思考力が向上しているかどうかを評価する方法の1つに、非営利団体の教育支援委員会（ＣＡＥ）が開発した「ＣＬＡプラス」がある。ウォールストリート・ジャーナル紙は２０１７年に、このテストに参加した２００校の大学のうち、「ＣＬＡプラスを受験した大学の大半が、批判的思考力テストで測定可能な進歩を遂げた」と報道した。しかし、一部の有名大学では、新入生の平均点と上級生の平均点の間にたいした差がなかった[*7]。大学が学生の批判的思考力や問題解決スキルを開発するのに効果的なアプローチは多岐にわたる。それは、ベオウルフのような古典的な詩の分析から、論理構成の教育、問題解決スキルの実証が欠かせない実践的なグループ・プロジェクトの設立などだ。この新聞記事や大学でのプログラムから読み取れるのは、学生の問題解決への興味が高まっていること、学位プログラムの過程で問題解決スキルが強化されると期待されていることだ。しかし、問題解決に関する共通のフレームワークやプロセスは、まだ現れていない。

問題解決で決定的に重要な7つの問い

本書の心臓部にあたるのが、創造的な問題解決、すなわち7ステップからなるフレームワーク、「完全無欠《ブレットプルーフ》の問題解決」であり、以下の決定的に重要な問いから始まる（**図表0－3**）。

「完全無欠の問題解決」の7ステップによる問い

ステップ1　意思決定者のニーズを満たすために、どのように問題を的確に定義するか？
ステップ2　どのように問題をばらばらに分解し、検討すべき仮説を立てるか？
ステップ3　やるべきこと、やるべきでないことの優先順位をどのようにつけるか？
ステップ4　どのように作業計画を策定し、分析作業を割り当てるか？
ステップ5　認知バイアスを避けながら、どのように問題を解決するための事実収集と分析を決めるか？
ステップ6　洞察を引き出すために、どのように調査結果を統合するか？

図表0-3｜「完全無欠の問題解決」7ステップ

ステップ7　どのように説得力のある形で伝えるか？

本書を読めば、具体例を通して7つのステップを理解し、習得することができる。また、このプロセスを円滑にするさまざまな分析ツールも紹介する。それは、巧妙なヒューリスティックス、分析のショートカット、概算の方法や、ゲーム理論、回帰分析、機械学習などといった高度なツールだ。また、問題解決プロセスの一環として、一般的な認知バイアスにどのように対処できるかも示す。

最後の2つの章では、不確実性が高く、相互依存性やシステム効果が大きい場合に、どのように問題を解決すべきかを明示的に示している。私たちは、肥満や環境破壊など、いわゆる「厄介な問題」と呼ばれる社会問題にも取り組めると考えている。これらは複数の原因があり、外部性に影響を受け、人の行動変容を必要とし、解決策が思いがけない結果をもたらすかもしれない、手強い問題である。これらの章は、高度な問題解決に対処する人に向けたものだが、ビジネスや社会が取り組むべき主要な問題に関心がある人ならどなたにも魅力的な読み物になると思う。

問題解決に失敗すると、ときに人命を失う

優れた問題解決は人命を救助し、企業や非営利団体、政府の命運を左右する可能性がある。一方、問題解決における失敗は、スペースシャトルのチャレンジャー号の事故のように、しばしば高くつき、ときには大きな災害をもたらすこともある。

コラム　チャレンジャー号事故は、分析の悲劇的な誤りだった

1986年1月28日、スペースシャトルのチャレンジャー号は、フロリダ州ケープ・カナベラル上空にて、10回目のミッションで離陸73秒後に機体が爆発した。地上で見守っていた宇宙飛行士の家族たち、NASAの航空宇宙エンジニア、宇宙センターの作業員、アメリカの宇宙開発プログラムにとって、この結果は悲劇的で壊滅的なものだった。

チャレンジャー号が爆発したのは、機体のOリングが機能しなかったからだった。Oリングとは、小さなゴムのリングで、熱いガスが漏れるのを防ぐための部品である。この結論は、ロジャース委員会と

理論物理学者リチャード・ファインマン氏の研究結果によってもたらされた。

チャレンジャー号事件は何年もの間ずっと調査されてきたが、本書でも取り扱う。その理由は、たいていの人が受け入れているように、ただのOリングの失敗だったからではない。これは問題解決の失敗であり、この側面がほとんど理解されていないからである。

Oリングの機能不全は、大自然の力によりもたらされた。ロケット発射日のフロリダの気温は異常に低く、それまでの発射日の最低気温であった摂氏11・6度よりもずっと低い氷点下0・5度だった。この劇的に低い気温のせいで、ゴム製のOリングが弾性を失い、広がらなかったのである。

この失敗は、Oリングの機能不全と発射時の気温を結び付ける分析が不完全で間違っていたために起きた。発射成功時と発射失敗時の全データが調査されて初めて、低温時の発射に伴うリスクが明確となった。NASAは、発射失敗のリスクを10万回に1回と想定していたが、ファインマンは100回に1回に近いと主張した。さらに最近のベイズ統計学者による再分析の結果によると、チャレンジャー号発射時の気温では、発射失敗はほぼ確実としている。チャレンジャー号のケースについては、第6章でさらに詳細を論じることにしよう。

問題解決でよくある7つの失敗

問題解決にどうアプローチしているかを尋ねると、必ずと言っていいほど、自分が得意としているステップを1つ挙げる人がいる。ある人は、問題解決のアプローチはSMART（「具体的《Specific》、測定可能《Measurable》、実用的《Actionable》、関連性《Relevant》がある、時間枠《Time frame》」の頭文字）であると自信を持って答え、ある人は帰納的論理と演繹的論理を引用して知識を示し、ある人はチームのプロセスに説明責任をもたらす作業計画を挙げる。多くの人は事実収集と分析の能力を挙げ、少数の人はピラミッド原則を利用してメッセージが1つにまとまった説得力のある文書を書く方法に言及する。ところが、こうしたことをすべてやる人はほとんどいないし、問題を分解し、認知バイアスに対処する方法を組み合わせて行っている人もまずいない。**優れた問題解決のためには、すべてのステップを連動して行わなければならない。**これこそが、7ステップのプロセスが持つ強力な特徴なのである。

学校、大学、企業、非営利団体において問題解決への関心が高まっているにもかかわらず、優れた問題解決とは何かについて混乱が見られることがある。多くの人が陥る落とし穴と、よくある失敗を以下にご紹介しよう。

失敗1　問題定義文があいまいなまま分析に入る

多くの問題定義文には、具体性が足りず、意思決定者の基準や制約の明確さが欠け、問題が解決された場合に起こるアクションの指示がなく、問題解決のための時間枠や要求される精度の水準が書かれていない。**あいまいな問題定義文に沿ったまま分析プロセスに入ると、長時間労働とクライアントの不満が募ることは明らかである。**

失敗2　過去の経験のみに基づいて解決策を断言する

その解決策が目下の問題に適しているかどうかを検証しないまま、経験や類似の問題（「これは前にも見たぞ」という発言）に基づいて答えを断言する人が多い。このような答えは、可用性バイアス（手元の事実にのみ基づいている）、アンカリングバイアス（すでに見たことのある数値範囲を選ぶ）、確証バイアス（自分の先入観に合致するデータだけを見る）などに悪影響を受けている。

失敗3　問題を細かく分解しない

私たちは、**構成要素に分解することなく解決できる問題を、ほとんど見たことがない。**オーストラリアのシドニーでの喘息の症例を調査しているあるチームは、罹患率と重症度に沿って問題を分解して初めて、この問題に対する重要な洞察を得ることができた。シドニー西部の喘息の罹患数は、シドニー北部と比べて10%しか高くなかったが、死亡率と入院率は54～65%も高かった。チームは、喘息と社会経済的地位や樹木被覆率の関係性を示す研究のことをよく知っていた。実際に調査をしてみると、シドニー西部では社会経済的地位が著しく低く、樹木被覆率はシドニー北部の約半分しかなく、1日あたりの粒子状物質（PM2・5）の最大値は50%も高いことがわかった。チームは、問題を分解する適切な分岐点を見つけることで、問題の核心に焦点を絞ることができた。その結果、PM2・5を吸収するために植樹をするといった自然な解決策で、呼吸器系器官の健康に取り組むという革新的なアプローチを提案することになった。

失敗4　チームの構造や規範を軽視している

マッキンゼーやその他の組織での経験上、チームによる問題解決において、以下の項目の重要性が浮き彫りになっている。つまり、グループ内に多様な経験や多様な意見を持つ人がいること、新しい意見やアイデアに対して開かれていること、競争的にも協力的にもなれるグループ内の力学、バイアスによる影響を減らすトレーニングやチームプロセスの重要性などである。このことは、予測に関する最近の研究でも強調されている。[*8]

経営者は、意思決定バイアスを減らすことを業績改善のための第一目標に挙げている。[*9] たとえば、共著者のロブが担当していたある食品会社は、赤字事業から撤退しようとしていた。累積損失が1億2500万ドルに達した時点で撤退の申し出に応じれば、損失を止めることが可能だった。しかし彼らは、簿価（元のコスト）を回収できる提案しか受けようとしない。この損失回避（サンクコストバイアスの一種）が原因で、数年後、最終的に5億ドル以上の損失を出して撤退することになった。**似たような経歴を持ち、伝統的なヒエラルキーに属している経営者たちの集団思考**［訳注：能力の高い個人でも集団になると非合理的な意思決定を下してしまう現象］**が、正しい選択肢を明確に見極めることを困難にしている。**これは、ビジネスではよくあることなのだ。

失敗5　分析ツールが不完全

単純な計算で解決が可能な問題もある。しかし、時間をかけ、洗練された技術を使わなければならない問題もある。たとえば、どんなに回帰分析を行っても、変数をコントロールして妥当な反事実を検証できるようにデザインされた実世界での実験には敵わない。また、チームが適切な分析ツールを持っていないために失敗することもある。よく見るのは、将来のキャッシュフローの現在価値ではなく、過去の収益率で試算したために、資産に対する入札が過剰に高くなることである。同様に、開発オプションや放棄オプションといった金融オプションのような概念が明示的に評価されていない資産の場合、入札額が低くなることがある。オーストラリアの資源企業BHPがこの問題にどのように取り組んだかは、第8章にまとめてある。

失敗6　分析結果と、行動を促すストーリーとを結びつけない

分析指向のチームは、分析が終わってしまうと「これで終わり」にしてしまうことがよくあり、複雑な分析結果をどのように統合して多様な聞き手に伝えるかについて考えない。たとえば、生態学者は、自然や都市緑地が人間の幸福を促進するという側面を指摘してきた。しかし、生態系サービス［訳注：生態系の中で人類の利益になる機能のこと］という専門用語を前にすると、このメッセージはしばしば見落とされてしまう。たとえば、蜂が受粉で果たす重要な役割、樹木がＰＭ２・５の吸収に果たす役割、集水域が飲料水の供給に果たす役割などだ。大気汚染の場合なら、喘息や心臓血管疾患といった人間の呼吸器系の健康改善に結びつけられると、話はさらに説得力を増す。[*10] この場合、輪を完成させるように、人間の健康という「フック」に引っ掛けた説得力のあるストーリーを描く方法を見つけると、聞き手を魅了し、行動を起こさせるうえで、大きな違いが生まれる。

失敗7　問題解決のプロセスを反復しない

問題が一度で解決されることはほとんどない。本書で議論している問題は、仮説、分析、結論の間を行ったり来たりして、その都度理解が深まるような雑多なものが多い。問題の理解度が深まるにつれて、イシューツリーを二度三度繰り返しても構わないし、そうする価値がある実例を示したいと思う。

大学生から経営者まで使える問題解決の事典

本書はハウツー本である。非常に視覚的なロジックツリーのアプローチを使い、90枚の図表を用いながら、30の実例をお見せしようと思う（**図表0－4**）。これらの実例は私たちの経験から導き出されたもので、オックスフォード大学大学院のローズ奨学生チームとの夏の集中的な研究によって磨かれたものである。扱った問題は多種多様で、サンフランシスコ湾岸地域の看護師の供給、オーストラリアにある鉱山会社の設備投資における意思決定、インドにおけるＨＩＶ感染拡大抑制、ロンドンにおける大気汚染問題と公衆衛生、ホームセンター業界の競争のダイナミクス、さらには気候変動に対する取り組みまでが含まれている。ケースに示された洞察には、斬新なものもあれば、直観に反するものもある。ケースの背後にある実例には、何十億ドルもの価値を生み出し、何十万人もの人命を救い、サーモンのような絶滅危惧種の未来を改善したものもある。

もしあなたがより優れた問題解決者になりたいとお考えなら、わずかな構造化と計算の能力で問題解決ができる方法をお教えしよう。人は、職業の選択、住む場所、貯蓄計画、待機手術［訳注：患者の状態が最良

図表0-4 ケーススタディ・リスト

個人の問題

- 自宅の屋根にソーラーパネルを設置すべきか？
- どこに引っ越すべきか？
- 幼稚園から高校までの学校教育税負担を支援すべきか？
- 現代にはそぐわない歴史的偉人の価値観
- 膝関節鏡手術を今すぐすべきか？
- ロンドンの大気の質
- テニスのサーブの狙い
- 将来のキャリアをどのように選ぶべきか？
- 老後のためにはどれだけ貯金すればいいか？

ビジネスの問題

- シドニー空港の規模は将来的に十分か？
- スタートアップ企業は販売価格を上げるべきか？
- 金物販売業界の首位争い
- サンフランシスコの看護師不足
- 心臓発作の患者の分類
- ウェブサイトのトップバナー
- 睡眠時無呼吸症候群発症の予測
- バスのルート最適化
- ドローンでのビーチのサメ発見
- クラウドソーシングによる意思決定
- 小さな研究機関でも、ITの巨人に訴訟を挑んでよいか？
- 聞き手に都合の悪い結論を伝える
- 鉱山を買うべきか？
- 新規事業を立ち上げる

社会の問題

- パシフィックサーモンの保護
- インドのアヴァハンHIVプログラム
- 気候変動の緩和
- 有権者が隠し持つ偏見
- チャレンジャー号事故
- 世界的な肥満の流行をどう解決するか？
- 共有地での資源乱獲を減らすには？

になるまで待つことができる手術」といった一生を左右するような意思決定を、十分に検討することなく下してしまう。本書では、このような例を用いて、自分の人生により良い結果をもたらすために、構造化されたプロセスがいかに重要であるかを説明している。

私たちは一市民として、今日の問題をより明確に理解し、その解決に貢献したいと望んでいる。ところが、「その問題はあまりにも複雑で政治的過ぎるから、私が意見を述べるのは無理だ」と言いたくなる誘惑が存在する。しかし、私たちはそのような考えを改めたいと思っている。地球上には、気候変動、肥満、感染症の蔓延防止、生物種の保護よりも大きな問題はほとんどない。こうした社会規模の問題にも、どのように取り組めばよいのか、その方法を示したいと思う。

分析を担う大学生や大学院生にとって、本書が重要な資料になることを願っている。より優れた問題解決者になるためのツールやアプローチが揃った包括的な事典として、何度でも読み返すことができるだろう。経営者や管理職の方々には、競合他社のパフォーマンスを評価し、どこでどのように競争するのかを決定し、不確実で複雑な状況下で戦略を策定する方法について説明している。

私たちの目的は単純だ。読者の皆さんが、生活のあらゆる面でより優れた問題解決者になれるようにすることである。効果的な問題解決者になるのに、大学院でトレーニングを受ける必要はない。必要なのは、本書のプロセスに沿ってフレームワークを試行錯誤するため、自分独自のケースを開発する覚悟である。ノーベル賞受賞者ハーバート・サイモンによる次の引用は、私たちが本書でやろうとしていることをよく表している。

「問題を解決するということは、単に問題を表現し、解決策を透明にすることを意味します[*11]」

完全無欠の問題解決［目次］

序文
あらゆる問題に使える完全無欠の問題解決メソッド 2

はじめに――大学生から経営者まで使える「完全無欠《ブレットプルーフ》の問題解決」ガイド 4
「複雑な問題解決」は、現代で最も求められるスキル 5
問題解決力を開発するフレームワークはまだ十分ではない 8
問題解決で決定的に重要な7つの問い 10
問題解決に失敗すると、ときに人命を失う 12
コラム｜チャレンジャー号事故は、分析の悲劇的な誤りだった 12
問題解決でよくある7つの失敗 13
失敗1 問題定義文があいまいなまま分析に入る 14
失敗2 過去の経験のみに基づいて解決策を断言する 15
失敗3 問題を細かく分解しない 15
失敗4 チームの構造や規範を軽視している 16
失敗5 分析ツールが不完全 16
失敗6 分析結果と、行動を促すストーリーとを結びつけない 17
失敗7 問題解決のプロセスを反復しない 18

大学生から経営者まで使える問題解決の事典 18

第1章 「完全無欠の問題解決」をマスターする

日本語もわからないのに、キヤノンの工場立地モデルを作れ? 34
上司に突然進捗を聞かれても「現時点での答え」を即答できる 36
すべての問題解決は「ロジックツリー」から始まる 39
5つのケースで「完全無欠《ブレットプルーフ》の問題解決」の全貌を伝えよう 40
ケース1 シドニー空港の規模は将来的に十分か? 41
ケース2 自宅の屋根にソーラーパネルを設置すべきか? 45
ケース3 どこに住むべきか? 50
ケース4 スタートアップ企業は販売価格を上げるべきか? 56
ケース5 幼稚園から高校までの学校教育税負担を支援すべきか? 61
第1章のまとめ 65
独学のための練習問題 66

第2章 問題を定義する

定義が不十分だと問題解決は失敗する 70
優れた問題定義文の6つの特徴 72
ケース パシフィックサーモンの保護 73
理解が深まるのに合わせ、問題定義文を進化させる 77

常に高いレベルで問題を定義せよ 80
適切な問題定義でHIV感染者が10年間で60万人も減少 82
問題定義文は「問いとの対話」で鋭くなる 84
「デザイン思考」は消費・製品領域で特に威力を発揮する 85
第2章のまとめ 88
独学のための練習問題 89

第3章 問題を分解し、優先順位を付ける

「ロジックツリー」でエレガントな解決策を見つける 92
問題解決の「梃子《レバー》」を見つけるには 93
最初のツリーで問題を素早く把握する 96
ロジックツリーから仮説を引き出せないときは 99
「演繹的ロジックツリー」で競合他社と収益構造を比較する 102
ケース ホームセンター業界の首位争い 103
ROICの比較でビジネスモデルの違いが浮き彫りになる 105
店舗あたり売上高で倍の差をつけられたヘチンガーの末路 108
ケース サンフランシスコの看護師不足 112
「帰納的ロジックツリー」で一般原則を導く 114
ケース 現代にはそぐわない歴史的偉人の価値観 115
「優先順位付け」によって少ない労力で速く問題解決する 118
「分割フレーム」で潜在的な解決策を映し出す 121

解決策を素早く見出す8つの分割フレーム 123
フレーム1 価格／数量 123
フレーム2 プリンシパル／エージェント 124
フレーム3 資産／オプション 124
フレーム4 協力／競争 125
フレーム5 規制／インセンティブ 126
フレーム6 平等／自由 126
フレーム7 緩和／適応 126
フレーム8 需要／供給 127
ケース 気候変動の緩和と費用曲線 127
個人の問題解決でも使える3つの分割フレーム 129
フレーム1 仕事／遊び 129
フレーム2 短期的／長期的 129
フレーム3 経済的／非経済的 130
「チームの力」で問題解決を創造的にする 132
第3章のまとめ 134
独学のための練習問題 135

第4章 作業計画を立てる

適切な作業計画がなければ時間と労力が無駄になる 138
「仮説のない分析」をしなければ多くの無駄は省かれる 140
マイクロソフトプロジェクトの落とし穴 145

「現時点での最良の答え」で思考を明快にする 147
「1日の答え」を構成する3パート 147
パート1 状況 148
パート2 複雑化 148
パート3 解決策 148
最高の問題解決チームが持っている3つの共通点 150
共通点1 状況によって階層構造が柔軟に変わる 151
共通点2 チームプロセスについて3つの規範を持っている 151
規範1 仮説主導的・最終成果物指向的 152
規範2 仮説とデータの間を頻繁に行き来する 152
規範3 画期的な考え方を求める 153
共通点3 バイアスや誤りを回避するための備えがある 153
問題解決において陥りがちな5つのバイアス 155
バイアス1 確証バイアス 155
バイアス2 アンカリングバイアス 157
バイアス3 損失回避 157
バイアス4 可用性バイアス 157
バイアス5 過度の楽観 157
バイアスを軽減するための7つのアプローチ 158
アプローチ1 チームメンバーの多様性を確保する 158
アプローチ2 常に複数のツリーや分割フレームを試す 158
アプローチ3 仮説には疑問符を追加する 159
アプローチ4 バイアスを排除するブレーンストーミングを行う 159

アプローチ5　下振れシナリオの明示的なモデリングと死亡前死因分析　162
アプローチ6　優れた分析手法　162
アプローチ7　データソースの拡大　162
「リーン」「アジャイル」「スクラム」と問題解決の関係　164
第4章のまとめ　167
独学のための練習問題　168

第5章 「経験則」で問題をざっと分析する

腰を据えて分析をする前に、大まかな方向性を把握する　170
分析の近道として機能する11のヒューリスティックス　171
ヒューリスティックス1　オッカムの剃刀　171
ヒューリスティックス2　「大きさの程度《オーダー・オブ・マグニチュード》」分析　173
ヒューリスティックス3　パレートの法則　174
ヒューリスティックス4　複利の成長率　174
ヒューリスティックス5　S字曲線　175
ヒューリスティックス6　期待値　177
ヒューリスティックス7　ベイジアン思考　178
ヒューリスティックス8　類推による推論　178
ヒューリスティックス9　損益分岐点　180
ヒューリスティックス10　限界分析　181
ヒューリスティックス11　結果の分布　182
問いを3つ立てるだけで、大まかな解決策にたどりつける　184

ケース　心臓発作の患者の分類　185
ケース　膝関節鏡手術を今すぐすべきか　186
コラム　ハイテク製造業の現場から生まれた「根本原因分析」　191
第5章のまとめ　194
独学のための練習問題　195

第6章「奥の手」で問題を深く分析する

分析には「奥の手」があり、専門家でなくとも使える　198
無料ソフトを駆使して「奥の手」を使う　199
「奥の手」は正しいタイミングでこそ輝く　200
正しく「奥の手」を選ぶための意思決定ツリー　201
「奥の手」を使った9つのケーススタディ　204
ケース1　データを視覚化する――ロンドンの大気の質　205
ケース2　回帰分析――肥満と相関する変数を見つける　207
肥満を82％説明する4つの変数とは　209
ケース3　ベイズ統計――なぜチャレンジャー号は爆発したか　210
ケース4　実験――ウェブサイトのトップバナー　214
「ABテスト」でオンラインの売上高が43％増えた　216
ケース5　自然実験――有権者が隠し持つ偏見を見つける　218
あたかも「実験」しているような状況を見つけて利用する　219
ケース6　シミュレーション――気候変動　223

ケース7　機械学習——睡眠時無呼吸症候群の発症を予測する　225
高コストの検査なしに病気の発症を予測できる　227
簡単なアルゴリズムでスクールバスのルートを最適化する　228
ドローンと機械学習でビーチのサメを発見する　229
ケース8　クラウドソーシング——音速の輸送システム　232
ケース9　ゲーム理論——テニスのサーブの狙いを決める　235
小さな研究機関でも、ITの巨人に訴訟を挑んでよいか？　236
ITの巨人に勝訴する戦略をゲーム理論で立てる　238
ゲーム理論上、最も返されにくいテニスサーブの狙いとは　240
サーブの狙いを意思決定ツリーで分析し直す　243
第6章のまとめ　246
独学のための練習問題　247

第7章　結果をまとめ、ストーリーで伝える

もう、プレゼンにびくびくしなくていい　250
発見は「ツリー」上にまとめると伝わる　251
「1日の答え」を「ピラミッド構造」に移行させる　255
説得力のあるストーリーは「ピラミッド構造」から作る　256
聞き手に都合の悪い結論を伝えるには　260
第7章のまとめ　263
独学のための練習問題　264

第8章 不確実性に対処する

期間が長く、複雑で、失敗が許されないケースの対処法 266
不確実性には5つのレベルがある 267
不確実性に対処するための6つの行動 270
行動1 情報の購入 270
行動2 ヘッジ 271
行動3 低コストの戦略オプション 271
行動4 保険の購入 272
行動5 悔いのない手段 272
行動6 大きな賭け 273
高い不確実性の下で戦略を立案する5つのケース 274
ケース1 将来のキャリアをどのように選ぶべきか 276
ケース2 老後のためにどれだけ貯金すればいいか 280
あなたはどれだけ長生きするのか 284
老後の「リスク許容度」で購入する金融商品が変わる 285
複利を考えれば、老後でもグロースファンドを買ってもいい 285
ケース3 鉱山を買うべきか 288
開発オプションを含むと全体の価値はどうなるか 289
「利得表」で不確実性のシナリオをまとめる 290
ケース4 新規事業を立ち上げる 294

「成長の階段」を建てるときの3つの考慮事項 297
考慮事項1 ストレッチ 297
考慮事項2 勢い 297
考慮事項3 柔軟性 298
「成長の階段」をドローン企業にあてはめる 299
ケース5 パシフィックサーモンの保護 303
「変化の理論」で全体をマッピングする 303
変化の段階を3つに分ける 305
変化の段階1 種蒔き 306
変化の段階2 栽培 306
変化の段階3 収穫 306
どの利害関係者も同意しなかったら、どうしたらいいか 308
第8章のまとめ 312
独学のための練習問題 312

第9章 「厄介な問題」を解決する

2つの「厄介な問題」に「完全無欠《ブレットプルーフ》の問題解決」を当てはめる 316
問題1 世界的な肥満の流行をどう解決するか 316
5年以内に過体重・肥満の20%を正常体重に戻せるか? 317
肥満の問題を分解する 318
「費用曲線」で74の介入策の費用対効果を分析する 319

「費用対効果の高さ」と「エビデンス」で人を動かす 321
肥満問題への5つの追加提案 322
提案1 肥満の政策変数として「所得」と「教育水準」を含める 322
提案2 個人の行動に対するインセンティブをさらに活用する 323
提案3 肥満を解消する鍵としてのソーシャルネットワーク 323
提案4 妊娠中・幼児期の体重増加を抑制する 324
提案5 都市の歩きやすさや能動的な乗り物を活用する 325
問題2 共有地での資源乱獲を減らす 326
米国西海岸の底魚を保護するには 327
従来の解決策はほとんど機能していない 327
再構築への新しいアプローチとは 329
モロベイイのケーススタディ 330
厄介すぎる4つの問題とその対応 333
問題1 介入の結果、問題の形が変わってしまう場合 334
問題2 問題に対する唯一の正しい答えがない場合 334
問題3 価値観が重要な役割を果たす場合 335
問題4 実際の問題が、より明白な他の問題の入れ子になっている場合 335
第9章のまとめ 336
独学のための練習問題 337

第10章 優れた問題解決者になる

優れた問題解決者になるための10のポイント 340
ポイント1 問題を理解するために時間をかける 341
ポイント2 問題定義文から始める 342
ポイント3 ツリーでいくつかの切り口を試す 342
ポイント4 可能なかぎりチームを使う 342
ポイント5 優れた作業計画に適切な投資をする 343
ポイント6 要約統計、ヒューリスティックス、経験則から分析を始める 343
ポイント7 「奥の手」を恐れず使う 344
ポイント8 分析と同程度、結果の統合とストーリーの説明にも力を入れる 344
ポイント9 7ステップのプロセスを反復し、ときには圧縮・拡張する 345
ポイント10 どんな問題も恐れない 345

補講 独学者のための問題解決ワークシート

著者について 352
謝辞 355
参考文献 365
索引 374

第1章

「完全無欠の問題解決」をマスターする

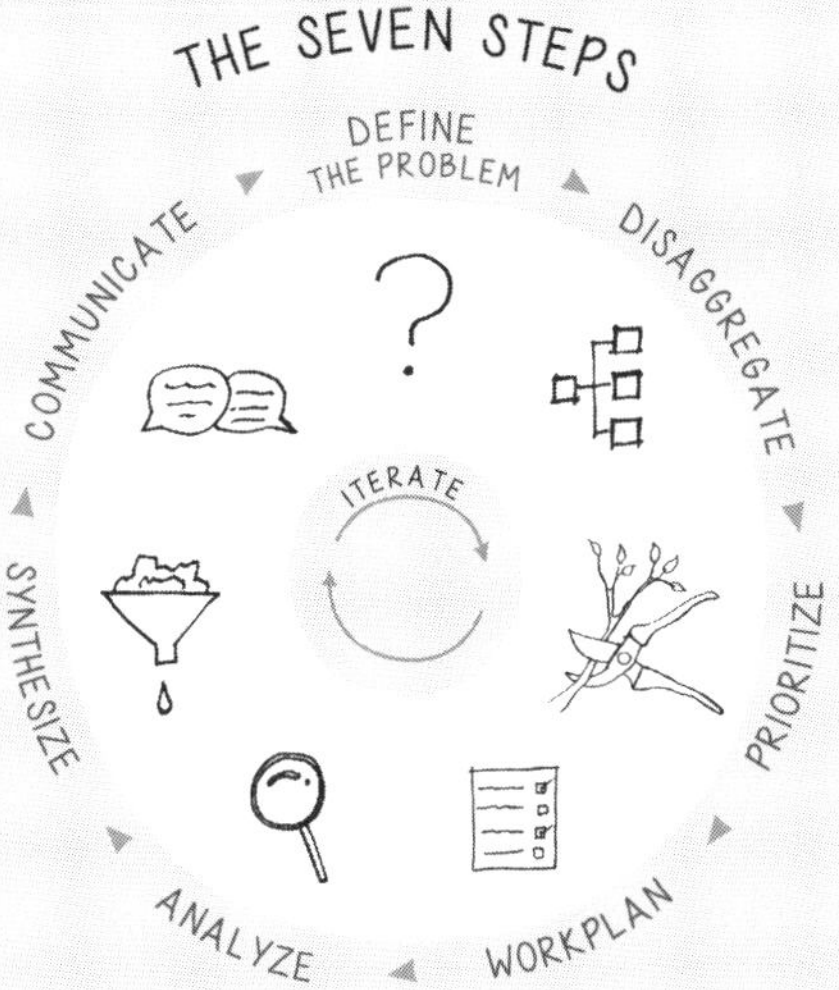

日本語もわからないのに、キヤノンの工場立地モデルを作れ？

1980年代、ビジネススクールで学んでいたチャールズは、当時隆盛を誇っていた日本のビジネス慣習をもっと理解したいと考えていた。何十社もの日本企業に手紙を書き、夏季インターンに採用してくれるよう頼んだ。ほとんどの企業は返事をくれず、今年の夏は無職かもしれないと思った頃になって、カメラとプリンターのメーカーであるキヤノンの内海博士から手紙が届いた。キヤノンは欧米人初のインターンとしてチャールズを採用することになり、彼は間もなく日本に旅立つことになった。

それは楽しい冒険に聞こえるかもしれないし、実際にそうだったのだが、大きな衝撃でもあった。チャールズは、本社から遠く離れた東京近郊の生産計画部門に出向することになり、職場まで電車を3本乗り換えて90分かかるキヤノンの男子寮に入れられた。日本語を話すことも、読むこともできなかった。そんな彼に、工場立地モデルを開発せよという、一見不可能と思える仕事が与えられた。工場をどこに立地するか決めるモデルを作れだって？　彼は絶望した。専門家が考えるべき問題のように思えた。

しかし彼は、通訳してくれる同僚の助けを借りて、世界中のさまざまな場所で工場立地の意思決定を行った経験のあるチームにインタビューを始めたところ、パターンが浮かび上がってきた。地方自治体の優遇措置、税率、賃金水準、原料の輸送コストなど、どのような変数が関係しているのかを知り、ついには、どの変数の重要性が高いか低いかを突き止めた。最終的に、彼は変数、影響の方向性や符号、要因の重み付けを把握するロジックツリーを作成した。そして、過去の工場立地の意思決定におけるデータでこのモデルを検証し、上級職のチームと議論して精度を改善した。そして、この小さなモデルが、複雑な工場立地を決定するための中核的なツールになったのである。その秘訣は、それまで分厚い報告書に埋もれていた複雑なトレードオフの状況が、わずか1ページで見られることにあった。こうすることで基準の論理が明確になり、変数の重み付けを議論できるようになったのである。

このモデルのおかげで、悲惨な結果に終わるところだったインターンシップが救われた。しかし、それより重要なのは、問題解決において、比較的単純な論理構造とプロセス自体が意思決定をするうえで力になることをチャールズが確信したことである。それが本書の核心である。

問題解決が何を表すかは、人によって異なる。ロブが7歳の孫娘に小学校の様子を尋ねると、孫娘は「じーじ、私は問題解決がとても得意なの」と答えた。これはロブの耳に心地良いものだった！　もちろん、彼女が言っているのは小学校で算数や論理問題を解くことについてだ。残念なことに、このような問題解決に不可欠な要素を体系的に教わることはめったになく、日常生活に関係のある問題に対処する方法が教えられることもほとんどない。私たちにとっての問題解決とは、私生活、職場、政策領域における複雑な課題に関して、より優れた意思決定をするためのプロセスを意味している。

本書で紹介する完全無欠《ブレットプルーフ》の問題解決アプローチの秘訣は、直線的な問題から、複雑な相互依存関係にある問題まで、ほぼすべてのタイプの問題を解決するために、同じ体系的なプロセスを踏むことにある。まず問題を定義し、管理可能な部分に分解し、優れた分析ツールを最も重要な部分に集中させ、そして調査結果を統合して強力なストーリーを伝えるという、シンプルでありながら厳密なアプローチを定めている。このプロセスには始まりと終わりがあるものの、問題解決は直線的ではなく、反復的なプロセスだとお考えいただきたい。それぞれの段階で問題に対する理解を深め、より深い洞察を得て、初期の答えを洗練していくのである。

この章では、完全無欠《ブレットプルーフ》の問題解決プロセス全体の概要を説明し、後の章でより詳しく7つのステップを説明しよう。まず、ロジックツリーを使って問題の構造を明らかにして、解決策への道筋に焦点を当てる様子をお見せする。また、読者の皆さんがペースをつかめるように、簡単なケースをいくつか提供する。後の章では、より複雑で不確実な問題に対する高度な手法を紹介しよう。

上司に突然進捗を聞かれても「現時点での答え」を即答できる

完全無欠《ブレットプルーフ》の問題解決プロセスは、完全なプロセスであると同時に、反復的なサイクルでもある。**このサイクルは、手元にある情報を使って、どのような時間枠でも完了させることができる。**一旦、中間締切日を迎えたら、より深い理解を求めてより多くの洞察を引き出すために、プロセスを繰り返すことができる。

私たちはよく、「1日の答えは?」という表現を使う。これが何を意味しているかというと、プロジェクトの最後だけではなく、どの時点においても、問題に対する理解を最大限に深め、解決への道筋を首尾良くまとめることをチームに求めているのである。このように能動的に仮説を立てるプロセスこそが、完全無欠《ブレットプルーフ》の問題解決の核心である。このプロセスは、恐ろしい「エレベーターテスト」に直面したときにも役に立つ。

エレベーターテストとは、新米メンバーであるあなたが、メンバーの中で最も上役の人とエレベーターで一緒になったときに、突然「プロジェクトの調子はどうだい?」と聞かれることである。私たちは全員これを

図表1-1 ▍完全無欠の7ステップの全容

ステップ１　問題を定義する

問題の文脈と境界線が完全に説明されていない場合は、誤りの発生する余地がたくさんある。私たちのプロセスの最初のステップは、意思決定に関わる人の間で合意された「問題の定義」に到達することである。そのために、問題の定義をいくつかの基準に照らして検証する。それは、一般的ではなく具体的であり、成功を明確に定義できること、定義が時間枠と意思決定者にとっての価値の両方で制限されていること、そして決定的な行動を伴うことである。このステップは、制約を加えるもののように見えるかもしれないが、この条件を満たすようにすれば、優れた問題解決に不可欠な、目的の明確さが得られる。

ステップ２　問題を分解する

問題が定義されたら、それを構成要素または細分化された問題要素に分解する必要がある。さまざまなタイプのロジックツリーを使って、問題を分析用のパーツにエレガントに分解し、対立仮説を導き出していく。より優れた解決策を推進する問題の「分割の仕方」、つまり断層線を明らかにするには、アートとサイエンスの両面が必要である。経済学と科学の理論的枠組みが、問題解決の推進要因をよりよく理解するための有益なガイドを提供してくれる。私たちは通常、分解するときにいくつか異なる「切り口」を試し、どれが最も優れた洞察をもたらしてくれるのかを確認する。

ステップ３　優先順位付けをする

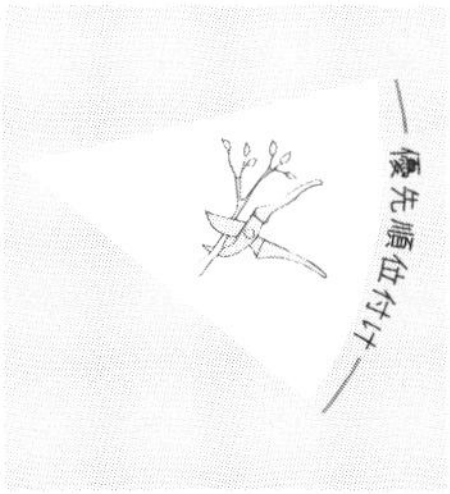

次のステップは、ロジックツリーのどの枝が（あなた自身が影響力を発揮できるものを含む）問題に最大の影響を与えるのかを見つけ出し、そうした枝に注意をむけることだ。ロジックツリーを整理する方法として、各レバーの引き起こす影響の大きさと、レバーを動かす機能との二軸マトリクスを使う。分析に優先順位をつけると、チームの時間と人材資源を活用して、クリティカルパスを効率的に見つけることができる。

ステップ4　作業計画を立てる

プロジェクトの構成要素が定義され、優先順位が決まったなら、次にしなければならないのは、事実関係のデータを集め、分析計画にリンクさせることだ。この作業計画とタイムテーブルには、特定情報の報告書がつけられて完了日が決められ、チームメンバーが割り当てられる。迅速かつ正確に解決策に移行するための作業計画づくりのベストプラクティスを紹介しよう。優れた作業計画づくりのプロセスには、多様な視点の生成、専門家の利用、ロールプレイング、および質の良い回答を得るためのチーム階層のフラット化などのチーム運営の決まり事、つまり規範も含まれる。優れたチームの運営規範とプロセスがあれば、確証バイアス、サンクコストの誤謬、アンカリングバイアスなど意思決定における一般的な落とし穴や、バイアス、つまり各種の偏見に陥ることを回避するのにも役立つ。

ステップ5　分析をする

多くの場合、データの収集と分析は、プロセスの中で最も長いステップである。分析を速く、簡単にするため、私たちは単純なヒューリスティックス（ショートカットまたは経験則）から始めて、各問題の構成要素の大きさを理解し、優先順位を素早く評価する。この手順は、より多くの作業を行わなければならない場面、特にゲーム理論、回帰分析、モンテカルロ・シミュレーション、機械学習など、より複雑な分析手法をいつ、どこで使うのかを理解するのに役立つ。ご心配なく！　複雑な手法が必要になることはめったにないのだから。必要な場合には、インターネットで探せる新しい分析ツールのソフトを利用すれば、思ったよりもはるかにアクセスしやすくなる。チームをクリティカルパス上に保つために、「状況」、「複雑化」、および「解決策」の形で、私たちの理解を最良の形で要約したものを回答として頻繁に利用し、チームのレビューセッションでこうした仮説を検証する。

ステップ6　分析結果を統合する

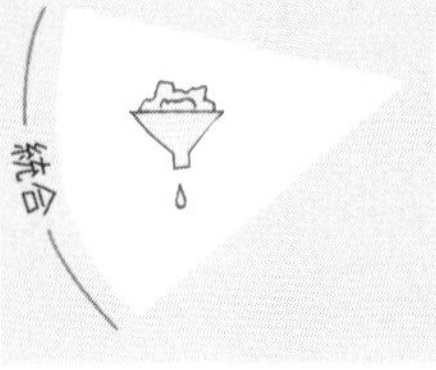

問題解決は、個別の分析によって結論に到達したからといって、終わりではない。分析結果は、妥当性を検証するために論理構造に組み立てられ、次に「あなたが優れた解決策を持っている」と他の人たちを納得させられるやり方で統合されなければならない。このステップでは、優れたチームプロセスが重要である。

ステップ7　ストーリーで語る

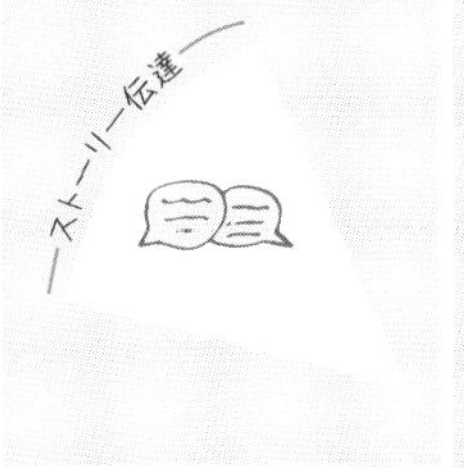

最後のステップは、問題定義文と、特定されたイシューにリンクする結論から、ストーリーラインを作成することである。初期から定義された状況―複雑化―解決策というロジックにより成り立つ、全体をまとめる考え、あるいは議論を用いると、説得力が増す。このことは、分析結果を統合・合成することによってサポートされ、帰納的または演繹的な論理に従って部分的議論に組み立てられる。こうした議論の流れは、聴衆の受容性に応じて、行動を導くか、行動を動機づける一連の質問を提起する締めくくりへと続く。

経験してきた。あなたはパニックになり、頭が真っ白になって、犬が朝飯を食べている音のような意味不明の答えを口走ってしまう。ところが、次ページから紹介する**完全無欠《ブレットプルーフ》の問題解決プロセスを使えば、この状況を打破し、昇進の機会に変えることができる。**

私たちが説明する問題解決メソッドは、1人でもチームでも行うことができる。1人で問題に取り組む場合は、家族や同僚と一緒に使えるレビュープロセスを組み込めば、まるでチームでいるときのように高い客観性を保ち、その他のバイアスから身を守ることができる。

7つのステップは**図表1-1**に紹介されている。

すべての問題解決は「ロジックツリー」から始まる

さまざまな問題を視覚化して分解するのに、私たちはロジックツリーやイシューツリーを使う。本書で紹介するケースからもわかるように、私たちは仮説ツリーや意思決定ツリーなど、いくつかのタイプのツリーを採用している。私たちは、マッキンゼーでロジックツリーの威力を学び、優れた問題解決には欠かせないものだと実感している。なぜか？　それは、次のような理由があるのだ。

ロジックツリーが決定的に重要な3つの理由

理由1　誰もが構成を理解できるように、問題を明確に、視覚的に表現できる

理由2　やり方が正しければ、関連するすべてのものがツリーに取り込まれるという意味で、全体論的になる

理由3　データと分析によって検証可能な、明確な仮説を導ける

私たちの描くロジックツリーは、時には単純で、時には非常に複雑である。しかし、これらはすべて、スケッチブックやホワイトボードから始まるのだ。

5つのケースで「完全無欠《ブレットプルーフ》の問題解決」の全貌を伝えよう

完全無欠《ブレットプルーフ》の問題解決プロセスを説明するために、読者の多くが直面しそうな代表的な問題をケーススタディとして選んだ。後の章にて、これらのケースから問題解決プロセスの威力と実用性を示そう。

代表的な5つのケース

ケース1　シドニー空港の規模は将来的に十分か？
ケース2　自宅の屋根にソーラーパネルを設置すべきか？
ケース3　どこに住むべきか？
ケース4　スタートアップ企業は販売価格を上げるべきか？
ケース5　幼稚園から高校までの学校教育税負担を支援すべきか？

この比較的単純なケースを使って、問題解決への7ステップそれぞれの概要を説明する。ただし、問題を表現し、管理可能な構成要素に分解するのに役立つロジックツリーの使用に焦点を当てる。後の章では、より複雑な問題に対して、他のステップの細かい点をより詳細に説明しよう。

ケース1　シドニー空港の規模は将来的に十分か？

ロブがマッキンゼーのオーストラリア・ニュージーランド部門で人材採用担当のリードパートナーを務めていた頃、マッキンゼーでは、従来のMBAホルダーだけでなく、物理学者、科学者、弁護士、エンジニア、リベラルアーツの卒業生といった賢い人材を確保しようと決めた。そうなると、採用面接でビジネスに関するケースについて議論するのでは、候補者の多くが不利になる。そこで、ロブの採用チームは、「シドニー空港ケース」と名付けた非ビジネスのケースを考案した。これはかなり簡素化されたものだったが、7ステップのメソッドを示すにはとてもよい方法である。

候補者は全員、シドニー空港に空路で集められた。当時、新聞報道では「シドニーにはもう1つ別の空港が必要か」という話題が耳目を集めていて、皆それを知っていた。シドニー空港は、世界で最も混雑した10の航空路線のうちの2つを飛んでいたので、これは生きた世界の実例だと言えるだろう。採用面接で候補者たちは、単純な問題定義文（ステップ1の「問題定義」）を与えられた。それは「シドニー空港の規模は将来的に十分か？」というもので、この問いに対してどのように考えを推し進めるかが問われる。この問題定義文は旅客空港の容量に限定されているので、候補者は第2空港を必要とするような政策要因、たとえばアクセスの向上、安全性、騒音などの環境要因、さらには主要都市間を結ぶ高速鉄道リンクなどの代替手段といったものに多くの時間を費やす必要はなかった。後で見るように、**問題定義の境界線は、事前に合意することが非常に重要**なのである。

図表1-2 ▍シドニー空港問題 最初の切り口

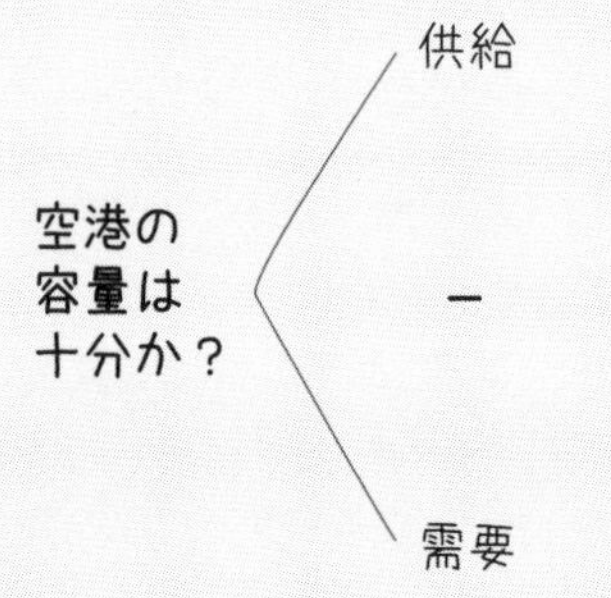

候補者は、疑問点を明確にするために1つか2つ質問をしてから、問題の対処法を概説することが多い。では、ロブの採用チームは何を求めていたのだろうか。チームが見たかったのは、候補者が論理構造を使って問題を解決するかどうかだった。問題の構成要素は文字で書いたほうがわかりやすいので、私たちは候補者にホワイトボードか大きな紙を使って書くことを勧めた。問題解決のために正しく構成要素を分解するのは、通常、試行錯誤を必要とするプロセスである。

図表1-3 ▎シドニー空港問題　第2の切り口

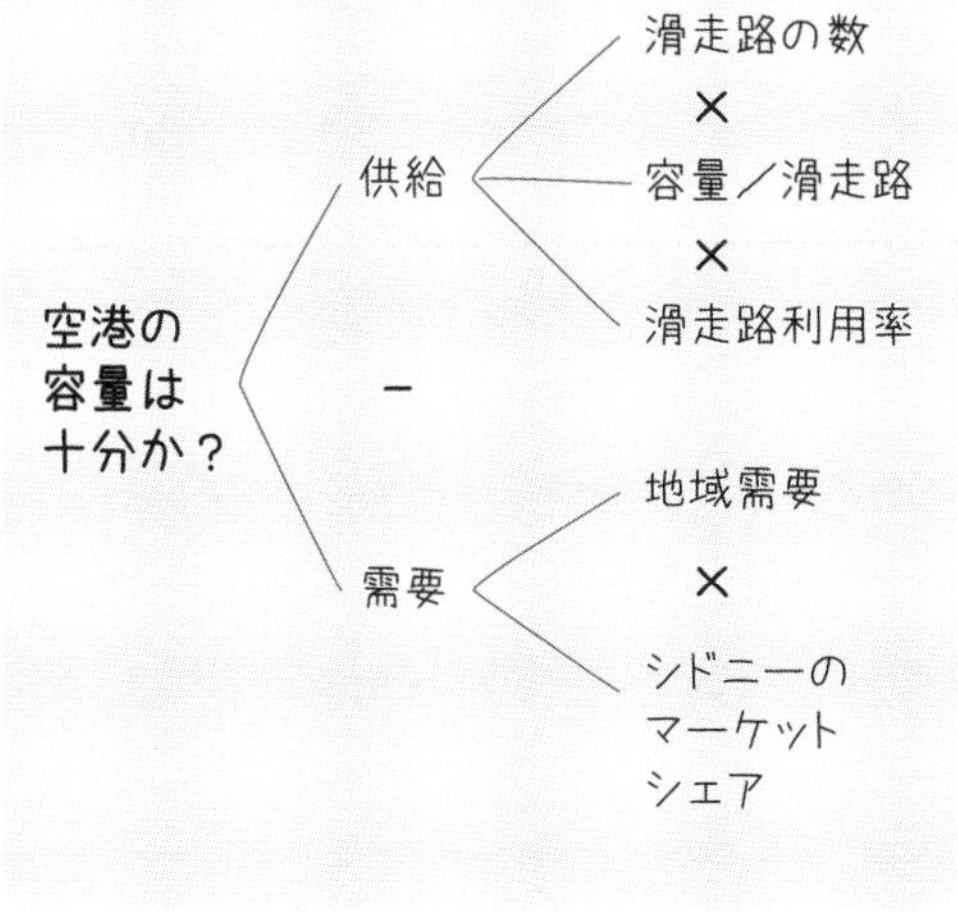

これがステップ2の「問題分解」である。**図表1－2**は最初の単純な切り口を示している。

この場合、問題を分解するのに最も簡単な方法は、空港の容量を「（発着枠の）供給量から需要量を差し引いたもの」と定義することである。シドニーに行く他の方法との競合を考慮してさらに複雑なツリーを描くこともできるが（そして、それらが需要にどのように影響するのかを示せば追加点を稼げるかもしれない）、この比較的単純なケースでは、おそらくその必要はない。

もちろん、優秀な候補者はもっと深く掘り下げる。**図表1－3**は、空港の供給（滑走路数、各滑走路の容量、利用率）と需要（地域の需要に占めるシドニーのシェア）を定義する1つの方法を示したものである。短期的には、滑走路数と滑走路の容量（主に航空機の種類によって定義される）は固定されている。

候補者は通常、国内総生産（GDP）成長率、燃料費、他の目的地と比較したシドニーの相対的な魅力についてさまざまな仮説を立てて、需要の成長をモデル化するアプローチを説明する（**図表1－4**）。

しかし、この問題に対する最も生産的なアプローチは、滑走路の利用率を深く掘り下げることである。なぜなら、輸送計画担当者が能動的に管理できる数少ない変数の1つだからだ。滑走路の利用率は、運営時

図表1-4 ❙ シドニー空港問題　第3の切り口

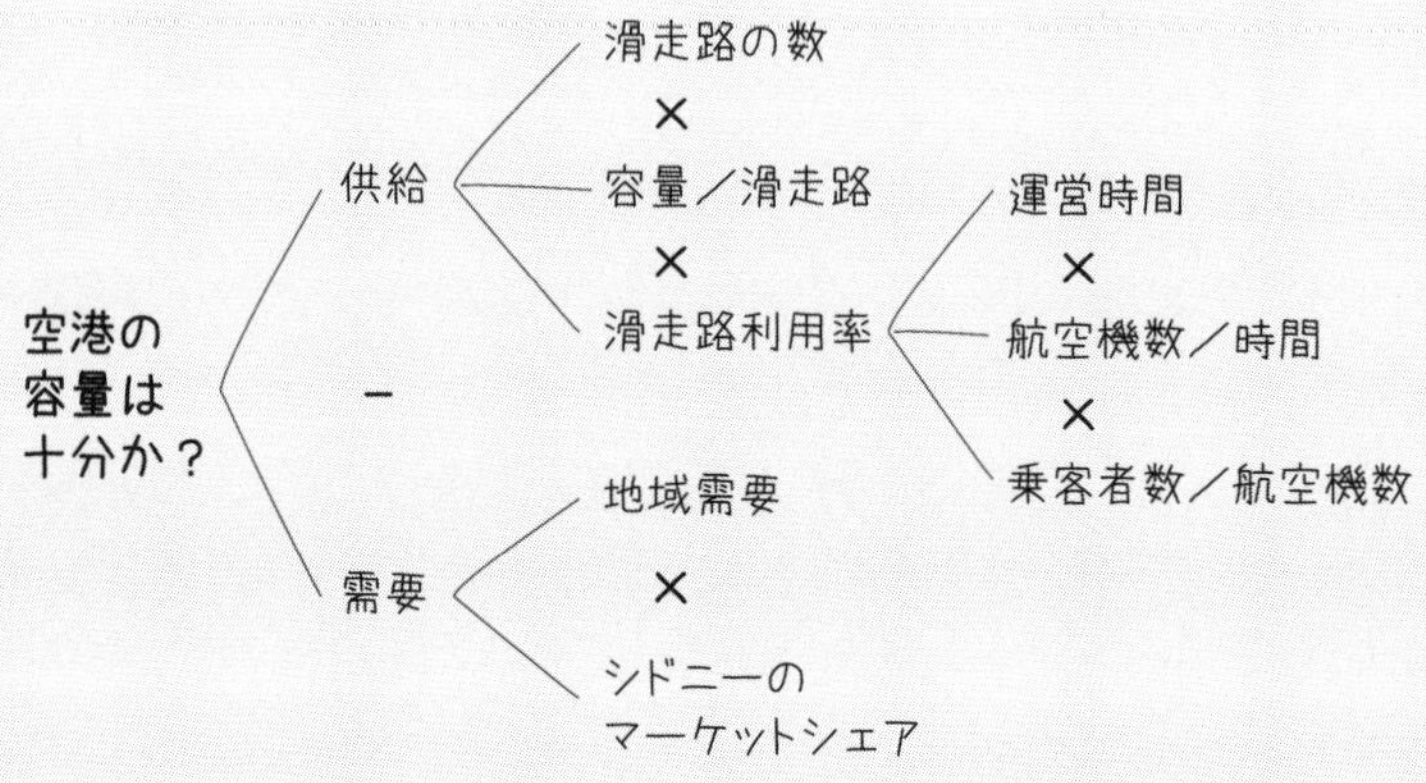

間、航空機の移動間隔、航空機1機あたりの乗客者数によって決まる。運営時間は、夜間の使用禁止令、天候、メンテナンスなどに制限される。これらをどのように変えるかを考えることが、ステップ4の「作業計画」と5の「分析」の核心である。

ロブが最も気に入ったのは、候補者が次のような流れで回答することだ。

滑走路の利用率が鍵となるので、運営時間、時間あたりの航空機数、航空機1機あたりの乗客者数を調べます。近辺住民の関係で深夜から午前6時までの間には離発着制限があるので、運営時間を変えられる可能性は低いでしょうね。利用率の鍵となる変数は時間あたりの航空機数なので、安全性を保ちながら離着陸の間の時間をもっと短くできないかと考えています。3番目の要因は航空機1機あたりの乗客者数であり、これは大型機を優遇するスロット価格と、ピーク時の軽飛行機の使用に関する政策に起因します（ステップ6の「統合」と7の「ストーリー伝達」に該当）。

優れた候補者はまた、価格を上げて需要を抑えるという提案をするかもしれない。これは空港が容量を管理する手段であるが、シドニーの市場シェアを下げてしまう可能性があり、都市経済プランナーはこの案を受け入れないかもしれない。

この種の単純なロジックツリーの枝は数学的に結合されているため、プランナーが影響を及ぼせる変数を動かすことで、単純なシナリオをモデル化し、異なる選択肢を提示することができる。非常に優れた候補者であれば、利用率を20％増加させると乗客者数にどう影響が出るか、大型機を採用するとどんな影響があるかを示すかもしれない。

実際にシドニー空港では何が起こったのだろうか。シドニーでは、数年後に3本目の滑走路が建設され、このケースで特定された重要な変数に取り組むことで、著しい便数の増加による影響を管理した。現在、空港管理機構が反対しているにもかかわらず、今後10年の間にシドニーに第2空港が建設される予定である。

ケース2　自宅の屋根にソーラーパネルを設置すべきか？

数年前、ロブは、オーストラリアの田舎町にある自宅にソーラーパネルを設置する時期が来たかもしれないと考えた。ロブと彼の妻のポーラは、以前からCO_2排出量を相殺するために何かしたいと思っていたが、電力会社からの補助金が減少（現在は廃止）していること、ソーラーパネルの設置コストが下がっていること、固定価格買取制度（自宅で発電して使いきれなかった電気を電力会社が買い取ってくれる制度）の

将来の買取価格水準がどうなるかわからないことから、決断に悩んでいた。今がその時なのか？　彼は、マッキンゼーで学んだアプローチを使おうと決め、「私たちは今、ソーラーパネルを設置すべきだ」という仮説を立てることから始めた。彼は、このように仮説を立てることで結論に達したわけでもないし、事実を無視して仮説を裏付けようとしたわけでもない。仮説をもとに、それを否定するか支持するかの議論を展開しているのである。

ロブは、次の基準がすべてクリアできれば、仮説は支持されると感じていた。

ソーラーパネルを設置するための3つの基準

基準1　投資のリターンが魅力的で、10年以内で回収可能な場合

基準2　後日大幅に安くなることはないので、待たずに今投資すべきだと判断できるほど、ソーラーパネルのコストの下落が鈍化している場

図表1-5 ソーラーパネル問題ロジックツリー　最初の切り口

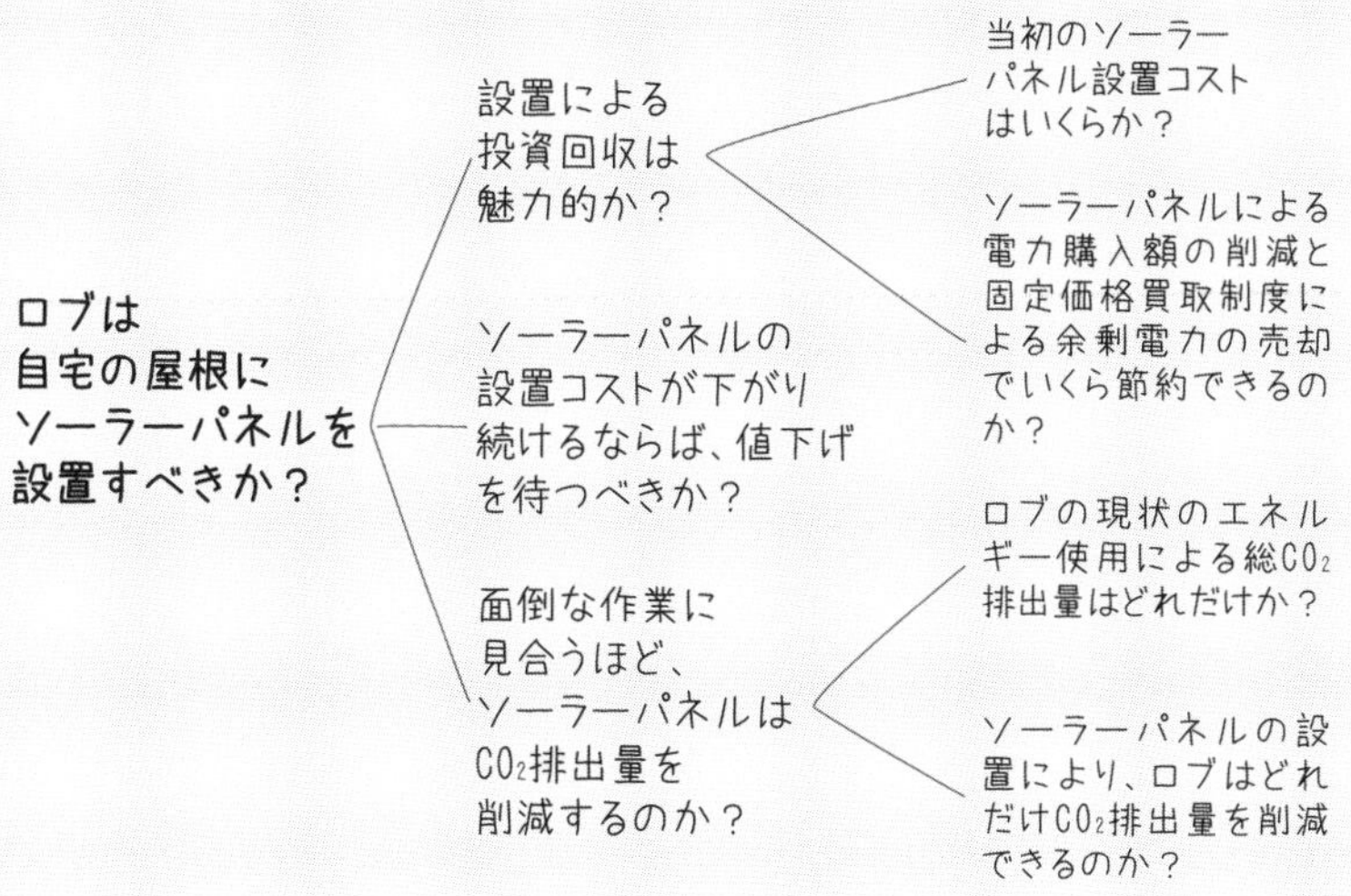
ロブは
自宅の屋根に
ソーラーパネルを
設置すべきか？
設置による
投資回収は
魅力的か？
ソーラーパネルの
設置コストが下がり
続けるならば、値下げ
を待つべきか？
面倒な作業に
見合うほど、
ソーラーパネルは
CO2排出量を
削減するのか？
当初のソーラー
パネル設置コスト
はいくらか？
ソーラーパネルによる
電力購入額の削減と
固定価格買取制度に
よる余剰電力の売却
でいくら節約できるの
か？
ロブの現状のエネル
ギー使用による総CO2
排出量はどれだけか？
ソーラーパネルの設
置により、ロブはどれ
だけCO2排出量を削減
できるのか？

合。ロブは、ソーラーパネルのコストが今後も下がり続け、３年後に大幅に安くなるのであれば、待つことを検討すべきだと感じていた

基準３　ロブのCO_2排出量を10％以上削減できる場合（ただし彼にとって不可欠な飛行機での移動は除く。単独で相殺することができるからだ）

ロブは、問題の範囲を明確な境界線で限定することで、問題解決がより正確かつ迅速になると知っている（ステップ1）。

この種の問題は、固定価格買取制度や削減貢献量といった聞き慣れない用語が入り乱れているため、最初は非常に複雑に聞こえる。ロブはロジックツリーを使うことで、問題の構造を一望し、分析結果を管理しやすい塊に分解することができた。彼は、問題解決に必要な理由や裏付けになる事実を整理することから始めた。こういうふうに考えることもできる。つまり、ロブが問いに肯定的に答えるためには、何を確信しなければならないのか。ソーラーパネルの設置に踏み切る主な理由は何だろうか。**図表1－5**は、ロブのロジックツリーの最初の切り口である（ステップ2と4）。

彼は最初に投資の経済性について取り組んだ。経済的にうまくいかないのであれば、他の2つの問いに答える必要がないからである。回収の計算は非常に簡単で、ソーラーパネルとインバーター［訳注：ソーラーパネルからの直流電流を家庭で使える交流電源に変換する装置］のコストを、1年間で節約した電気料金で割ればよい。この分析の分母には、自家発電による電力を使うことで回避される電気料金の純節約額と、必要以上に発電された電力を、固定価格買取制度を介して電力会社に供給することの収入の両方が含まれる。この分析のほとんどは、システムの大きさ、屋根の向き、太陽光発電の予想量、発電効率がわかれば、ソーラーパネル設置業者が提供するオンライン計算機を使ってできる。ロブは、コストは上昇するがピーク時電力を補足するバッテリー蓄電装置をオプションから除外して、計算を簡単にした。こうして、年間のコスト節約額が1500ドル、総投資額は6000ドル超、回収期間はおよそ4年間と、この投資は魅力的であることがわかったのである（ステップ5）。

次の問いは、今すぐに投資すべきか、もしくはソーラーパネルのコスト低下を見込んで投資を延期すべきかである。ロブは、太陽光発電1ワットあたりのコストが、2012年から2016年の間に約30％、太陽光発電の初期と比べると約90％も低下していることを知っていた。だが、この低下傾向が今後も続くかどうかはわからなかった。インターネットで簡単に調べてみると、機器のコスト低下傾向はいまだに不透明だが、少なくとも向こう3年間は1ワットあたりのコストが30％以上下がることはなさそうだとわかった。太陽光発電システムの販売を促進するために設定された固定価格買取制度についても、将来的に不透明である。これは、電力顧客への小売価格の上昇と照らし合わせて検討しなくてはならない。

年間のコスト節約額が1500ドルなので、投資を待つことで失われるコストは3年で4500ドルになる。そのため、投資を待つだけの価値があると言うためには、太陽光発電システムの初期費用が75％削減されなければならない。単純な投資回収ではなく、お金の時間的価値を考慮した正味現在価値分析をしてもよかったのだが、この場合は単純な方法でも問題はない。彼は、4年間で回収できる、つまり年率25％の収益率が得られることに満足した。今やる価値はある。

最後にロブは、CO_2排出量をどの程度削減できるかを試算した。この試算は2つの要素に左右される。1つはどの資源に代替するか（この場合は石炭あるいはガス）であり、もう1つは電力使用量に対する発電量（kWh）であり、これは最初のステップでわかっている。彼は、平均的なオーストラリア市民のCO_2排出量を調べることで分析を簡略化し、この小さな太陽光発電プロジェクトのおかげで、彼の排出量を20％以上削減できることがわかった。この場合、投資の回収は非常に堅実であるため、ツリーのこの枝を剪定して時間を節約することもできたが（ステップ3）、彼とポーラにとって、この投資には複数の目的があった。

この種の分析をするときには常に、どんな問題が起こり得るのか、思考の各部分にどのようなリスクがあるのかを問う価値がある。このケースの場合、電力会社が太陽光発電システムの導入補助金を削減する可能性がある。しかし、このリスクは迅速に行動することで軽減できる。また、電力会社は、ロブが生産した余剰電力を購入する固定価格買取制度の買取価格を引き下げる可能性もある。実際、電力会社は後でそのようにしている。しかし、投資回収期間が4年間なので、リスクにさらされる期間はかなり限定的である。

ロブの分析結果は**図表1－6**に示したとおりで、ロジックツリーはさらに複雑になった。インターネットで少し調べただけで、ロブは比較的複雑な問題を解決できた。彼は今すぐソーラーパネルを設置すべきだ。投資の回収期間は魅力的であり、設置を先送りにすることによるコストの低下は、現在獲得できる節約額を相殺するのには十分ではなさそうだ。おまけにロブとポーラは、CO_2排出量を約30％削減することができる（ステップ6および7）。

この分析が良好な結果をもたらした主な要因は、正しい問いを立てることと、問題を単純な塊に分解することだった。

ケース3　どこに住むべきか？

2000年代初頭、チャールズはロサンゼルスに住んでいた。その頃彼は、共同設立した会社を売却したばかりだった。家族は、レクリエーションの機会が多く、学校も充実している小さな街に引っ越したいと考えていた。これまで訪れたことがあるスキー場の街も好きだし、大学のある街に行くのもいつも楽しかった。しかし、どうやって選べばよいだろうか。非常に多くの変数が関係していて、短期間だけ訪問した印象だけでは、間違った選択をしてしまう可能性がある。そこでチャールズは、日本のキヤノンで働いたときに取り組んだ工場立地問題を思い出し、同様の方法で意思決定をすることにした。

子どもたちを含め家族全員が、問題解決のためのブレーンストーミングに加わった。各自が大切にしている要因をリストアップすることから始め、この要因が「住みやすい街」を定義した。第一に学校、次に自然環境とレクリエーション、そして最後に街でのクールな体験という順番で、家族は重み付けに合意した。そ

図表1-6 ソーラーパネル問題の分解

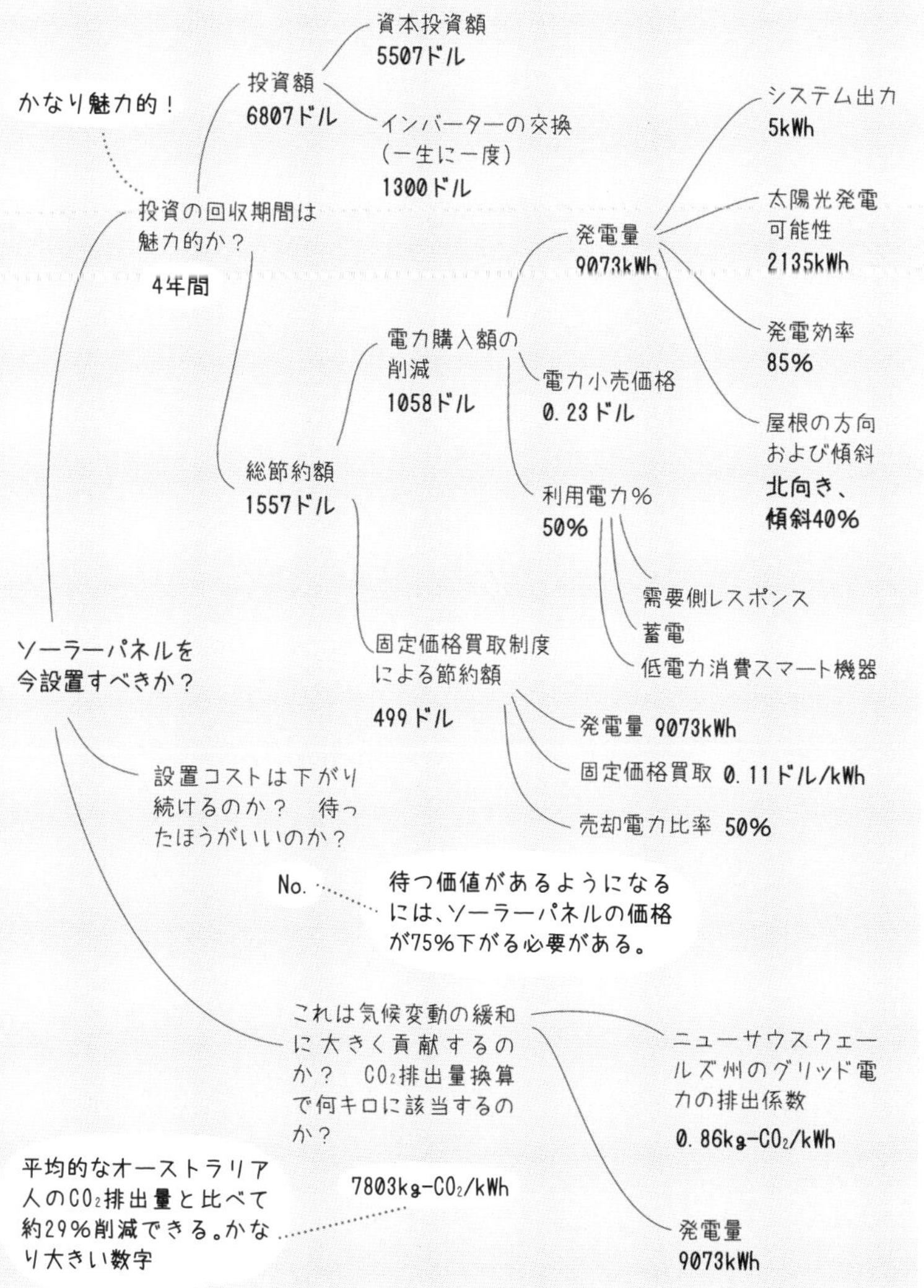

注）電力会社が太陽光発電設備の設置に対する補助金を削減する可能性がある。しかし、迅速に行動することで、このリスクは軽減できる。また、電力会社は、ロブの生産した余剰電力を購入する際の固定価格買取制度による買取価格を引き下げることもできる。実際、電力会社は、後でそうした。しかし、4年間という投資回収期間により、リスクにさらされる期間はかなり制限される。

図表1-7▎どこに住むか問題　家族ブレーンストーミングのまとめ

良い生活環境の要素	具体的に言えば……
子どもたちにとって良い学校がある	▶素晴らしい先生がいる ▶クラスの生徒数が多くない ▶教育のための優れた納税者サポート ▶学校の選択(公立・チャータースクール・私立) ▶卒業生が良い大学に進学している
きれいな環境で、屋外でやれることがたくさんある	▶水と空気の質が良い ▶四季が明確な気候 ▶晴天日が多いが、適度な雨も降る ▶魚釣りのできる川 ▶近くにハイキングができる場所がある ▶スキーができ、マウンテンバイクの楽しめる山がある
クールでフレンドリーな街	▶街の中心部は散歩が楽しめる ▶美術館、劇場、図書館 ▶車の交通量があまり多くない ▶楽しいコーヒーショップと良いレストランがある ▶両親の友人が誰か住んでいるか？ ▶大学のある街か？ ▶犯罪が多いなどといった問題はないか？
パパの仕事の便は？	▶洒落た中小企業があるか？ ▶多種多様な地元企業はあるか？ ▶チャールズの勤務のために、西海岸からそれほど遠くないこと

れからチャールズは、お金の稼ぎやすさという要因を加えた。これらは、家族全員による活発な意見交換の末に合意された（ステップ1）。このリストを使って、家族旅行で行きたい街を決めた（**図表1－7**）。

チャールズは分析を始めた。まず、問題を家族が大切にしている主な要因に分解し、次に下位の要因を特定し、最後に下位の各要因をとらえる測定可能な指標や変数を特定した（ステップ4）。たとえば、気候変数でいえば、晴天日数や快適性指数（温度と湿度で定義される）といったものだ。少し大変だったが、ほとんどのデータがオンラインで入手できることに気づいた。家族の意見を取り入れながら、彼は各変数に相対的な重み付けをしていった。

チャールズは、約20の変数で構成されるツリーを作成し、約12都市のデータを収集した（ステップ2）。彼の作成したツリーは**図表1－8**のとおりで、重み付けは太字で示されている。

チャールズが大学のある小さな街や山間部の街のデ

図表1-8 ▍どこに住むか問題　パート1

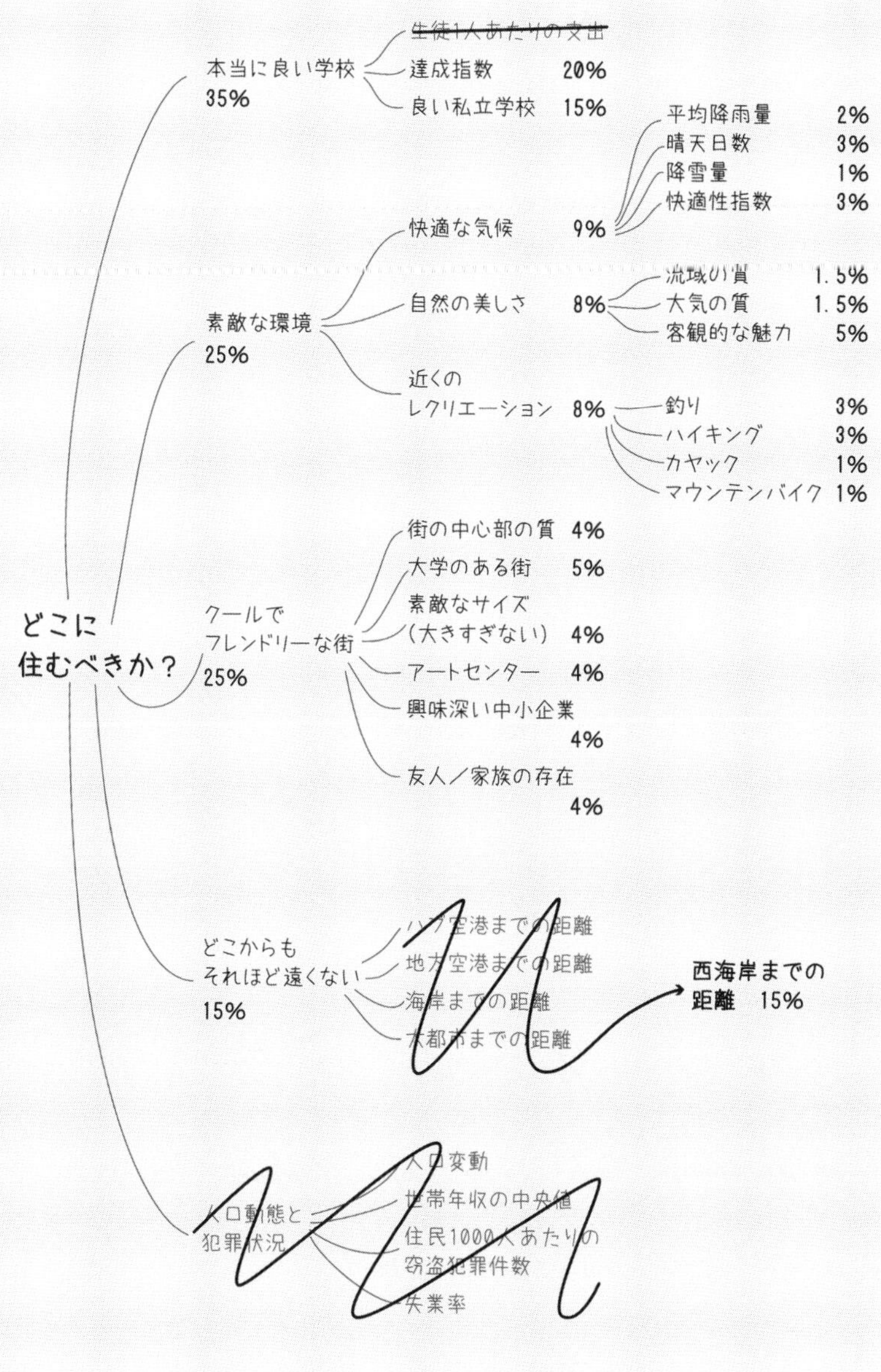

ータを収集したところ、変数の中には繰り返し使われるものや、場所を区別するにはあまり役に立たないものがあることが明らかになった。彼は、分析をより簡単かつ迅速にできるようにツリーを剪定した。その結果、行く必要がない場所も出てきた。また、空港やハブ空港の周辺にある重要な要因は、「各街から西海岸までの通勤時間」という1つの指標にまとめられることがわかった。チャールズは、若い企業との仕事は、ほとんど西海岸で行っていたのだ。分析の初期段階ではコミュニティの安全性や犯罪件数といった変数が含まれていたが、これは候補地の差別化要因ではないことが判明したため、これも剪定された（ステップ3）。

彼は、各要因のすべてのデータを1から100までの共通の尺度に変換してから、重み付けを適用した。いわゆるデータの正規化にはさまざまなアプローチがあるが、それらはわかりやすく、オンラインで見つけることが可能である。ご覧のとおり、変数の中には正の傾き（たとえば日照日数は多いほどよい）と負の変数（たとえば通勤時間は長いほど悪い）がある。つまり、マサチューセッツ州アムハーストから西海岸への移動時間の100は負の重みになる。もし希望するなら「降雨量は欲しいが、多すぎないほうがよい」といったように、変数の重みに複雑な線形をもたせることができる。**図表1-9**にチャールズの分析を示した（ステップ5）。

このケースで家族は、アイダホ州ケッチャムを選ぶという結論に達することができた（ステップ6および7）。住みやすい街を構成する要因は何か、それらをどのように測定し、トレードオフするのかについて合意していたので、家族全員がこの選択に賛成した。アイダホ州ケッチャムへの引っ越しには大きなトレードオフがあったが、チャールズは受け入れる覚悟ができていた。西海岸への通勤時間が、他の多くの候補地よりもかかるのである。

図表1-9 ▌そして最良の街は……？

正規化された表	重み付け	ヘルズバーグ（カリフォルニア州）	フォートブラッグ（ノースカロライナ州）	ベンド（オレゴン州）	ビクトリア（ブリティッシュコロンビア州）	ボールダー（コロラド州）	アムハースト（マサチューセッツ州）	スチームボート（コロラド州）	ケッチャム（アイダホ州）
平均降雨量	2%	71	24	0	58	82	29	100	92
晴天日数	3%	100	91	39	0	74	35	79	52
降雪量(インチ)	1%	0	0	4	4	36	36	100	62
流域の質(最高100点)	1.5%	0	7	45	41	100	35	94	57
大気の質(最高100点)	1.5%	0	33	36	33	38	73	82	100
快適性指数(最高100点)	3%	30	46	40	46	100	0	86	80
西海岸までの距離(最低100点)	15%	0	17	33	17	33	100	50	58
良い私立学校(指数)	15%	100	0	17	67	83	83	17	83
達成指数	20%	46	0	38	65	97	100	78	76
友人／家族の存在	4%	100	0	0	0	0	0	0	100
大学のある街	5%	0	0	100	100	100	100	0	50
アートセンター	4%	50	25	0	100	100	75	0	75
街の中心部の質	4%	67	33	0	67	67	50	50	100
客観的な魅力	5%	25	50	0	50	50	0	100	100
興味深い中小企業	4%	60	0	40	60	100	80	0	20
素敵サイズ	4%	51	100	90	21	0	94	98	100
レクリエーション	8%	50	40	60	50	70	20	60	90
	100%								
重み付け指数合計スコア		48	20	34	51	70	70	52	76

この例のような体系的な問題解決に対して、最初から考えていたことを証明するためにニセのプロセスを経たのではないかという批判を耳にすることがある。このケースはまったくニセモノではない。ケッチャムは、最初に作成した「検討中の街リスト」には含まれていなかったが、友人を訪ねた後に追加されただけだった。しかし、この分析にもいくつかリスクを指摘する必要がある。それは、ほんのわずかな差が、数値上の結論に大きな影響を及ぼす可能性があることである。ボールダー（コロラド州）とアムハースト（マサチューセッツ州）の2都市の総合点はケッチャムに非常に近く、チャールズが「レクリエーション」と「街の中心部の質」を主観的にどのように評価するかというわずかな差しかなかった。この例では、家族全員がそれぞれの候補の街を訪問し、定量的な変数と比較してどう感じるかを直接確かめることで、リスクを緩和することができる。

このケースでは、問題定義文に関連した論点や要因を簡単なリストにすることから始めて、要因をさらに指標変数［訳注：0か1かのみで表される変数。「ダミー変数」とも］に分解して、最後に具体的な数値測定と重み付けを追加する方法を示した。あとは、特徴の順位付けに基づいて単純な計算をするだけである。このタイプのツリーと分析のアプローチは、多くの選択問題にも適用できる。チャールズとロブは、この手法を使って、購入するマンション、入社する企業、そしてもちろん工場立地を評価してきた。

ケース4　スタートアップ企業は販売価格を上げるべきか？

数年前、チャールズの友人の1人が、ユニークで巧妙なデザインのピックアップトラック用アクセサリーを製造する会社を設立した。社名をトラックギアとしておこう。この会社は年間1万個の製品を販売していて、その数は急速に増えている。現在、現金主義でも（つまり、資産の減価償却費を考慮しなくても）損益分岐点に達している。チャールズはこの会社に投資し、戦略の考案を支援している。

スタートアップ企業は、その初期段階に複雑で大きな問題に直面するが、大企業と比較して資金源もチームメンバーも限られている中で問題に取り組まなければならない。トラックギアは、自社で製造工場を所有するべきか、どの市場セグメントで競合するか（新車のトラックと中古車トラックのセグメントがあり、それぞれに販売チャネルが存在している）、自社で営業部隊を持つべきか、マーケティングにどの程度予算を計上するか、そして最も根本的な問題として、限られた資金でどれだけのスピードで成長するかを決めなければならない。創業チームが眠れないのも当然である。

最近、トラックギアは大きな決断を迫られた。値上げをすべきか（ステップ１）？　当初は3年間、約５０ドルの初期価格を維持してきた。その後、製品機能の向上とともに材料費と製造コストは増加し、マージンは圧迫され、１個あたりのキャッシュフローは減少した。創業間もない企業は外部の資金調達先が限られているため、キャッシュの重要性は大手企業と比べて非常に高い。トラックギアは、もし市場が製品の値上げに対して否定的に反応すれば、販売個数は減り、成長が低迷するかもしれないというジレンマに直面していた。

この種の問いに完璧な答えはないが、この問題を評価するために、利益レバーツリーという特殊な論理構造を採用した（ステップ２）。このツリーは数学的に完全なので、意思決定にまつわる重要な要因を絞り込みたいときに使えば、さまざまな仮定をモデル化することができる。

この種のツリーの簡易バージョンを**図表１－10**に示した。

図表1-10 ▌トラックギアの値上げ問題　利益レバーツリー

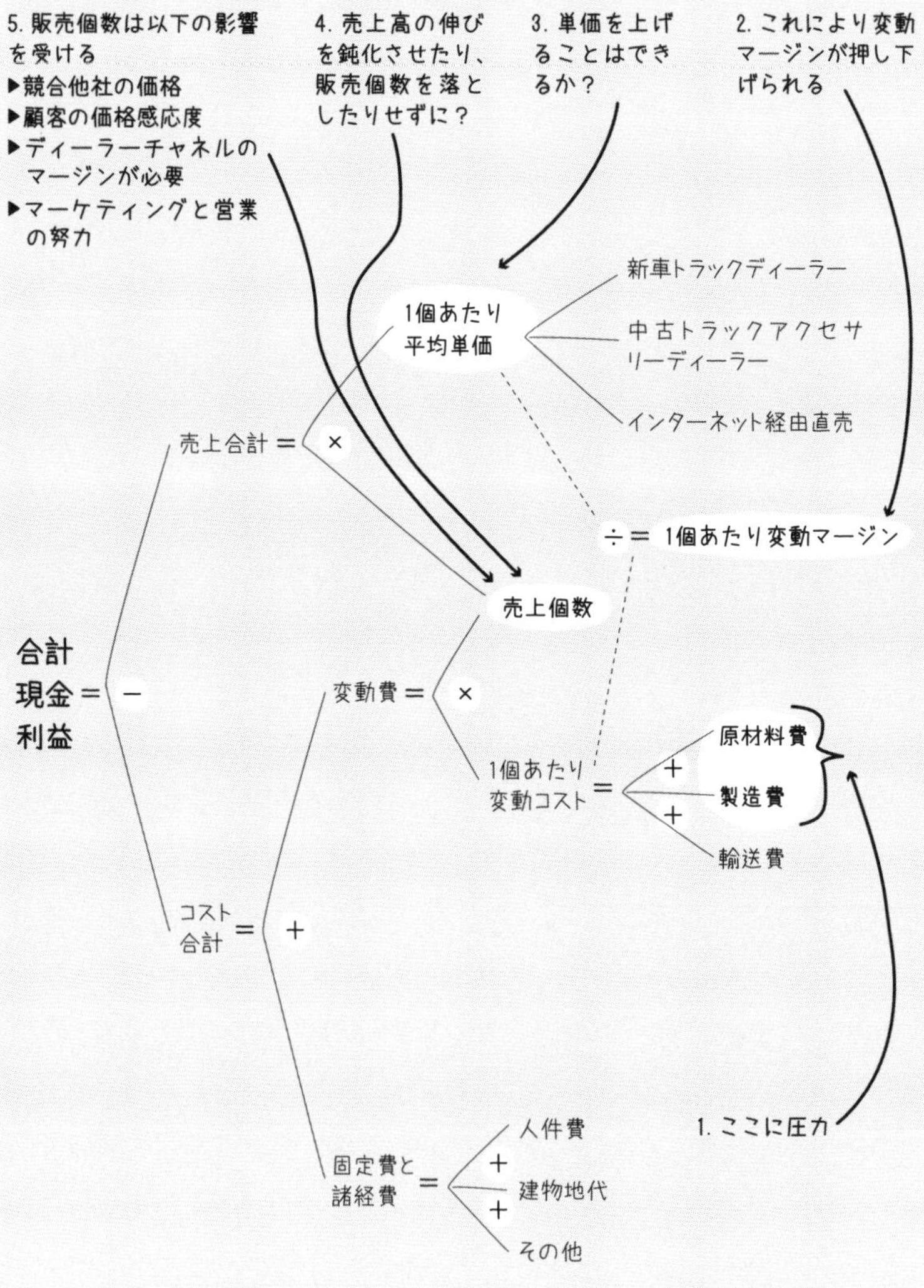
5. 販売個数は以下の影響を受ける
▶競合他社の価格
▶顧客の価格感応度
▶ディーラーチャネルのマージンが必要
▶マーケティングと営業の努力
4. 売上高の伸びを鈍化させたり、販売個数を落としたりせずに？
3. 単価を上げることはできるか？
2. これにより変動マージンが押し下げられる
1個あたり平均単価
新車トラックディーラー
中古トラックアクセサリーディーラー
インターネット経由直売
売上合計＝×
÷＝1個あたり変動マージン
売上個数
合計現金利益＝−
変動費＝×
1個あたり変動コスト＝
原材料費
＋
製造費
＋
輸送費
コスト合計＝＋
1. ここに圧力
固定費と諸経費＝
人件費
＋
建物地代
＋
その他

図表1-11 トラックギアの値上げ問題 価格決定

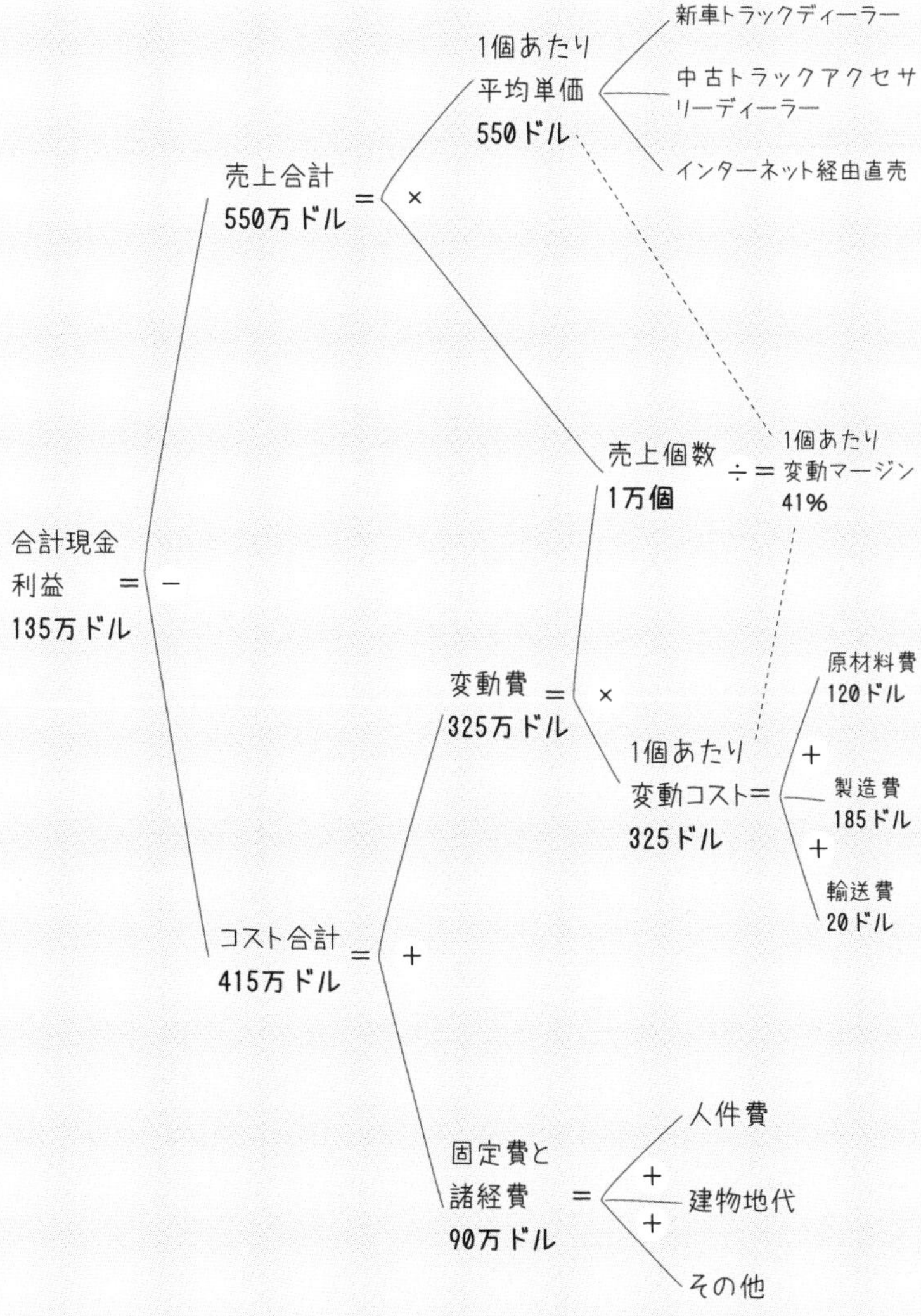

ツリーを見れば、トラックギアの問題が視覚化されていることがわかる。コストを抑えることで、製品1個あたりの変動マージンが押し下げられる。売上が伸び悩んだり個数を減らしたりすることなく、販売単価を上げることができるのだろうか。

図表1-11にトラックギアのデータを表示した。

仮に会社が現在の販売個数を維持できれば、7%値上げすることで現金収益性が38万5000ドル改善し、追加のマーケティングや販売プログラムに資金を充てられる可能性がある。一方で、値上げによる利益は、販売個数が650台減少するだけで打ち消されてしまう(ステップ5)。では、どうすればよいか？

値上げが総現金利益の減少につながるかどうか(あるいはもっと深刻なことに、成長が鈍化するかどうか)は、競合他社の価格設定、顧客の価格感応度(経済学者は「価格弾力性」と呼ぶ)、サードパーティーであるディーラーがマージンの低下を受け入れることで価格上昇分の一部を吸収するかどうか、さらにはマーケティングや販売努力によって決まってくる。同社は、最近の顧客を対象に大規模な電話調査を開始し、次のことを確認した。

電話調査でわかったこと

- 最大の顧客セグメントは、コスト増による適度な値上げには敏感ではなかった
- 競合製品はほぼ同価格だが、機能特性がかなり異なっていた
- ディーラーは、値上げによるマージン低下を望まなかった

同社はまた、固定費を削減するか、製造を内製化するかで、同じ結果を得られるかどうかを検討した。しかし、人件費と家賃以外はほとんどコストがかかっていないため、前者は選択肢にならなかった。現在保有しているキャッシュが限られているため、非常に高価な製造プレス機器や組み立てラインを自社で持つ投資をしても、意味がなかった（ステップ3）。全体として、わずかな値上げで単位あたりのマージンを回復できるのであれば、リスクに見合う価値があった（ステップ6および7）。

この種の**財務ツリーは、代替戦略に金銭的なトレードオフが伴う問題を解決するのに、特に役立つ**。後の章で、より洗練されたバージョンをいくつか紹介する。

ケース5　幼稚園から高校までの学校教育税負担を支援すべきか？

チャールズがかつて住んでいた出身地のアイダホ州では、公教育資金は主に毎年の資産価値に対する割合で課税される固定資産税と、州の売上税によって支えられている。教育委員会が大きな戦略的投資を実行する場合、納税者による投票を通じて追加課税の承認を求め、投資のために借り入れていた地方債の償還に充てる。2000年代後半、ブレイン郡教育委員会は、郡内の大規模な投資を支援するために、5000万ドルを超える地方債の発行を提案した。郡の人口はわずか2万人なので、固定資産額の規模にもよるが、この賦課金によって住宅所有者は年間数千ドルの追加費用を負担する可能性がある。

納税者かつ市民として、誰もが常にこの種の意思決定を迫られている。保留中の課税案、1回かぎりの住民投票、州や国の新政策を提案する候補を支援するかどうかなどだ。問題は複雑に見え、誰でもできる単純な問題解決メソッドが使われることはなく、しばしば党派的な議論に左右される。

チャールズは、幼稚園から高校までのアメリカの教育（K－12と略される）が、世界的に遅れていることを報道で知っていたので、本当に地元の教育を改善するのであれば、自分の家の追加課税も基本的に支持しようと考えていた。しかし、この地方債案に賛成することが、本当に地元の格差是正につながるかを知りたかった（アイダホ州は、学校の全国テストで全米の下半分にランクされていた）。

チャールズは教育政策の専門家ではない。彼はまず、簡単な問いを設定した。K－12は、他国の教育と比べて何が問題なのか。そして、今提案されている学校教育税負担はこうした問題に対処するものなのか（ステップ1）。彼は、アメリカがほとんどの教育管轄地域で生徒1人あたりの支出が多く、世界で最も高い国の1つだと知っていたし、全体的にはアメリカの学力は他国と比較して中位であることも知っていた。そこで、以下のように問いを設定した。

チャールズが立てた3つの問い

問1　生徒1人あたりの支出に問題はないか？
問2　IQ（知能指数）や人口統計に問題はないか？
問3　教師や学校に問題はないか？

チャールズの調査によれば、答えはほとんど教師や学校にあることがわかった。データによると、生徒1人あたりの資金調達水準（アメリカはどの国よりも高水準）とIQレベル（他国と同程度）のどちらも、アメリカの生徒の成績が悪い原因ではないと示唆していた（ステップ3）。国際テストの点数は毎回大きく異なり、教師の特性や学校環境によって最もよく説明されることが、次々と研究によって明らかにされている。次にチャールズは、教師や学校に関するどの要因が生徒の成績に最も影響を及ぼすかを調査し、おおよその重要度でランク付けされた４つの要因を見つけた（ステップ４）。

生徒の成績に影響を与える教師や学校の４つの要因

要因１　教師の人数と教室の広さ（生徒の数）
要因２　教師の質（学歴、経験、研修）と報酬
要因３　学校環境と施設
要因４　技術

次に彼は、今回提案された地方債がどの程度これらの要因に資金を提供するのかを重ね合わせた。その結果、資金は主にクリーン・エネルギーと学校施設といった影響の少ない要因に向けられていることが判明した。特に、教師の採用、報酬、研修に関連する重要度の高い要因には、資金がほとんど割り当てられていなかった（ステップ５）。これらの理由から、チャールズは起債案を支持しないことに決めた。**図表１－12**は、意思決定ツリー形式での分析の様子を示している。

この分析は、社会的な政策問題に対する完全無欠《ブレットプルーフ》の問題解決メソッドを示している。実際の問題を取り上げ、問いを組み立て、それに続く一連の副次的な問いを設定し、調査と分析を導いている。チャールズは、教育の成果に関する事実と、学校債の支出計画の詳細に関する事実を収集した。問題のフレーミングとオン

図表1-12▍アイダホ州の幼稚園から高校までの教育賦課金

アメリカの幼稚園から高校までの教育は、(世界的に)遅れをとっている。地方債に賛成票を投じることは、(地方で)ギャップを埋めるのに影響を及ぼすか？

アメリカの幼稚園から高校の教育の主な問題は何か？

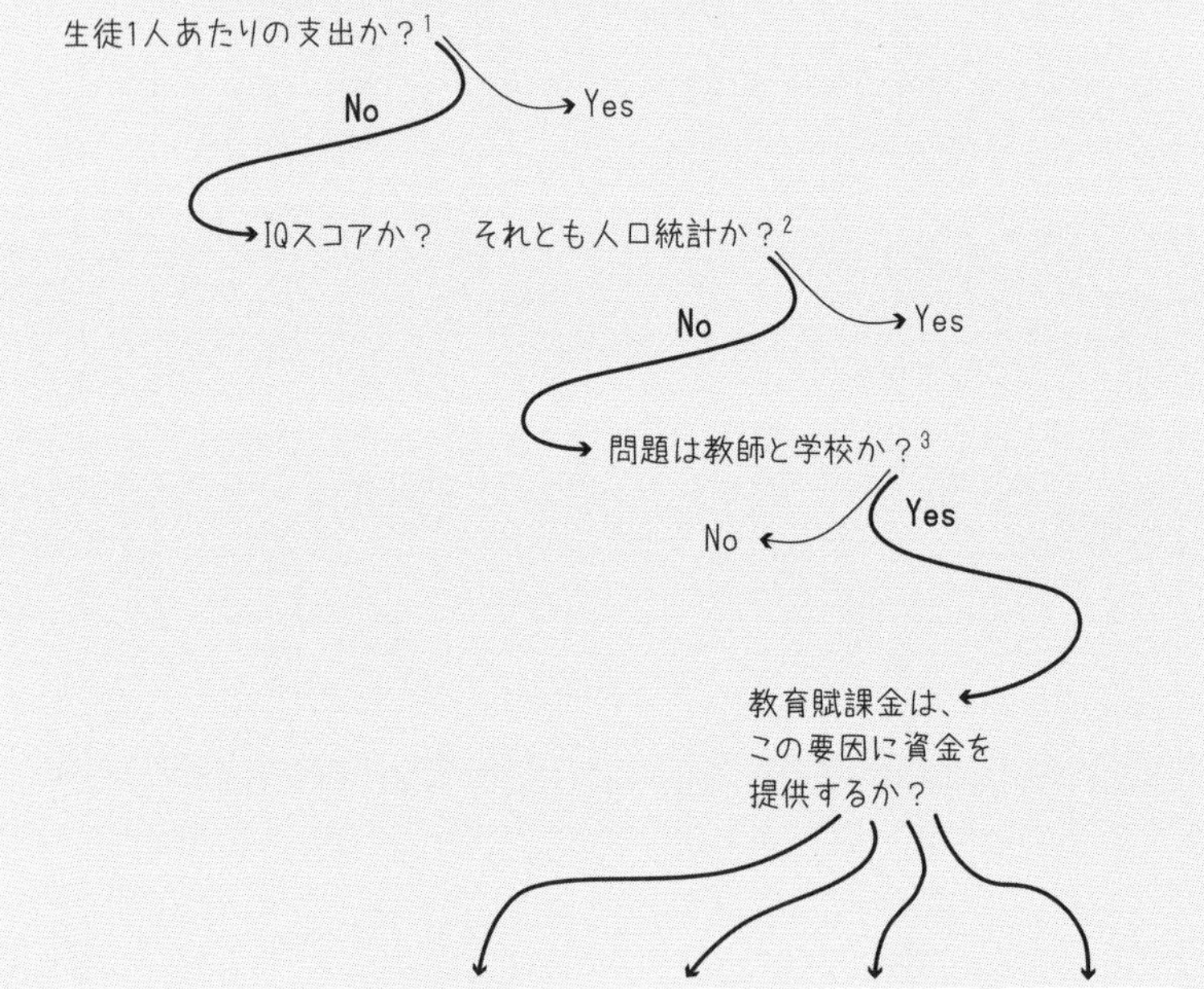

	教師の人数と教室の広さ	教師の質と報酬	学校環境と施設	技術
ギャップを埋めるうえで、この要因の推定される影響の程度は？	低〜中	高	低	中
教育賦課金は、この要因に資金を提供するか？4	No	No	Yes	Yes

注)
1 OECD　PISAスコア
2 IQ(知能指数)調査
3 How the World's Best Performing School Systems Come out on top. McKinsey and Co. Sept 2007
4 School board approves October Levy election, Terry Smith, 2009

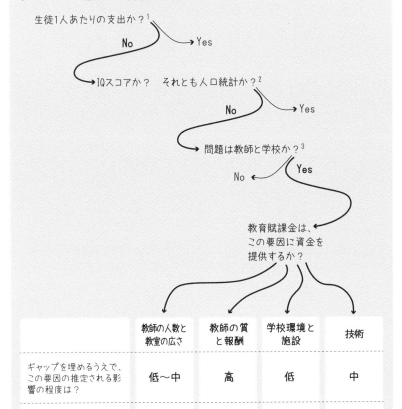

ライン調査には数時間しかかからなかった。その結果、彼の持論は、感情的な意思決定（「私は教育を支持するし、地元の学校の成績を心配している」）から、理性的な意思決定（「この徴収金の割り当てを考えると、私は支持できない」）に変わったのである（ステップ6および7）。

数年後に行われた3度目の地方債案では、幼児教育や教師研修の充実などが含まれていた。投票は可決された。

次の章では、完全無欠《ブレットプルーフ》の問題解決メソッドの7ステップそれぞれについて、より詳しく検討する。より複雑な問題を挙げ、より洗練された問題解決のアプローチを紹介しよう。

第1章のまとめ

- 優れた問題解決とはプロセスのことであり、手早い暗算や論理的な推論の結果ではない。チャールズがキヤノンで経験したインターンのように、世界中のどこに工場を設置するかといった非常に複雑な問題にも当てはまる
- この本で紹介する問題解決のプロセスは、7ステップからなるサイクルである。どのステップも重要であり、ステップをスキップすると多くの失敗が生じる
- 最も重要なステップは、問題を論理的な方法で構成要素に分解することである。これで最も重要な分析を分離できる。ロジックツリーは、問題の構造を簡単に把握できる、私たちの主要な作業ツールである

・分析に優先順位を付けることは、答えにあまり貢献しない部分に取り組むのを避けるために不可欠である。答えに貢献する部分にのみ取り組んでいる状態のことを「クリティカルパス上にある」と呼ぶ
・チームメンバーに分析作業と締切を割り当てるには、明確に定義された作業計画が必要である（この章で挙げた問題は単純なため、作業計画はあまり必要なかった）
・問題解決を成功させるには、単純なツールや高度なツールを使ってどのように分析するかが重要である。私たちは常に、簡単な見積もりとヒューリスティックス、つまり経験則から始める
・分析結果を統合し、誰かに行動を促すストーリーを語れるまでは、問題解決は終わらない
・さまざまな問題に対して、さまざまなタイプのロジックツリーを使用する。この章では、ビジネス上の問題に対する数学的に完全な演繹的ロジックツリーや、意思決定をするための要因ツリー、複雑な選択を一通り網羅するための意思決定ツリーを使った

独学のための練習問題

問題1　個人の問題解決：転職して仕事を変える必要があるかどうか、ロジックツリーで表してください。意思決定ツリーや要因ツリーを描いてみましょう（ケース3の「どこに住むべきか？」の問題が参考になるでしょう。ただし、あなたにとって重要な仕事の特性を用いてください）。または、あなたが求める特性に重み付けをして、新しい家やアパートを近所の家のリストと比較してください。

問題2　ビジネスの問題解決：あなたが経営するビジネスや社会事業の利益レバーツリーを3層まで展開し

てください。

問題３　社会の問題解決：Ｂｒｅｘｉｔのケースを考え、イギリスがＥＵに残るべきか、それとも離脱すべきかについて、ロジックツリーを描いてください。

第2章

問題を定義する

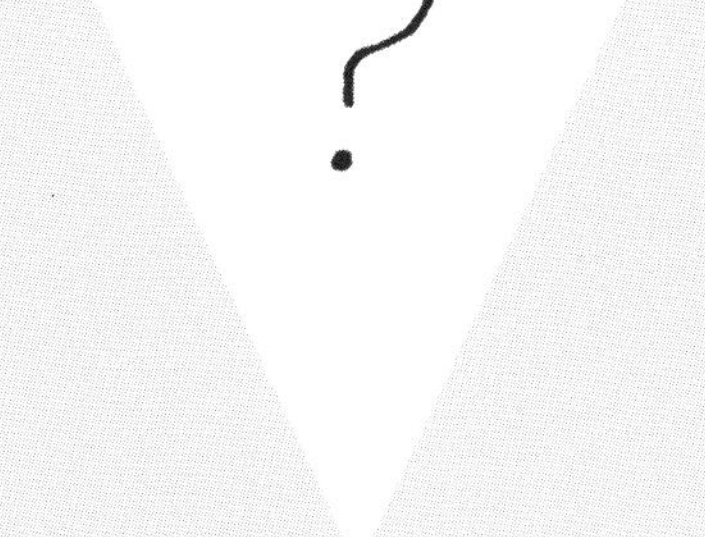

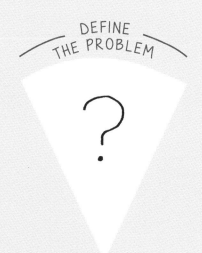

定義が不十分だと問題解決は失敗する

解決しようとしている問題を明確に定義することは、完全無欠《ブレットプルーフ》の問題解決の重要な出発点である。そして、それは比較的簡単なはずである。しかし、**問題定義が不十分なことが原因で、驚くべき数の問題が解決に失敗している。**問題の境界線、成功の基準、時間枠、求められる精度の水準を明確にしないまま、チームや個人がデータ収集や専門家のインタビューに突入してしまうのである。

これでは失望につながるはずだ。データ収集と初期分析に「数打ちゃ当たる」というアプローチをとってしまっては、常に必要以上の労力がかかる。その答えは、問題解決の計画において価値観や境界線を明確に考慮しなければならない意思決定者にとって、しばしば的外れなものとなる。

チャールズは、1990年代にシティサーチという会社を経営していたときに、この種の失敗を目の当たりにしたことがある。インターネットで地域情報を提供するこの会社は、地元の新聞社と協力し合うときもあれば、競合するときもあった。当時、新聞社は地元の広告業界の王者であり、最初にラジオ、次にテレビが新たな挑戦者として出現したにもかかわらず、100年もの間存続してきた。小さなインターネット企業による新規参入も、確かに例外ではなかったはずである。

チャールズはこの頃、多くの新聞社の経営者と会い、問題を正確に診断できていないことに起因する一種の傲慢さを目の当たりにした。経営者たちは、新たな競合相手に関する問題を次のように定義していた。「このインターネットという新規参入者は、読者を獲得できるような優れたコンテンツ（ニュースやその他の記事）を持っているのか？」。経営者たちは、自分たちの新聞には、新規参入者にはかなわない編集コンテンツがあるから、あまり心配する必要はないと結論付けていた。

１９９７年の米州新聞協会の年次総会の基調講演に招待されたチャールズが、自動車売買、不動産売買、求人、マッチングといった目的別区分広告はほぼインターネットの独占状況にあるため、競争は正面ではなく背後から仕掛けられるだろうと示唆すると、会場は完全に静まり返った。この新参者（チャールズ）は、自分たちの世界観にはそぐわない方法で、自分たちの市場について話をしたのだ。誰も拍手をせず、気まずい沈黙のままだった。

その後の数年間で、新聞業界は予想どおりの道をたどった。オンラインの目的別区分広告に新たな垂直型プレイヤーが出現し、このカテゴリーで長年続いてきた新聞の優位性をゆっくりと食い物にしていった。消費者は依然として新聞の編集記事を望んではいたが、車、家、仕事、デート相手をオンラインで探すようになり、旧来のメディア企業にとって重要な収入源が奪われたのである。その結果、多くの大手新聞社が倒産し、統合された。この展開は、破壊的技術やビジネスモデル革新の際に一般的に起こることである。既存のプレイヤーは、自分の考え方や問題の境界定義が原因で冷静な判断ができなくなり、文字どおり新規参入者の脅威に気づくことができない。[*1] ここでのポイントは明らかだ。**境界を含めて問題の定義を正しく行うことが優れた問題解決には不可欠であり、本質的な競争優位になり得る**ということだ。

優れた問題定義文の6つの特徴

優れた問題定義文には、次のような特徴がある。

特徴1 成果に焦点を当てていること。活動や中間成果ではなく、最終的な成果で表現された、解決すべき問題を明確に記述している

特徴2 可能なかぎり具体的で測定可能であること

特徴3 明確な時間的制約が設定されていること

特徴4 意思決定者の価値観や境界線（求められる精度や希望の規模など）に明確に対処するように設計されていること

特徴5 創造性や予期しない結果に対して十分な余地を許容するよう構造化されていること。問題の範囲が狭すぎると、解決策が人為的に制約される可能性がある

特徴6 可能なかぎり高いレベルで解決すること。つまり、一部に最適化して解決するのではなく、組織全体として解決する

これらの特徴を憶えやすくするために、私たちのチームでは略語のSMARTという頭文字を使うことがあった。これは、**問題定義文は具体的《Specific》で、測定可能《Measurable》で、実用的《Actionable》で、関連性《Relevant》があり、時間枠《Time frame》が設定されていな**

図表2-1 ▍問題定義のワークシート

問題の説明 ： 私たちは何を解決しようとしているのか？	
意思決定者 あなたはどの聴衆に話しかけているのか？ 誰が決定・行動する必要があるか？	**取り組みを成功に導く基準／措置** 意思決定者は、問題解決の取り組みが成功したとどのように判断するか？
意思決定者に作用する主要な力 決定に関するほかの懸念や問題は何か？ 相反する議題にどのように対処するか？	**解決のための時間枠** 答えはどのくらい早く必要か？
問題の境界線／制約 触れてはいけない、または検討されていないものは何か？	**求められる精度** どのレベルの精度が必要か？

ければならないという意味の英語の頭文字である。SMARTは重要な項目のほとんどをカバーしているが、すべてではない。成果に焦点を当てることと、最も高いレベルで仕事を進めることを忘れないようにしよう。

通常、こうした特性のすべてを1文に収められないため、**図表2−1**のように全体の状況を把握できる問題定義のワークシートを使うとよいだろう。

ケース　パシフィックサーモンの保護

問題定義文がどのように機能するのかを具体的な例で説明しよう。チャールズは、新しく設立された慈善財団であるゴードン&ベティ・ムーア財団より、北太平洋の温帯雨林生態系で非常に重要な種である野生のパシフィックサーモンをどのように保護するかという問題を調査するよう依頼された。大西洋では、代表的なサーモン種が誤った管理により激減したことがあり、大規模な生態系の破壊と地域社会の経済的損失が発生した。財団の創設者は、同じことが太平洋でも起きないようにしたいと考えていた。この問題は、第1章で扱った狭義の問題よりもはるかに大きく、複雑である。しかし、7ステップのそれぞれにもう少し作業を加えるだけで、難しい問題の解決にも同じ原則が適用できることがおわかりになるだろう。

チームには次のことがわかっている。パシフィックサーモンは、北太平洋の温帯雨林の生態系に欠かせない存在であり、その役割から「頂点種」と呼ばれることもある。5億匹近くのパシフィックサーモンは、それ自体が重要な生物資源であり、淡水および海洋生態系に多大な影響を及ぼしている。多くの動物種には栄養を与え、商業漁師には仕事を与え、先住民には食物と文化的意義を与え、スポーツフィッシング愛好家にはレクリエーションを与え、地域経済を大きく後押しし、森林を繁栄させる海洋栄養素の導管になっている。この広大な地域の環境、経済、文化、食物網におけるこうした重要性を過大評価することは難しい。そしてパシフィックサーモンは、少なくともその歴史的生息域の大部分で危機に瀕している。土地利用の増加と漁業管理方法における人間の開発によって、生息地と個体数の両方に影響を受けているのだ。

チームは、こうしたサーモンの衰退を逆転させる手助けをしたかったのだが、率直に言ってどこから始めればいいのかわからなかった。財団は新設ではあったが、すでに慈善活動の長期モデルに取り組むことを表明していた。少数のプロジェクトにのみ焦点を当て、長期間にわたって資金を提供することを決定していた。創設者は世界的に有名なエンジニアであり、彼の個人的な価値観が、財団が仕事を引き受けるかどうかを決める4つの条件の核心になっていた。そのうちの1つが、測定可能な結果をもたらすプロジェクトにのみ取り組むことである。他の3つの条件は、重要であること（実際、本当に重要なことにのみ取り組んでいる）、他の財団との違いを生み出せるプロジェクトにのみ取り組むこと（財団が独自の貢献をすること自体が重要である）、時間の経過とともにポートフォリオ効果［訳注：複数の銘柄に投資することで全体のリスクを軽減する効果を意味する金融用語］に貢献するプロジェクトに取り組むことである。つまり、プロジェクト同士が互いに高め合い、支え合うような能力と成果に対して投資するということだ。こうした考えに基づき、最初の問題定義文は**図表２－２**のようになった。

　このように明確に定義された問題意識は、チームにとって非常に価値があるものだった。彼らは、問題に取り組む時間が最大で15年あり、進捗が順調であれば非常に大きな資金を投入できることを知っていた。しかし、チームにはいくつかの現実的な制約があり、その範囲内で行動しなければならなかった。頻繁に開かれるトップレベルでの面談で問題を迅速に解決していることを実証する必要があったし、長期間にわたって測定可能な生態系レベルの成果を改善する戦略を開発しなければならなかった。また、他の財団による環境保護活動に役立つような能力や人脈のポートフォリオ効果を構築する必要もあった。そして、第一線にいるチームとして、環境保全に焦点を当てたポートフォリオ・アプローチが本当にうまくいくということを、多数の助成金提供者や自然保護団体に示すことが重要だった。これらは高い目標水準だったが、**成功を判定する閾値《しきいち》を事前に知っておくことは非常に役に立つ。**

　さらに、何が制限されているのかを知り、**その境界線が解決策にとってどういう意味があるかを理解することも重要**である。サーモンの場合、草の根の保護キャンペーンが主要な戦略にはなり得ないことがわかっていた。大規模な政策提言活動についても、財団がこれらのアプローチを好ましく思っていないことから、同じ結論が得られた。

図表2-2 ▍パシフィックサーモン問題　ワークシート

問題の説明 ： 野生のパシフィックサーモンの数を大幅に増やす

意思決定者

- 財団環境プログラム責任者
- 財団評議員会
- その他の利害関係者：
  環境団体、他の助成金提供者、
  政府機関、漁業および
  先住民グループ

取り組みを成功に導く基準／措置

- 4つの財団の条件
  1. 重要性
  2. 違いを生み出し、永続的な影響を及ぼす可能性がある
  3. 結果が測定できる
  4. ポートフォリオ効果に貢献する
- チームは財団によるイニシアティブ・アプローチを実証できるか？

意思決定者に作用する主要な力

- 新しい財団により行われる最初のイニシアティブ
- 良い評価を確立したい
- 慈善活動らしいモデルを証明したい

解決のための時間枠

- 上限は15年間だが、プログラムを設計し牽引力を得ることができると証明する必要がある
- それを確認するための年次レビュー

問題の境界線／制約

- 財団は、直接的な政治活動や対立を生みやすい意見活動を好まない（政治より科学、運動より実利）
- 年間1000万～1500万ドルの出費をいとわない
- 活動ではなく成果を

求められる精度

- このイニシアティブが、単一世界の間に生態系規模の成果を生み出す可能性があることを実証する必要がある

理解が深まるのに合わせ、問題定義文を進化させる

問題定義文そのものに目を向けてみよう。財団が最初の助成プログラムとしてパシフィックサーモンの保護を選択した理由の1つは、明らかに財団のコアバリューである測定可能性という条件に適合していたからだった。結局のところ、魚を数えればいいのだろう？　次に何が起こるか想像がつくだろう。魚を数えることは、思ったよりも簡単ではないのだ。

カリフォルニアからカナダのブリティッシュコロンビア、アラスカ、ロシアのカムチャツカ、樺太地域、そして日本に至るまで、環太平洋地域には5種類のパシフィックサーモンが生息している。いくつかの種は限られた場所でのみうまく生息しているが、多くはそれほどうまくいっていない。そして、サーモン全体の数は、さまざまな要因によって毎年上下する。そのうちの最大の要因の1つが海の状態であり、その影響でサーモンの餌になる小型の生物が増減する。これは「太平洋十年規模振動」と呼ばれる海水温に関連する大まかな時間的パターンに従う。ちょっとした気象学のように聞こえるが、実際には、サーモンの数が毎年変動する理由を個別に分けて説明することは非常に困難だった。要するに、サーモンを数えるのは簡単ではなく、新しい政策や漁業管理プログラム、新しくできた保護区の影響がどれだけプラスあるいはマイナスに働いたのか、厳密な数値で判断するのは容易ではないのだ。チームにとってこれは、測定が長期間にわたること、海洋生産性のような制御できない要因の影響を推定しなければならないことを意味している。

初期の分析や助成対象候補者との共同作業を通じてチームの理解が深まるにつれ、問題定義文は進化し、

改善されていった。最も重要なことは、サーモン資源の多様性を維持し、生態系の全要素を完全に機能させる点に重点を置いたことだった。資源の多様性とは、同じ種類のサーモンの小さな個体群が川や海を利用し、さまざまな食物を食べ、さまざまな時期やルートで回遊する、あらゆる異なる方法を意味している。異なる小さなグループに分かれているというサーモンの構造の多様性によって、サーモン種は全体的に環境の急激な変化をうまく乗り切ることができ、種全体の長期的な豊度に貢献している。**図表2−3**は、問題定義文の進化を示し、その評価を最初の切り口から第3の切り口まで示している。ご覧のとおり、サーモンを数えるという課題に対処する方法の1つとして、「利用可能な海洋環境収容力を活用するのに十分な個体数」という概念を導入している。海洋環境収容力は食料の入手可能性や生息地によって左右される。この概念は、利用可能な海洋容量をすべて活用できる亜種の豊度と多様性を健全なサーモンの数の基準とするもので、ある年の単純な固体数よりもはるかに有用な概念である。

この問題定義文は、財団のサーモンチームの問題理解が深まった結果を反映している。彼らは、サーモンの管理機関、先住民グループ、商業漁業団体、スポーツフィッシング愛好家、サーモンの研究者、自然保護団体といった団体と会議を繰り返していた。**絶え間ない反復によりチームは理解を深め、望ましい結果を達成するための戦略をより研ぎ澄ますことができた。同時に、戦略を実行に移す段階になっても、すべての利害関係者を味方のままにすることができた。**

この問題定義文の進化は、目指すべき正しい目標レベルについて議論されたことを示唆している。主にサーモンの管理に焦点を当てた、より狭い地域プログラムであれば、北太平洋の生態系レベルのプログラムに比べ、より早期に成果を上げたかもしれない。しかし、それでは環境全体、人類、生態系に対する影響も小

図表2-3 ▌パシフィックサーモン問題　問題定義文の進化

	問題定義文	良い点	批評
最初の切り口	野生のパシフィックサーモンの数を実質的かつ持続的に増やすこと	▶シンプル ▶測定可能に見える	▶測定が困難 ▶種の多様性の重要性を無視している ▶生態系全体の健全性と関係がない ▶具体性は十分か？
第2の切り口	野生のパシフィックサーモンの長期的な持続可能性に実質的かつ測定可能な影響を与え、サーモンが生息する環太平洋北部の海域で多様性と機能的な生態系を維持できるようにすること	▶結果で表現している ▶重要性を示している ▶長期的な視点に立っている ▶測定可能	▶生態系か、種のプログラムか？ ▶サーモンの数だけでは閾値がわからない: どれだけあればいいのか？ いつ終わるのか？
第3の切り口	自然に変動する海洋の環境収容力をサーモン個体群が十分に活用できる可能性を維持することにより、北太平洋の規模でサーモンの生態系が十分に機能すること	▶閾値の質問に答えるために自然のメカニズムを特定している ▶ほかの財団の条件を満たしている ▶生態系と種の保存を結びつけている	▶環境収容力はまだ科学的に解明されていない ▶ほかの要因に圧倒される可能性がある

さくなってしまったかもしれない。また、狭い枠組みでは、環境保護に対する人々の意識を根本的に変化させるのは困難で、他の財団から資金を得ることも難しくなる可能性がある。一方で、これらの枠組みはいずれも、気候変動などのより大きな地球環境の脅威に圧倒されてしまうリスクを依然として負っている。

常に高いレベルで問題を定義せよ

この節のポイントは、組織による問題定義において、プロジェクトの適切な規模と範囲を見つけることである。私たちがマッキンゼーで働いていたときに、**問題をより高いレベルに再定義することにより、大きな恩恵が得られたケースをよく目にした**。たとえばロブのチームは、大手鉄鋼会社から60億ドルに上る設備投資計画の再検討プロジェクトを依頼されたことがある。当初は単純な作業に見えた。各投資のコストと利益を長期にわたって評価するだけである。しかし、チームがデータを掘り下げてみると、新工場や機械設備への投資計画よりも、コスト競争力のなさによってキャッシュを生み出せないことのほうがより大きな問題であることがわかったのである。その結果、クライアントはまずコストに対処し、事業によってキャッシュを生み出せない状況を打開することに納得した。彼らは間接費を大幅に削減し、投資予定のプロジェクトのうち、一部だけ選んで成功させなければならなかった。こうした変更によって、生き残るためのキャッシュを事業から生み出すことができた。

可能であれば、**問題解決プロジェクトの範囲や幅に柔軟性を持たせると有利になる**。そうすれば、ロブのクライアントであるオーストラリアの鉄鋼会社のケースのような発見をする余地が生まれる。しかし、同様に重要なのは、創造的で斬新な解決策を生み出す余地も提供してくれることだ。範囲の狭いプロジェクトは迅速な問題解決につながるが、同時に、問題空間に従来の概念を当てはめてしまい、目の前の問題を直視できなくなってしまうことがよくある。旧来のモデルやフレームワークでは、画期的なアイデアが生まれにくい。コンサルティング会社に採用されたばかりのMBAホルダーが、ベテラン経営陣の率いる組織に価値をもたらすことができるのかと疑問を呈する人はよくいる。その答えは、新しい目と新しい分析的アプローチが、旧来の問題に新鮮な視点をもたらすことにある。

問題定義における他の重要な原則の1つは、可能なかぎり高いレベルで問題を解決することである。ここから洞察されることは、最も細かくて局所的な解決策は、大規模な組織には最適ではない場合が多いということだ。ビジネスでは、事業部単位で資本配分と投資の決定を行う際に、この問題がよく見られる。1つの事業単位にとって意味のあることが、会社全体にとって意味のあることではないと気づくのである。可能な場合にはいつでも、小さな単位の利益だけを考えて問題を解決するのではなく、自分が働ける最も高いレベルで問題解決するように努力していただきたい。ロブの鉄鋼会社のケースでは、クライアントは適切な資本予算のための解決策を望んでいたが、より高いレベルの問題定義は、株主に事業への再投資を納得させるためのフリーキャッシュフローを生み出すにはどうしたらいいかだった。

同様に、チャールズのサーモンチームは、サーモンが他の海域を通って回遊し、共通の遠洋の餌場に集まるため、小規模な地域アプローチはあまりうまく機能しないことを学んだ。商業漁業エリアを縮小したり、限られた個体だけを捕まえる漁具を選んだりする解決策では、他の地域で漁獲量を増やすよう圧力が高まってしまい、台無しになる可能性があった。北太平洋全域の規模で考えることは、この問題を解決するにあたって適したものだった。

適切な問題定義でHIV感染者が10年間で60万人も減少

実例で示したように、**適切な問題定義やフレーミングは、非常に大きな好影響を及ぼす**可能性がある。インドのアヴァハンHIVプロジェクトの成功は、問題の大幅なリフレーミングと再調査があったからこそ達成できた。以下の図表では、問題定義の観察レンズを改善することがいかに重要であるのかを説明している。驚くべきことに、このプロジェクトによって、HIV感染者が10年間で60万人も減少したのだ。チームは当初、伝統的な公衆衛生（つまり供給側）のアプローチに従っていくつかの洞察を得たが、画期的な需要側（つまり消費者側）の取り組みも並行して行うことで、両者のバランスを取った。この場合は、解決策の開発にあたってセックスワーカーに参加してもらったのだ。早期に仮説を検証した結果、チームはインド全土で再現するためのガイドラインに合意することができた。

このガイドラインには、地域社会に参画するためのプロセスが組み込まれており、これまであまり意見を聞かれることのなかったセックスワーカーの声が反映されていた。**図表2—4**は、最も正確な問題定義文に到達するために、問題定義、仮説、データの間で「ポーポイズ現象［訳注：航空機などが着陸時に縦揺れを繰り返して制御不能になる現象］」を起こしてしまうもう1つの例を示している。

図表2-4 ▎問題のフレーミング　インドでのHIV感染の削減

2003年、「ビル＆メリンダ・ゲイツ財団」は、インドでのHIV感染の割合に関する懸念の高まりに応えて、アヴァハン・インド・エイズイニシアチブに資金を提供した。10年後、ランセットグローバルヘルス研究所の研究者は、アヴァハンイニシアチブの介入によって、60万人を超えるHIV感染が予防されたと推定した[1]。問題のフレーミングが、アヴァハンイニシアチブの成功に大きな役割を果たしたのである。

マッキンゼーの元シニア・パートナーであるアショク・アレクサンダーの率いるアヴァハンチームは、需要と供給の観点から、問題を再構成した。チームは、行動と因果関係を理解するために、フィールド分析を実施し、コミュニティレベルでのコミュニケーションに重点を置いた行動を実施した。

アショクは、「公衆衛生への取り組み（供給側）を強化したかった。意識を高めるだけでなく、コンドームの配布数を把握し、最前線の医療従事者によるデータ利用を重視していた。並行して進めていた需要側の取り組みについては、現場で働く人たちをグループで集め、安全性などの一般的な問題についてのキャンペーンを行うことができた。ビジネス用語で言うと、こうすることで、よりアクティブで意識の高い消費者を生み出すことができ、需要側の取り組みは勢いを増した[2]」と述べている。

その後、チームは需要側に目を向け、セックスワーカーにHIVの蔓延についての見解を尋ねた。性的なサービスを提供する女性たちは、無防備なセックスを要求する男性による暴力があまりにも頻繁であることを例証してくれた。チームは、暴力と性感染症（STI）との間に高い相関関係を示すことができた。アショク・アレクサンダーと彼のアヴァハンチームは、この発見を問題の突破口と考えた。次にチームは、女性に加えられる暴力をどのようにして防ぐことができるのかを調査した。見つかった答えは、地方自治体職員で構成される迅速対応チームを事件現場に即時派遣し、このチームに弁護士と地元新聞記者を頻繁に同行させることだった。この活動は、アショクが語っているように、インド全土の地方自治体がアヴァハンイニシアチブの試験的介入実施を受け入れたため、あっという間に口コミで広まった。

ビル・ゲイツは、2017年初頭に著名な投資家ウォーレン・バフェットに宛てた手紙[3]の中で、「客に対してコンドームの使用を主張するというインドのセックスワーカーの決め事が、HIVが一般の人々に侵入することを防いだことは、十分に文書化されている」と書いている。またランセットグローバルヘルスの研究者は、また「アヴァハンプログラムの開始以来、リスクの高いグループによるコンドームの使用が大幅に増加している」と指摘した。さらに重要なのは、HIV感染の大幅な削減に相応して、女性に対する暴力も同様に削減できたことである。

1　Lancet Global Health article by Michael Pickles et al.
2　Personal communication with Ashok Alexander
3　Gates Notes.com/2017 Annual Letter

問題定義文は「問いとの対話」で鋭くなる

問題の定義がより鮮明になるような事実がもたらされるたび、問題定義文は改善され続ける。私たちは、**問題定義に求められる鋭さを得る鍵は、答えなければならない問いとの対話を設定することにある**と発見した。一例として、ロブのケースを見てみよう。オーストラリア政府の生産性委員会の調査によると、非営利団体は能力開発への投資が不足していることが判明した。彼は、この問題を調査するチームに協力するよう依頼を受けた。そこで、次のような問いを投げかけた。

非営利団体の能力開発に関する5つの問い

問1　この問題は、すべての非営利団体に当てはまるのか、それとも一部か?

問2　この問題は、大規模な非営利団体に当てはまるのか、それとも小規模か?

問3　この問題は、資金調達の都合で起きていると考えられるのか、それとも優先順位の問題か?

問4　この問題は、すべての非営利セクターに当てはまるのか、それとも一部か?

問5　運営効率への投資不足なのか、それとも複雑なシステム管理への投資不足か?

これらの問いには、既知のデータから答えられるものもあるが、セクターのリーダーへのインタビューから得られる視点が必要なものもあった。チームは、過小投資の問題はすべてではないが、ほとんどの非営利団体に当てはまること、特に従業員が50人未満の小規模な組織に当てはまること、非営利団体には能力開発に費やせる自由裁量の資金がほとんどないのが原因であること、サービスの提供モデルに問題がある部門ではより深刻であること、最後に、運用効率のための能力開発への投資も不足していたが、複雑なシステム管理にとりわけ投資不足が当てはまると結論付けることができた。その結果、問題定義文は非常に広範なものから、能力開発の資金調達が困難であり、かつ複雑なシステム環境に対応する提供モデルを更新する必要がある非営利団体を対象とするものに変更された。問題定義文をより明確にするための努力は、大きな成果を生む可能性がある。次の章では、優れた問題定義文と、検証すべき優れた仮説との間の関係性について説明しよう。明確な問題定義文が、より優れ、より検証可能な仮説を導くことを知っても、驚くことはないだろう。

「デザイン思考」は消費・製品領域で特に威力を発揮する

私たちが遭遇する最も一般的な問題定義文の1つに、ユーザーエクスペリエンスに関するものがある。デザイン思考は、消費者のニーズとユーザーエクスペリエンスに取り組む問題解決者にとっての強力なツールとして発展してきた。多くの場合、製品やサービスをデザインする場面で使われるが、その他の領域、つまり問題解決における創造性が良い結果を生むために重要である分野以外でも使われる。私たちはよく、7ステップからなる分析的な問題解決プロセスの中で、デザイン思考はどこに位置付けられるのかとよく聞かれる。特にユーザーエクスペリエンスの理解が不可欠な場合には、デザイン思考は一貫的であり、補完的なも

図表2-5 | デザイン思考のプロセス

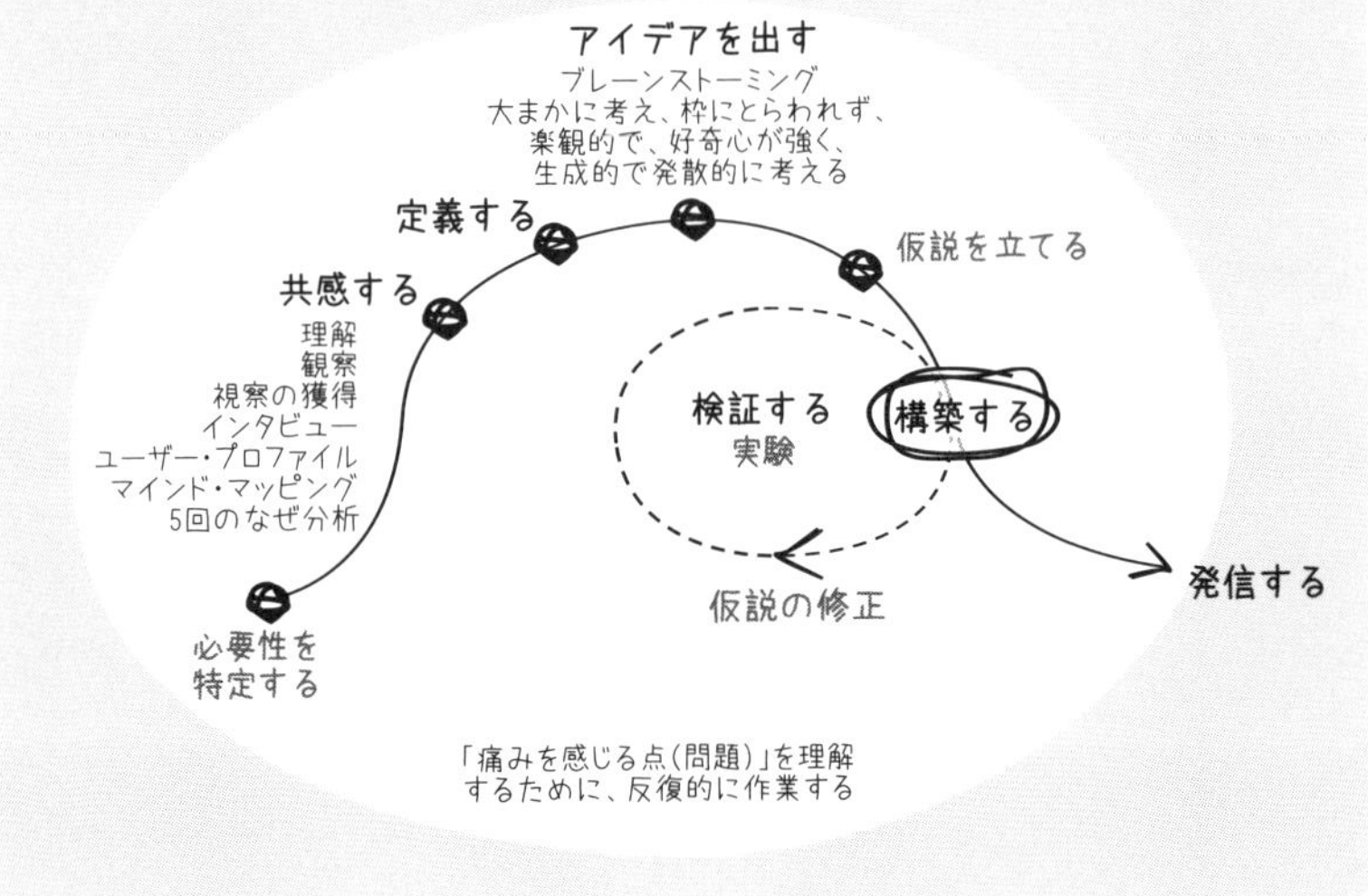

のだと考えている。本書では、ユーザーエクスペリエンスが問題解決の核であり、デザイン思考に適したケースを紹介している。たとえば、どこに住むべきかという問題や、インドのＨＩＶ、膝関節鏡手術を受けるかどうかという問題などだ。

デザイン思考は通常、７ステップのようなプロセスとして提示されるが、段階が少し異なる。共感し、定義し、アイデアを出し、構築し、検証し、発信する。これら６つのステップは、**図表２－５**に示すとおり、反復的で流動的なプロセスとして示されている。この方法論は、一見すると順を追ったプロセスのように見えるが、そのステップは通常、直線的ではない。これらは並行して行われる可能性があり、洞察が深まるにつれてステップを繰り返すこともあり得る。

私たちの７ステップとデザイン思考の間には、明確な類似点がある。共感と定義のステップは、問題解決定義文のアプローチに密接に対応している。アイデア出しのステップは、仮説に関する問題を分解し、検証するプロセスに似ている。構築と提供のステップは、作業計画と分析のステップに対応している。私たちのアプローチと同様に、デザイン思考は非常に反復的であり、知識が蓄積するにつれて初期の状態を修正する。

デザイン思考は、デザイナーの方法論と価値観を形式化することにより、チームが創造的な問題解決プロセスを辿って革新的な解決策を見つけることを可能にする。この種の問題解決には、ユーザー中心のアプローチが基本であり、ユーザーとその「痛みを感じる点」に共感し、理解することにかなりの時間が費やされる。これは、インタビュー、観察、調査など、長期にわたる辛抱強い持続的な相互作用を通じて行われる。特に、斬新で創造的なアイデアが解決に不可欠な場合、私たちはデザイン思考を7ステップのアプローチに統合するというアイデアを好んでいる。

デザイン思考は通常、潜在的なユーザーのニーズを理解することから始まる。したがって、デザイン思考の方法論の最初のステップは、サービスを受けてほしい人に共感し、彼らのニーズが何であるかを学び、製品や解決策が関わる理由と、それが日常生活でどのように使用されるのかを認識することだ。共感し、構築し、検証し、再定義し、また構築し、検証し、再定義するというサイクルは、過去のデータや直観に基づいて意思決定をする必要はないという考えに依っている。むしろ、成功・失敗したプロトタイプに対するユーザーの反応から得られた証拠に基づいて、意思決定が進化する可能性がある。ユーザーの理解、調査、プロトタイプによる反復に焦点を当てたデザイン思考の方法論は、**特に消費者・製品領域において、7ステップの問題解決アプローチと組み合わせて活用する強力なツール**なのである。

問題定義に力を注げば報われる。賢明なスタートを切れるし、プロセスが効率的になる。反復的に問題定義をすることもまた、非常に価値がある。さらに、問題のフレーミングと範囲が本当に適切なのか疑う方法を見つけることで、解決策の創造性を高めることができる。

第2章のまとめ

- 問題を正しく定義することは、優れた問題解決の出発点である。正しく定義できなければ、時間を無駄にし、意思決定者を不幸な結果に導くリスクがある。**「明確に定義された問題は、半分解決された問題である」**という格言がある。ことの始まりに時間を投資することには、それだけの価値があるのだ
- 問題の定義は、問題の単なる説明ではない。問題の境界線、解決のための時間枠、求められる精度、その他決定に影響を及ぼすあらゆる要素を知る必要がある
- 問題定義文の堅牢性を検証するために、挑戦的なアンチテーゼや反事実を試そう。それは、顧客の行動、競合他社の反応、問題に対する規制当局の姿勢などにあったのかもしれない
- データを分析し、問題についての理解を深めながら、問題定義を繰り返し、洗練する必要がある
- 問題の開口部を広げ、つきまとう制約を緩和し、チームメンバーに多様性を持たせることにより、問題の定義に創造性をもたらそう
- この段階で、デザイン思考の要素を追加し、特にユーザーや意思決定者に積極的に共感するようにする

独学のための練習問題

問題１　自社の今年の最優先目標を取り上げ、問題定義文として記述してください。次に、適切な問題定義文の基準を満たしているかどうかを検証してください。ＣＥＯの視点から書くとどう違うでしょうか。また、競合他社の視点からではどうでしょう。

問題２　環境破壊、犯罪率の増加、違法薬物の乱用など、あなたが住んでいる地域の上位３つの問題を挙げてください。その中から１つを選び、問題定義文を書いてください。次に、知っている事実を書き、問題について知る必要のある調査のポイントと分析を指定して説明してください。それから、インターネットで調査し、電話を何本かかけて１時間で事実収集を行ってください。その後、問題定義文を書き直し、第２バージョンを作ってください。

問題３　ご自分の取引先の銀行関係の問題を定義してください。ユーザーエクスペリエンスから思いつく問題点は何ですか？　金融商品やプロセスを変更することで、どのように問題を軽減できるでしょうか。

問題４　空想したことはあるが、いまだに満たされていない消費者ニーズを思い描いてください。それから、デザイン思考サイクルを一巡して考えてください。

第3章

問題を分解し、優先順位を付ける

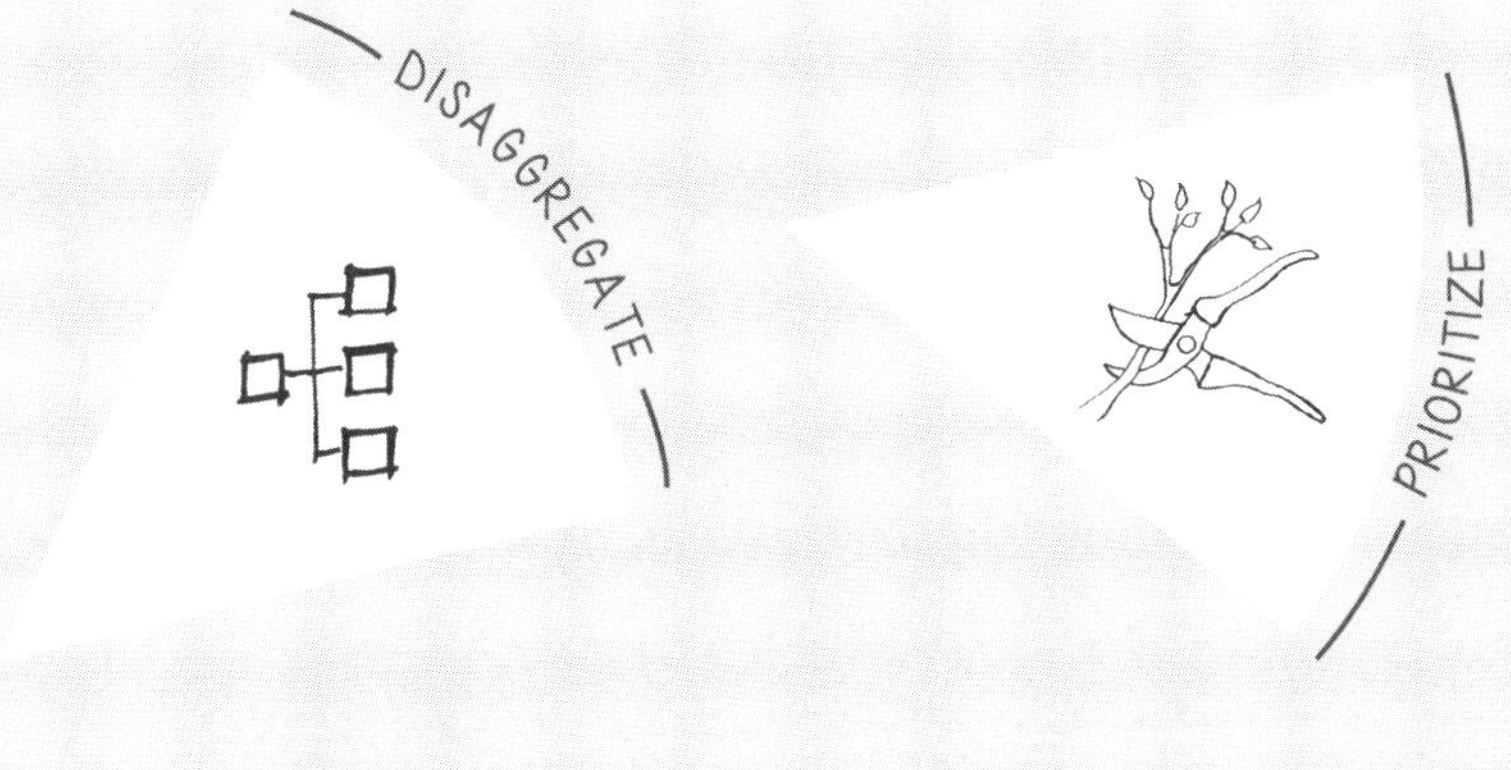

「ロジックツリー」でエレガントな解決策を見つける

問題の優れた分解は、7ステップのプロセスの中心部にある。現実世界で起こるどんな問題も、論理的な構成要素に分解して状況の推進要因や原因を理解することなしには解決することができないほど複雑すぎる。したがって、問題の分解は問題解決の最も重要なステップである。問題を分解すれば、解決への道筋が見えてくるからだ。

同時に、すべての部分がはっきりと見えるようになれば、変更するのが難しすぎる構成要素や、問題にあまり影響を及ぼさない構成要素など、取り組むべきではないことを決定できる。**問題を切り分けるのが上手になると、すぐに洞察が得られるようになる。コツは、どのタイプのロジックツリーであれば、エレガントな解決策を明確に見せてくれるのかを判定すること**だ。これはダイヤモンドをカットする計画のようなものであり、正しい方法で行うことこそが重要なのである。

ダイヤモンドカッティングの喩えはおもしろいが、この比喩にはリスクが伴う。問題をカットして分解することが、難しい技術を身につけた専門家だけに求められる仕事であるように思わせてしまうからである。実のところ、私たちの誰もが、問題の側面についてオンラインでの文献調査に取りかかり、アイデアを生み出すことができる。問題の形と要素に関するこのブレーンストーミングを行うことで、問題を切り開くための要因ツリーができ上がる。

この章では、ロジックツリーを使用して問題を分解し、分析のために構成要素を追跡し、解決策に対する洞察を構築する方法について説明する。問題解決の初期段階に適したもの、後期段階に適したものなど、いくつかの種類のロジックツリーを紹介しよう。それには要因／梃子《レバー》ツリー、演繹的ロジックツリー、仮説ツリー、意思決定ツリーなど、各種の問題に適したものがある。問題によっては、簡単に、もしくは直観的な方法で答えを教えてくれるものもある。一方、洞察を生み出すのにずっと多くの忍耐が要求される問題もある。

個人、組織、および社会レベルの問題に対する切断フレームワーク、またはヒューリスティックスの使用について説明しよう。これらは、より困難な問題をより迅速かつエレガントに解決するのに役立つ。次に、問題の要因の優先順位付けについて説明する。優先順位を付けることで、時間をかけても答えに貢献しないツリーの枝を剪定することができる。そして最後に、分解と優先順位付けを容易にし、意思決定のバイアスを少なくするチームプロセスとソロプロセスについて説明する。

問題解決の「梃子《レバー》」を見つけるには

ロジックツリーとは、実際には、問題の要素を明確に把握し、問題のレベルを幹、枝、小枝、葉にたとえて記録するための単なる構造である。問題の要因を左から右、右から左、または上から下に調整できる。要素を視覚化しやすくできればなんでも構わない。やり方はたくさんある。実際、私たちは、ほとんどの場合、2つか3つの分解方法を試し、どれが最も多くの洞察をもたらす図になるのかを見極めるようにしている。ロジックツリーのことは、問題の「メンタルモデル［訳注：世界を認識し、解釈するための認知モデル

図表3-1 ▍問題を分解する多くの方法——レンガの壁を作る

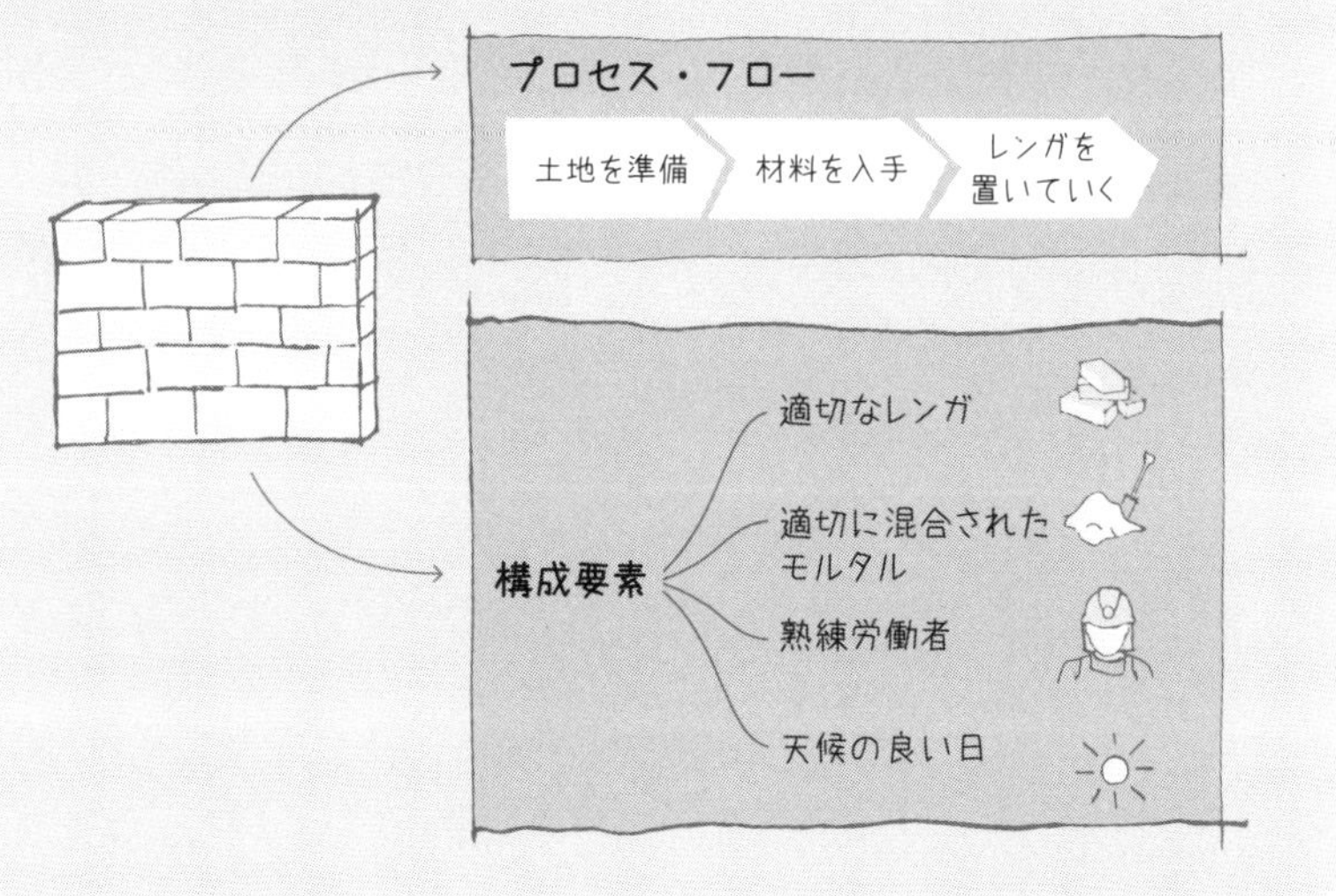

のこと」」だと考えていただきたい。優れたツリーは、明確で完全なロジックで各パーツを互いに結びつけ、包括的で重複がない。詳細は後述する。

ツリー構造の簡単な例をお見せしよう。レンガの壁を構築する計画を立てるという作業は、プロセスとして見ることも、構成要素の合成として見ることもできる。両方とも異なる洞察をもたらし、壁の構築という作業を視覚化するのに役立つ（**図表3－1**）。

図表3－2は、私たちが実際に使ってみて役立つと思ったさまざまなツリー構造と、それらを使うのに最適なタイミングを示している。プロセスの早い段階では、基本的な問題構造を定義するために、通常、構成要素ツリーまたは要因ツリーを使用し、しばしば帰納的に作業する（後ほど、特定のケースから学習して一般原則を明らかにする）。その後、データと分析を何度か繰り返したあと、問題の性質に応じて、仮説ツリー、演繹的ロジックツリー、意思決定ツリーに移動するのが一般的である。ここでの**唯一のルールは、一般**

図表3-2 ▍5種類のロジックツリー

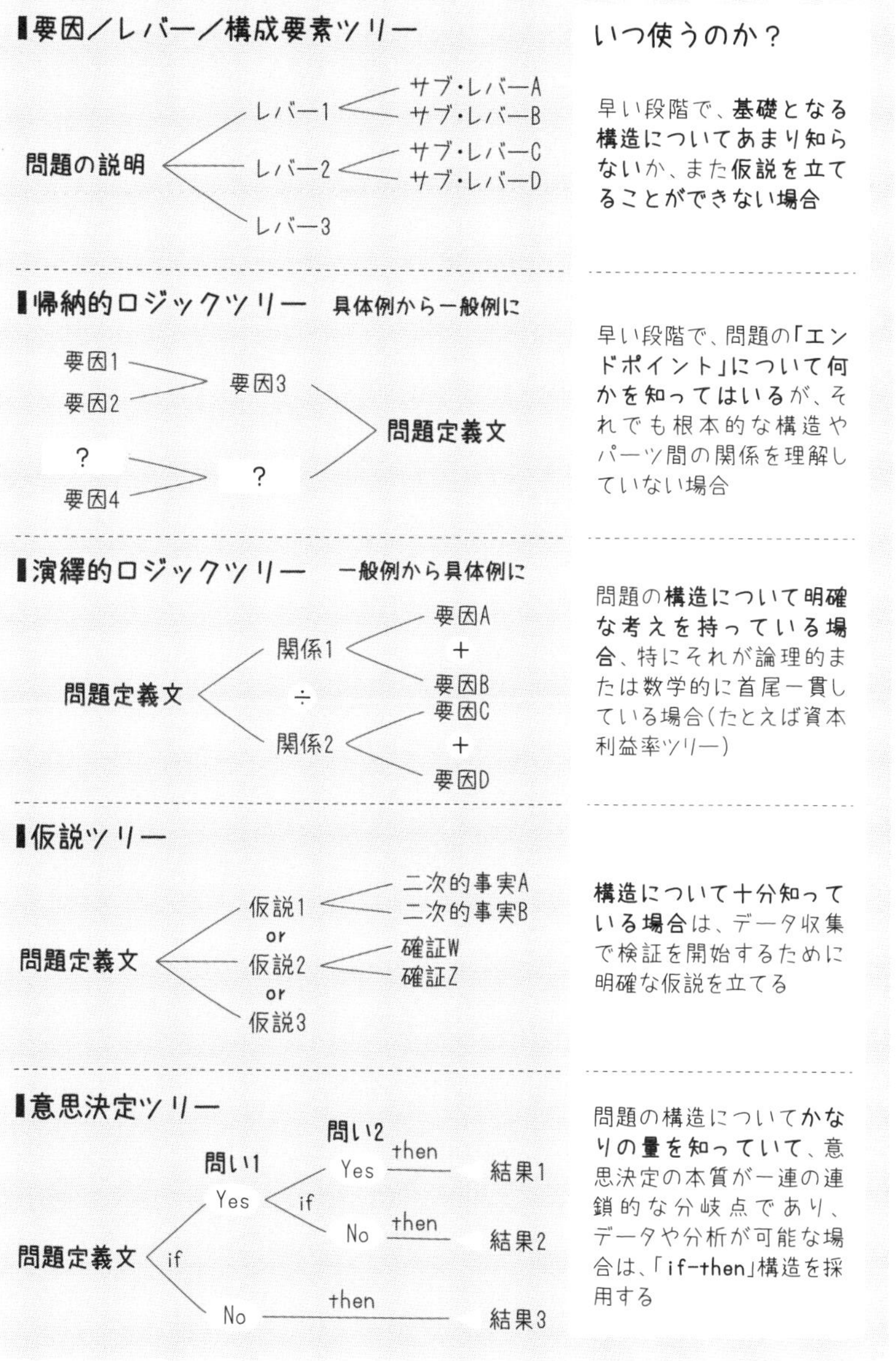
▍要因／レバー／構成要素ツリー
問題の説明
レバー1
レバー2
レバー3
サブ・レバーA
サブ・レバーB
サブ・レバーC
サブ・レバーD
いつ使うのか？
早い段階で、基礎となる構造についてあまり知らないか、また仮説を立てることができない場合
▍帰納的ロジックツリー　具体例から一般例に
要因1
要因2
要因3
?
要因4
?
問題定義文
早い段階で、問題の「エンドポイント」について何かを知ってはいるが、それでも根本的な構造やパーツ間の関係を理解していない場合
▍演繹的ロジックツリー　一般例から具体例に
問題定義文
関係1
÷
関係2
要因A
+
要因B
要因C
+
要因D
問題の構造について明確な考えを持っている場合、特にそれが論理的または数学的に首尾一貫している場合（たとえば資本利益率ツリー）
▍仮説ツリー
問題定義文
仮説1
or
仮説2
or
仮説3
二次的事実A
二次的事実B
確証W
確証Z
構造について十分知っている場合は、データ収集で検証を開始するために明確な仮説を立てる
▍意思決定ツリー
問題定義文
if
問い1
Yes
No
if
問い2
Yes
No
then
then
then
結果1
結果2
結果3
問題の構造についてかなりの量を知っていて、意思決定の本質が一連の連鎖的な分岐点であり、データや分析が可能な場合は、「if-then」構造を採用する

的な問題要素を持つツリーから、検証すべき明確な仮説を示すツリーに移動することである。漠然としたラベル名では、分析や行動につながらない。これが要点だ。

問題を明確に述べることはできるが、解決策を見出すための詳細な理解がまだできていない初期の段階では、通常、最も単純な種類のツリーである構成要素ツリーや要因ツリーを使うのが理にかなっている。ロジックツリーを構築する際の目的は、問題を解決するのに役立つ梃子《レバー》を見つけることだ。データ収集に焦点を当てるのに役立ち、最終的には検証すべき適切な仮説へと導いてくれるような構成要素から始める。構成要素や要因とは、問題を構成する最も明白な要素にしかすぎず、先ほどのレンガの壁の例でいえば、レンガとモルタルのようなものである。通常、少しのインターネット調査とチームでのブレーンストーミング・セッションで、論理的な最初の分解に必要な、十分な情報を見つけることができる。このことを明確にするために、ケーススタディを見てみることにしよう。

最初のツリーで問題を素早く把握する

図表3－3は、この種の構成要素ツリーやレバーツリーの例で、第2章で最初に紹介したチャールズのサーモン保護の研究から引用したものである。このツリーは、彼の働いていた財団がこの問題に取り組むことを知ってはいたものの、問題空間を定義するすべての要因や関係性を把握していなかったプロセスのごく初期の頃に作成された。

チームは、問題を把握するために初歩的な構成要素ツリーを開発した。この段階に至るために、私たちは

図表3-3 ▍サーモンの豊度と多様性

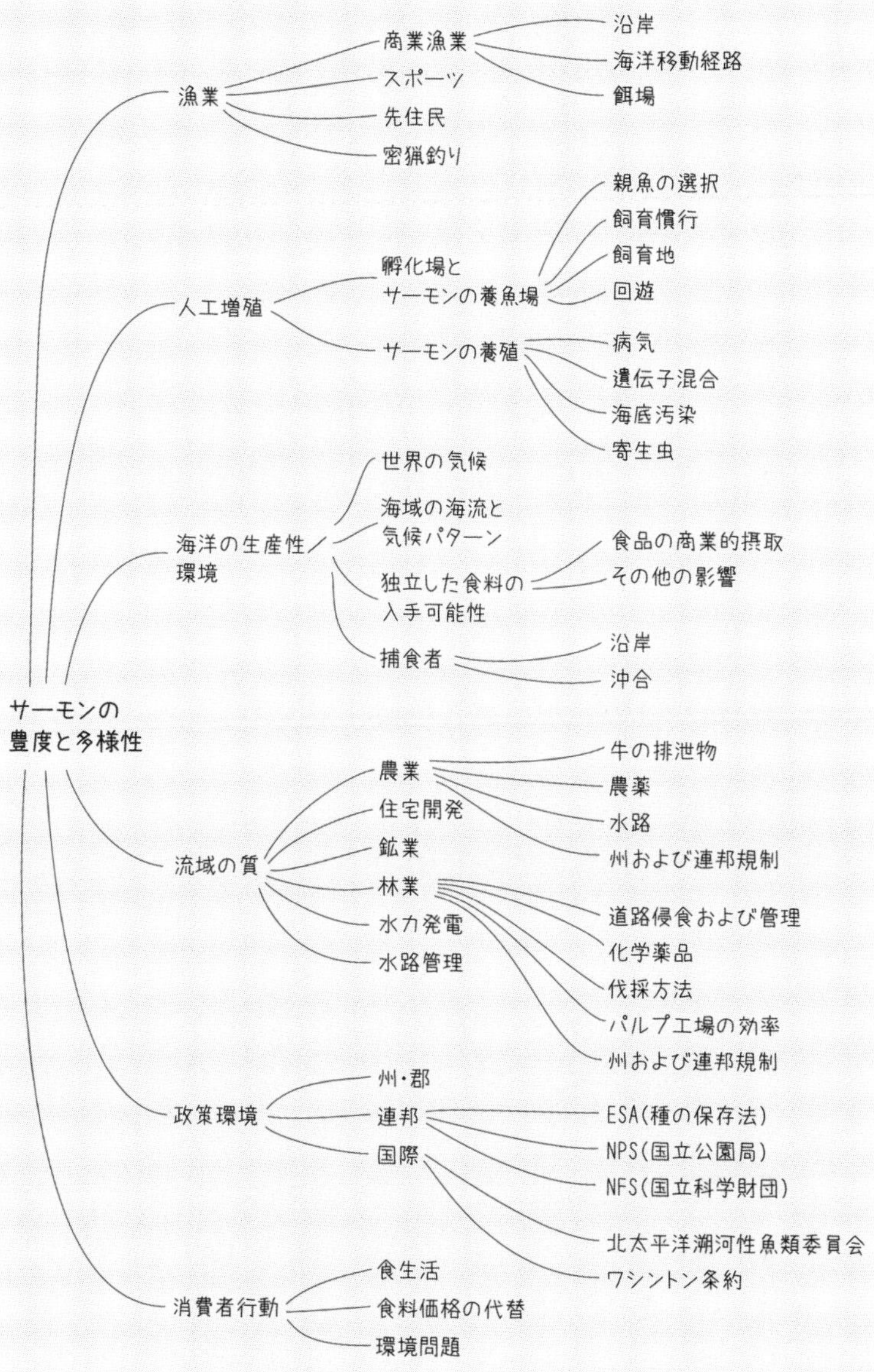

サーモンについて見つけられるすべての情報を手に入れ、サーモン保護に関する多くの専門家から話を聞いた。この作業は、数週間ではなく数日で済ませた。私たちの経験上、**初期の調査は最初の切り口によるツリーを作成するのに十分な量だけ行うべき**である。このツリー構造は、さらなる調査を効率的にするためのガイドとして機能するからだ。

ご覧のとおり、最初の切り口によるツリーには、多くの項目が混み合っている。サーモンに影響を及ぼす大きなレバーを確認するのには役立つが、いまだ構成要素レベルであり、明確な仮説がないため、多くの洞察が得られているわけではない。淡水流域の水質や海洋環境条件が、商業漁業およびその他の漁業、孵化場や養魚場、消費者行動、政府による政策の影響と同様に、パシフィックサーモンの資源量と多様性にとって重要であることが私たちにはわかっていた。問題の二次層、三次層は見えていたが、レバーの重要性や影響力の大きさ、財団の助成金がどのような影響を及ぼせるのかについて、強い実感はなかった。そのため、データの収集、分析、優先順位付けの指針となる仮説を立てることができなかった。

しかし私たちは、サーモンに影響を及ぼす要因のリストを作成し、何重もの介入策を講じることができた。これにより、チームは国によるサーモンの調査や関係構築という次の段階に向けて、より良い方向性を見出すことができた。良いスタートではあったが、スタートにすぎなかった。

パシフィックサーモンに関するこの第一段階の構成要素ツリーは、他の多くの点でも不足しているものがある。それは、どの要因が重要であるのかについて、地域による大きな違いに対処していないことだ。また、各レバーの影響の大きさについては、何も示されていなかった。その場合、流域保護から漁業、人工増殖にいたるまで、各レバーに影響を及ぼすことで真に再生されるのではなく、別個のトピック領域とされて抜け落ちている各地政府の政策要素に重大な混乱を引き起こしてしまう。

ロジックツリーから仮説を引き出せないときは

ここで少し立ち止まって、ロジックツリー構築における重要な原則であるMECE《ミーシー》という概念を紹介する価値があるだろう。**MECEとは「相互に排他的、集合的に網羅的」《Mutually Exclusive and Collectively Exhaustive》の略**である。先のサーモンのツリーは、枝の一部が混同したり、重なったりしているので、MECEではない。飲み込みづらいが、本当に便利な概念なのだ。

ツリーの枝は、次のようなものでなければならない。

ロジックツリー構築における重要な原則

相互に排他的：ツリーの枝は、まったく重なり合っていないか、同じ要因や構成要素の部分的な要素を含んでいない。これは少し難しいが、問題の各幹や枝のコアとなる概念が複数の枝にまたがっておらず、自己完結していることを意味する

集合的に網羅的：全体として見ると、ツリーには問題の一部の要素だけではなく、すべての要素が含まれている。もし一部が不足しているなら、問題の解決策を見逃してしまう可能性がある

図表3－4をご覧になれば、視覚的にご理解いただけるだろう。

図表3-4 ▍「MECE（相互に排他的、集合的に網羅的）」の概念

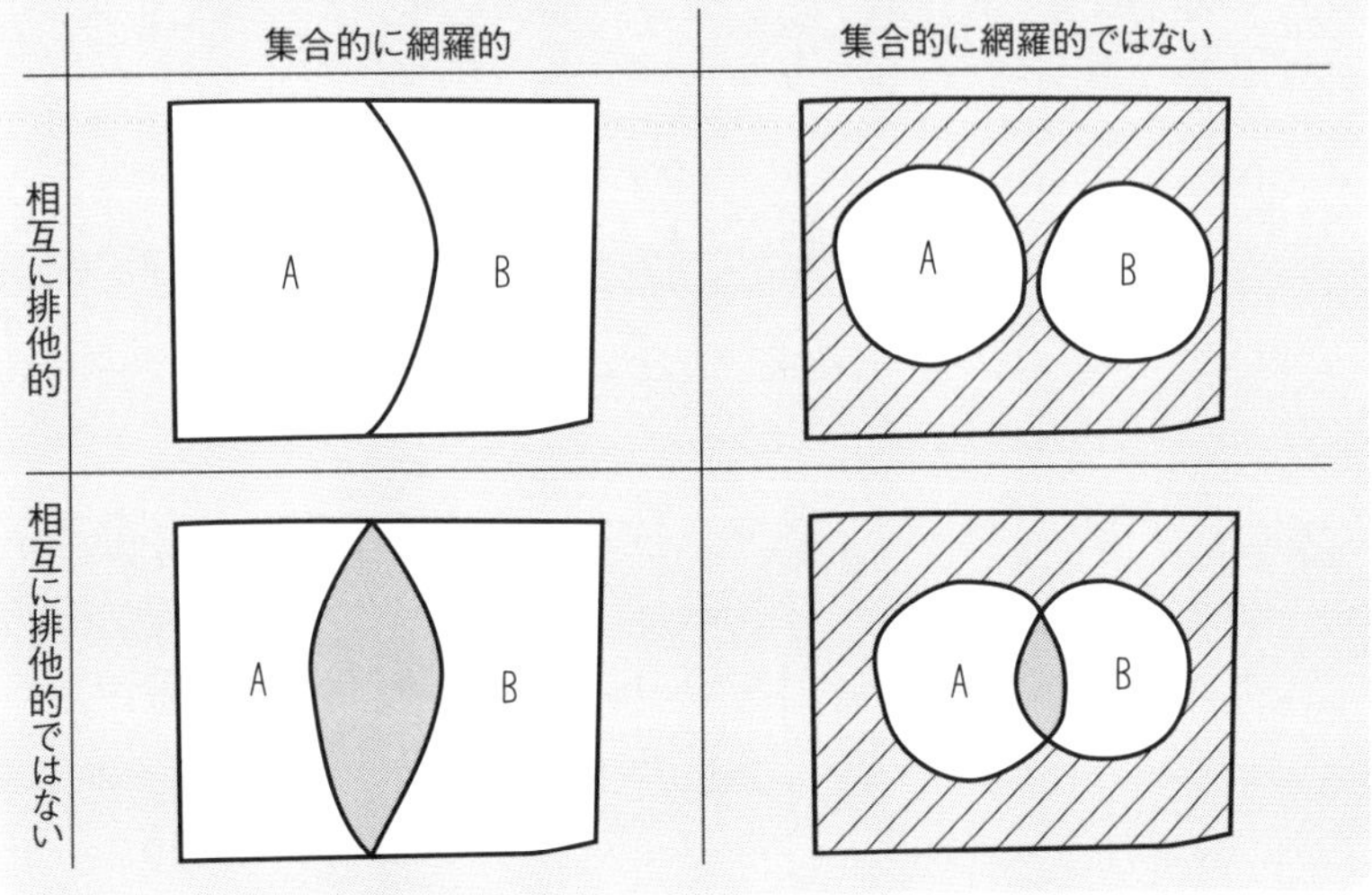

第1章のトラックギアのケースに関連する例を挙げると、資本収益率ツリーで小売業者のパーフォーマンスを評価する場合、既存店舗の売上を新規店舗の売上とは別の枝に置いて相互に排他的にする。全体として網羅的にするには、既存店舗、新規店舗、オンラインストアなど、すべての販売ルートがツリーに含まれるようにする。**ツリーから明確な仮説を引き出せない場合は、ツリーが本当にMECEであるのかどうかを確認していただきたい。**

恒常的に反復を繰り返すことが、7ステップを機能させるための鍵である。チャールズのチームは文献レビューを行った後、多くの専門家と会い、保護団体、政府機関、政策担当者、漁師、先住民の指導者と現場で関係を築いた。彼らはまた、サーモンの研究者に探索的研究を委託し、サーモンのロジックツリーを改良し、単純な構成要素の視覚化から仮説ツリーに移行することができた。**図表3－5**からわかるように、このツリーはより適切に整理され、MECEであり、より

図表3-5 ▌パシフィックサーモンの保護　第2の切り口

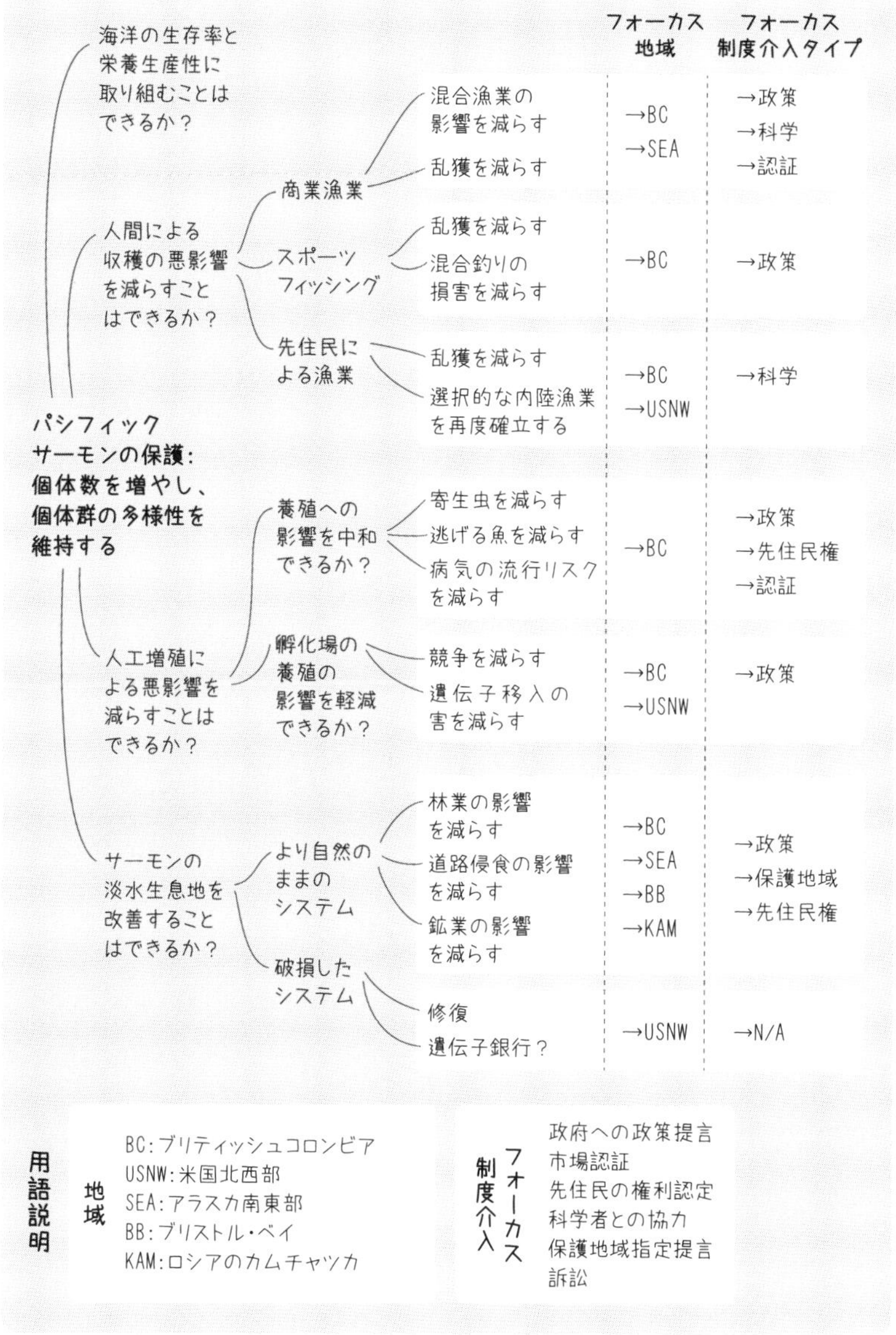

活発な問いが示されている。

そして、特定の地域と制度介入タイプの両面にチームの分析を集中させた。この段階では仮説はあまり具体的なものではなかったが、この仮説のおかげで、チームは新たなパートナーと協力し、初期の成果（ブリティッシュコロンビア州北部でのサーモン養殖の拡大禁止など）を後押しする初期助成金を策定し、15年間で2億7500万ドルをかけてパシフィックサーモンの保護に取り組むことになった財団への理解を深めることに成功した。本章で説明するように、この後チームは、ツリーの中で影響力の少ない枝や難易度の高い枝を剪定し、可能性の高い成果に問題解決を集中させることができた。

「演繹的ロジックツリー」で競合他社と収益構造を比較する

演繹的ロジックツリーは、論理推論のプロセスからその名前が取られている。演繹的推論は、一般的なルールや原則から特定のデータや主張を介して結論に至るので、「トップダウン推論」と呼ばれることもある。演繹的推論の典型は、次のように構成される。

演繹的推論の構成

一般論　：すべての時計職人は眼鏡を必要としています

具体的な観察：サリーは時計職人です

演繹的推論　：サリーは眼鏡を必要としています

演繹的ロジックツリーも同様に構成されている。問題定義文は数量で表されることもあり、枝は通常、論理的または数学的に完全であるので、問題定義文の目的に合わせて構成要素が追加されるようになっている。この種のツリーは、問題の論理構造についてよくわかっている場合、特に第1章の利益レバーツリーで見たように、分解フレームワークが本質的に数学的な場合に使用する。このツリーをより洗練させたバージョンは、収益性への影響だけでなく、さまざまなアクションの投資コストも含む。

なぜ投下資本利益率（ROIC）を分析するのだろうか？　ROICは、企業が投資をどれだけ利益に変えることができるかを示す。算術的には、利益率（売上高利益率と呼ばれることもある）と資本回転率（投下資本に対する売上高の比率）の2つの要素の積である。ROICは、企業の所有構造（負債と株式）や余剰現金の規模に関係なく、資産収益に影響を及ぼすレバーを理解することで、企業を比較するのに役立つ。ビジネスに関心がある方は、このツリーを学んでほしい。次のケーススタディでは、資本収益率ツリーを使って、2つの事業の競合他社を理解することに焦点を当てる。また、より一般的な例を図表3－9（110頁）に示す。

ケース　ホームセンター業界の首位争い

業界が変化するにつれて、厳しい競争と市場の混乱を通じて、さまざまなビジネスモデルが試されている。チャールズは、ROICというツールを使い、金物業界の競合2社の収益性と成長性を推進するレバーを特定した。彼はヘチンガー・ハードウェアに雇われたコンサルティング会社で、新しい市場への進出計画を立てた。問題定義のステップでは、事業を成功裏に拡大するためには、台頭する同業他社との競争に耐えなければならないことが明らかにされた。この時に開発したロジックツリーは、彼のいたチームがすでに壮大な戦いの渦中にいるのだと気づくのに役立った。その物語を始めよう。

ヘチンガーは1919年に最初の金物屋を開店し、請負業者ではなく小売消費者にマーケティング戦略を集中させ、金物DIY事業の成長を促した。この同族企業は、創業から半世紀にわたってゆっくりと成長を続けてきたが、1972年の株式公開後は、より急速な拡大を計画していた。当時の金物業界は、アメリカ経済の2倍以上である年率12％の成長を遂げていた。住宅価格の上昇により、住宅所有者の家の維持や継続的な改修への関心が高まっていた。

当該企業（ヘチンガー）は、39四半期連続で前年同期比の1株あたり利益の上昇を達成したという、うらやましいほどの実績を上げています。

（アレックス・ブラウン＆サンズ・アナリスト・レポート　1984年度）

業績が好調で、業界予測も有望だったため、ヘチンガーは新しい市場への拡大を目指していた。事業の拡張に利用できる帳簿上の現金は1億3000万ドルあり、強力な人材（チェーン全体で150人のマネジャーが9年以上の経験を保有）も抱えていたため、経営陣は市場シェアを拡大することに自信を持っていた。

しかし、コンサルティングチームの分析によって、ヘチンガーにとって予期せぬ問題が明らかになった。アメリカ南部の小さな競合であるホーム・デポが、1979年から新たに3つの倉庫型の店舗をオープンさせたのである。これは斬新なアイデアだった。ヘチンガーの綺麗な店舗、在庫保管用の広いバックルーム、比較的高い価格設定とは対照的に、ホーム・デポは、小売店の買い物客と請負業者の両方の顧客を対象とした倉庫型の金物スーパーストアモデルを構築した。ホーム・デポは1981年に上場し、アトランタの拠点から急速に拡大を始めた。ヘチンガーがワシントンDCから進出してきたのと重なり、対決の様相を呈していた。ヘチンガーは、優れた経営陣と歴史的な成功という強力な実績があったが、当時は、ホーム・デポが業界の勢力図を変えようとしていることには気づいていなかった。

ROICの比較でビジネスモデルの違いが浮き彫りになる

今まで数多くの有望な新しい拡大市場で競争力のあるプレイヤーに直面してきたチャールズと彼のチームは、ヘチンガーとホーム・デポの比較分析に取り組んだところ、結果を見て驚いてしまった。外見的には類似したビジネスのように見えたものが、内部的には根本的に異なっていたのだ。この問題を解決するために、チームはROICツリーを採用したが、これは後で強力な問題解決ツールであることが判明した。結果、2つの事業のROICは類似した水準だったが、成功の原動力はまったく異なっていたことがわかった。公開されている会計データを使って得られた**図表3−6**は、次の点を示していた。

会計データからわかったホーム・デポとヘチンガーの違い

・ホーム・デポは、間接費と売上原価が低く、粗利益（販売価格から売上原価を差し引いた利益）も低かっ

図表3-6 | 投下資本に対する収益率分析——ヘチンガー対ホーム・デポ

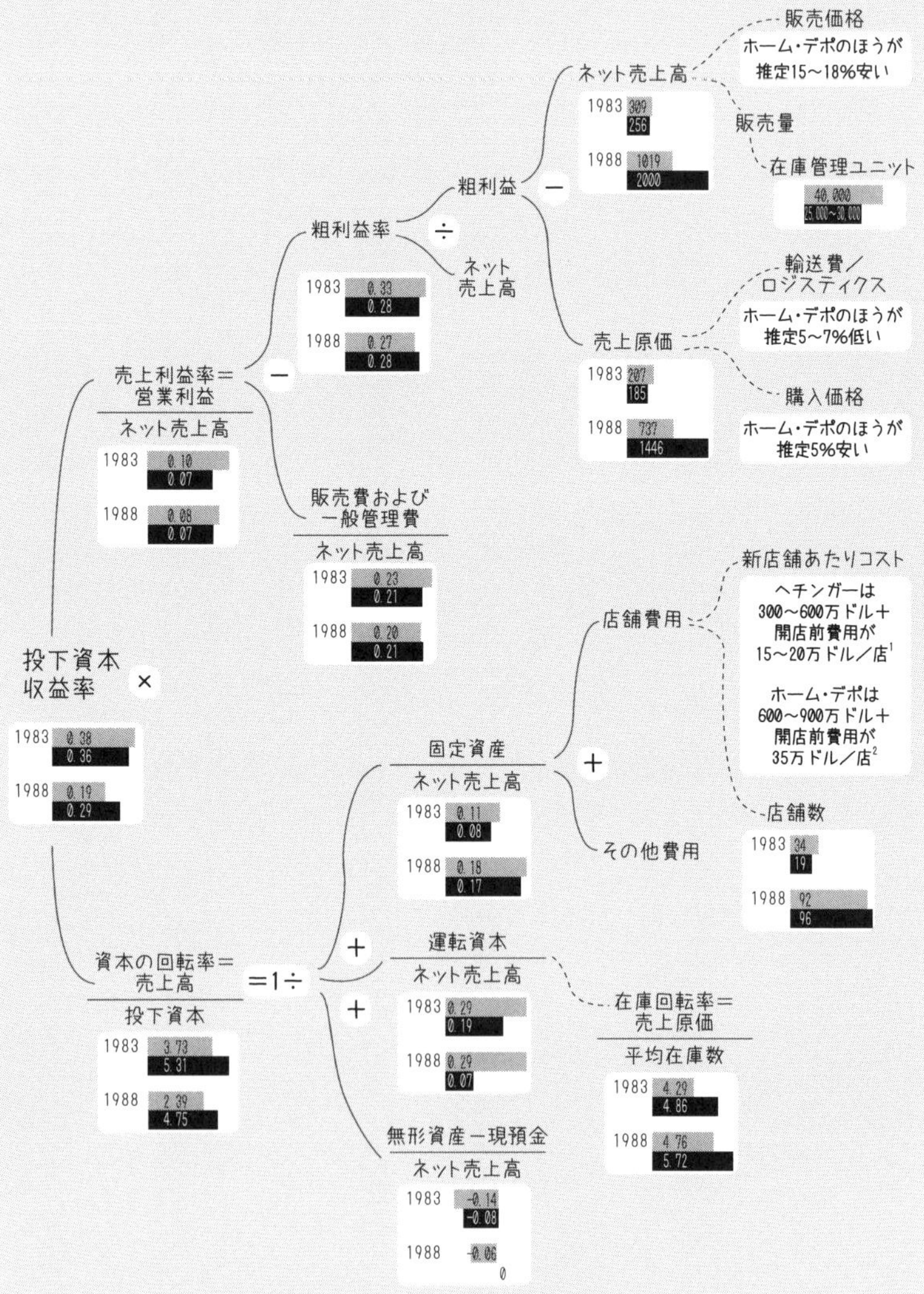

[脚注]
データはコンピュスタットから得られた（1983,1988）
1.Alex, Brown and Sons (1984 & 1985)
2.The first Boston Corporation (1987)

薄い黒の背景色 ヘチンガー
濃い黒の背景色 ホーム・デポ
（棒グラフは数字の大きさを表していない）
------- 特定の構成要素の数学的関係は完全には示されていない

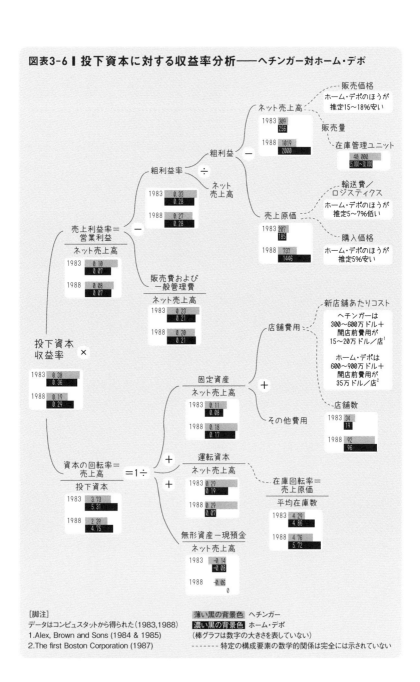

た。つまり、ローコスト・ロープライス戦略に従っていた

・ホーム・デポの資産生産性ははるかに高く、１平方フィートの店舗面積あたりの売上高や在庫回転率など、投資額１ドルあたりの売上高が高い

・ホーム・デポは、１９８３年当時はヘチンガーと同じような規模だったが、はるかに速く成長していた

ホーム・デポは明らかに、間接費を削減して資産の生産性を高めることで低い利益率を補い、老舗のヘチンガーと同様の利益を生み出していた。チームはさらに深く掘り下げることにした。その結果、驚くべきことがわかった。ホーム・デポは商品価格がはるかに安かったために、急速に成長していたのだ。チャールズのチームは覆面調査員を使って価格分析を行ったところ、ホーム・デポの価格はヘチンガーの同等製品と比べて15〜18％低いことを発見した。このような安い価格で、どうやって経営が成り立つのだろうか。

この分析の中心的なフレームワークとして、ＲＯＩＣツリーが使われた。その結果チームが学んだことは、ホーム・デポは最先端の在庫管理システムを構築し、（ヘチンガーの2・1メートルに対し）売場の6メートルの商品展示ラックに在庫を収納する店舗設計にしたため、バックルームでの保管や手間のかかる補充作業を不要にしていることだった。さらに、主に中央倉庫に商品を保管するのではなく、サプライヤーと交渉してホーム・デポの店舗に直接出荷し、クロスドック（サプライヤーのトラックから商品を素早く降ろして売り場に直行させる方法。商品を二重に扱わずに済む）で納入をしていた。その結果、ホーム・デポはヘチンガーと比べて、出荷・物流コストを５〜７％削減でき、またより少ない小売商品（ＳＫＵ）の注文に量を集中させることにより、同じ商品でも５％も低いコストで交渉することができるとチームは推定した。

メーカー出荷のクロスドッキングや積み荷を分割して各店舗に配送することは小規模ながら行われていますが、ほとんどの場合、各店舗はトレーラーロードで注文するため、サプライヤーはホーム・デポ店舗に直送することを厭いません。ホーム・デポの1店舗あたりの平均売上高は約2000万ドルで、競合するヘチンガーやビルダーズスクエアの2倍以上です。

（ファースト・ボストン・コーポレーションのアナリスト・レポート）

そのため、ホーム・デポはヘチンガーと同水準のROICでありながら、流通コストの削減、安価な調達コスト、店舗や中央の間接費の削減、資産生産性の大幅な向上を組み合わせることで、販売価格を格段に安くすることができた。販売価格の低下により、1店舗あたりの売上高が大きく増加し、企業の成長率も顕著に向上した。問題はすぐにヘチンガーで起きた。ヘチンガーは、ホーム・デポの競争慣行を採用できるのか。自社の強力なブランド力によって、再び地域をリードすることができるのか。

店舗あたり売上高で倍の差をつけられたヘチンガーの末路

ヘチンガーはコスト削減と資産生産性の向上を図ったが、時間の経過とともに差は拡大し、1988年には2社の事業は乖離してしまった（図表3－7）。ホーム・デポは、新規市場の開拓により売上高が加速度的に増加し、1店舗あたりの売上高はヘチンガーの2倍近くとなり、資産生産性は向上し続けた。

図表3-7 ▎ヘチンガー対ホーム・デポ　在庫回転率

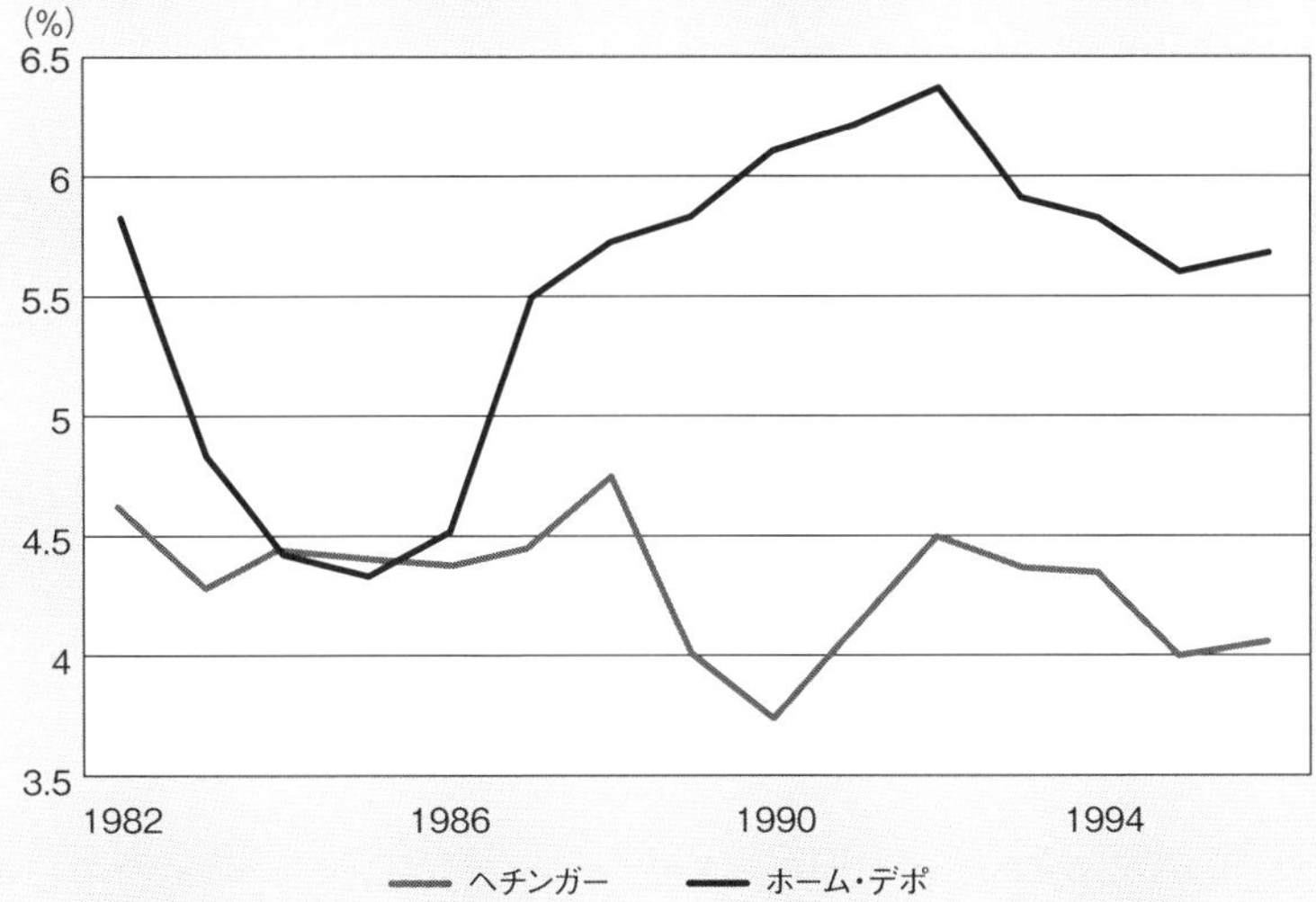

図表3-8 ▎ヘチンガー対ホーム・デポ　売上高と営業利益の比較

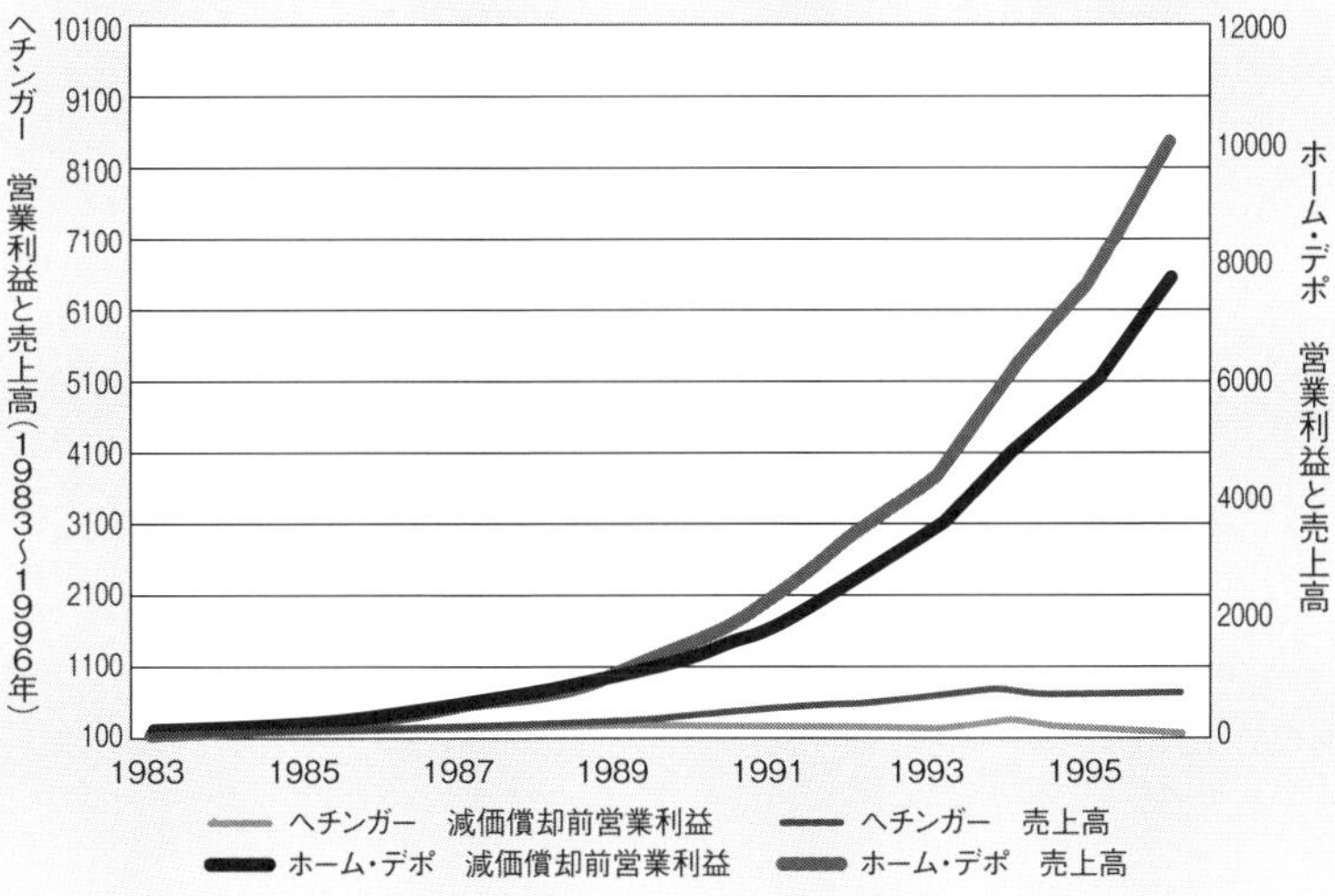

ヘチンガーはホーム・デポの価格水準と競争するために割引セールやキャンペーンを行ったが、ホーム・デポと似たような倉庫チェーンのホーム・クォーターズを買収したにもかかわらず、競争に勝つためのビジネスモデルの大幅な改革を行うことができなかった。長年保持してきたワシントンDCを含む支配的な19州で新規参入があり、ヘチンガー店舗の閉鎖が始まった。ヘチンガーは1997年に廃業に追い込まれてしまった（**図表3－8**[*1]）。

資本利益率ツリーは、この競争の結果で見たようなビジネスモデルの根本的な違いを示している。これは、ビジネス環境で構成要素を分解する問題解決アプローチの価値を示している。

図表3－9は、ROICツリーをさらに一般化したバージョンである。いくつかの枝を増やし、ROICに影響を及ぼすレバーを強調して、他のビジネス上の問題に役立つようにした。

ホームセンター企業の比較では、ツリーの対象はROICであり、各枝には収益性と資産生産性が含まれ、競合のホーム・デポとヘチンガーの間の営業および財務実績の差を数学的に説明する推進力になった。これは、2つの異なるビジネスモデルが最終的に異なるレベルの財務的成功につながったことを強調し、市場における2社の見通しを理解することに役立った（資本収益率ツリーを使用する際の注意点の1つとして、通常使用される資本と利益の定義は、現金や再調達原価の定義ではなく、会計上のものだということがある〈したがって減価償却などの会計規則に従う〉。店舗などのコア資産の再調達原価計算と現金収益性を使用して、数値をクロスチェックすることにより、メリットが得られる）。

図表3-9 ▍投下資本利益率（ROIC）に影響を与えるレバー
——小売業の例

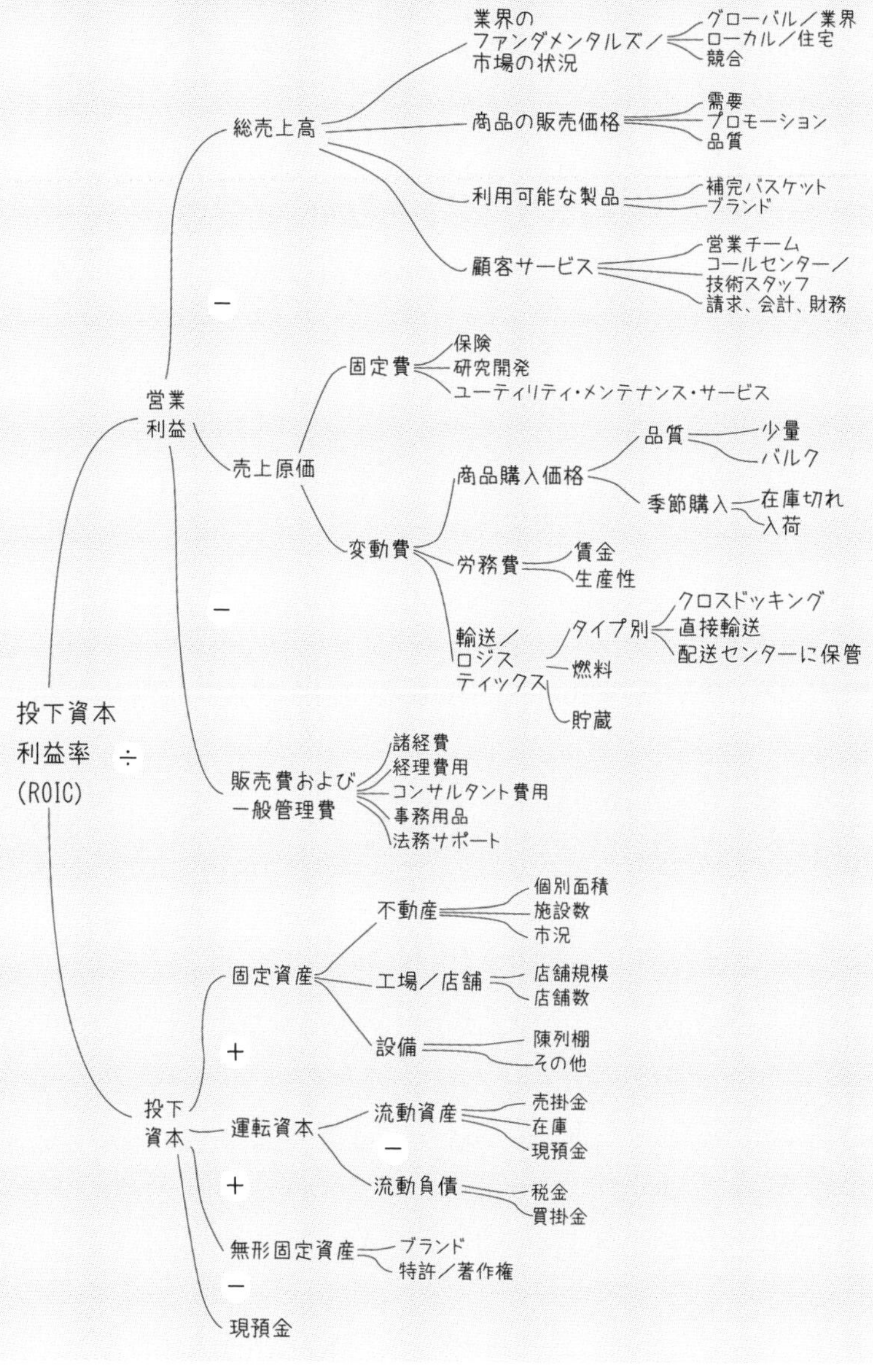

ケース　サンフランシスコの看護師不足

演繹的ロジックツリーがもたらしてくれる明快さを示すために、新たなケースを紹介しよう。今度はサンフランシスコのベイエリアの病院での看護サービスの改善を図る。チャールズは、彼が一緒に働いた財団で、この問題に取り組んでいるチームを観察した。このチームは、カリフォルニア州のベイエリアで、患者の看護関連の事故死亡率を改善したいと考えていた。病院では、看護師が患者ケアの90％以上を担っている。アメリカでは、特に敗血症、人工呼吸器関連肺炎、院内感染、投薬ミスなど、さまざまな原因による患者ケアのミスにより、年間10万人以上の命が失われている。カリフォルニア州およびその他の州では看護師が大幅に不足しており、登録看護師（RN）１人あたりの患者数が増えるごとに死亡率が増加するという研究結果もある。この問題を解決すれば、私たち１人ひとりが多くを得ることができる。

プロジェクトの早い段階で、チームは、高スキルの看護学校卒業生の数を増やすことと、既存の登録看護師のスキルと実践作業を改善することに焦点を当てた、比較的単純な演繹的ロジックツリーを構築した。

図表３－10に示す演繹的ロジックツリーと、それに続くより洗練されたバージョンを開発することで、財団看護チームは看護師数とスキルレベルという主要な推進要因に注意を向けることができた。これにより、チームはデータと分析結果を使い、患者の死亡率を改善するのに最も強力なレバーはどれか、取り組むべき費用対効果の高いレバーはどれかを判断することができた。そして、これらのレバーに対処するために、以下のような戦略を策定した。

図表3-10 ▌看護サービスの改善——演繹的ロジックツリー

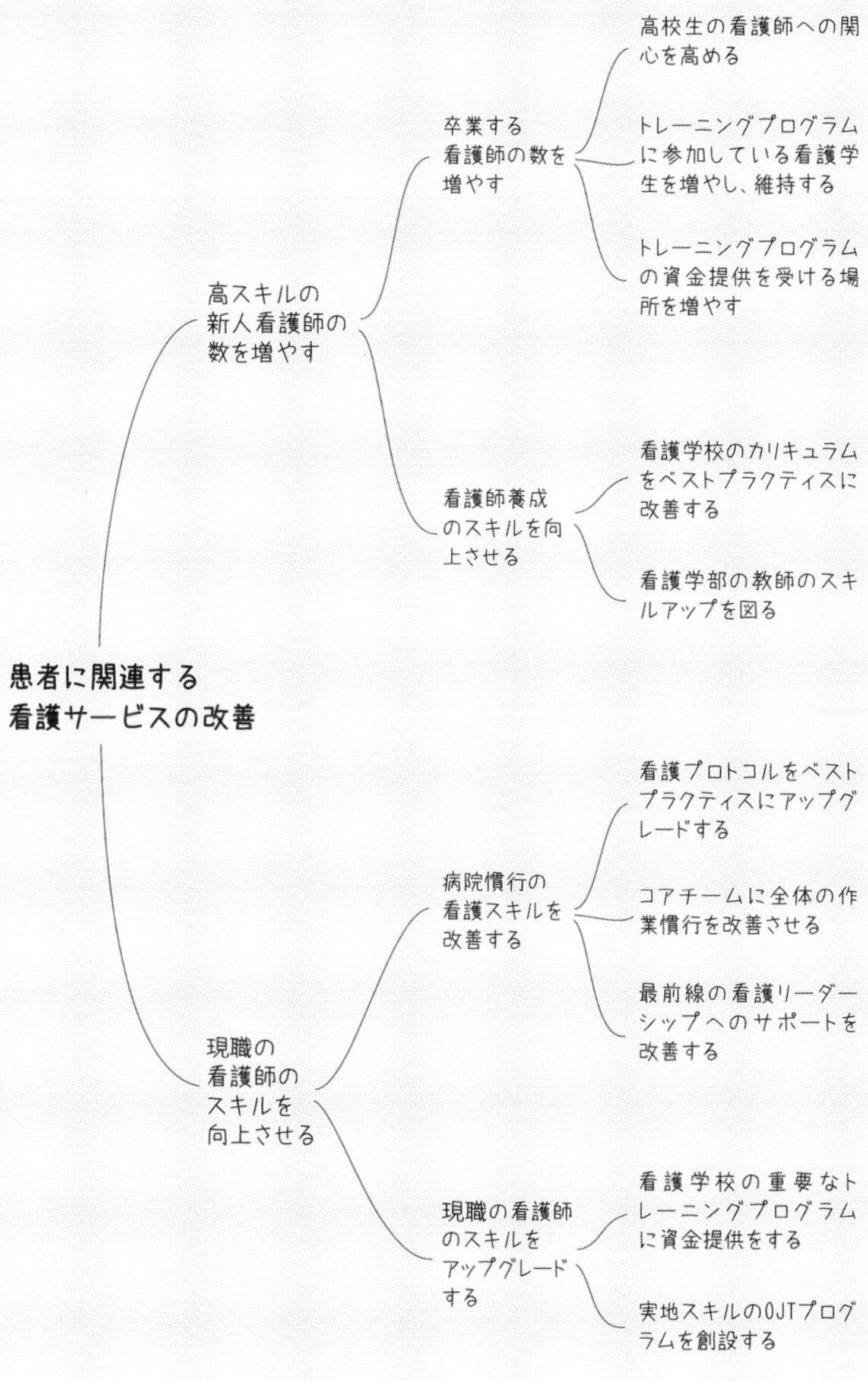
患者に関連する
看護サービスの改善
高スキルの
新人看護師の
数を増やす
卒業する
看護師の数を
増やす
高校生の看護師への関
心を高める
トレーニングプログラム
に参加している看護学
生を増やし、維持する
トレーニングプログラム
の資金提供を受ける場
所を増やす
看護師養成
のスキルを向
上させる
看護学校のカリキュラム
をベストプラクティスに
改善する
看護学部の教師のスキ
ルアップを図る
現職の
看護師の
スキルを
向上させる
病院慣行の
看護スキルを
改善する
看護プロトコルをベスト
プラクティスにアップグ
レードする
コアチームに全体の作
業慣行を改善させる
最前線の看護リーダー
シップへのサポートを
改善する
現職の看護師
のスキルを
アップグレード
する
看護学校の重要なト
レーニングプログラム
に資金提供をする
実地スキルのOJTプログ
ラムを創設する

強力なレバーに対応するための戦略

戦略1　新しい看護学校を増やし、十分に訓練された看護師の労働力を増やす
戦略2　エビデンスに基づく看護実践手法の病院への導入
戦略3　最前線の看護リーダーシップの支援
戦略4　病院からの患者移行を改善する

この解決困難な問題に12年間投資した結果、財団の助成金によってベイエリアの看護師供給は大幅に増加し、4500人以上の登録看護師が加わり、看護学校のカリキュラムが改善され、血流感染と再入院率が低下し、推定で年間1000人の敗血症による患者の命が救われた。優れた問題解決は大切なのである。

「帰納的ロジックツリー」で一般原則を導く

帰納的ロジックツリーは、演繹的ロジックツリーの逆である。このツリーは、特定の観察から一般原則を導き出す帰納的推論のプロセスから名付けられた。次に帰納的推論の例を示そう。

帰納的推論の構成

観察　：サリーは時計職人で眼鏡をかけている
観察　：ショーンは時計職人で眼鏡をかけている

観察：スティーブンは時計職人で眼鏡をかけている
帰納的推論：時計職人は通常誰もが眼鏡をかけている

関心のある問題の背後にある一般原則についてはまだよくわからないが、特定のケースに関するデータや洞察があるという場合に、帰納的ロジックツリーを使用する。帰納的ロジックツリーは確率的な関係を示すのであって、因果関係を示すのではない。これまでに見た白鳥が白いからといって、すべての白鳥が白いとは限らない（オーストラリアには黒い白鳥がいる）[*2]。実際には多くの場合で、最初は帰納的ロジックツリーと演繹的ロジックツリーの両方を作成することになる。あなたは、大きな推進力と一般原則（演繹的ロジックツリーで使える）を理解していて、かつその領域で成功したプロジェクトの良い事例（帰納的ロジックツリーで使える）を併せ持っているだろう。そのため、ツリーの幹と葉の両方から作業し、どちらがどちらなのかをゆっくりと繰り返し見極めていくことになる。

ケース　現代にはそぐわない歴史的偉人の価値観

最近、物議を醸した彫像や公共の記念碑を取り上げたニュースでよく見るように、現在の価値観とは一致しない歴史的指導者を記録・追悼する歴史資産に対する世間の関心は高い。最初は大学のキャンパスでの活動から始まり、今では自治体やその他の施設も批判の対象に含まれるようになった。チャールズは、複雑な背景の歴史的遺産を持つ多くの機関の1つであるローズ財団の代表として、こうした問題に取り組んできた。

図表3-11 | 歴史的遺産と論議を呼ぶキャラクター——閾値の質問

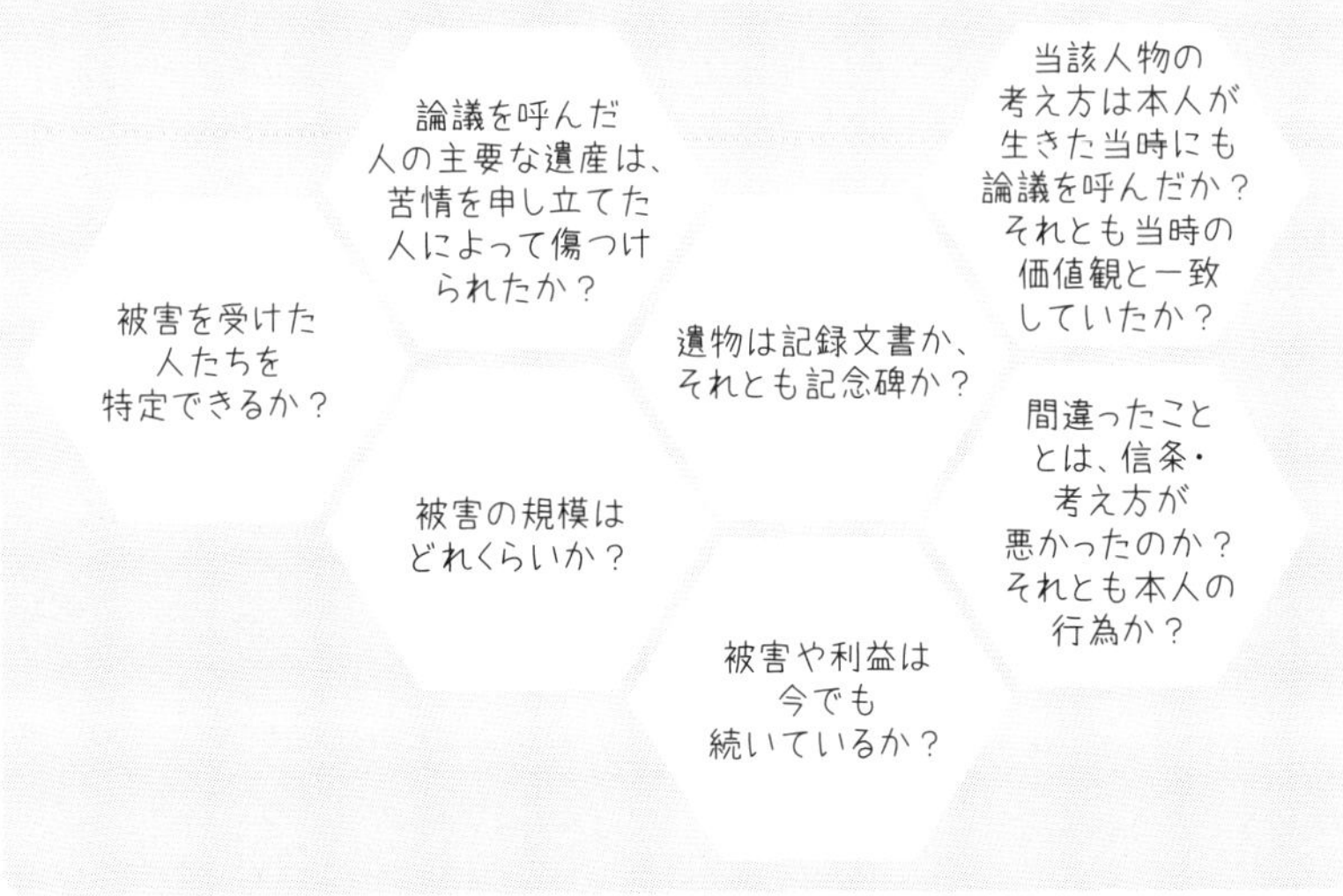
論議を呼んだ人の主要な遺産は、苦情を申し立てた人によって傷つけられたか？

当該人物の考え方は本人が生きた当時にも論議を呼んだか？それとも当時の価値観と一致していたか？

被害を受けた人たちを特定できるか？

遺物は記録文書か、それとも記念碑か？

間違ったこととは、信条・考え方が悪かったのか？それとも本人の行為か？

被害の規模はどれくらいか？

被害や利益は今でも続いているか？


チャールズが見たのは、それぞれの歴史資産に対するその場しのぎのアプローチだった。組織の意思決定者は、利益団体や外部のコメンテーターからの圧力の下で、みずからの行動を規律する明快な原則を持たずに決定を重ね、しばしば軌道修正をしていた。道徳的な判断を良いものにするには、明快な理由が必要である。チャールズは、歴史上の人物の遺物をどのように取り扱うべきかについての原則を確立することで、この議論が改善されるだろうと考えた。しかし、私たちに人気があるような歴史上の人物でさえ、現代人が忌み嫌うような考えを持っていたという事実が、この議論を複雑にしていた。そこで、歴史上の悪者だけではなく、フレデリック・ダグラス、トーマス・ジェファーソン、ウォルト・ホイットマン、ガンジーなどの英雄にも対応するフレームワークが必要になった。

これは重要な洞察であることが判明した。そこでチームは、豊富な情報があり、評価方法についてもある程度合意のある歴史上の人物を幅広く取り上げ、帰納

図表3-12 ▌歴史的遺産と論議を呼ぶキャラクター

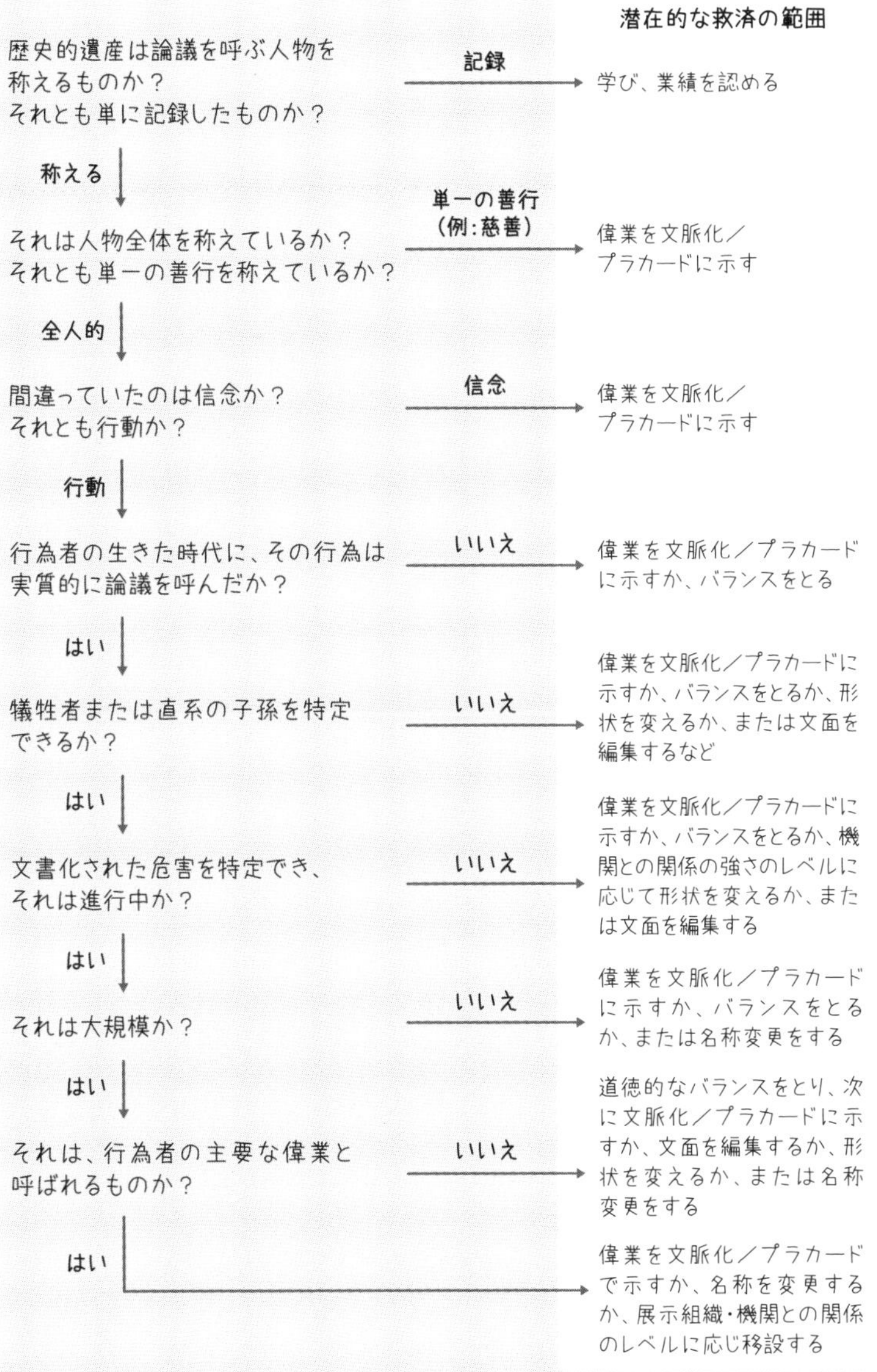
潜在的な救済の範囲
歴史的遺産は論議を呼ぶ人物を称えるものか？それとも単に記録したものか？
記録
学び、業績を認める
称える
それは人物全体を称えているか？それとも単一の善行を称えているか？
単一の善行（例：慈善）
偉業を文脈化／プラカードに示す
全人的
間違っていたのは信念か？それとも行動か？
信念
偉業を文脈化／プラカードに示す
行動
行為者の生きた時代に、その行為は実質的に論議を呼んだか？
いいえ
偉業を文脈化／プラカードに示すか、バランスをとる
はい
犠牲者または直系の子孫を特定できるか？
いいえ
偉業を文脈化／プラカードに示すか、バランスをとるか、形状を変えるか、または文面を編集するなど
はい
文書化された危害を特定でき、それは進行中か？
いいえ
偉業を文脈化／プラカードに示すか、バランスをとるか、機関との関係の強さのレベルに応じて形状を変えるか、または文面を編集する
はい
それは大規模か？
いいえ
偉業を文脈化／プラカードに示すか、バランスをとるか、または名称変更をする
はい
それは、行為者の主要な偉業と呼ばれるものか？
いいえ
道徳的なバランスをとり、次に文脈化／プラカードに示すか、文面を編集するか、形状を変えるか、または名称変更をする
はい
偉業を文脈化／プラカードで示すか、名称を変更するか、展示組織・機関との関係のレベルに応じ移設する

的推論の作業を開始した。たとえば、トーマス・ジェファーソンと、奴隷を所有していた他の大統領との評判を比較したり、イェール大学のジョン・Ｃ・カルフーンや、西暦43年にイギリスに侵攻したローマの将軍アウルス・プラウティウスに至る人たちのさまざまな遺物を調べたりした。そして、個人についての考え方から逆算して、判断の一般原則を導き出した。当初は、判断や評価の基礎となる閾値《しきいち》の問いのリストしかなかったが、**図表3－11**に示すように、どの問いが最も重要であるかの明確な階層はなかった。

ホワイトボードを囲んでの集中的なセッションで、原則の階層や順序を把握した後、チームはこれらの対応の困難な歴史資産に対処する方法について、次の意思決定ツリーを考案した[*3]（**図表3－12**）。

チームが考え出した閾値の問いと制裁の範囲について、あなたは賛成するのか、反対するのかわからない。しかし、論争中の個人に関して、帰納的推論と歴史的な哲学的格言への参照を組み合わせて実用的な原則をブレーンストーミングし、その結果を使って体系的な行動を促すための意思決定ツリーを作成するというこのアイデアについて、あなたに有益だと思われることを望む。

「優先順位付け」によって少ない労力で速く問題解決する

優れた問題解決には、「何をするか」と同じくらい「何をしないか」が重要である。**適切な優先順位付けにより、より速く、より少ない労力で問題が解決できる。**最初のツリーは、ＭＥＣＥにしてすべてのパーツが揃っていることを確認したい。しかし、問題にわずかな影響しか及ぼさない、または影響を及ぼすことが困難もしくは不可能な要素を分解したままにしていたくはない。作業計画と分析に多大な時間と労力を費や

図表3-13 ▍パシフィックサーモン問題　優先順位付け

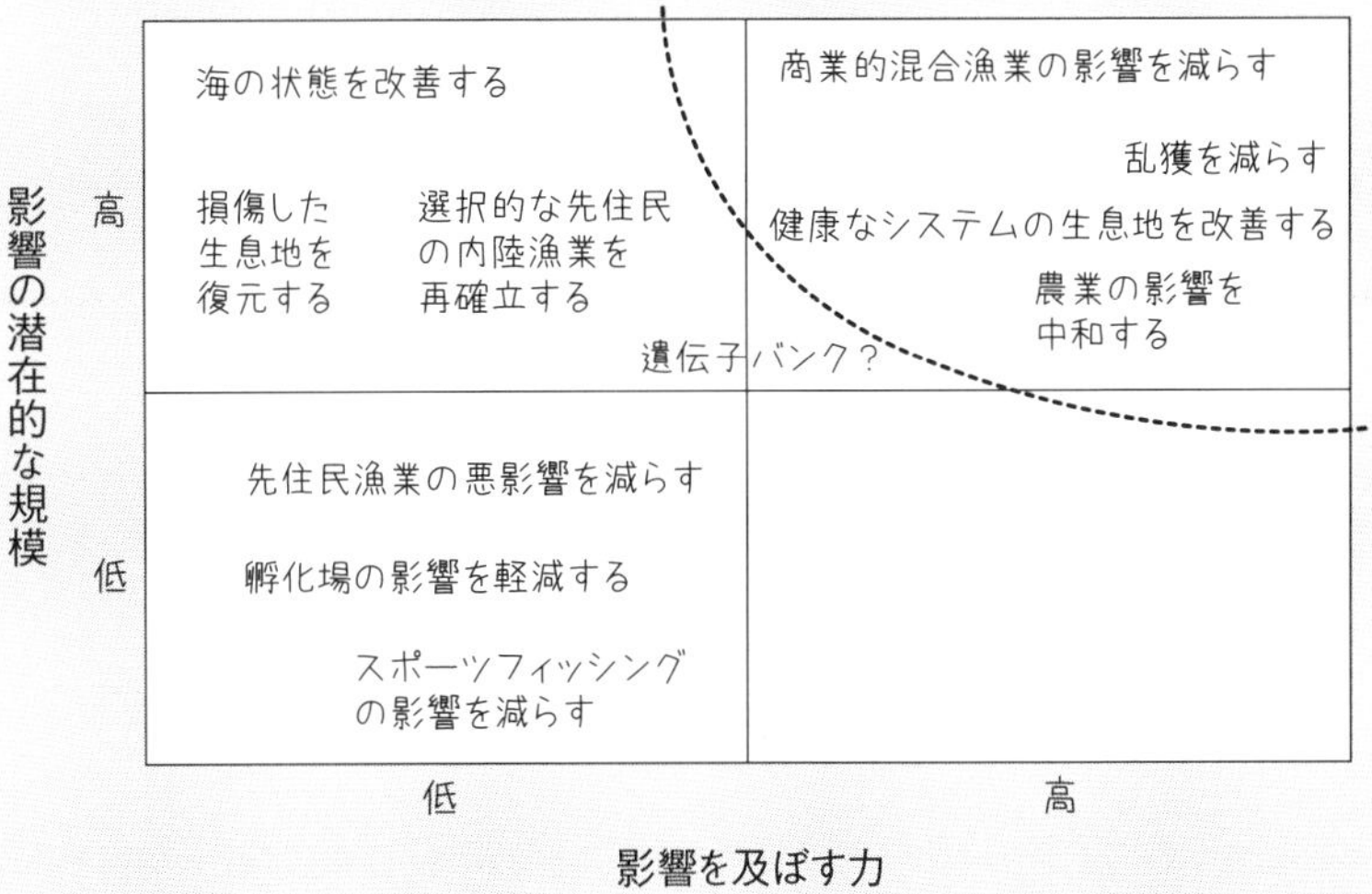

す前に、ツリーを剪定する必要がある。

図表3―13の2×2のマトリックスは、どのレバーを優先して作業するのかを決めるための有効な強制装置である。ここでは、パシフィックサーモンのケーススタディを示そう。左側の縦軸は、あなたの努力が問題のレバーや枝に影響を及ぼす可能性があるのかどうかを示している。

下側の横軸は、解決しようとしている問題全体に影響を及ぼすレバーの重要性を示している。この場合は、サーモンの資源量と多様性への影響の大きさである。

このマトリックスからわかるように、優先順位の決定は比較的簡単なものもある。財団の大規模な経済資源をもってしても、海洋生産性（海にいるサーモンの稚魚に餌を与えること）の主要な推進力である気候条件に影響を及ぼすことは望めなかった。このレバーはサーモンの多様性と資源量に大きな影響を及ぼすが、剪定しなければならなかった。

第二に、孵化場と「海の牧場」（人工的に育てたサーモンを海に入れ、帰ってきたところを捕獲することが期待される）の影響は無視できない。こうした魚は、餌をめぐって天然魚と競合し、近親交配を介して遺伝子移入［訳注：本来野生生物が持っていない遺伝子が、人為的な影響で導入されること。「遺伝子汚染」とも］を引き起こす可能性もあるが、最初の切り口のツリーではこの問題を優先すべき行動から外していた。孵化場がサーモンの純補充源となっている、もしくは費用対効果が高いといった証拠はほとんどないが、孵化場は大きな雇用を生み出し、先住民やスポーツフィッシング愛好家、商業漁業者から多大な支持を得ている。そのため、動かすのが難しいレバーなのである。

図表3－13で示されるように、チームはサーモンの生息域の南端にある損傷した生態系を修復するための投資にも優先順位を付けなかった。この決定に私たちは苦しんだが、より手つかずの北部の生態系を保護するコストと比較して、修復するためのコストは見合わなかったのだ。また、気候変動が南部の生態系における水温に及ぼす影響は増大しており、どのような結果も持続的に得られる保証はない。

プロセスを繰り返すという意味で、問題定義文の制約を緩和することで剪定する枝に違いが生じるかどうかを確認するためにも、問題の文脈を再検討することは重要かもしれない。パシフィックサーモン・プロジェクトは15年の歳月をかけて孵化場の普及と悪影響の抑制に的を絞った投資を行ったが、それが主要な焦点になることはなかった。一般に、解決策の空間に厳しい制約がある問題定義では、より迅速に答えが得られるが、創造性が犠牲になることもある。それを防ぐ1つのアプローチは、各制約を緩和した場合、余分な作業や時間、投資に見合うだけの現実的なオプションが出てくるのかどうかを確認することである。[*4]

「分割フレーム」で潜在的な解決策を映し出す

前節では、さまざまなタイプのロジックツリー、問題の分解のための基本構造および問題の優先順位付けについて説明した。問題解決の早い段階で、問題を基本的な要因やレバーに分解する程度の知識しかない場合や、理解に基づく一般原則に至るために特定のケースから帰納的に作業しなければならない場合を追加した。また、演繹的ロジックツリーや意思決定ツリーを使えるような具体的な仮説を立てるのに、十分な情報がある問題についても調査した。私たちが見てきたように、MECEなツリーを目指すことを除いては、ツリーを構築するのに絶対的な正しい方法も間違った方法もない。ツリーのタイプはしばしば重複する。仮説ツリーは演繹的論理構成が可能であり、帰納的推論は効果的な意思決定ツリーを生み出すことができる。

さて、話題を次のレベルに進めよう。**問題解決の専門家である実務家は、多くの場合、既存のフレームワークや理論を使って、問題を迅速かつエレガントに洞察に満ちたパーツに分割する。**この例として、ホームセンター企業による競合他社との競争のケーススタディでは、特定の種類の演繹的ロジックツリー、つまり資本収益率ツリーを採用した。問題の分解では、収益（価格、数量、市場シェア）、コスト（固定費、変動費、間接費）、資産使用率のレバーが非常に明快に示され、お互いに数学的な関係で結ばれていた。この種のツリーは、「もしも、何か1つの条件が変わったら？」という場合の競争シナリオ分析を容易にする。たとえば、ニッチ市場と広域市場の両方の製品戦略をモデル化し、その成果を生み出す前提条件がどれほど現実的なのかをチームで議論することも容易になる。私たちは、この種の仕事を「あなたが信じなければなら

図表3-14 ▍問題の分割フレーム　事業分析

フレーム	要素	例
▶価格／数量	▶市場シェア、認知度、試験、再購入、弾力性	▶製品参入戦略
▶協力／競争	▶どこで戦うか、どのように戦うか、評判の獲得、シグナリング	▶あらゆる競争状況 ▶CSIRO Wifi
▶市場／競争力	▶機会、競争力のあるポジション、能力、リソース	▶エントリー／スタートアップ ▶BHP
▶投資／収穫	▶成長／シェア、探索か開拓か、破壊的な参入者	▶活動のポートフォリオ ▶BHP
▶マージン／資本回転率	▶資本収益、オプションの評価	▶ビジネスモデル構築 ▶ホーム・デポ、ヘチンガー
▶規模／範囲	▶大きさか、広さか	▶ソーシャルメディア・プラットフォーム
▶資本／非資本	▶レンタル、所有、借用、共有、ゼロベース化	▶資本の効率化 ▶Uber, Airbnb
▶プリンシパル／エージェント	▶インセンティブの調整、モニタリング	▶補償、保険、中古品市場
▶資産／オプション	▶ポテンシャル(現実と潜在)の評価、プット／コール	▶マルチプレイの投資ゲーム
▶顧客／株主	▶競合する視点	

ないこと」分析と呼んでいる。

ビジネス上の問題に対して資本収益率ツリーがしばしば非常に洞察に満ちた問題分解を行うのと同様に、他の理論的構成やフレームワークも、別の種類の問題に対して強力な分解ツールになり得る。**図表3－14**に、さまざまな種類の問題に対しての「分割フレーム」と呼ばれるツールキットを示す。優れた問題解決者はこのようなツールキットを持っていて、潜在的な解決策を視覚化するためのレンズのような役割を果たす。彼らは、1つまたは複数の理論のフレームを装着して、どれが目前の問題に最適である可能性が高いかを確認する。多くの場合、複数のフレームを組み合わせて、特定の問題を解決していくのである。この概念をより明確にするために、いくつかのフレームに注目してみよう。

解決策を素早く見出す8つの分割フレーム

しばらくの間ビジネスの問題に焦点を当て続けると、企業の業績や競争に関する問題の多くは、一連のフレームを使うと解決策を素早く見出すのに役立つことに気づく。問題の多くは、複数のフレームから要素を組み合わせているため、網羅的なものではないが、いくつかのフレームの例をご紹介しよう。

フレーム1　価格／数量

資本収益率ツリーの重要な要素の1つは、製品の価格設定と数量に焦点を当てた収益に関する推進要因の枝である。このフレームは、競争ゲームの性質について疑問を提起する。差別化された製品なのか、汎用品なのか。競争市場なのか、少数のプレイヤーによって支配されている寡占市場なのか。それぞれに異なるダイナミクスがあり、優れたビジネス問題解決者は、これらを分解して調査計画に組み込む。ここでの要素には、市場シェア、新製品の参入、普及率、価格・所得弾力性などの仮定が含まれることが多い。

フレーム2　プリンシパル／エージェント

プリンシパル・エージェント問題は、特定の活動がプリンシパル（投資家や経営者）に代わってエージェント（請負業者や従業員など）によって行われる場合に発生する、ビジネスにおいて非常に一般的な問題である。この種の問題の核となるのは、プリンシパルがエージェントの作業を不完全にしか把握もしくは制御できない場合に、プリンシパルとエージェントの利害を一致させるためのインセンティブ構造を構築する必要があることである。投資家にとっては照合可能で良い結果が得られ、請負業者にとっては公正な収入が得られるような構造が最良である。簡単そうに聞こえるが、そうではない。この種の問題は、請負契約の場面だけでなく、中古資産の販売や保険の問題でも発生する。

フレーム3　資産／オプション

企業が管理している、または購入する可能性のあるすべての資産は、将来の戦略的な行動のためのオプションを生み出し、大きな価値を持つ可能性がある。ロブのチームは、オーストラリアのある鉱業会社から、不動産への投資を評価するよう依頼された。その結果、特定の資産に活用できる港と鉄道インフラに投資することで、他のさまざまな土地に非常に価値あるオプションが生まれることがわかった。彼のクライアント

図表3-15 ▌問題の分割フレーム——社会／市民

フレーム	要素	例
▶需要／供給	▶もっと得られるか？利用量を減らせるか？	▶水、CO_2、交通量
▶発生率／重大度	▶社会的リスク、種類、レベルおよび危害のリスク	▶テロ、ヘルスケア、鳥インフルエンザ
▶新規作成／再配布	▶インセンティブ、生産対税	▶税金、税額控除、キャピタルゲイン、所有
▶緩和／適応	▶被害を減らす、被害に対処、回復力	▶環境、気候変動、暴力、麻薬の使用
▶規制／インセンティブ	▶市場デザイン、財産権、制度デザイン	▶上限設定・未使用枠の売買可能対炭素税、水利権、インストリーム予約
▶平等／自由	▶コミュニティの必要性と個人の権利	▶銃規制、薬物規制

は、オプション価値が数十億ドルに相当する他の土地の「ナチュラル・オーナー」（ロブと同僚のジョン・スタッキーにより考案された強力な資産・オプションの概念）になった。このケースについては、第8章で詳しく説明しよう。

フレーム4　協力／競争

どんなビジネス戦略であっても、ライバル企業による潜在的な反応を考慮する必要がある。各企業は、市場の性質もしくは競合他社の性質を考慮して、激しい競争に参加（たとえば価格設定や大規模な投資に基づく）しても良い場合と、そうではない場合を決めておく必要がある。このフレームのツールと要素はゲーム理論のものであり、多人数ゲームやレピュテーション（評判）などの概念が含まれる。後で示すCSIROによるWiFi訴訟の事例では、知的財産権を保護するために訴訟を起こすかどうかをこのフレームを使って決定する。

社会的な問題解決のレベルでは、図表3－15に示されているとおり、政策空間において他にも多くの有用なフレームがあり、そのほとんどはあなたにとってなじみ深いものだろう。

フレーム5　規制／インセンティブ

政策立案者は、問題に対処するために法律規制を加えるか、あるいは人々や企業が望ましい行動を取るためのインセンティブを与える課税、補助金、ナッジ［訳注：人々が自発的に良い選択をするよう手助けするという行動経済学の概念］を用いるかの選択に直面することがよくある。このフレームは、環境汚染やその他の外部性の問題でよく用いられる。

フレーム6　平等／自由

社会問題に対処するための多くの政策決定は、個人の自由を認めるか、市民間の平等を促すかという基本的なフレームの選択に直面する。課税や支出を伴うすべての政策はこのフレームの要素を含んでいる。

フレーム7　緩和／適応

このフレームは、何らかの原因による被害を減らすための取り組みと、その要因に適応するための取り組みを対比させる。気候変動の議論では、よくこの軸が使われる。

フレーム8　需要／供給

このフレームは「もっと得られるか」対「利用量を減らせるか」といった問いを扱う。水の供給、医療、エネルギーなどの問題に対処するためにしばしば使われるフレームである。

ケース　気候変動の緩和と費用曲線

気候変動は特に厄介な問題であり、しばしば緩和／適応、または発生率／重大度（海抜1メートル未満のキリバスを想像してほしい）などで分割される。チャールズとロブが特に強力だと考えているのは、需要／供給による分解である。CO_2削減から得られる利益や削減のコストは、活動の種類と削減されるトン数によって示される。これは「費用曲線」と呼ばれ、左（低コスト）から右（高コスト）へと読める。[*5]

図表3－16を見ればすぐにわかるのは、民間企業や個人にプラスの利益をもたらす削減活動が3種類あることである。まず、適切な教育努力と、おそらく投資コストの税額控除を支援すれば、大幅なCO_2削減を実現できる可能性がある。2つ目は、主に農業と土地利用の分野で、投資コストがCO_2削減のメリットと比べて比較的小さい活動（再植林、荒廃地回復、森林破壊回避）である。第3の行動のくくりはより長期的で、民間および社会から新技術や市場に対する巨額の投資を必要とする。私たちの意見では、この区分は問題の緩和／適応フレームに対して有効な対案を提供してくれる。個人（**図表3－17**）や企業のCO_2排出量だけを見ると、プレイヤー間の行動を集約し、より大きな成果を上げる機会を見逃すことがよくある。

図表3-16 ▎CO_2削減策を「費用対効果」で分析する

通常を超えた世界の温室効果ガス削減費用曲線（2013年）

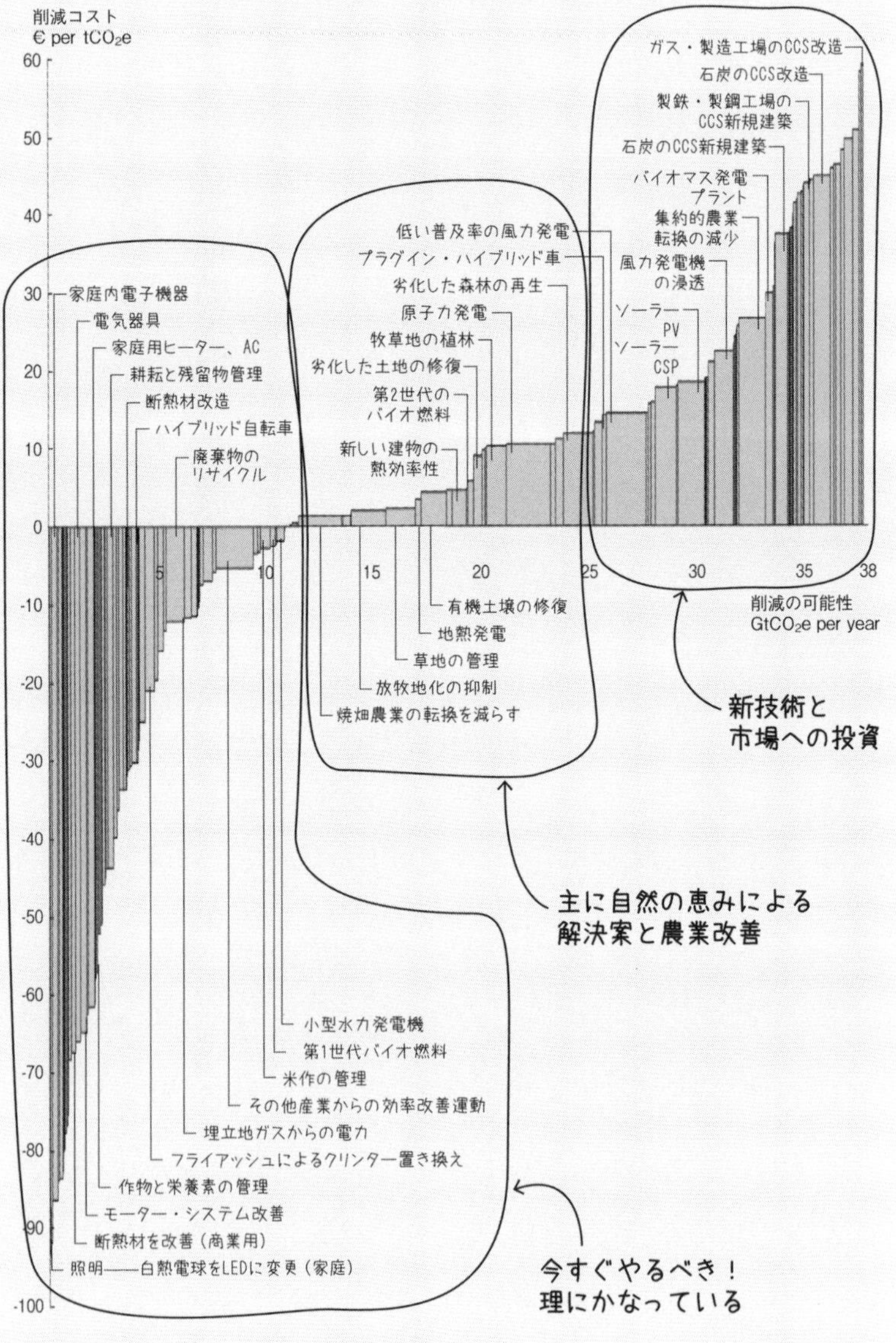

削減コスト
€ per tCO_2e
60
50
40
30
20
10
0
-10
-20
-30
-40
-50
-60
-70
-80
-90
-100
5
10
15
20
25
30
35
38
削減の可能性
$GtCO_2e$ per year
家庭内電子機器
電気器具
家庭用ヒーター、AC
耕耘と残留物管理
断熱材改造
ハイブリッド自転車
廃棄物の
リサイクル
小型水力発電機
第1世代バイオ燃料
米作の管理
その他産業からの効率改善運動
埋立地ガスからの電力
フライアッシュによるクリンター置き換え
作物と栄養素の管理
モーター・システム改善
断熱材を改善（商業用）
照明――白熱電球をLEDに変更（家庭）
今すぐやるべき！
理にかなっている
低い普及率の風力発電
プラグイン・ハイブリッド車
劣化した森林の再生
原子力発電
牧草地の植林
劣化した土地の修復
第2世代の
バイオ燃料
新しい建物の
熱効率性
有機土壌の修復
地熱発電
草地の管理
放牧地化の抑制
焼畑農業の転換を減らす
主に自然の恵みによる
解決案と農業改善
ガス・製造工場のCCS改造
石炭のCCS改造
製鉄・製鋼工場の
CCS新規建築
石炭のCCS新規建築
バイオマス発電
プラント
集約的農業
転換の減少
風力発電機
の浸透
ソーラー
PV
ソーラー
CSP
新技術と
市場への投資

図表3-17 ▌問題の分割フレーム――個人

フレーム	要素	例
▶仕事／遊び	▶レジャー　対　努力投入	▶キャリア選択 ▶体重減少
▶短期的／長期的	▶消費　対　投資	▶教育 ▶ソーラーパネル ▶退職時の貯金
▶経済的／非経済的	▶価値観	▶どこに住むか

個人の問題解決でも使える3つの分割フレーム

個人の領域での問題解決にも、フレームを分割することが有効である。たとえば、ロブのソーラーパネルの決定のように、ビジネスで投資に関する決断をする際に用いるフレームの多くは、個人的な決断にも同様にうまく機能する。個人的な問題解決に役立つフレームは他にもある。

フレーム1　仕事／遊び

仕事以外の興味（たとえば貯蓄が十分かどうか）と比較して、どのくらい、いつまで働くか。

フレーム2　短期的／長期的

個人的な意思決定のもう1つの関連項目は、比較的確実な近い将来の意思決定（たとえば教育への投資）と、より長期で不確実な将来の可能性（20年後にどのようなスキルが必要になるのか）とのトレードオフに焦点を当てる。

フレーム3　経済的／非経済的

新しい家への引っ越しや転職などの決断に関するもう1つの重要なポイントは、決断の要素が経済的なもの（新しい都市の家の費用はいくらか）か、非経済的なもの（学校の質は十分か）かということである。

問題の効果的な分解に到達する最も強力な方法は、特定の分解フレームから始めて、それが洞察をもたらしてくれるかを確認するために簡単な計算をすることだ。CO_2削減費用曲線が明らかに供給／需要フレームによる分割を裏付けるのと同様である。

このアプローチの例として、ロブはオーストラリア自然保護区（ＴＮＣＡ）のチームに対し、喘息の入院における都市の緑地の役割を評価するために、シドニー西部に焦点を当てるべきだと主張していたことがある。初期の比較データに基づくと、公園やその他緑地が喘息の発生率と重症度の低下につながるというのが彼の仮説だった。彼は当初、罹患率／重症度という分類を利用することにした。というのも、彼がこれまで勤めてきた他の理事会での事故や怪我の報告でよく使われていたフレームだったからだ。喘息に対するこの切り口が洞察に満ちているということを、彼はチームに説明する必要があった。彼は、入手可能なデータから、西シドニーに次の理由から注意を払う必要があることを示すことができた。[*6]

喘息の入院においてシドニー西部に焦点を当てる理由

理由１　16歳以上の成人では、シドニー西部は北部よりも喘息の罹患率が10％高かった。オーストラリアはＯＥＣＤ加盟国の中で最も喘息の罹患率が高い国の１つである

理由２　入院率で測った喘息の重症度は、シドニー西部のほうが65％高く、喘息による死亡率は54％高かった。つまり、罹患率も高いが、重症度もはるかに高いのだ

理由３　提示された証拠によると、都市の緑地の欠如が深刻さの潜在的な要因であることが示唆された。樹木被覆率は、シドニー西部では15〜20％なのに対し、北部では30〜40％と推定された。さらに粒子状物質のレベル（ＰＭ２・５最大値）は、シドニー西部では54％高い。木の呼吸がＰＭ２・５を吸収する役割を果たしているようである。第６章では、ロンドンの大気質のケースでトピックについて説明する

その結果チームは、罹患率／重症度フレームによる分割によって、緑地不足の問題を体系的に調査するための実験計画の開発に取り組むことになった。

繰り返しになるが、理論的なフレームワークや概念を使って問題を分解するというこの議論のポイントは、問題を通して洞察を得るための切り口を見つけることである。フレームが異なれば洞察も異なることが多いため、複数のフレームを試すことは理にかなっている。また、ビジネス上の問題について社会問題のフレームを試すこともできるし、その逆も可能である。経験豊富な問題解決者が、難しい問題を洞察に満ちた塊に素早く分解するのを見るのはいつだって感動的だが、**「これは前にも見たことがある。Ｘの問題だ」**と

思い込むことにはリスクもある。私たちはしばしば、以前から有効だったメンタルモデル（フレームの別名）を介して世界を見る。本当に新しい問題に遭遇したとき、前とは異なる新しい文脈では役に立たなかったり、誤解を招いたりするフレームを使い続けてしまうことがある。何世紀にもわたって、天文学者は太陽が地球の周りを回っていると考え、航海上の重要な問題が簡単に解決できないと頭を抱えていたのだ！　次節では、誤ったパターン認識の落とし穴を回避しながら、問題解決のスピードアップに役立つチームプロセスについて説明しよう。

「チームの力」で問題解決を創造的にする

この問題解決のステップでは、チームワークが大いに役立つ。個人の問題解決者は、家族や友人を巻き込むことを検討する必要がある。問題の構造を確認するのが難しい場合が多いため、チームでのブレーンストーミングは、異なるフレームを試したり、フレームを分割したりする場合は特に、非常に価値がある。私たち2人とも価値があると思っている方法に、黄色の大きなポスト・イットを使って、初期のロジックツリー要素に関するチームメンバーのアイデアを書きとめるというテクニックがある（**図表3－18**）。こうして集まったポスト・イットをホワイトボード上で動かしながら、幹、枝、小枝、葉の順番と階層を明確にさせるのだ。

文献を参照したり、ベストプラクティスを探したりするのは良い考えだが、個人が問題の最初の切り口に執着することは珍しくない。前述のように、外部の見解に依存すると、正しくないフレームを適用してしま

図表3-18 ▍チームプロセス

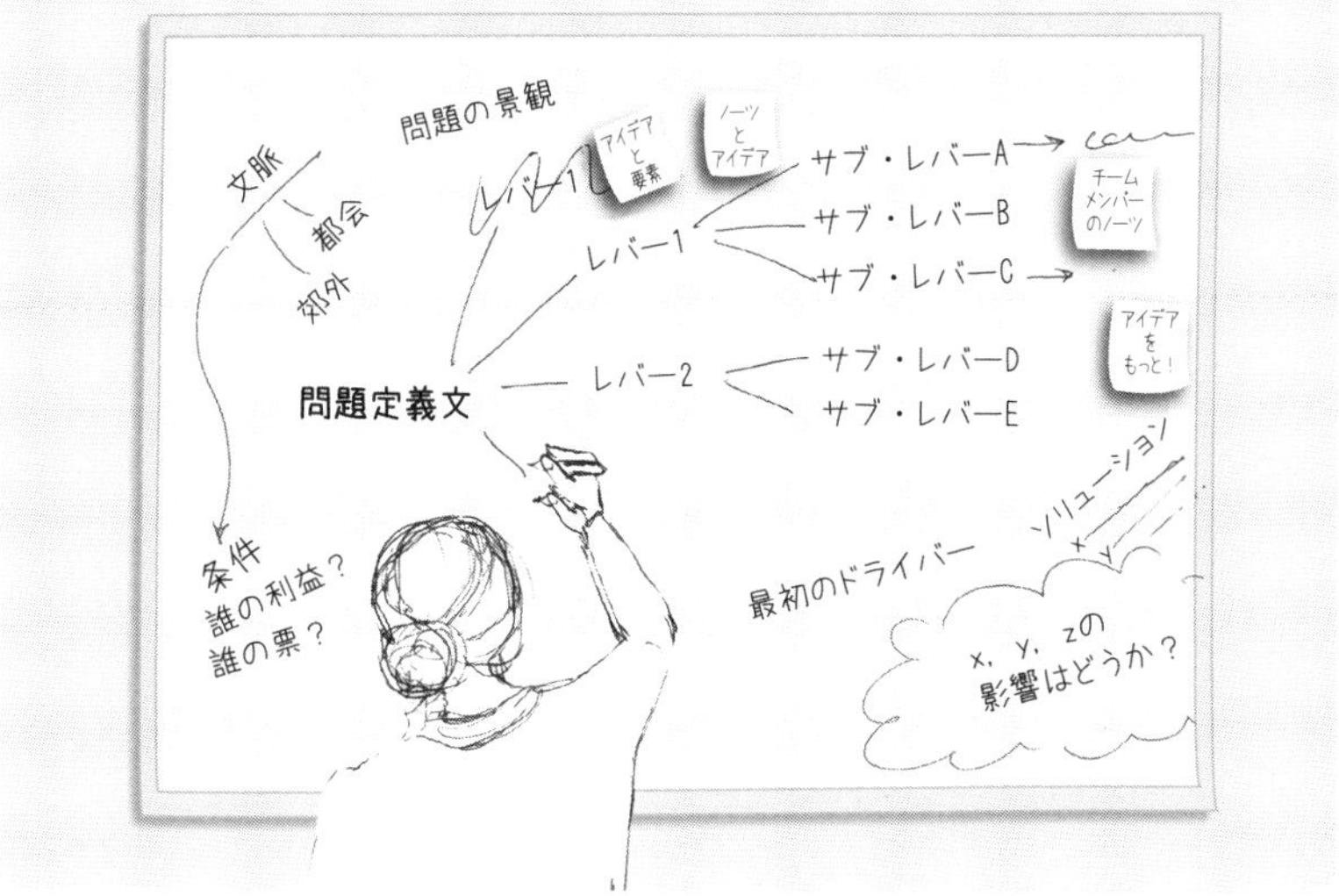

うリスクが生じる。これは、専門家であっても（というより「だからこそ」かもしれないが）当てはまる。**建設的で挑戦的な問いかけや、「何を信じなければならないか」という問いを使うことで、プロセスのマンネリ化から抜け出し、解決策への道筋をさらに創造性豊かなものにすることができる。**チームによるブレーンストーミングのセッションは、問題の優先順位付けにおける執着を回避するのに非常に役立つ。もう１つのテクニックは、優先順位分析を投票プロセスで行うことである。チームメンバー全員にポスト・イットを10枚渡し、投票用紙として使ってもらうのだ（**図表３－19**）。

問題の分解は、優れた問題解決の中心である。私たちは、解決すべき問題があるときに使えるさまざまなタイプのロジックツリーを示した。まずツリーから始めて、すでに知っている事柄を記入することを勧める。さらに、ツリーは作成を繰り返すことで改善できる。

図表3-19 ▍投票プロセス

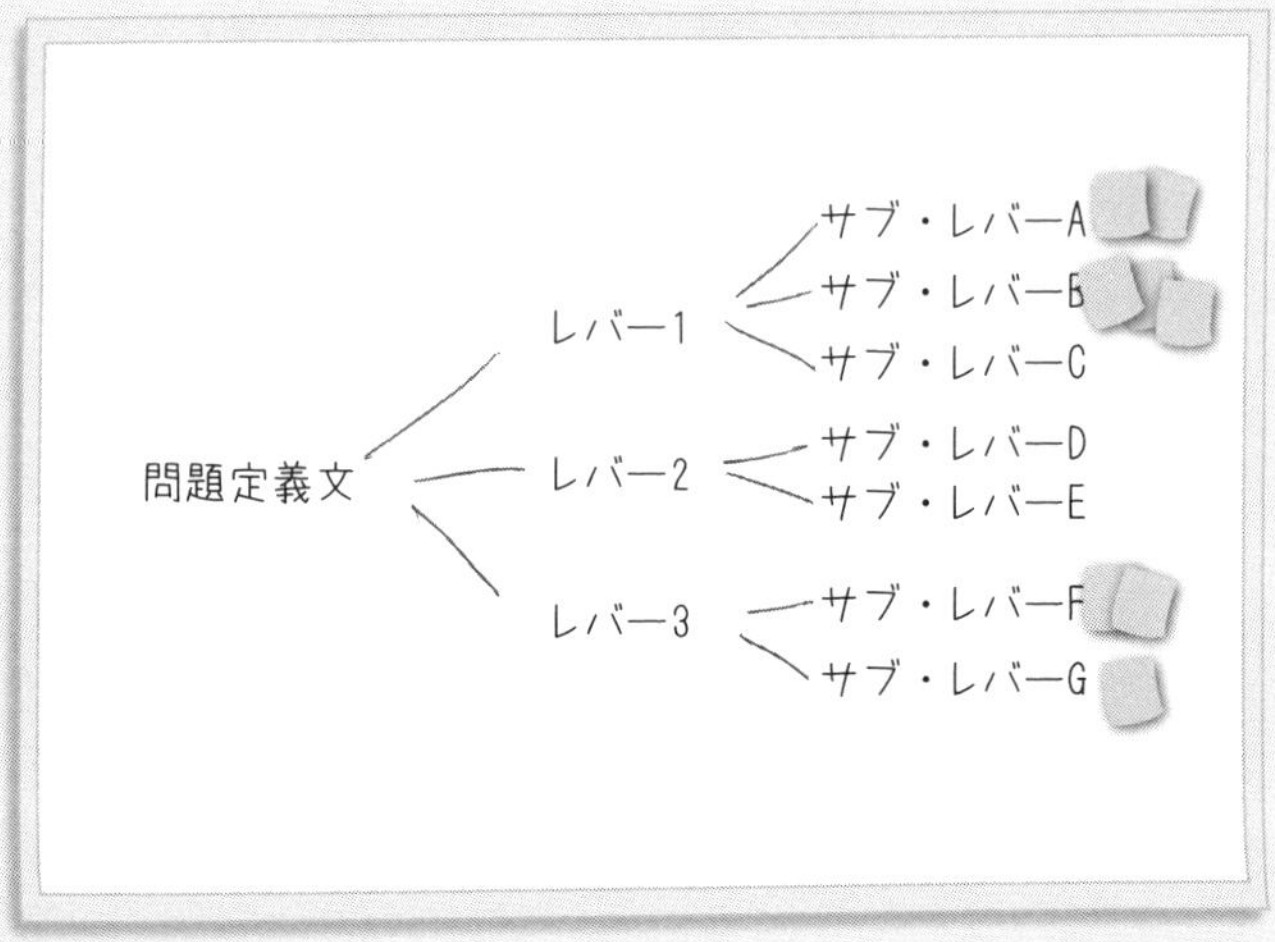

問題をどう分解するかにおいて、あなたの創造性が発揮される可能性が高い。例として示したように、問題を分解することで、アートとサイエンスの要素を問題解決にもたらす。私たちがどのように特定の方法で問題を解決することにしたかを振り返ることにより、ビジネス上の問題や人生で遭遇する問題を解決する方法を包括的なリストにすることができた。

第3章のまとめ

・問題の分解は優れた問題解決に不可欠である。管理しやすい塊を与えてくれるので、問題の構造を見ることが可能になる

・始めたばかりであまり状況がわかっていないときは、単純な要因ツリーや構成要素ツリーから始める。その後、より完全な演繹的ロジックツリーや意思決定ツリーに向けて作業を進めてほしい

・根本原因よりも詳細な問題（ツリーの葉）について

詳しく知っている場合は、ツリーを逆方向にして帰納的に考えると解決に役立つことがある

- ツリーの構造を相互に排他的（重複する枝がない）かつ集合的に網羅的（枝が欠落しない）にできるかどうかを確認してほしい
- ビジネス上の問題については、ほとんどの場合、利益レバーツリーや資本収益率ツリーから始めるのが理にかなっている
- 経験を積んだら、この章の後半にある、より幅広い分割フレームを試してほしい。問題の切り口が異なれば、得られる洞察も異なる
- 優れたツリー構造ができたら、優先順位付けが非常に重要になる。すべての小枝と葉を、潜在的な影響の大きさと、影響を及ぼすことができるかどうかのマトリクスに配置してほしい。初期の段階では、引くことのできる大きなレバーに努力を集中させてほしい

独学のための練習問題

問題１　あなたのビジネスや非営利団体の成長機会を取り上げ、最初に帰納的論理を使い、次に演繹的論理を使ってロジックツリーを作成し、ケーススタディを作成してください。

問題２　成長機会を四則計算の関係で表したロジックツリーを作成してみてください。

問題３　事業計画の上位６位までの優先事項について、優先順位付けのマトリクスを設定します。あなたの評価に基づいて、リソースを増やす項目、減速させる項目、終了させる項目を記述してください。

問題4　看護師の供給問題を解決する他の方法はありますか？

問題5　空港の規模問題を、第1章で示した図解以上の説得力のある方法で分割してください。

第4章

作業計画を立てる

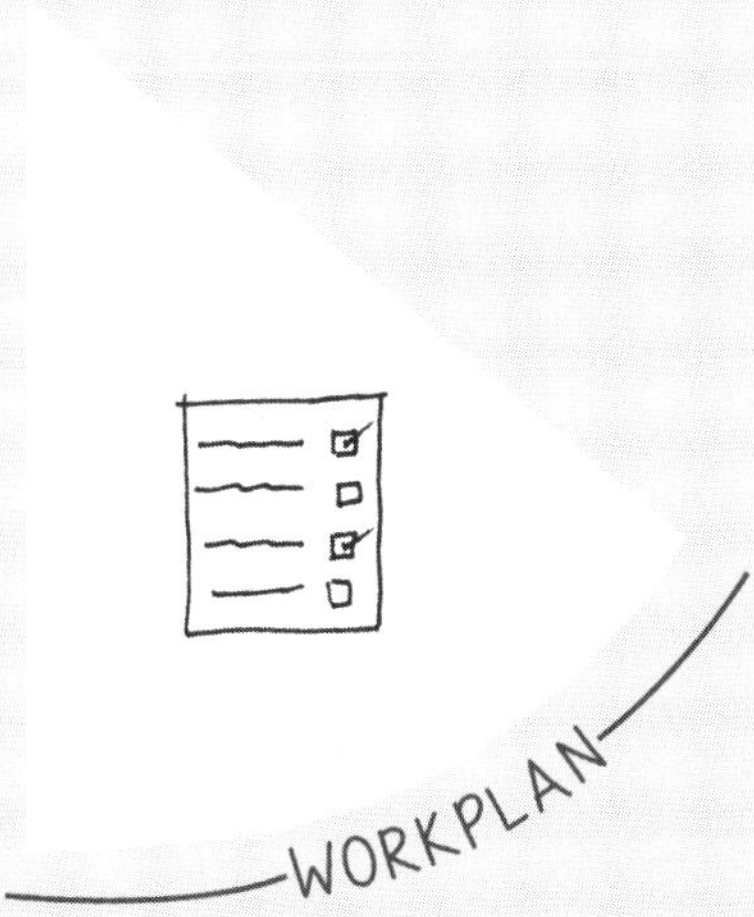

適切な作業計画がなければ時間と労力が無駄になる

簡単に解決する種類の問題がある。必要なものは、紙、ホワイトボード、電卓、そしてデータを取得したり、専門家の意見にアクセスしたりするためのインターネット接続だけだ。第1章で示した「どこに住むべきか?」という問題はこれに近い。家族会議を開いて、その街のどのような特徴が家族1人ひとりにとって重要なのかについて話し合い、大まかな重み付けに合意し（フライ・フィッシングへのアクセスよりも、トレイルランニングができることが重要なのか? 通勤時間はどうなのか?）、こうした変数と強く相関する利用可能なデータがないかをインターネットで調査し、データを1〜100のスケールに正規化し、表計算ソフトに記入し、どういう結果になるのかを確認する。確かに重要な決定ではあるが、論理的に考えることはそれほど複雑ではない。

しかし、個人レベルのかなり単純なプロジェクトでさえ、すぐに複雑になる可能性がある。ロブの「自宅の屋根にソーラーパネルを設置すべきか?」問題のロジックツリーと分析を見てほしい。彼は、電力会社の料金や必要な投資額と比較して、コスト削減の潜在的価値を計算しなければならなかった。固定価格買取制度（電力会社が余剰電力に対して支払う制度）が変わるのかどうか、ソーラーパネルの価格が今後も安くなり続けるかどうかを予測しなければならなかったし、この投資によって気候への影響を大幅に減らせるのかどうかを計算するために、自分のCO_2排出量を見積もる必要があった。第1章で見たように、これらの分析は、どれも賢明な住宅所有者の手に余るものではないが、ロブがこれらの分析を熟考して計画しなければ、多くの時間と労力を無駄にしていた可能性がある。

あなたは、この章をスキップしたいと思い始めていないだろうか？　前章のロジックツリーの分解や、第6章のエキサイティングなビッグデータ技術の利用と比較すると、退屈に思えるかもしれない。しかし、そうは考えないでほしい。**問題解決に苦労するのではなく、楽しくしたいのなら、クリティカルパスを見つけることだ。**クリティカルパスは、第3章の終わりで説明した優先順位付けのプロセスの続きである。**問題解決に使う分析を高度化することで、洞察をもたらす可能性が最も高い部分に常に取り組めるようにする。**作業計画と、それに続く頻繁な計画修正の反復作業は、クリティカルパス上にとどまるための方法なのである。

チームで作業している場合、または家族や友人から力を借りて擬似的にチーム作業をしている場合は、作業計画を立てることで、初期の仮説を具体的に示し、分析によってどんな目標物が欲しいのかを明確にし、各パーツをチームメンバーに割り当てて誰が何をいつまでにやるのかわかるようにする。また、確証バイアスや他の問題解決における一般的な誤りを回避するために、優れたチームプロセスをさらに確立し、強化するのも、このタイミングである。

この章では、作業計画とプロジェクトマネジメントのベストプラクティスについて説明する。まず、ロジックツリーの仮説と分析計画をリンクさせる方法の例を示そう。そして、あなたの出した仮説を回してくれる「1日の答え」についてのベストプラクティスについて話し合う。最後に、創造性を高め、問題解決におけるバイアスや認知の歪みに抗うために、多くのチームプロセスや規範を紹介する。

図表4-1 ▍作業計画を立てるコツ

何を	なぜか
1. 非常に明確で検証可能な仮説に基づいていないかぎり、分析は行わない。	「私はXかYを調べます」といったあいまいなことを言わない。
2. 明確に視覚化された「ダミー、チャート、図表」から逆方向に作業する。	すべての分析は、問題の解決に向かって特定の人の貢献によって推進される。
3. 分析の順序には細心の注意を払う。	最初にノックアウト分析を行う。
4. 誰がいつまでに何をするかについて非常に具体的に決める。	責任の所在や締切に迷うことがない。
5. 作業計画は2～3週間分しかないので、長い期間のプロジェクト計画の場合は、残りの期間を大まかに説明する。	初期の段階の分析は、常に計画を変更することにつながる。

「仮説のない分析」をしなければ多くの無駄は省かれる

多くの人は、作業計画とプロジェクトマネジメントを経験したことがあるだろう。その経験に向き合ってみよう。そうした経験の多くは、おそらく悪いものではないだろうか。作業計画は無限に続き、すぐに古くなる内容ばかりなのが通例だ。責任と期日の想定はあいまいで、しかもしばしば破られる。チームの進捗報告会議では不快なことに驚かされるのが非常に一般的である（「君はジョン・スノーにインタビューするつもりだと思っていた」「期待していたものと違う！」といったやり取りだ）。

こうした理由から、マッキンゼーで作業計画を立てるときは、少し工夫することを学んだ（図表4－1）。**作業計画を立てるためのベストプラクティスとはつまり、仮説がない分析をしないことだ。**どのような問いに答えるものなのかがよくわかっていないままに、

図表4-2 ▍作業計画のモデル

	課題	仮説	分析	データの出所	責任者とタイミング	最終成果物
定義	▶ロジックツリーの着地点(「葉」)の場合から開始する。 ▶問題の定義は「別の質問」から「未解決の質問」までさまざまである。「はい」または「いいえ」で答えることができ、特定の行動が対応し、依存する。	▶仮説は、問題解決の可能性の高い案を述べたもの。「はい」または「いいえ」で答える理由が含まれる。	▶仮説を証明または反証し、問題を解決するために調査される「モデル」を説明する。	▶データの出所は、分析を行うためのデータを取得する可能性のある場所、または手段を特定する。	▶チームメンバー名および最終成果物または中間出力のタイミング	▶関係または関係の欠如を示すチャート、表、あるいはその他のグラフィックデザイン
行動	▶各問題が可能なかぎり詳細に記載されていることを確認する ▶必要に応じてサブ・イシューを定義する	▶すべての仮説をリストにする。下記を使おう ・最前線のアイデア ・自分のアイデア ・同僚のアイデア ・チームメンバーとの話し合い ・仮説を洗練する ・分析のために優先順位を再調整する	▶意思決定者を特定する ▶必要な分析の範囲を決定する ▶シンプルなケース ▶複雑な正当化	▶すぐに用意できるデータを特定する ▶方法論を決定する	▶データの収集と分析を支援する人を決定する ▶プロジェクトの切れ目を考慮し、時間枠を決定する	▶ダミーの図表、グラフィックを描く ▶ストーリーラインを作成する

モデルを構築することはありえない。思考をさらに研ぎ澄ますために、モデルの成果物がどのような形になるのか視覚化（ダミーチャートと呼ぶ）することを義務付け、ダミーがあればその分析が必要かどうかがわかるようにする。分析の順番も論理的に決め、ノックアウトできる（分析を一発で終わらせる）ものや、後の分析が不要になるものを最初に実行する。そして、誰が何日の何時にどの分析をするのかを、できるかぎりの労力を払って明確にする。ここにあることを具体的にすることで、無駄な作業にかかる時間を大幅に節約することができる。

よくできた。作業計画のモデルは**図表4－2**のようになる。

第3章でサンフランシスコベイエリアにおける看護師のケースを紹介した。この問題解決プロジェクトにおける作業計画の例を見てみよう。**図表4－3**では、課題、仮説、分析、データの出所、責任者とタイミング、最終成果物という各レベルの内容が個別具体的に示されている。

人間には、問題解決に必要な最終成果物を明確にしないまま分析に飛びついてしまう傾向がある。チームのメンバーは、この仕事に本当に必要なものを慎重に特定するよりも、モデルの構築や複雑な分析の実行に時間を費やす態勢でいることのほうが多いようである。第6章で説明する人工知能技術の学習アルゴリズムなどの、さらに強力な分析ツールが利用可能となったため、問題の根本的な構造について考えることなしに早まってデータに手を出してしまう衝動が、以前よりもずっと強くなっている。この傾向は避けるべきだ。数値の計算をする前に、問題の構造と望ましい最終成果物をグラフで示すか表にするかして、よく考えることをおすすめしたい。

前に説明したように、分析の順序が重要である。作業計画を注意深く設定すれば、最初にノックアウト分

図表4-3 ▍サンフランシスコの看護師　作業計画の詳細

課題	仮説	分析	データの出所	責任者とタイミング	最終成果物
なぜ看護学校への入学者が減っているのか？	▶看護学校への需要は依然として高いが、プログラムの定員は減少している	▶看護学校に応募する資格のある学生の数、入学者数、退学者数の評価 ▶ベイエリアにおける看護学校の数と規模 ▶プログラムの登録者数が減少した理由を明らかにする	▶カリフォルニア州登録看護師委員会 ▶米国看護大学協会 ▶看護学校長へのインタビュー	▶リズ（月曜日午前9時楽しい週末を！） ▶レイ（今週末） ▶アモリー（来週火曜日）	▶学校別の看護師募集、応募、合格率の縦断的なグラフ ▶入学者数減少の要因分析 ▶インタビュー結果
病院の正看護師の離職率が高いのはなぜか？	▶病院の看護師が予想より早く退職したり、ほかの職場や職業に就くために病院を離れたりしている	▶退職する病院の正看護師の離職時の平均年齢を他の正看護師や職業と比較する ▶看護師が離職する主な理由の評価	▶カリフォルニア州登録看護師委員会 ▶全米規模の看護師調査	▶マーガレット（3月末） ▶ポール（3月末）	▶退職年齢の経年変化グラフ ▶理由の因子分析 ▶手術の成果

析、次に特に重要な分析、最後にやれたらいいなという分析の順で進めることができる。ロブのソーラーパネルのケースでは、想定される電力料金のシナリオの下での投資回収年数がノックアウト分析だった。投資回収が長すぎたり、不確実であったりする場合には、他の分析に進む意味がない。次に重要な問いは、ソーラーパネルのコストが下がっていたために、待つことが理にかなっているのかどうかということだった。投資の意思決定では、全体的な状況が良好であっても、タイミングが重要になることがよくある。ロブと奥さんのポーラは熱心な環境保護活動家ではあったが、3番目の問いであるCO$_2$排出量の削減を見積もることは、この場合「やれたらいいな」というものだった。純粋に投資として考えた場合、この投資は25%のリターンをもたらし、世の中のどの金利よりもはるかに高く優れている。投資案件として弱かったとしても、ロブはCO$_2$排出量削減のためにパネル設置に踏み切る可能性があるため、このツリーの中に排出量削減を入れることは重要だった。というのも、コスト削減が実現しなかった場合に、感情的なマイナス面を補ってくれるかもしれないからだ。

ノックアウト分析では、変数の重要性とそれに与える影響の推定、つまり期待値の推定を行う。その最初の切り口は、第3章の優先順位付けのマトリクスから得られる。通常は、大まかなノックアウト分析の結果、調査の一部は追求する価値がないと結論付けられる。たとえば、ロブのクライアントのコスト削減プロジェクトにおいてある事業部を調査した際、ノックアウト分析の結果、アウトソーシングにより50%の利益増が可能であると結論付けられた。これは素晴らしいことである。しかし、会社全社のコスト削減目標に対するその事業部の貢献は、わずか5%だった。そのため、その事業部に焦点を当てず、より大きな貢献をする事業部に目が向けられた。これは、次の章で説明する80:20の法則と一致している。つまり、収益の80%

をもたらす20％の問題に作業を集中させるのである。

マイクロソフトプロジェクトの落とし穴

マイクロソフトプロジェクトのようなツールは、作業計画作成に非常に役に立つ。しかし、こうしたツールはまた、餌を欲しがる獣のように、作業計画の詳細な情報を膨大に生み出し、時間を引き延ばすこともある。マッキンゼーの新任エンゲージメントマネジャーだったチャールズは、７ステップを開発する前、毎回30ページに及ぶ作業計画をチームのために徹夜で作成していたことで有名だった。しかし、これだけ詳細な作業計画を立てると、クリティカルパスの意識もなく、あらゆる分析をしようとして飲み込まれてしまうリスクがあった。こうした**百科事典的な作業計画は、最初の数回の分析で有望な新しい道筋が示されると、とたんに古くなる**。現在、私たちが行っている問題解決の方法は、仮説に基づき、可能なかぎり大まかな分析アプローチを使い、データに頻繁にアクセスし、問題定義文とロジックツリーの理解を深めるために絶え間なく反復する。この方法のおかげで、詳細で長い作業計画は不要であり、すぐに役に立たなくなることがわかっている。

私たちのアプローチは、最も重要な初期分析に焦点を当てた作業計画を実行することである。２〜４週間という短期間で具体的に作成し、チームの作業から得られる新しい洞察に合わせて絶えず改定する。また、中間目標地点の設定日やプロジェクト全体が計画の時間どおりに進むように、通常はガントチャート形式の大まかなプロジェクト計画を作成し、作業計画と組み合わせる。私たちはこれを「分厚い作業計画と無駄の

図表4-4 ▌分厚い作業計画と無駄のないプロジェクト計画

簡潔な2～3ページの作業計画書を使い、2～4週間先の問題解決をガイドする

厚めの作業計画

サブ・イシュー	仮説	分析	データの出所	責任者とタイミング
パフォーマンスが低下する前はどのような状況だったか？	▶製油所はニッチな市況を享受したが、ほとんど成長しなかった	▶輸入製品の輸送コスト差を評価する（原油の不利益を除く） ▶PDQの原油コストの利点を代替案と比較する ▶トリポリの影響を見積もる（残留価格差か？）	▶石油供給年鑑 ▶オイルコ社ワールド原油価格データ（石油投資センター） ▶残余分析 ▶青ひげの価格表を入手	▶クリス（月曜日） ▶クリス（今週末） ▶ネッド（来週火曜日）
パフォーマンスの低下の原因は何か？	▶市場でのニッチな地位はほとんど損なわれなかったが、運用コスト、販売管理費、設備投資はすべて利益率よりも早く成長した	▶1988～92年における構成要素ごとの完全なコスト評価を実施する ▶設備投資計画を確認する ▶業界のベストプラクティスに対し両方をテストする	▶年末製品 ▶ジョン・ドー ▶ヒューストンの専門家に電話する ▶ソロモン・リポート ▶PIRA	▶ダンカン（6月末） ▶ネッド（水曜日） ▶クリス（来週木曜日）

ガントチャートを使い、より長期間にわたってプロジェクトの成果物を管理する

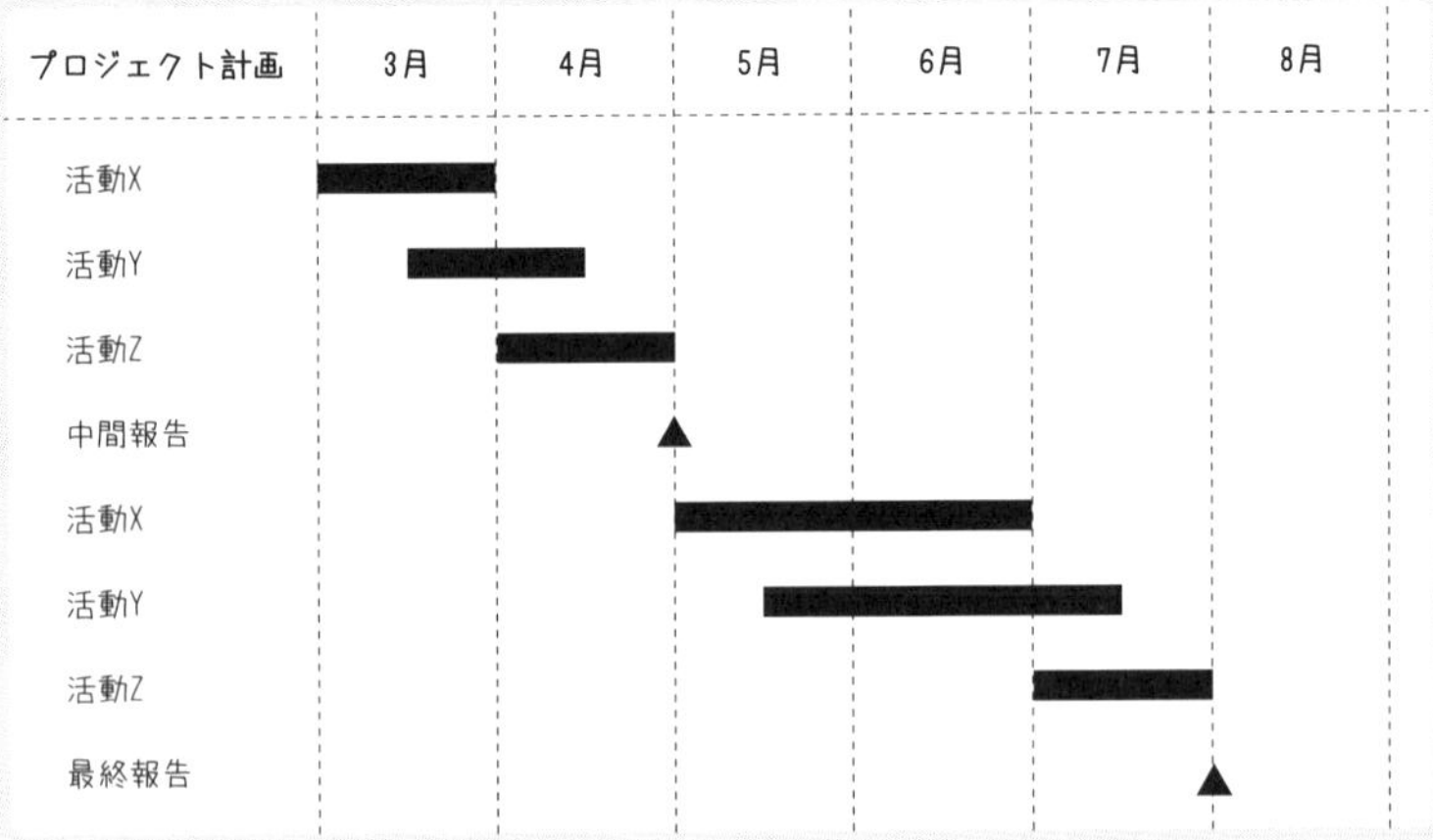

注）非常に詳細で、百科事典的な「完全なプロジェクト」の作業計画は避ける。誰も読まないし、3週間で古くなり、誰もそれを修正したがらないからである。

ないプロジェクト計画」と呼んでいる（図表４ー４）。

「現時点での最良の答え」で思考を明快にする

プロセスのどの時点であっても、問題について今知っていることを述べることで、思考が非常に明快になる。これは、どのような理解が生まれつつあるのか、答えと私たちの間にはどんな未知のものが立ちはだかっているのかを明確にするのに役立つ。私たちはこれを「1日の答え」と呼んでいる。これは、発展途上の作業計画と分析を反復しながら、現時点での最良の状況分析、複雑で洞察に満ちた観察結果、および解決策に対する最良の推測を伝えるものである。このように作業することで、問題解決に至るまでの隔たりが最も大きい分野にチームのリソースを振り向け、これ以上得るものがない分析を止めることができる。このアプローチは、問題解決を開始する前に膨大なデータセットを集め、延々とインタビューすることを奨励する典型的な取り組みとは対照的である。分析結果が出れば、1日の答えに磨きをかけ、証拠を統合してより完全なストーリーを作り上げることができる。以下では、初期の仮説から生じる確証バイアスの可能性を回避するために、他のチームプロセスをどう使っているのかについて説明しよう。

「1日の答え」を構成する3パート

1日の答えを構成する方法はたくさんあるが、マッキンゼーなどで採用されているのは、次のように3つのパートに分ける方法である。

パート1　状況

問題解決開始時の状況についての簡単な説明。これは、問題を引き起こしている状況のことである。

パート2　複雑化

問題を引き起こしている緊張関係やダイナミクスを生み出す状況の観察結果や、複雑化した状況の説明。典型的には、何が変わったために、または何がうまくいかなかったために問題が発生したのかを述べる。

パート3　解決策

問題の含意、意味合い、または解決方法に関する、あなたが今持っている最良のアイデア。プロジェクト開始時には大まかで推測的なものとなるが、後で「私たちは何をすべきか」という問いに答える洗練されたアイデアになるはずである。

チームプロセスにおいて、私たちは通常、この「状況－複雑化－解決策」の順序を使うが、後日、調査結果を統合的に判断するときには、この順序を逆にして、まず「あなたはこうすべきだ」と始め、その後に理由を補足することもできる。これについては、第7章で詳しく説明しよう。

1日の答えは、歯切れ良く簡潔でなければならない。ここは、整理されていない事実を40の箇条書きにす

図表4-5 ▍「1日の答え」は何であり、何ではないのか

	これであり	これではない
状況	▶意思決定者のジレンマの中核にある問題あるいは機会	▶主要な機会や問題とは関係のない課題の履歴または大量の事実
複雑化	▶浮上している重要な洞察またはレバレッジ・ポイント	▶複雑さの漠然とした説明（問題定義文の繰り返し）または洞察を装った一連の別の事実
解決策	▶論理的な高み ▶暗黙の一連のアクション ▶この時点で私たちに見えるオプション	▶唯一無二の答え ▶状況および複雑化に関係のない、サポートされていない偏見または先入観

る場ではない。**図表4－5**は、いくつかのベストプラクティスの考え方を示している。

ホームセンター業界のケーススタディから、短い例を見てみよう。

状況：ヘチンガーは、ある地域で長い間成功を収めた歴史を持つ支配的なプレイヤーであり、事業の拡大を目指している

複雑化：新たな競合として倉庫型スーパーストアモデルで登場したホーム・デポは、大幅に安い価格設定を武器に急成長しているように見える。彼らのビジネスモデルはヘチンガーとは異なり、調達の経済性、低コストの物流、高い資産生産性によって低価格を補っている。彼らは出店のペースが速く、間もなくヘチンガーと地理的に競合することになるだろう

解決策：競争力を維持するために、ヘチンガーは在庫管理と物流システムを迅速に改革し、低コス

トの調達モデルを開発して、低価格を実現する必要がある。さもなくば、中核市場でも真の脅威に直面することになる

ご覧のとおり、これは、問題解決の取り組みが現時点でどのような状況にあるのかを簡潔にまとめたものであり、まだ行わなければならない分析（この場合、特に「ヘチンガーは何をすべきか」という問いに対する答え）を誘導してくれる。また、反論に備え、誤解を受けないかどうかのストレステストをするためのたたき台を提供してくれる。そして、エレベーターの中でヘチンガーの重役から質問されたときに、気の利いたことを言えるようになる。

最高の問題解決チームが持っている3つの共通点

読者のほぼ全員が、チームでの作業経験があり、しかも良いチームも悪いチームも経験したことがあるのは間違いないと思う。私たちの仕事は、広い意味でのマネジメントの実践ではなく、問題解決に焦点を合わせているのだが、この2つの間には多くの共通点がある。**最高のチームは、比較的フラットな構造であり、優れたプロセスとチームの規範を有し、さらにバイアスを回避するための明確なアプローチを備えていること**がわかった。こうした点を順に見ていこう。

共通点1 状況によって階層構造が柔軟に変わる

優れた問題解決チームには通常、オーケストラの指揮者と航空管制官の間に位置するような優れたリーダーや調整役がいて、基本的な要素が期限どおりに揃うようにする。しかし、**最高のチームは、ブレーンストーミングやアイデア出しをする際には、階層の構造が比較的緩やかになる**のが一般的である。このような構造は、従来の階層的な役割を持つ大規模な組織内で作るのは難しいかもしれない。そこで、私たちが大規模な組織内で仕事をする場合は常に、通常の報告構造の外で行動する臨時チームを立ち上げ、意図的に活動期間を限定する。そうすることで、階層にとらわれない創造的なチームプロセスの実現が可能となり、優れた解決策を生み出しやすくなる。

もちろんこうした原則は、家族レベルの問題や、政治的な階層にいる意思決定者とやり取りするような社会規模の問題にも適用される。いずれの場合でも、私たちは問題解決のために、従来の権威者にこれまでとは異なる指導的ではない役割を演じさせ、斬新で創造的な答えを引き出そうとする。

チーム構成に関する重要な洞察は、次節で取り扱う。

共通点2 チームプロセスについて3つの規範を持っている

私たちは、これまでのコンサルタントとしてのキャリアの中で、非常に効率的に問題解決を行うチームもあれば、空回りして期限を守れず、説得力のある解決策を打ち出せないチームも見てきた。こうした状況は、問題の定義、分解、および優先順位付けを適切にした後でも起こる可能性がある。優れた問題解決チームは、作業計画と分析において、どのような点が優れているのだろうか？　私たちの経験では、いくつかの点が際立っている。

規範1　仮説主導的・最終成果物指向的

優れたチームは、仮説主導的であり、最終成果物指向的である。彼らは強力な仮説を使って作業計画や分析を導く。これは、事実があるにもかかわらず、その仮説を証明しようとするという意味ではない。その逆である。強い仮説は、検証や圧力テストをしやすい。ここで言う最終成果物とは、通常、問題やサブ問題を明確に解決する分析のことである。次章で説明するロブの膝関節の問題では、彼は今すぐ手術を受けるべきであるという仮説を立て、裏付けとなる分析を開始した。その際、彼は「何もしないよりも良い結果になる」「技術の向上による解決が見込めない」という明確な閾値《しきいち》を設定した。その分析の最終成果物として、半月板修復のための幹細胞増殖などの新しい治療法の研究結果や最新のタイミングをまとめた意思決定ツリーを完成させた。

規範2　仮説とデータの間を頻繁に行き来する

優れたチームは、仮説とデータの間を頻繁に行き来する。新しいデータに直面しても柔軟に対処する。つまり、分析が行き詰まったらすぐに中止し、有望で新しい調査に着手する準備ができているということだ。

第2章で紹介したインドのアヴァハンHIVプロジェクトでは、最初に方向性については有望な仮説が立てられたものの、人々の行動には何の影響も与えなかった。では、どうしたのか。女性のセックスワーカーとその地域社会に焦点を当て、そこから学んだことに基づいて新しい取り組みに着手したのである。このことは、それまで疫病の問題として検討されたことがなかったが、最終的には深い洞察をもたらし、大きな影響を及ぼす提案ができた。

規範3　画期的な考え方を求める

優れたチームは、段階的な改善ではなく、画期的な考え方を求めている。そのために彼らは、パフォーマンスの限界とベストプラクティスの基準点、およびその限界からの距離について問いを立てる。大型の重機を使うある鉱山会社では、タイヤ交換をもっと素早くできないかと模索していた。彼らは、世界で最も速くタイヤ交換を行い、世界で最も経験が豊かなのは誰かと問いを設定した。その答えは、F1レースのチームだった。次に鉱山会社のチームは、F1のレーシングサーキットのピットを訪れ、プロセスを改善する方法について学んだ。これこそが創造性なのである！

共通点3　バイアスや誤りを回避するための備えがある

ノーベル賞受賞者のダニエル・カーネマンの著作『ファスト&スロー』[*1]で一般に紹介された、システム1とシステム2の思考パターンという概念に精通している方も多いだろう。システム1の思考パターンは自動的で直観的であり、私たちの行動の多くを支配している。おそらく、ジャッカルに食べられないようにするために、私たちの意思決定の多くは本質的に自動的なものであり、システム2の精錬された合理的思考のような、意識的な論理性はない。私たちが以前に何かをして成功した体験があるときはいつでも、私たちの脳は意識することなくすぐにその道を再び選ぶ可能性が高くなる。外国語の言い回しを学ぶのと同じように、最初は苦労するし、痛々しいほど自意識過剰になる。時間が経つとともに、それが文字どおり第2の天性となり、私たちの自動的な精神システムの中に含まれ、消えてしまうのである。

このシステム1の思考パターンは、新しい言語を話すとき、自転車に乗るとき、または靴紐を結ぶときには最適であるが、体系的な問題解決にはあまり適していない。もちろん、私たちの問題解決も、パターン認識の恩恵を受けることができるし、実際に受けている。特定のビジネス上の問題が資本収益率ツリーや供給曲線によって最もよく解明されることを正しく理解できると、問題解決がより速く、より正確になる。フィリップ・テトロックは、チェスのグランドマスターはこの深層記憶システムに5〜10万のパターンを保存していると報告している。[*2] しかし、新しい種類の問題に対し、誤って見慣れたフレームで見てしまった場合、悲惨なほど間違った解決策を出したり、無限に軌道修正することになったりするリスクがある。この種の間違いは、可用性バイアス（適切なフレームワークではなく、手近なものを使用してしまう）または置換バイアス（より複雑な実際のモデルを理解するのではなく、自分の知っている単純なモデルに置換する）と呼ばれることがある。そして、問題のフレーミングに絶対的な認識の誤りがない場合でも、問題の過度なパターン化は、問題解決における斬新な解決策や創造性の妨げとなる。

この点に関してお話ししなくてはならない悪いニュースがある。誰が数えるかによって幅はあるが、[*3] 問題解決において人間が犯しがちな認知バイアスや間違いは100種類以上あり、システム1の自動思考の誤りに関連するものもあれば、他の処理バイアスによって引き起こされるものもあり、そのうちの多くはリソースと関係している。実験心理学と行動経済学から生まれた意思決定における認知バイアスの列挙は、問題解決に関心のある人にとって興味深く重要である。しかし、いくつかの文献を信じるとすれば、こうしたバイアスがあるために、人は合理的に考えることがまったくできないということになってしまう！　私たちの経験上、**優れた問題解決設計とチームプロセスによって、こうした問題のほとんどに対処可能であり、さらに創造性を促進することができる。**これこそが7ステップのプロセスなのである。

問題解決において陥りがちな5つのバイアス

問題解決におけるバイアスと誤りの主な原因についてお話ししよう。私たちの元同僚でカーネマンの共同研究者であるダン・ロバロ教授との会話で、彼は、最も重要なのは、確証バイアス、アンカリングバイアス、損失回避であると示唆している。[*4]私たちは、チームプロセスで対処すべき追加の問題として、可用性バイアスと過度の楽観を加えたいと思う。実際、**図表4-6**が示すように、文献に記載されている他のバイアスの多くは、この5つの根本的なバイアス問題の一形態なのである。

バイアス1　確証バイアス

確証バイアスとは、「1日の答え」に恋をしてしまうことだ。反対意見を無視して、自説に対する反例を

図表4-6▎認知バイアスへの対処

主要バイアス	関連するバイアス	具体的には何か？	対処法は？
確証バイアス	▶ヒューリスティックスに影響を与える ▶集団思考 ▶自己利益バイアス ▶権威バイアスまたはひまわりバイアス	▶「1日の答え」に恋をする ▶代替案を検討しない ▶反対意見を聞かない	▶建設的な対立 ▶弁証法的な議論（テーゼ、アンチテーゼ、ジンテーゼ） ▶チーム構成の多様性（ものの見方、背景） ▶ロールプレイング
アンカリングバイアス	▶目立ちバイアス ▶平均値／複利への回帰の無視	▶初期のデータ範囲または増加・減少パターンが範囲全体であるか、継続すると仮定する（精神的な数値への執着性）	▶対立仮説（アンチテーゼ）を作成する ▶シナリオ・モデリングを含むハードコア・データの収集と分析 ▶「あなたが信じなければならないこと」――チームプロセス
損失回避	▶サンクコストの錯誤 ▶寄付効果 ▶帳簿上の損失忌避	▶精神的な数値への粘着性、または損失あるいは利益のあらゆる種類の非対称的評価	▶明確な前向きの考え方 ▶優れた分析ツール（NPV分析評価オプション、ベイジアン思考）
可用性バイアス	▶置換バイアス ▶現在の出来事に過度の強調が与えられている	▶新しい複雑な状況を理解するために投資するのではなく、手元にある地図やストーリーを使う	▶追加情報の価値 ▶待機するか、今すぐ決断するかを明示するオプション
過度の楽観	▶自信過剰 ▶コントロールの錯覚 ▶災害の無視	▶低確率のイベントを過小評価	▶明示的な極端なマイナスのケース ▶死亡前死因分析

真剣に検討しない。本質的には、低いところにある精神的な果実で満足してしまうことだ。

バイアス2　アンカリングバイアス

アンカリングバイアスとは、最初に見たデータ範囲やデータパターンに誤った精神的執着を持ち、その後の問題理解に色をつけてしまうことである。

バイアス3　損失回避

損失回避およびその親戚であるサンクコストの錯誤、帳簿上の損失忌避、保有効果（寄付効果）とは、すでに費やされた（埋《サン》まった《ク》）コスト、あるいは利得と損失の非対称的な価値を無視する失敗のことである。

バイアス4　可用性バイアス

可用性バイアスとは、新しい問題に対して新しいモデルを開発したり、より新しい事実や出来事に影響されたりするのではなく、手近にあるがゆえに既存のメンタルマップを使ってしまうことを意味する。

バイアス5　過度の楽観

過度の楽観は、自信過剰、コントロールの錯覚、あるいは単に災害が発生した場合の結果を考慮しないなど、いくつかの形で現れる。

バイアスを軽減するための7つのアプローチ

こうした認知バイアスや誤りの影響のほとんどを軽減し、同時に問題解決における新規性と創造性を高めることのできるチーム設計アプローチが数多く存在する。

アプローチ1　チームメンバーの多様性を確保する

さまざまな経歴や視点を持つチームを構築することは、新しいアイデアやアプローチに対して積極的でオープンな環境を作るうえで本当に役に立つ。これは問題解決における創造性の大きな源泉なのだが、見過ごされがちである。問題を単独で解決する場合は、プロセスの各段階で、内部者、外部者を問わず、多様な他者とブレーンストーミングする方法を見つけてほしい。フィリップ・テトロックの予測に関する研究によると、この種の問題解決は、非常に高い業績を上げている個人と比較しても、チームのほうが常により高い業績を上げることがわかっている。そして、最高の予測チームはクラウドソーシングや予測市場にさえも勝てるのである。[*5]

アプローチ2　常に複数のツリーや分割フレームを試す

問題が、お気に入りのフレームワーク用に完璧に設計されているように見えたとしても、複数の分割フレームを試して、異なる問いや洞察が浮かび上がってくるかどうかを確認してほしい。第9章で説明するように、肥満を「厄介な問題」と見なすことに決定したとき、私たちはチーム会議を開き、さまざまな代替的な分割フレームを試した。わずか30分のうちに、いくつかの利用可能な分割フレームについて整理し、規制／インセンティブフレーム、個人行動／公衆衛生フレーム、発生率／重症度フレーム、需要／供給フレームについて、それぞれのケースを議論した。その結果、需要／供給フレームに決まったのである。最初の切り口に落ち着いてしまわないようにしてほしい。

アプローチ3　仮説には疑問符を追加する

私たちは、仮説主導型であるように取り組んでいるが、元同僚のキャロライン・ウェッブの研究によると、活発な問いを発することで私たちの脳は確認モードから発見モードに移行することを示唆する調査結果が報告されている。[*6] 私たちが出会った多くの優れた問題解決者たちは、積極的な問いを問題解決の主要なツールとして使っている。その答えが次の一連の問いにつながり、最終的に仮説が研ぎ澄まされるか、現在の形に異議を唱えるのである。

アプローチ4　バイアスを排除するブレーンストーミングを行う

チームが早い段階で確立した価値観は、問題解決の質に大きく貢献する。ここで、バイアスを排除し、創造性を促進するのに、私たちが特に役立つと考えているいくつかの実践例を次に示そう。

・**異議を唱える義務**：マッキンゼーのコアバリューに**異議を唱える義務**があり、これは入社したばかりのビジネスアナリストであっても最初から叩き込まれる。つまり、若手社員がブレーンストーミングのセッションやクライアントの前で異議を唱えることは問題ないだけでなく、絶対的な義務なのである。この価値観に従わないコンサルタントは、上級社員であっても解雇される可能性がある。チームメンバーは通常、階層を尊重するのだが、入社1日目だろうが10年目だろうが異なる見解を持っている場合には、チームリーダーに発言の機会を自分に与えるよう働きかける必要がある。

・**ロールプレイング**：クライアント、サプライヤー、家族、市民など、自分以外の人になったつもりで、暫定的な解決策を演じてほしい。次に役割を変えて、新しい人物を演じる。恥ずかしいことのように聞こえるし、事実最初はそうなのだが、驚くほど真実を明らかにしてくれる。キャロライン・ウェッブはまた、従来とは異なる創造的な結果を生み出すために、従来の談話に代わるものとして、解決策を描いたり、マッピングしたり、言語化したりすることを推奨している。[*7]

・**弁証法の基準**：チームの規範として、古典的な議論形式を確立する。すなわちテーゼ［訳注：命題］、アンチテーゼ［訳注：反対命題］、ジンテーゼ［訳注：それらを統合した命題］から構成される弁証法である。すべてのアイデアや仮説は、アンチテーゼに出会い、異議を唱えられたうえで、学び合い、ジンテーゼに至るのである。

・**遠近法を取る**：遠近法を取るとは、他のチームメンバーの主張または信念を（特にあなたが同意しない場合）、そのメンバーと同じように説得力のあるものとして説明できるようにモデル化することである。[*8]

・**建設的な対立**：嫌がられることなく意見を異にすることは、チームプロセスによる問題解決の大きな核心である。私たち2人がマッキンゼーで使った優れたツールの1つが、特定の主張や視点を受け入れるときに「何を信じなければならないか」と問うことである。これには、その視点に暗黙的に含まれるすべての前提条件とその意味するところを全部明示しなければならない。この「何を信じなければならないか」の一例をお話ししよう。あるプロジェクトで、ドットコム時代の成長企業の株価を見て評価することになった。株価収益率を正当化するためには、今後5年間は40%の年平均成長率で成長し、その後はアメリカのGDP成長率の2倍で永続的に成長する必要があった。これは信じられないほど高い成長期待である……。この成長は達成されなかったので、株価は暴落してしまった。

・**チームによる分散投票**：ロジックツリーの枝を剪定するとき、または分析の作業計画で優先順位付けをするときに意見が相違するのはよくあることである。注意しないと、最も説明のうまいメンバーや上級のメンバーが不適切に話を動かしてしまう可能性がある。第3章で説明したように、私たちは各チームメンバーに10票分の付箋を割り当て、自分の好きな（または嫌いな）分析に投票させ、累積投票や箇条書き投票を可能にするというアプローチをとっていた。その際は、下級メンバーの選択が偏らないように、最上級メンバーは最後に投票することにしていた。

・**外の意見を求める（ただし、専門家には注意）**：集中的な問題解決では、特に慣れ親しんだ分野や業界で仕事をしていると、自分の排気を吸ってしまう、つまり過去の自分から仕事のやり方を学んでしまい、創造性が失われがちになる。外部のデータと視点を活用して、問題の見方を一新することが重要である。通常は専門家にインタビューすることが多いが、彼らは支配的、または主流の見方を強化するだけで創造性が損なわれるリスクがある。そこで、顧客やサプライヤー、または別の関連する業界や分野のプレイヤーとも話してみていただきたい。

アプローチ5　下振れシナリオの明示的なモデリングと死亡前死因分析

ナシーム・ニコラス・タレブの素晴らしい著書『ブラック・スワン』[*9]は、正規分布を仮定することの危険性を私たちに思い起こさせてくれる。ありそうにもないジャンプや不連続なイベントが発生することもあれば、ロングテール分布（片側に裾が長い不規則な形状の統計分布。極端なイベントでも、低いが測定可能な確率を示す）は、問題解決とモデリングにおいて、こうした事態も考慮に入れる必要があることを意味している。これはつまり、狭い範囲の値（期待値や下振れ値）だけでなく、より極端な下振れの値も明示的にモデル化する必要があるということだ。これに関連して、「死亡前死因分析」を行うことも一案である。この分析では、ありそうもない失敗のケースも含めすべての推論を検討する。[*10]

アプローチ6　優れた分析手法

人間は、お金に関する誤りを多く起こしがちである。たとえば、サンクコストへの注意、将来の出来事に対する不当に高い割引率の設定、損失と利益の非対称的な処理などが含まれる。こうした誤りを回避する方法の1つは、問題／モデルの設計、割引現在価値分析、限界分析、会計簿価ではなくキャッシュフローの使用など、優れた分析手法を使うことである。これらについては第5章で説明する。

アプローチ7　データソースの拡大

個人・職場・社会など、生活のあらゆる分野で、誰もがアクセスできる政府や民間の中核的なデータセットが存在している。これらは素晴らしい場合もあるが、競合他社を含めて誰もが入手できるものであり、収

図表4-7 ▌鉱物探査におけるバイアスに抗う

ロブは、数年前に経営書ベストセラーとなった『エクセレント・カンパニー』（トーマス・J・ピーターズ、ロバート・H・ウォータマンJr.著、大前研一訳、講談社、1986年）の共著者であるボブ・ウォータマンの率いるプロジェクトで、マッキンゼーチームの大きな偏見に対処する強力な方法を目の当たりにした。

損失嫌悪　対　大きな賭け

チームは、クライアントが失敗した探索戦略（プロスペクトの選択、資金配分、サンプリングおよび掘削）の結果を収集し、確認した。何が起こっているのかを説明するものは何も現れていない。しかし、経営陣へのインタビューで、ボブは（大きな賭けの精神を必要とする）運用コストの下位四分位数で、長寿命の鉱山になる可能性のある希少な資源を見つけるという会社が述べた目標と、これまでやってきたやり方の違いを検出した。彼らは、損失を恐れるため（損失回避）、大きな賭けをすることから、損失の可能性の低い（通常、技術的な製鋼がありそうな基地の鉱化作用の周り）小さな賭けをすることにシフトしていた。次にボブは、チームにグループの外を見せるよう提案し、成功と失敗を対比できるようにした。

社外　対　社内のアンカリング

自社のチームに、内部データや目前のケースに限定するのではなく、外部に目をやってオッズを科学的にレビューする企業は、異なる視点で物事を見ることができる。クライアントの助けを借り、チームは12の鉱物探鉱会社を調査したが、その内半分は非常に成功し、残る半分は失敗していた。少数のサンプルだが、これはオーストラリアの1年間の鉱物探査の75％以上を占めている。クライアントは調査結果を全参加者と共有することに合意した。調査からわかったことは、成功した企業は「大きな賭け」をする文化を持ち、科学主導であり、掘削を通じて仮説を迅速に検証していたということだった。掘削結果に基づいて、彼らは鉱物算出見通しを2倍にするか、または放棄した。失敗した企業は、仮説主導型ではなく、失敗した予測に長く固執していた。視点を社外にアンカリングすることが、探鉱における新しいベストプラクティスになった。

権威バイアス

ボブは、CEO、上級マネジメント、および探査チームとの会議でチームの調査結果を発表した。ボブがプレゼンテーションを終えるとすぐに、CEOが話し始めた。ボブは、これでは反対意見を抑圧するのではないかと恐れた。そこで彼はCEOの話をさえぎり、かわりにテーブルの各人が最初に意見を述べ、次にCEOが結論を述べて議論を要約することを提案した。そして、テーブルの各人が新しい探鉱者メンタリティーの考え方と厳密な科学に基づくプロセスへの支持を表明した。彼らはCEOに反対することを恐れることなく思ったことを話すことができたのである。この単純な手法は、確証バイアスのサブセットである権威バイアスの可能性を減らした。クライアントは、探査と科学能力の重要性を高めるため、変更を正しく実施することができた。その後まもなく、この会議は長い日照りを終え、探査は成功を収めた。

集には方法論的な問題がある場合もある。代替データをクラウドソーシングするオプションがあるかどうか、予測市場があなたの望むトピックをカバーしているかどうか、またはあなたのトピックに誘導できるかどうか、あなたの関心領域が何らかの形のＡＢテストやランダム化比較試験に適しているかどうかを検討する価値がある。カスタムデータを収集するコストは大幅に低下しており、新しいデータセットは、明らかに主流の分析とはまったく異なる洞察を生み出す可能性がある。サーベイモンキーなどのツールは使いやすく、顧客、競合他社、およびサプライヤーの視点から、特に洞察に満ちた情報をもたらしてくれる。

このようなことは、実際のチームの中でどのように実行されるのだろうか。多くの場合、**図表４－７**のように、チームリーダーからの合図や行動によって行われる。

「リーン」「アジャイル」「スクラム」と問題解決の関係

「はじめに」では、問題解決型の組織というペルソナを被ることでより優れた問題解決者になるという要求に、多くの組織が応えていると主張した。このような組織は、リーン（細身）かつアジャイル（敏捷）になることを目指し、ラグビー用語である「スクラム」という言葉をしばしば使う。適切な問題に取り組み、問題の根本原因に対処し、短期間の作業計画と明確な説明責任を備えたチームを編成することを目指している（**図表４－８**）。これらはすべて、この章で概説したアプローチと一致している。

とりわけ、最高の問題解決者には、新しいアイデアやデータに対して積極的でオープンであり、標準的な

図表4-8 ▌「リーン」「アジャイル」「スクラム」とは

チームに関連する言葉は、アジャイル、リーン、スクラムを取り巻くように変化している。毎日のスクラム・イベント、スクラム・マスター、スプリント計画、スプリント・レビュー、スプリントの振り返りなどだ。これらはすべて1か月以内に行われる。これらの原則を適用して成功したチームや組織は、優先事項への集中、タイムリーな成果、説明責任、透明性、行動への偏りなどを指摘している。組織の新陳代謝が活発になるにつれ、アジャイルな組織とスクラム・チームの必要性はさらに高まると予想される。

リーン、アジャイル、スクラムと呼ばれるものには共通点と相違点がある。リーンは、その前身であるカンバンのように、無駄を減らすことに焦点を当てている。アジャイルは、速度を上げることに重点を置いている。スクラムは、複雑な製品を開発するためのフレームワークと評されている。この3つはいずれもチーム構造を採用しており、プロジェクト計画を記述することによって、タスクに開示性と説明責任をもたらす。

アジャイルやスクラムの台頭は、新しい組織パラダイムの到来を告げるものであり、複雑な適応性を持った問題に対処するためのフレームワークを提供するものだと考える人もいる（Dr. Jeff Sutherland, 1995）。この期待に応えるために、組織は、序章で述べたように、精神的筋肉と機械的筋肉を備えた問題解決型の企業になる必要がある。そのためには、完全無欠の問題解決スキルを必要条件として社員を採用する必要がある。チームレベルでは、アジャイルチームやスクラムチームは、問題解決ができるだけ優れたものになるために、次のような質問をしなければならない。

・私たちは正しい問題に取り組んでいるか？
・問題を分解して分析しているか？
・優先順位は、短期的および長期的なチームへの影響の観点から正しいか？
・スクラムの成果物とチームメンバーの燃え尽きリスクのバランスは取れているか？
・外部の視点や専門知識を導入しているか？
・分析を必要とする複雑な問題に対して、適切なリソースを確保しているか？
・調査結果を慎重に統合しているか？
・発見した内容を説得力のあるストーリーとして提示しているか？
・進捗状況と目標の間に適切な反復が行われているか？

私たちは、組織がアジャイル、リーン、スクラムの原則に基づいて、問題解決型の企業になる可能性を大いに感じている。そのためには、これまで説明してきたように、チームが完全無欠の問題解決を行うための重要な要素を組織に浸透させる必要がある。

図表4-9 ▎超予測者の心理的プロファイル

哲学	スタイル	方法
慎重	積極的でオープンマインド	実用主義的
謙虚	インテリジェントで読書好き	分析的
非決定論的	反射的	とんぼの眼（複数のレンズ）
成長マインドセット	内省的	確率論的
度胸がある	自己批判的	思慮深い情報更新者
	数値化	

回答や従来の回答を疑うという方向性や態度が見られる（図表4－9）。テトロックは「超予測者」のプロファイリングでこのことをうまく説明している。

最後に、優れた作業計画は、問題解決に大きな違いをもたらす。これは、問題解決成功のための必要条件ではあるが、十分条件ではないことを説明した。「1日の答え」は、仮説を明確にし、分析を集中的かつ効率的にするのに役立つ。ノックアウト分析は、問題解決のクリティカルパスに焦点を当てる。作業計画に付随して、優れた結果を生み出し、私たちがよく耳にする落とし穴やバイアスを防ぐのに役立つ、チームの有効性を上げる多くのトレーニングも用意されている。

第4章のまとめ

・作業計画における規範と具体性を高めれば、膨大な労力を節約できる。前もって、時間をかけて実行してほしい
・問題解決のクリティカルパス上に立つには、分析の順序が正しいことを確認し、最初にノックアウト分析を実行しよう
・作業計画を小太り、つまり簡潔かつ具体的にしよう。プロジェクト全体のスケジュールは無駄なく、重要な中間締切日だけを漏らさず記し、期限内に納品する
・「1日の答え」は、進捗計画のどこにいて、どのような仕事が残っているのかを明確にし、自分の仕事の圧力テスト用のたたき台を提供してくる
・死亡前死因分析のようなツールは、多くの人が危機に瀕しているような重大な意思決定をする際に、焦点を当てるべきリスクを明らかにするのに役立つ
・優れたチーム構造と規範は、創造性を育み、問題解決におけるバイアスに抗うのに役立つ
・可能なかぎり階層を無視しよう。そうすれば、「異議を唱える義務」を助長させることができる
・創造性を高めるためにロールプレイングを試し、外部の視点を取り入れる
・優れた問題解決者は、よく本を読み、新しいアイデアを受け入れ、反省し、自己批判し、粘り強く行動する。そして、可能なかぎりチームワークを活用する
・アジャイルなチームプロセスは、ますます問題解決の手段になりつつある。チームにもアジャイルの敏捷

に動く特徴を組み込むようにしてほしい

独学のための練習問題

問題1　「電気自動車を購入する必要があるか？」という問題を考えます。最適なノックアウト分析の順序で問いを並べたロジックツリーを設計し、それがどのようにMECEであるかを示してください。

問題2　電気自動車の購入決定に対する「1日の答え」を書きとめてください。

問題3　Brexit（英国のEU離脱）支持のロールプレイングを行い、次に役を切り替え、残留を説得してください。

問題4　看護師のケーススタディを読み直し、演繹法、次いで帰納法で結論を出してください。

問題5　問題解決に影響を及ぼす最も一般的なバイアスと、それらに対処する方法をすべてリストにしてください。

問題6　現在抱えている問題が何であれ、実際のデータと、分析をしたいと思う10枚のダミーチャートを書いてください。

問題7　現在作業中のプロジェクトのために、7ステップのプロセスを組み込んだ今後1か月のアジャイルな計画を1ページにまとめてください。

第5章

「経験則」で
問題をざっと分析する

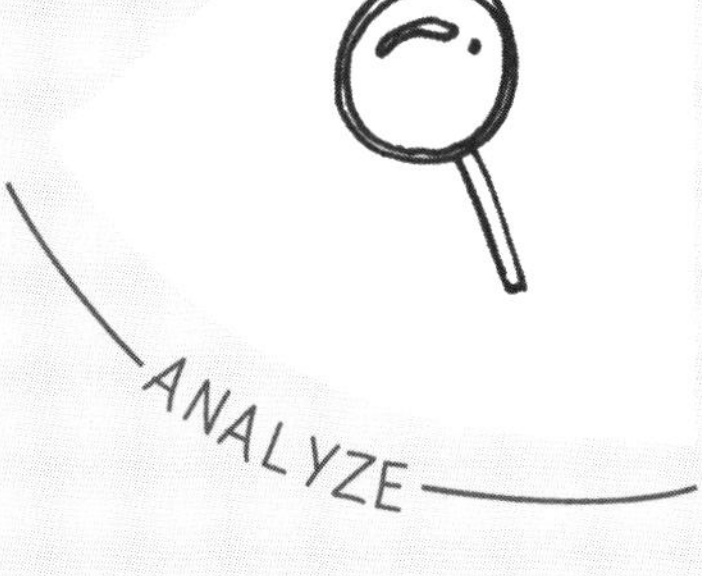

腰を据えて分析をする前に、大まかな方向性を把握する

事実の収集と、仮説を検証するための分析をどのように行うかは、その前のプロセスを注意深く実行したとしても、問題解決の質の良し悪しを左右することがよくある。優れた問題解決者は、効率的に作業するためのツールキットを自由に選び、利用する。ヒューリスティックス・経験則から始めて、関係の方向と大まかな全体像を理解し、最も重要な問題に集中することができる。**複雑なツールが必要かどうか、どこで必要なのかを明確に理解するまで、巨大なモデルの構築に飛びつくことはない。**

分析段階は、問題解決を客観的に行うために非常に重要である。あなたの聞きたい真実を語るまで事実を拷問するというジョークはたくさんある。古い『ニューヨーカー』誌の漫画に、「彼の事実。彼女の事実。あなたの事実」と書かれた引き出しの中に手を伸ばしている人を描いたものがあるが、これはフェイクニュースが登場するよりもはるか前のことだ。構造化された問題解決のアプローチに従い、優れた分析手法を使って仮説を圧力テストにかけ、優れたチームプロセスでバイアスを抑制することで、事実を拷問することは避けられる。

この章では、ヒューリスティックス、ショートカット、経験則から始めて、強力な分析を迅速かつ効率的に行う方法に焦点を当てる。第6章で紹介する「奥の手」分析をする前に、簡単なヒューリスティックスで分析上の多くの問題を構造化して解決する方法を説明しよう。

分析の近道として機能する11のヒューリスティックス

ヒューリスティックスは、分析の近道として機能する強力なツールである。問題のさまざまな要素を整理して、さらなる分析における効率的な道筋を決定するのに役立つ。もちろん、誤って適用すると危険な場合がある。ナシーム・ニコラス・タレブは、確率の低い出来事が大きな誤差を生み出す可能性があるような状況において、過去の成功に基づいた単純なルールがいかにあなたを迷わせるのかを説明している。[*1] こうした誤りを回避する方法を紹介しよう。

ヒューリスティックス、経験則、およびショートカットという用語を同じ意味で使用することにする。個人、企業、市民にとって役立つさまざまなヒューリスティックスを調査した結果を**図表5－1**で示す。歴史上のトップ10の曲をリストにしてくれと言われたら、往年の名曲を除外することは困難だろう。ヒューリスティックスのランキングでも同様である。このリストは私たちが発明したのではなく、世の中に存在しているものをうまく利用しているだけである。

ヒューリスティックス1　オッカムの剃刀

これらの中で最も古いのは、14世紀に生まれた**オッカムの剃刀《かみそり》**（事実に適合する最も単純な解決策を支持すること）であることは間違いない。これは、前提とする仮定が最も少ない仮説を選択しなさいというものだ。このヒューリスティックスが理にかなっている理由を理解する1つの方法として、単純な数学の計算例

図表5-1 ヒューリスティックスとショートカット

ツールの名前	内容	用途	注意点
オッカムの剃刀	▶最小限の仮定を必要とする最も単純な解	▶常に	▶最初の切り口の答えにコミットしないこと
「大きさの程度」分析	▶可能性のある最大値は？	▶常に！ 桁違いの分析で問題を始めないこと	▶最大値に恋をしないこと
パレートの法則	▶価値の80%を駆動する問題の20%を見つける ▶大きなレバーを見つける	▶制約下での問題のスコーピング	▶大規模な相互接続の設定下で、リスクを誤算しないこと
複利の成長率	▶72を成長率で割り、2倍になる期間を得る	▶成長または複利の問題	▶急なプロセス変更の発生
S字曲線	▶新技術製品の普及の典型的モデル	▶新技術や新製品の採用	▶ゆっくりと始まり、急速に拡散する
期待値	▶期待値とは結果の値にその発生確率を掛けたもの	▶価値を伴う将来の不確実なイベントがある場合はいつでも	▶その他の／より優れた破壊的技術
ベイジアン思考	▶条件付き確率	▶確率的に考える必要があるとき	▶計算のためのデータを集めるよう注意
類推による推論	▶参照クラスの作成	▶比較対象により桁が大きく異なるとき	▶外れ値が発生する場合
損益分岐点	▶損益分岐量	▶ビジネスモデルの実行可能性のクイックチェック	▶規模により変化する固定費
限界分析	▶次のユニットの経済性	▶生産消費と投資の問題	▶コストのステップ・ジャンプ
結果の分布	▶結果の可能な範囲	▶プロジェクト・コスト見積もり ▶新規事業収益 ▶M&A	▶平均回帰 ▶非正規分布

を挙げる。互いに独立している４つの仮定があり、それぞれ80％の確率で正しい場合、４つすべてが正しい確率は40％強である。仮定が２つで同じ確率の場合、すべてが正しい確率は64％となる。多くの問題において、仮定は少なければ少ないほど良い。実際には、少なくとも出発点として、複雑な説明、間接的な説明、推測的な説明は避けたほうが良いということだ。オッカムの剃刀に関係するものとして、消去法や魅力の少ない代替案を排除する二律背反推論などといった単一理由決定ヒューリスティックスがある。[*2] 重要な注意点は、事実と証拠が、より微妙または複雑な答えを示している場合、仮定を伴う単純な答えにこだわらないことである（第４章の可用性バイアスと置換バイアスを思い出してほしい）。

ヒューリスティックス２

「大きさの程度《オーダー・オブ・マグニチュード》」分析

「大きさの程度《オーダー・オブ・マグニチュード》」分析は、さまざまなレバーの規模を推定することにより、チームの取り組みに優先順位を付けるために使われる。ビジネス上の問題では通常、価格、コスト、または量（売上数量）のいずれかが10％改善された場合の値を計算し、優先順位をつける（もちろん、それぞれが同じように変化するのが難しいか、同じように変化しやすいものと仮定する）。この手法は、社会問題の分析にも同様に適用される。第３章の看護師のケースでは、看護師の質と量の改善による結果の違いを示した。大きさの程度分析を行う場合、単に最大値だけではなく、最小値、最も可能性が高い値、および推定される最大値を提供する必要がある。前章で紹介した最良のノックアウト分析は、多くの場合、変更によって結果がどのように改善されるのか、またはほとんど変わらないのかを示す大きさの程度分析である。

ヒューリスティックス3　パレートの法則

80：20の法則は、この関係に最初に気づいたイタリアの経済学者ヴィルフレード・パレートにちなんで**パレートの法則**と呼ばれることもあり、効率的な分析に役立つことが多い。この法則は、80％の結果は20％の原因から生じるという一般的な現象を説明している。製品の消費率をY軸に、消費者の割合をX軸にとると、製品やサービスの売上の80％が20％の消費者によって購入されていることがよくわかる。80：20分析のポイントは、やはり分析の労力を最も重要な要素に集中させることである。多くのビジネスおよび社会の環境では、80：20またはそれに近い比率の市場構造が一般的なので、便利な道具として使える。たとえば医療では、人口の20％が医療費の80％を使っていることが多く、保険プランの評価モデルには大きな困難が伴う。80：20の法則は、複雑なシステム設定にも適用される場合がある。たとえば、2016年にミャンマーを訪問したロブは、人口の3分の1しか電気を利用できないことを知ったが、同国には水力発電で100ギガワットを発電できる潜在力があった。チームは、大河エーヤワディー川の支流でのプロジェクトを調べることで、漁業支援と水力発電の間のトレードオフを調査した。[*3] その結果、漁業支援を20％削減すれば、潜在的な電力のほぼ95％を得られることがわかった。ただ、電力需要の100％を得るには、漁業支援の2分の1から3分の1の削減が必要だった。この80：20の法則の極端なバージョンは、政策立案者にとってのジレンマ、ミャンマーの場合はエネルギー、生活、環境保護の間のジレンマを浮彫にした。

ヒューリスティックス4　複利の成長率

複利の成長率は、富がどのように築かれ、企業がどのように迅速に成長し、ある種の人口がどのように成長するのかを理解するための鍵である。著名な投資家ウォーレン・バフェットは次のように述べている。「私の富は、アメリカでの暮らし、幸福な遺伝子、そして複利の組み合わせから生まれました」[*4]。複利効果を推定する非常に簡単な方法として、72の法則がある。[*5] 72の法則とは、72を成長率で割ることで、元本が２倍になる期間を推定できるものである。したがって、成長率が５％の場合、元本は約14年で２倍になる（72／5＝14・4年）。もし成長率が15％であれば、４〜５年で倍増する。チームミーティングでロブは「1997年の新規株式公開時のアマゾン社に1000ドル投資していたら、今いくらになっているか」と尋ねたことがある。チャールズは約90秒間考えた。彼はまず14年ごとに２倍になる５％という低利率、次に18か月ごとに２倍になる50％の高利率を試算した後、10万ドルという回答に落ち着いた。実際の答えは、２年ごとに２倍になる36％の複利計算で、８万3.000ドルだった。何の事実もなく、72の法則だけとは思えない良い推定である。72の法則での間違いが起こるのはどんなときか。それは、成長率の変化があった場合である。そうした変化は、推定が長期間にわたればよくあることだろう。複利計算が永遠に続くことはほとんどないので、これは理にかなっている（チェス盤の最初の角のマス目に米を１粒置き、次のマス目に２倍の米粒、その次にはその２倍を置くという古いトリックを試してみよう）。

ヒューリスティックス５　S字曲線

新しいイノベーションの採用率の推定に携わる場合、役立つヒューリスティックスは、新製品や新市場での販売に共通する成長パターンを示す**S字曲線**がある。S字曲線は、市場に完全採用される可能性の割合をY軸に、採用後の年数をX軸にとって描かれる。S字の形状は、選択した参照クラスや、採用の時期が早い

図表5-2 ▍技術革新による歴史的採用曲線——テクノロジー別の採用動向

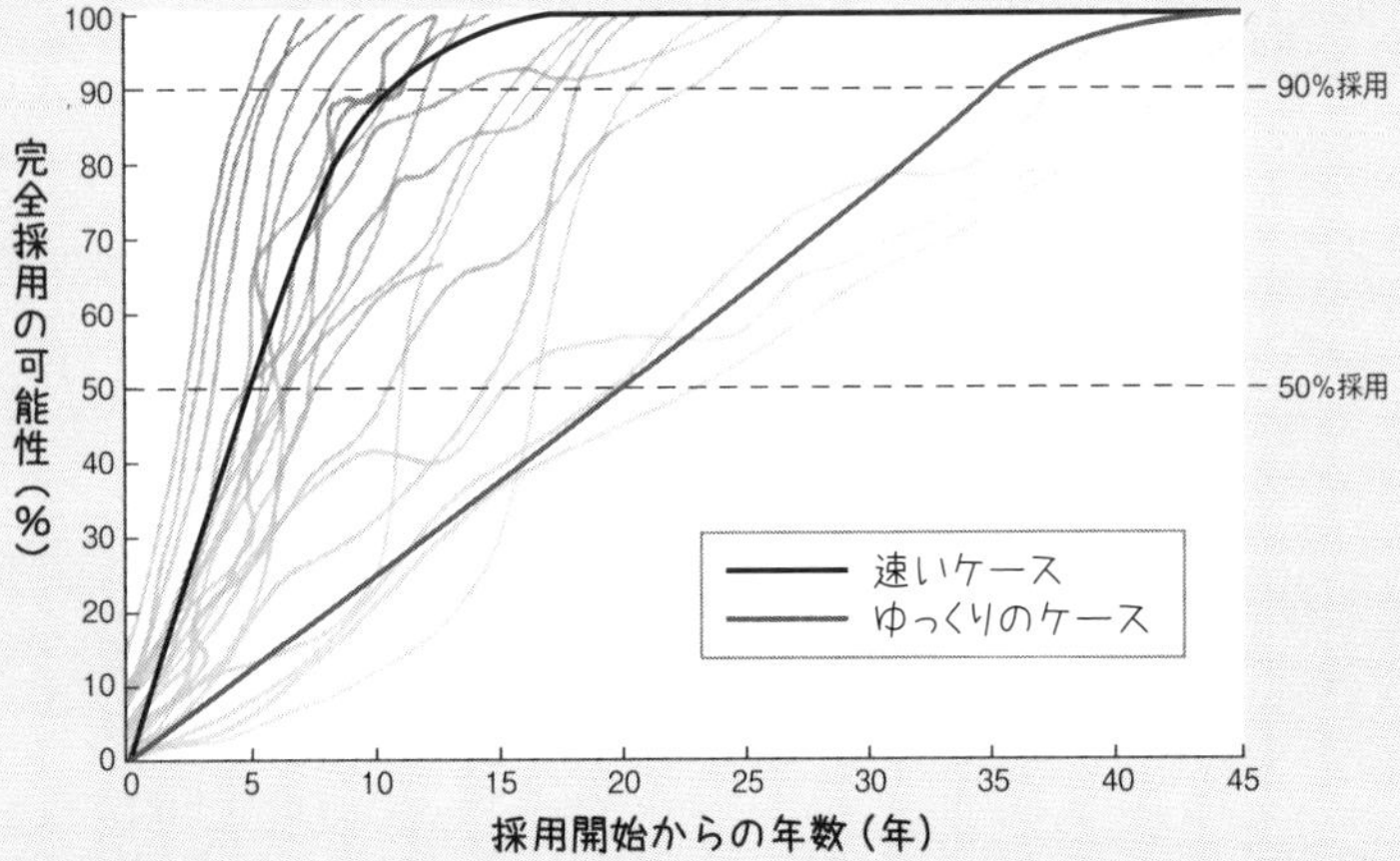

出典：McKinsey Global Institute, A Future that Works: Automation, Employment, and Productivity, McKinsey Global Institute, January 2017.

か遅いかの特定の理由によって大きく異なる。チャールズは、インターネット普及の初期にスタートアップ企業を成功に導いた。当時、多くの予測者は、短期的にはインターネット普及の影響を過大評価していたが（ウェブバン社［訳注：オンライン食品雑貨宅配サービス］やペッツ・ドット・コム［訳注：ペット用品のオンライン販売サービス］を考えていただきたい）、10〜15年という長期的にはその影響を過小評価していた。今にして思えば、典型的なS字曲線であることが非常に明確に見て取れる。１９９５年には、インターネットにアクセスできるアメリカ人は10％未満だった。それが２０１４年には87％に達した。S字曲線は、**図表５－２**に示すように、多くの特定プロファイルをとることができる。他のヒューリスティックスと同様に、これを厳密に、または無批判に適用するのではなく、問題を把握するためのフレームとして使用するのをおすすめする。課題は、「世界はスピードアップしている」といったような漠然とした発言ではなく、特定のテクノロジーがなぜ一定の割合で採用されるかを理解することである。

ヒューリスティックス6　期待値

期待値は、単に結果の値にその発生確率を掛けたものである。これは1点期待値と呼ばれ、通常は（分布の形状に応じて）考えられる結果のすべての確率の合計に、それらの値を掛けたものをとるほうが有用である。期待値は、不確実な環境で優先順位を設定し、賭けをするかどうかについての結論を出すための最初の切り口になる強力な分析ツールである。たとえばベンチャーキャピタルでは、目標はユニコーン、つまり10億ドル規模の企業を作ることであると表現できる。近年シリコンバレーで計算されたユニコーンになる確率を計算すると、１・28％であることが判明した。[*6] 1点期待値は10億ドル×１・28％で１２８０万ドルとなる。22歳の若者の多くが、コールセンターで年収５万ドルの仕事をするのが次善の策だと考え、危険を顧みず起業に踏み切るのも不思議なことではない！　ただし、注意していただきたい。**1点期待値の計算が最も役に立つのは、基礎となる分布が片方に偏っていたり、ロングテールだったりするのではなく、正規分布である場合**である。分布の範囲を調べ、中央値と平均値が互いに大きく異なるのかどうかを確認することが重要だ。

オーストラリア政府の研究機関であるＣＳＩＲＯがＷｉＦｉの知的財産権を擁護するために単純な期待値計算を行ったが、１つ違いがあった。裁判所の訴訟費用の見積もり（１０００万ドル）に対し、彼らが勝訴した場合に受け取る金額（1億ドル）を考慮すると、損益分岐点となる成功確率が逆転したのである。ＣＳＩＲＯの理事会は、訴訟成功の可能性が等確率の10％（訴訟に成功した場合の期待値1億ドルを訴訟費用の

1000万ドルで割ったもの）よりも大きいと感じたため、訴訟を起こすことを決定した。この例については、次の章で詳しく説明しよう。

ヒューリスティックス7　ベイジアン思考

近年、『シグナル＆ノイズ』[*7]などの書籍で、ベイジアン思考が大きく注目を集めている。**ベイジアン思考**とはつまり条件付き確率のことで、あるイベントが起こったときにそのイベントがどのような確率で起こるかを表す。これは事前確率とも呼ばれる。簡単な例として、くもりのとき（事前確率）に雨が降る確率と、晴れているとき（事前確率）に雨が降る確率を見てみよう。雨はどちらの場合も降り得るが、前の状態がくもりの場合のほうが、雨が発生する可能性が高い。ベイズ統計学による分析は事前確率を正確に推定することが難しいため、正式に（計算として）使用することが困難かもしれない。しかし、問題の中に条件付き確率が働いていると考えるときは、ベイジアン思考を使うことがよくある。第6章では、スペースシャトルのチャレンジャー号の事故の例を用い、これまで経験したことのない温度での打ち上げという問題についてベイズ統計学者がアプローチする方法を考察する。

ヒューリスティックス8　類推による推論

類推による推論は、迅速な問題解決のための重要なヒューリスティックスである。類推とは、以前見た特定の問題の構造と解決策が、現在の問題に当てはめられそうだと思うことである。類推は、適切な参照クラスがある場合（つまり、構造タイプを正しく識別している場合）には強力だが、そうでない場合には危険である。これを確認するためには通常、参照クラス（類似の実例）を支持するすべての仮定を並べ、現在のケースがそれぞれの仮定に適合するかどうかを検証する。たとえば、私たちの元同僚であるダン・ロバロ教授は、参照クラスを使って映画の収益を予測する方法を検討した。[*8] 彼は、ドラマなどのジャンル、有名・無名なスターの存在、制作予算といった映画の参照クラスのデータを収集し、これに基づいてモデルを作成し、これから撮影される映画と比較した。この予測値は驚くほど正確であり、より複雑な回帰モデルよりも優れた結果を生み出せたのである。

類推による推論には、以下の例のような限界がある。

類推による推論の限界

- 小売業、出版業、不動産業といった従来のビジネスモデルが、破壊的なインターネットモデルから初めて挑戦を受けたとき、競争の力学がどのように機能するのかを説明できるような、有用な先行事例に相当するものはなかった
- オーストラリアの酒類市場で、あるビール会社がワイン会社を買収した。これは、両社がどちらもアルコール飲料市場であり、共通の顧客、流通要件があり、共有できる機能があると考えたためであった。ところが、製品レンジ、ブランドマネジメント、顧客セグメントの構成および運転資本要件が異なっていたため、実際には2社の間には共通の成功要因がほとんどないことが明らかとなった
- 企業再生の実績を持つ経営者がいて、新しい環境でもその成功例が再現されると想定しているようなときに、ハロー効果が起こる。「チェンソー」の異名を持つアルバート・ダンラップは、製紙会社のスコッ

ト・ペーパー社での企業再生の実績に基づいてそうした評判を得ていたが、引き抜かれた先の家電メーカーのサンビーム社では、社長に就任後2年もたたずにクビになった[*9]

ヒューリスティックス9　損益分岐点

チャールズとロブが見てきたすべての新興企業は、ランウェイ（現金がなくなり、新たな資本注入が必要になるまでの残存月数）について話したがる。しかし、**損益分岐点**、つまり売上高が現金支出を上回る水準について本当に知っている人は、新興企業にはそれほど多くはない。損益分岐点の計算は簡単だが、限界費用と固定費、特に売上高の増加に伴ってこうした数値がどのように変化するのかについての知識が必要である。売上金額もしくは販売単位あたりの損益分岐点は、固定費／単価から単位あたりの変動費を差し引いたものに等しい。通常、単価は既知である。各販売関連コスト、変動費関連コストもかなり素早く計算できる。厄介なのは、事業が拡大するにつれ、固定費がどのように動くかである。つまり、固定費の段階的な増加に直面する可能性がある。販売量を2倍にするには、機械設備、ITインフラや販売チャネルなどへ多額の投資をしなければならないのである。第1章のトラックギアの価格設定の例で見たように、損益分岐点とコストの動きを知ることは、ビジネスのさまざまな側面についての洞察をもたらす。

この実例として、チャールズは、マッキンゼーに応募してきた学生への面接で、「レンタカー会社は予約の24時間以内に客が来なくてもクレジットカードにキャンセル料を請求しないのに、なぜホテルは請求するのか」と尋ねたことがある。これは、固定費の高い事業と低い事業について、経験則の考え方の良い例である。レンタカー会社は、ホテルよりも固定費が低く、変動費の割合がはるかに高いことがわかっている。これは、保険やその他の多くの費用を変動費として支払っているためである（一般消費者とは大きく異なる）。対照的に、ホテルは顧客1人あたりの変動費（部屋の掃除など）が比較的低く、固定費が大きい。また、レンタカー会社は、ホテル（最近はＡｉｒｂｎｂがあるが、昔は友人宅のソファくらいしか代替品がなかった）よりもはるかに多い競合代替品（バス、電車、タクシー、Ｕｂｅｒ）が存在しており、空港ではより激しい空間的競争にさらされている（彼らは容易に価格競争を仕掛ける）。こうした両社の違いを理解するために、いくつかの簡単なヒューリスティックスを使うことで、なぜホテルがノーショー［訳注：予約をした客がキャンセルの連絡もないまま現れないことを指すホテル用語］の料金を請求する必要があるのか、そしてなぜレンタカー会社と比較してキャンセル料を請求できる市場支配力を持っているのかを、比較的迅速に理解することができる。

ヒューリスティックス10　限界分析

限界分析は、資源が欠乏している環境下で、より多く生産し、より多く消費し、より多く投資することの経済性について考えるときに役立つ関連概念である。限界分析では、単に総費用と便益を見るだけではなく、もう1単位追加したときの費用または便益を検討する。機械とプラントの固定費に関する生産問題では、限界費用（ここでも、あと1単位を生産するのにかかる費用）は、機械の増設が必要となる時点までは非常に急速に下がり、増産に有利になることが多い。1単位を販売することによる限界利益が限界費用と等しくなるまで、私たちは単位を追加するのである。

この考え方を、先述のホテルの問題に適用できる。２００室のホテルの固定費（土地・建物の借入金支払、コアスタッフの人件費、固定資産税）の合計が1泊あたり1万ドル、つまり1部屋あたり50ドルであるとする。予約なしの客が午後6時に現れ、まだ空室がある場合、その客が30ドルで泊めてほしいと言ったとして、ホテルはこの申し入れを受け入れるべきだろうか。平均費用は50ドルだが、もう1人追加で客を受け入れるための限界費用はごくわずかであるため（清掃スタッフはすでに勤務し、作業を終えていることを考えるとおそらくゼロに近い）、ホテルは彼の申し出を受けるべきだろう。こうした経済学が、直前予約のホテルや航空券を割引価格で販売するという新しいインターネットビジネスを後押ししているのである。

同様に、従業員の医療費を負担している企業が、1人あたり400ドルかかるスポーツジムの会費を助成することを検討しているとする。[*10] ジムに通う従業員がいれば、会社の医療費を1人あたり最大1000ドル節約できるとその会社は考えており、会費を払えば社員が通うだろうと想定している。この会社は社員にジムの会費を助成すべきだろうか？　もうおわかりだろう。答えは、社員の何％がすでに自腹で会費を払っているかによる。この場合、限界分析によれば、分岐点は60％の社員が自腹で会費を払っている点である。もし、助成金なしでジムを定期的に利用する人がこれよりも少なければ、プログラムを提供することは理にかなっている（ジムの利用と健康上の利点が成り立つと仮定して）。しかし、すでに自腹でジムを利用している人が多ければ（そして会社は低い健康コストから無料の便益を得る）、ジム以外の他のプログラムに予算を使うべきである。

ヒューリスティックス11　結果の分布

最後のヒューリスティックスとして、**結果の分布**を検討しよう。大規模なプロジェクトを計画している企

図表5-3 ▌結果はどのような分布がありそうか？——プロジェクト・コストの分布

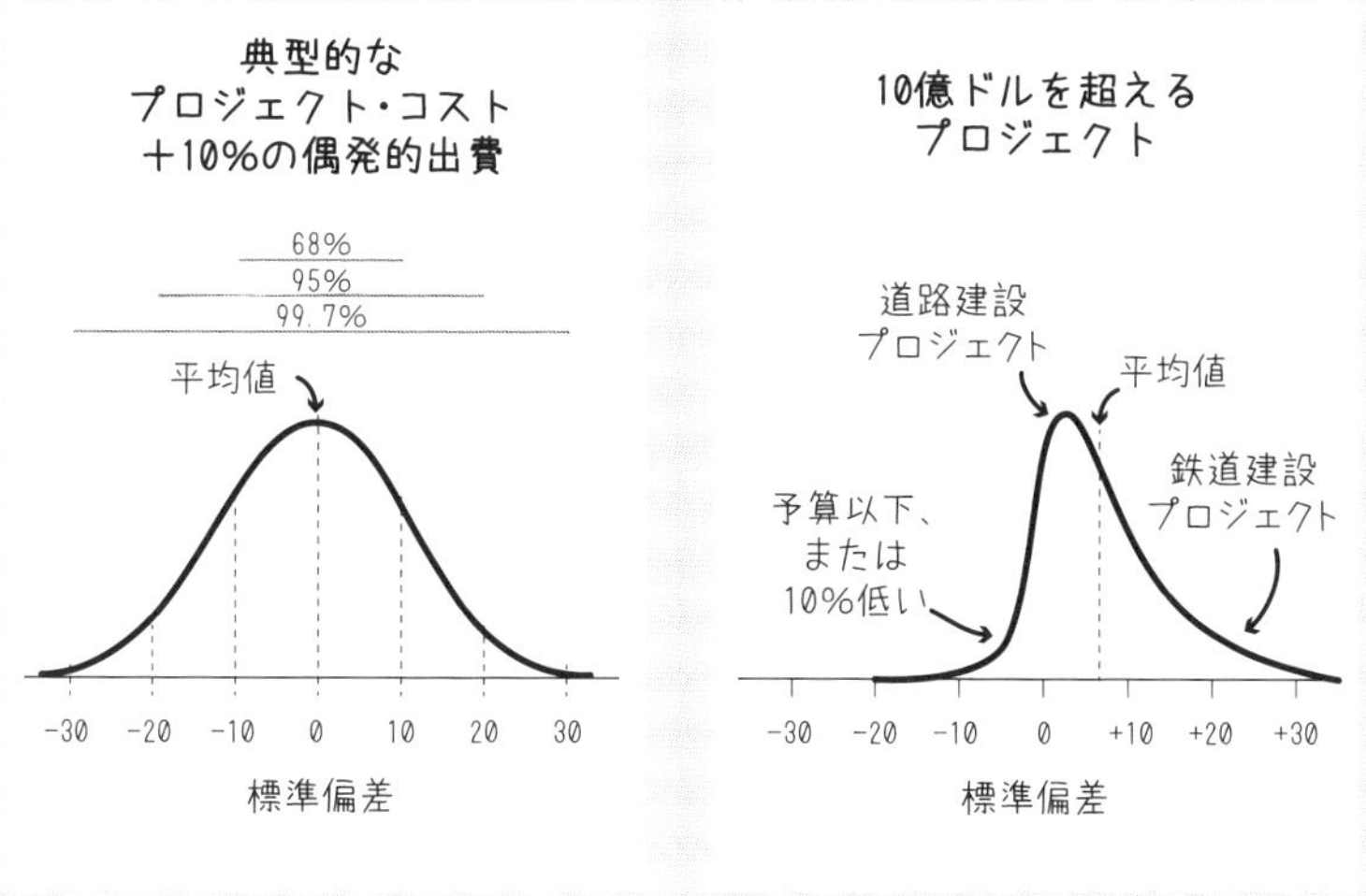

業は、コスト超過に対して10％以上の偶発損失（不測の事態のための緊急予算）を追加することが多く、その額は数百万ドルに上ることもある。10億ドル以上のインフラの大規模プロジェクトの90％以上は、道路建設プロジェクトの場合は20％の予算超過となり、鉄道プロジェクトの場合は45％が予算超過しているという最近のデータもある。[*11] この場合、予想される支出超過は偶発損失の10％ではなく30％近く、コスト超過はほぼ1標準偏差だけ高くなる。こうした誤差は、プロジェクトの収益性を一掃するのに十分な大きさである。**図表5－3**に示された分布を見てほしい。

私たちは、結果の分布に関する一般的な誤りを見ることが多い。たとえば、通常は「基本ケース」と呼ばれる平均的な結果を重視しすぎて、正規分布の平均値から1～2標準偏差離れた結果を十分に評価しない。大規模なプロジェクトの場合、（カーネマンとその共著者が述べているように）「これで最悪のケースの想定は十分か？」と問うと、本当に予想どおりのケースになることがあるのだ！[*12] プロジェクトコストの分布形状を推定するためには、過去の履歴、分析、自分自身の経験、場合によっては他人のケースを参照クラスとして持ち込む必要がある。シミュレーションは、起こりうる結果の範囲を明らかにするための貴重なツールになる。これについては第6章で説明しよう。

問いを3つ立てるだけで、大まかな解決策にたどりつける

ヒューリスティックスを使って問題のレバーの規模と方向を大まかに把握したら、次は分析を深く掘り下げる。ただし、すべての分析で膨大な数の計算を必要とするわけではない。シャーロック・ホームズのような簡単なフレームワークで、十分に理解して予備的な解決策を得ることも多い。

誰が、何を、どこで、どのように、なぜ、と問うことで問題の全体像を描くシャーロック・ホームズのアプローチが、問題解決の焦点を素早く合わせるための強力な根本原因発見ツールであることがわかっている。前章では、問題解決における問いの強力な役割に触れたが、それは単に精査中の問題を明確にするためだけでなく、選択肢とその評価の仕方を定義するためでもある。

以下に示すように、わずか3つの問いで、大まかな解決策にたどりつくことが多い。これらの例は、簡単な問いを投げかけることで、優れた問題解決を進めることが有用であることを示している。たとえば、第1章でチャールズが教育賦課金案への投票について議論したとき、彼は、最も成績の良い学校はどれか、生徒の成績が良かったのはなぜか、教育の質が非常に重要なのはなぜかと問いを立てた。3つの問いは、意思決定ツリー形式で短く表現できる。ヘルスケアのケースで2つの例を示してみよう。1つは医療機関レベル、

図表5-4 心臓発作を起こした患者の分類

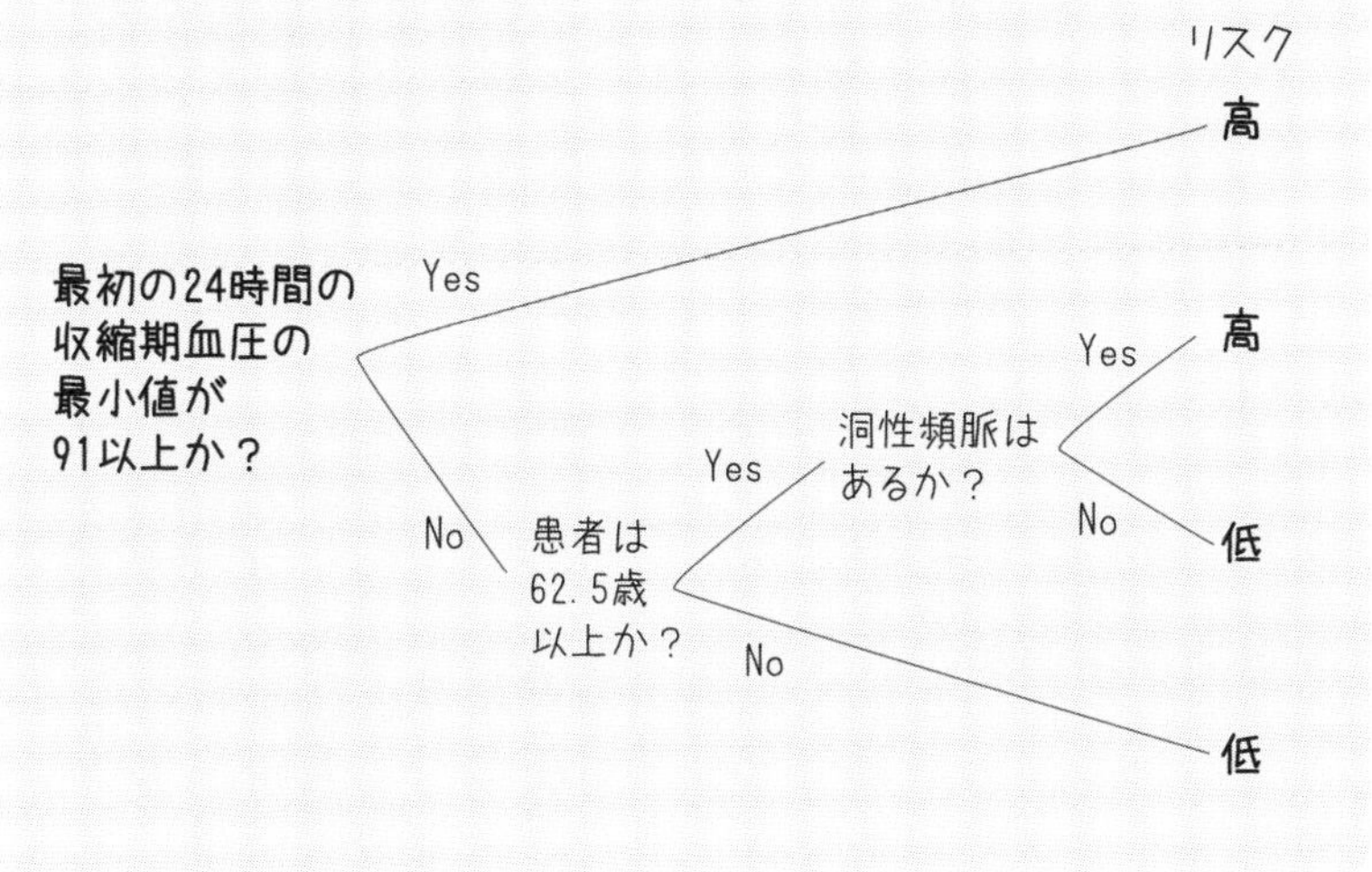

もう1つは個人レベルのものだ。医療機関の例は、心臓発作の患者を病院が分類する方法で、個人レベルの例は、膝関節鏡手術を受けるかどうかである。

ケース 心臓発作の患者の分類

心臓発作の疑いのある患者を助けるために、病院は迅速な決定を下さなくてはならない。病院のスタッフは、心臓発作の患者をどのカテゴリーに入れるか、彼らはハイリスクかローリスクかを判断しなければならない。リスクが高ければ、スタッフのより綿密な監視が必要で、人を割り当てなければならない。先行研究から、病院は3つの問いを立てることで、リスクのレベルを分類できることがわかった。それは、最初の24時間の収縮期血圧の最小値が91以上かどうか、患者の年齢は62・5歳以上かどうか、洞性頻脈と呼ばれる症状があるかどうかである。[*13] 分類を裏付けたこのデータは、図表5－4の意思決定ツリーによって表される。

この例で私たちが特に気に入っているのは、仮説から始めて、分析で検証し、帰納的論理の結論に到達している点である。心臓発作が疑われる高リスク患者および低リスク患者を迅速に分類する方法を決めるのに、非常に優れた仕事である。これは別に新しい発見ではないという点、また患者の分類でますます重要になる機械学習アルゴリズムなどの新しいアプローチに追い抜かれている可能性もある点に注意してほしい。

ケース　膝関節鏡手術を今すぐすべきか

ロブは20年前に左膝の関節鏡手術に成功し、毎年10キロマラソンやハーフマラソンのレースに出場できるようになっていた。しかし最近、右膝に炎症が出始め、トレーニングのスケジュールが制限されるようになった。アイシングと安静を試みたが失敗に終わり、スポーツ医学の専門家に面会した。

すべてのランナーにとって膝は関心の的であり、怪我の後では重要な決断の対象となる。権威ある医学誌『ニューイングランド・ジャーナル・オブ・メディシン（NEJM）』は、アメリカでは毎年70万件以上の関節鏡視下半月板切除術（APM）による膝関節手術が行われていると指摘している。[*14] 半月板損傷と診断された場合、ランナーは次のステップとしてAPMを受けることを勧められることが多いようである。
ロブはどうすべきだろうか。彼には4つの選択肢があった。

選択肢1 スポーツ医学の専門家にAPMを実施してもらう
選択肢2 彼の症例におけるAPMの成功確率についてもっと情報を集め、手術の可否を判断する
選択肢3 理学療法とリハビリテーションを組み合わせた新技術の出現を待つ
選択肢4 理学療法とリハビリテーションを受ける

ロブの場合、スポーツ医学の専門家は彼の状態を、違和感が少なく、年齢と長年のランニングで変性していると評価した。スポーツ医学の専門家は、APMをしない保守的な治療方法を提案した。一方、ロブはスポーツ医学の専門家から、平均年齢22歳の膝を負傷したサッカー選手が負傷後すぐに手術に踏み切る事例について学んだ。彼はまた、APMは理学療法と比べて必ずしも良い結果をもたらさないことを示唆する研究や、幹細胞治療や3Dバイオプリントを用いた半月板の再生医療のような開発中の新技術の実用化を待つほうが良いという話も聞いていた。

多くの異なる情報を前にして、どのように意思決定を行うべきだろうか。ほとんどの問題解決と同様で、情報を収集する必要がある。ロブの場合、彼が読んだNEJMに掲載されたフィンランドでの研究には、不快感が少なく、年齢による半月板損傷がある場合、理学療法と比較してAPM手術による有意な改善は見られないと指摘されていた。研究方法には、参加者は手術を受けたかどうかがわからない「シャム対照RC

T」と呼ばれる種類のランダム化比較試験を用いていた。12か月後のフォローアップ調査の結論は、「両群とも主要アウトカムに有意の改善があった」にもかかわらず、APM手術を受けた患者の症状は、ニセのAPM手術を受けた患者よりも優れていなかったというものだった。[*15]

ロブはまた、幹細胞治療や、3Dバイオプリンタを用いた半月板の再生医療などの新技術による解決策が開発されるのを待つべきかどうかを見極めたいと考えていた。関節軟骨の臨床試験は進行中であるものの、半月板の修復は進んでいないことが判明したため、関節鏡検査の代替手段となるのは5年以上先であるというのが合理的な結論だった。[*16] 一方、3Dバイオプリンタを用いた半月板の再生医療は、現在多くの関心を集めているが、彼はそれがいつ具体的な選択肢になるのかを見積もることはできなかった。[*17]

最良の事実と見積もりが手元に揃ったので、事態は収束に向かい始めた。ロブは、活動レベルの調整と、その結果生じる右膝の炎症を管理し続けながら、優れた技術的な解決策が現れるのを待つのが最善の選択であると判断した。**図表5-5**のロジックツリーは、ロブの選択と、もっと膝に不快感を持っている人が直面している選択の両方を示している。もちろん、各個人の状況下でAPM手術が成功する可能性については、専門家による個別の意見が必要である。なお、最後に付け加えると、退行性疾患で、不快感が少なく、アスリートではない多くの人は、自分の進むべき道として運動療法と理学療法を喜んで取り入れている。

ロブが開発したアプローチは、3つの問いというルールである。彼の場合、その答えは、理学療法とリハビリテーションを続けながら、新しい技術の実現を待つという行動指針を導き出した。

要は、賢明な分析は、主要な問題のレバーの大きさと方向性を評価するためのヒューリスティックスと要約統計から始まると考えている。こうした基本的な関係性をよく理解したうえで、私たちは先述の例のよう

図表5-5 ▎3つの問いのヒューリスティックス

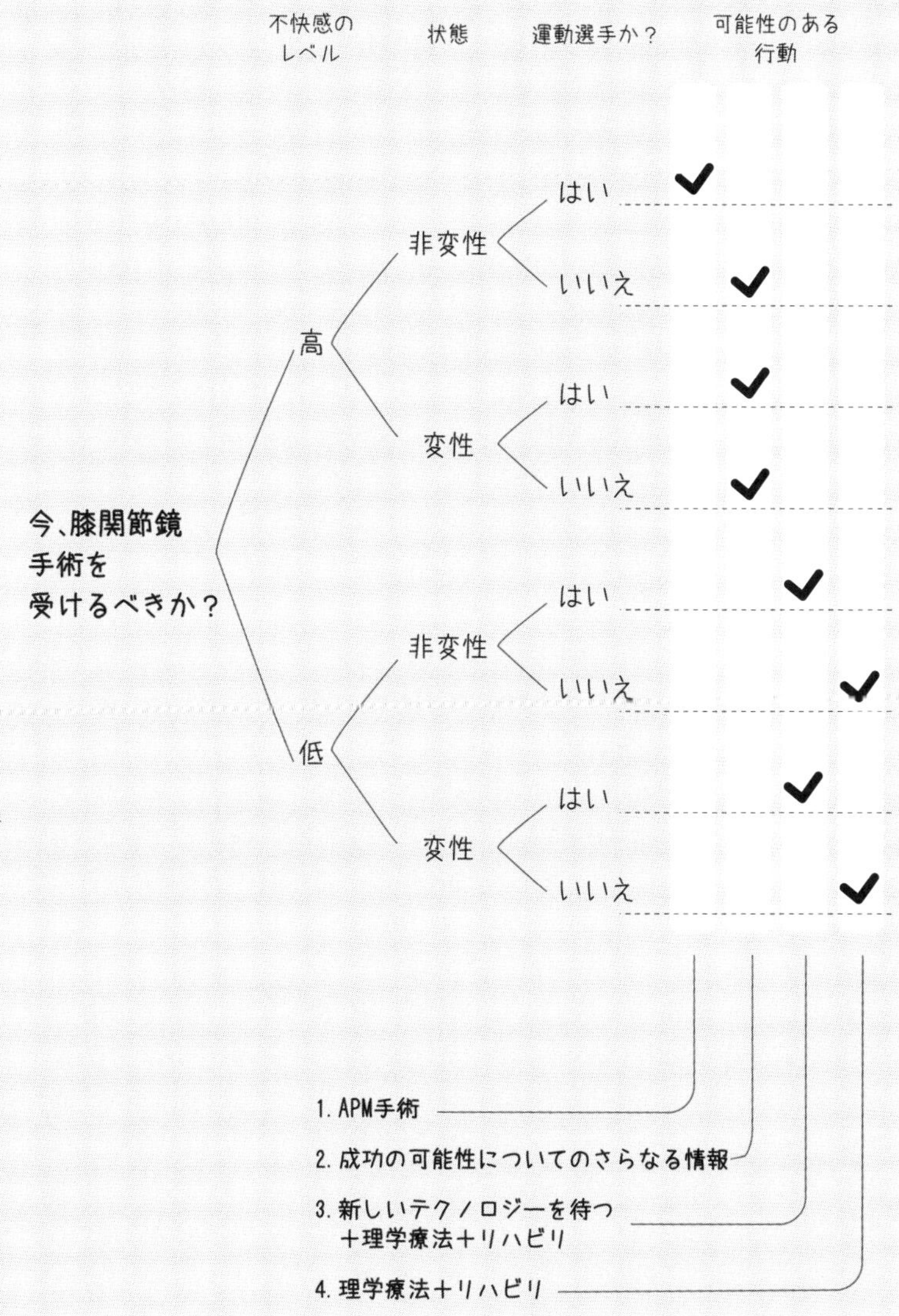

図表5-6 ▎根本原因分析「フィッシュボーン図」(石川ダイヤグラム)

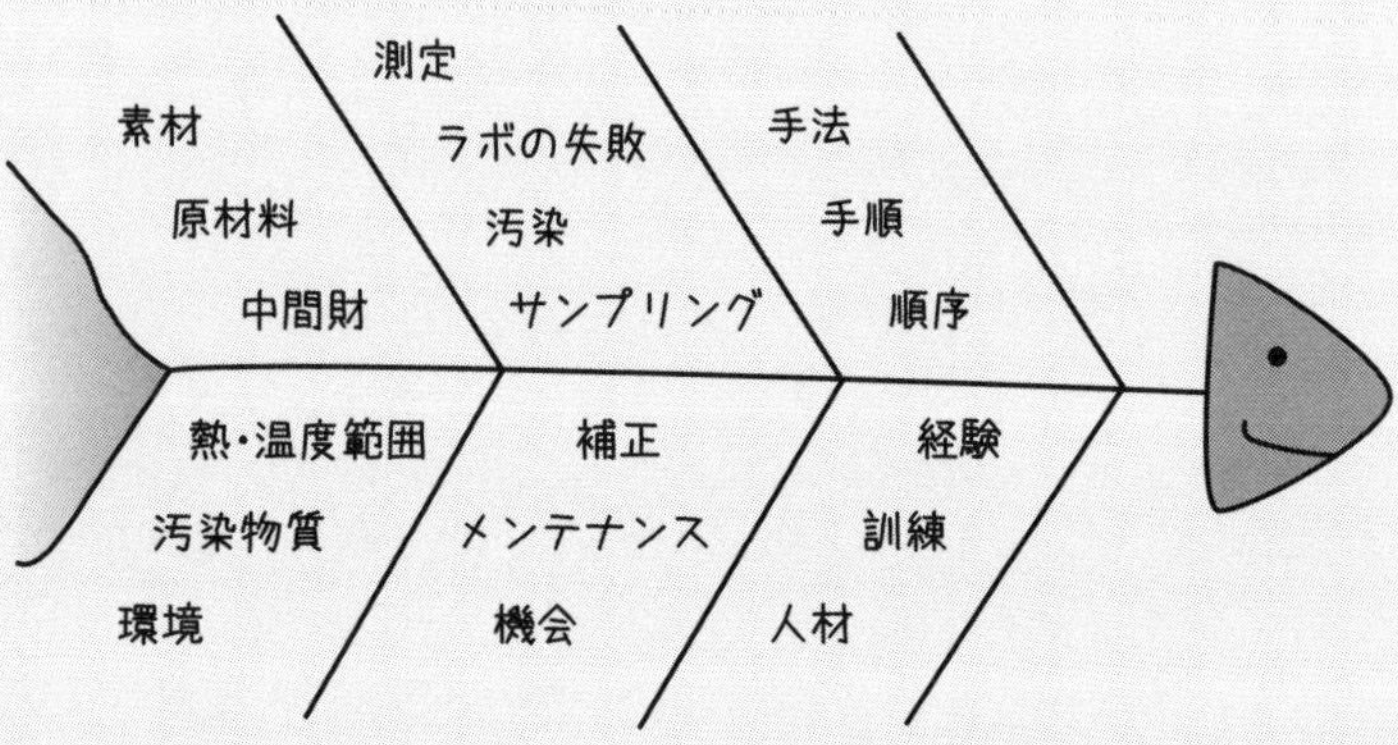

な問いを立てることがしばしばある。こうすることで、理解をさらに深め、利用可能な証拠に基づいて決定を下すか、より詳細な回答を選択することができる。

根本原因分析は、巧妙に問いを利用する問題解決ツールである。問題の根底を探るために「5回のなぜ」を問う手法は、トヨタ自動車で開発された。[*18] 問題の要因を視覚化するために、よくフィッシュボーン図と呼ばれるものを並べる（図表5－6）。

コラム　ハイテク製造業の現場から生まれた「根本原因分析」

根本原因分析（ルート・コーズ・アナリシス：RCA）は、ある種の問題に役立つ問題解決ツールキットの1つであり、問題への考え方やアプローチ方法としても役立つ。RCAツールの多くは、複雑な産業環境で、安全および事故調査分野の調査方法として開発された。核となるアイデアは、工場の欠陥や航空事故の表面的な原因や付随的な原因よりも深く掘り下げて、根本的な原因を明らかにすることである。その深い原因に対処することで問題が後に続かなくなったら、それが根本的な原因だったということである。

RCAには多くの専門的ツールとプロセスが採用されているが、一般的な問題解決でも役立つ優れものは、フィッシュボーン図、「5回のなぜ」、およびパレートの法則（すでに前章で説明した80：20思考）である。ハイテク製造業で遭遇するような本当に複雑なプロセスがある場合、製品の欠陥や関連する問題の原因を特定することは非常に難しい場合がある。フィッシュボーン図（ときに日本語で石川ダイヤグラムと呼ばれる）は、近因と根本原因の潜在的な原因に関して、包括的な視点を提供してくれる。優れたRCAプロセスでは、明確な問題定義、製造の時間と段階による注意深い分解、および潜在的なエラー原因ごとのチームでのブレーンストーミングを行い、根本原因を突き止める。

図表5-7 ❙ マーケットシェア喪失の根本原因

トヨタ自動車の生産ラインでの使用で有名な「5回のなぜ」分析は、問題解決チームにとって強力なブレーンストーミングツールである。問題の局所的、または寄与的な原因を超えて、それ以上可能な「理由」がなくなるまで「なぜ」と尋ねることにより、強制的に根本原因に向かって進むことができる。この図表は、マーケットシェアを失っているが、問題の原因がわからない会社の例である。

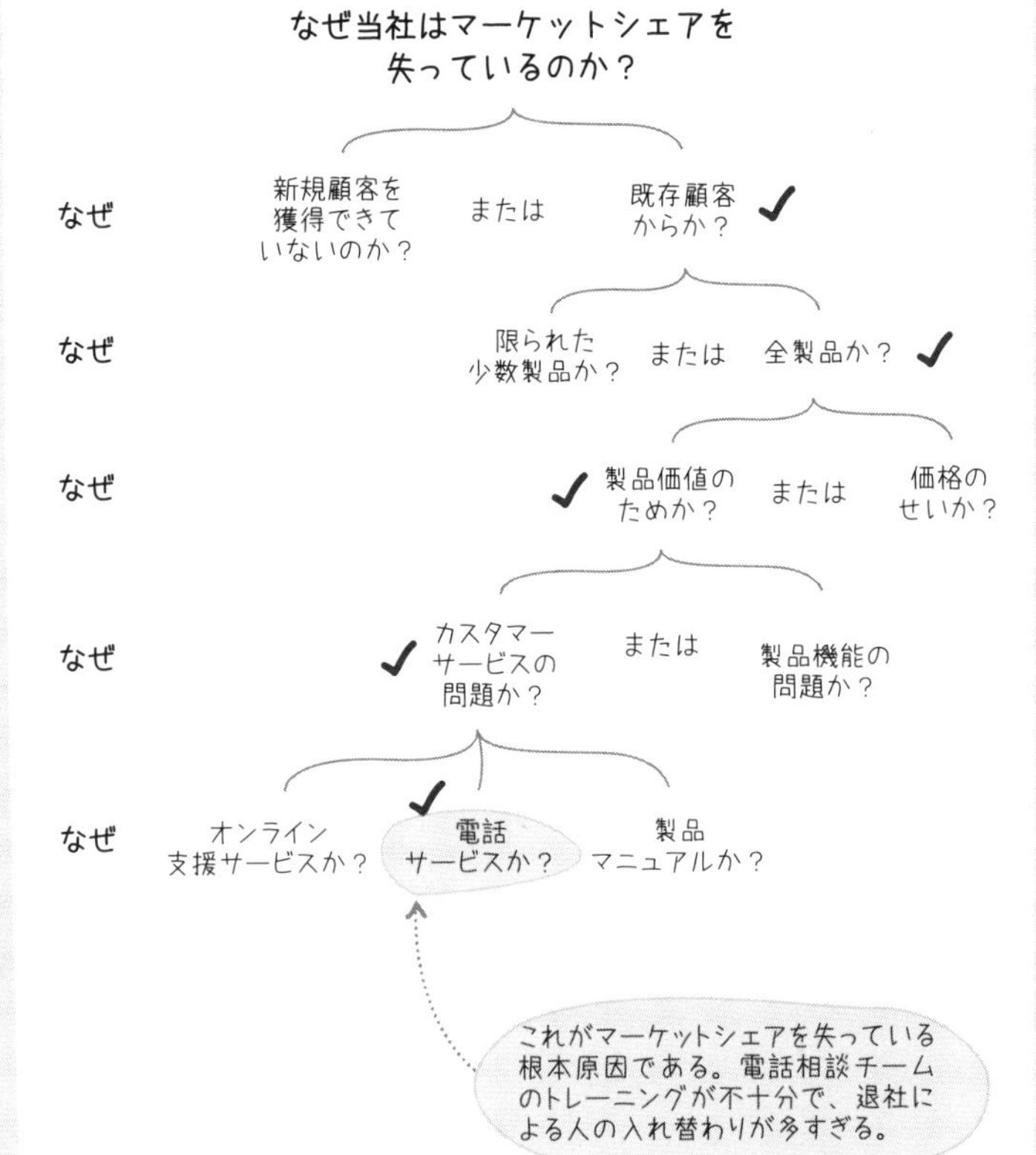

RCAツールは問題の原因をさかのぼって見つけるために開発されたが、根本原因追求のメンタリティーは、問題を解決するための前向きなツールにもなり得る。

「5回のなぜ」分析は、この手法が開発された生産・工場操業の問題および安全問題の解決によく使われる。しかし、この手法は他の種類のビジネス問題にも役立つ可能性を秘めている。**図表5－7**の例では、市場シェア低下を診断するために、根本原因が見つかるまで表面的な原因を掘り下げている。

根本原因分析は、ホームレス問題といった社会問題にも適用できる。最近の『ハーバード・ビジネス・レビュー』の記事は、根深い社会問題に慈善活動がどのように取り組んでいるかについて紹介し、「寄付者はホームレスの避難所や食料配給所に資金を提供したいのではなく、ホームレスと飢餓を終わらせたいと望んでいる」と報告している。[*19] そのためには、まずホームレスの問題とさまざまな兆候を理解する必要がある。

上記の例と同じような手法で、次のような問いに答えることで、根本原因を調査しなければならない。

問1　ホームレスは主に男性の問題なのか、女性も同様なのか？

問2　女性の場合、若い女性と年配の女性のどちらに偏っているのか？

問3　若い女性のホームレスは、一時的なものなのか、長期的なものなのか。一時的である場合、家庭内暴力や経済的な要因が関係しているのか？

問4　特定のコミュニティに適切な女性用の避難所や支援サービスはあるか？

問5　家庭内暴力が大幅に減少したコミュニティには、そうしたプログラムはあるか？

ホームレスのロジックツリーの他の部分にも同様の問いが当てはまる。経済的苦境や家庭内暴力だけではなく、精神衛生や薬物・アルコール依存症に問題の原因がある場合など、さまざまな結果が生じる可能性がある。ホームレスの問題については、第9章の厄介な問題に取り組む方法について紹介する際にもう一度お話ししよう。

第5章のまとめ

・すべての分析作業は、問題のレバーの大きさと形状を確認するのに役立つ簡単な要約統計とヒューリスティックスから開始する
・経験則を使った概略調査をする前から、膨大なデータセットを集めたり、複雑なモデルを構築したりしないこと
・ヒューリスティックスの限界、特に可用性バイアスと確証バイアスを強化する可能性があることに注意すること
・問いベースで組み立てた大まかな問題解決のアプローチは、適切な意思決定を行うための強力なアルゴリズムを明らかにし、必要に応じて実証作業を指示するのに役立つ
・根本原因分析と「5回のなぜ分析」は、生産やオペレーション環境だけでなく、さまざまな問題において、近接する要因を突き詰めて根本原因を突き止める強制装置として役立つ

独学のための練習問題

問題1 第1章のケースから、シドニー空港の容量が不足しているかどうかの試算をどのように作成しますか?

問題2 第1章のトラックギアの損益分岐点はいくらでしょうか? マージンと市場シェアのどちらに焦点を当てるべきですか?

問題3 次の新しいモバイルデバイスについて類推し、推論してください。あなたがこの問題に持ち込むかもしれないバイアスは何ですか? ウォークマン問題(今までなかったものが見えてこない)をどのように回避できますか?

問題4 あなたが興味を持っていることについて予測してください。経済、ファッション、スポーツまたは娯楽などです。予測が現実になるためには、何を信じなければならないかを定めてください。次に、その予測が当たる可能性があるかどうかを自分に尋ねてください。こうした予測をしている「ファイブサーティエイト」のサイトをチェックしてください(fivethirtyeight.com)。

問題5 ブロックチェーンは、世に出てから現在10年が経過しており、スマート・コントラクト(インターネット経由の契約)や政策を実行するうえで有望なテクノロジーです。ブロックチェーンの拡散曲線を描き、あなたの仮説をどのように検証したのかを説明してください。

問題6 あなたがこれまでに見たハイテクベンチャーや社会的企業の事業計画を取り上げ、ノックアウト分析を行ってください。その後、成功のためには何を信じなければならないかについて、起業家に問いを投げかけてください。

問題7　今後2年間で電気自動車を購入するかどうかを決定するのに役立つ3つの問いは何ですか？

問題8　あなたの仕事上の問題で、「5回のなぜ」を使って問いを立てられるものの例を思いつくことができますか？　ツリーと問いの順番をレイアウトしてください。

問題9　ホームレスの女性の根本原因のケースをどのように次の段階に進めますか？　2次、3次の問いは何ですか？　この問題への政策に満足するには、どのような分析が必要でしょうか？

第6章

「奥の手」で
問題を深く分析する

分析には「奥の手」があり、専門家でなくとも使える

第5章では、問題解決の初期分析段階をよりシンプルかつ迅速にするために、最初の切り口としてのヒューリスティックスと根本原因思考を紹介した。数学やモデル構築をほとんど行わなくても、多くの種類の問題に対して、十分な分析結果を迅速に得られることを示した。しかし、複雑な問題に直面し、定量的な解決案が必要な場合はどうすればよいのだろうか。「奥の手」、つまりベイズ統計分析、回帰分析、モンテカルロ・シミュレーション、ランダム化比較試験、機械学習、ゲーム理論、クラウドソーシングの登場が必要なのはいつだろうか。こうしたツールは、多くの人が採用を検討するのが難しいと感じているのは確かである。たとえ**チームにこうした複雑な問題解決ツールを使う専門知識がない場合でも、今日のビジネスパーソンにとって、困難な問題にどのように適用できるのかを理解することは重要**である。場合によっては外部の専門家を利用する必要があるかもしれないが、こうした技術を自分で学び、習得することも可能である。

最初の重要なステップは、次の問いを立てることである。直面している問題と、検証したい仮説を適切に組み立て、より強力な武器が必要であることが明確になっているだろうか。もし、問題が本当に複雑な分析を必要とするなら、続いて他の問いを検討しなければならない。高度な分析ツールの使用を可能とするデータはあるか。問題に適したツールはどれか。こうしたツールをチームが使用するためのユーザーフレンドリーなソフトウェアはあるか。問題解決作業のこの側面をアウトソーシングできるか。

無料ソフトを駆使して「奥の手」を使う

以前は、より大きな問題を解決するには、専門家が管理し、時間とコストのかかる分析プロセスが必要だった。コンピュータ性能の急速な向上とデータストレージの低価格化により、より多くのツールにアクセスできるようになった。わずかなコマンドラインで洗練された分析を実行できるソフトウェアパッケージが一般的になりつつあり、日常的に使うユーザーにとって大幅にわかりやすくなっている。たとえば、エクセルにアナリシス・ツールパック（AnalysisToolPak）を読み込むことで回帰分析が可能になり、無料の分析ソフトウェアツールであるPプロジェクト（P－Project）からは、乱数を用いて計算を繰り返すモンテカルロ・シミュレーションなどのツールが利用できる。

機械学習などの高度なモデリングツールにアクセスしやすくなったため、企業、コンサルティングファーム、政府機関などでは、こうしたツールを問題解決プロセスの早い段階で使用することが増えている。正当化される場合もあるが、高性能なツールの使用は時期尚早だったり、見当違いだったりすることが多いようである。第5章で見てきたように、**複雑な分析に着手する前に、最初に大きさの程度分析を行って、問題の構造と検証する仮説についての考え方を洗練させるほうが良い**と私たちは考えている。なぜか。最初のデータ分析では、因果関係の方向と影響の大きさが示されることが多い。これは、後に複雑なモデルの結果を評価するうえでは、非常に重要である。しかし、明確な説明のないままモデルの相関関係を示しても、何の証明にもならない。また、ある構成要素やアルゴリズムが、多変数モデルの分散をわずかに多く説明すると知ったところで、根本原因の理解には近づかないことが多い。データを漁ったり、「海を沸かす」ような焦点の定まらない分析は、非効率な問題解決につながる可能性が高いのである。

オックスフォード大学の機械学習の専門家であるスティーブン・ロバーツ教授は、複雑な分析に着手する前に、問いや仮説を厳密に組み立てることの必要性を強調している。科学的方法の本質であるモデルの構造と検証可能な仮説が明確になるまでは、機械学習による分析を開始しないようにと学生にアドバイスしている[*1]。

この章では、高度な分析アプローチを、どこで、どのように適用するのか、それとその限界について説明しよう。分析の奥の手を個人的には使わないとしても、こうしたアプローチから得られた分析結果を目にする可能性はあるだろう。

「奥の手」は正しいタイミングでこそ輝く

奥の手を使うタイミングを決定するために、私たちは順を追ってプロセスを進めることを推奨している。当然のことながら、私たちが推奨する順序は、問題を明確に定義し、最初の仮説を立てるところから始めることである。次に、平均値、中央値、最頻値およびその他の要約統計量を調べて、データを理解する。重要な変数の分布をプロットすると、もしデータにスキュー（正規分布との差）があればそれを指摘することができる。分布図やホットスポット図を使って、データの相関関係を視覚化してほしい（ロンドンの大気質と喘息の患者の発生地を示す図表6－2［後述］はこの良い例である）。もちろん、この手順はデータがあることが前提である。以下に、データが限られている環境での処理の仕方についてのアプローチをいくつか示そう。

正しく「奥の手」を選ぶための意思決定ツリー

私たちは、オックスフォード大学の学者や、データ分析の経験を持つ研究チームと協力し、適切な分析ツールを選ぶためのガイドとなる意思決定ツリーを設計した（図表6－1）。方向を定義づける最も重要な最初の問いは、問題の性質を理解することだ。主に問題の因果関係を理解しようとしているのか（各要因が、どの方向にどの程度寄与しているのか）。それとも、意思決定を下すために世界の状況を予測しようとしているのか。最初の問いであれば、図表6－1の左側の分岐を下り、実験方法の選択やデータの発見など、さまざまな統計的分析につながる。2つめの問いであれば、図表の右側の分岐から、予測モデル、機械学習、深層学習アルゴリズム、ゲーム理論に進むことになる。問題によっては両方の要因を持ち、意思決定ツリーの両枝のツールを組み合わせる必要がある。また、シミュレーションと予測ツールはツリーの両側で見られる。

問題の複雑な原因を理解することに集中し、問題に介入する戦略を立てるには、通常は統計の世界に身を置くことになる。ここで、どのツールが使用できるのかを判断するには、データの質と範囲が重要になる。優れたデータがあれば、相関関係や回帰分析のツールが利用でき、その多くは使いやすいソフトウェアパッケージで提供されている。外部で入手可能なデータセットも増えており、その多くは低コストもしくは無料

図表6-1 |「奥の手」の選択ツリー

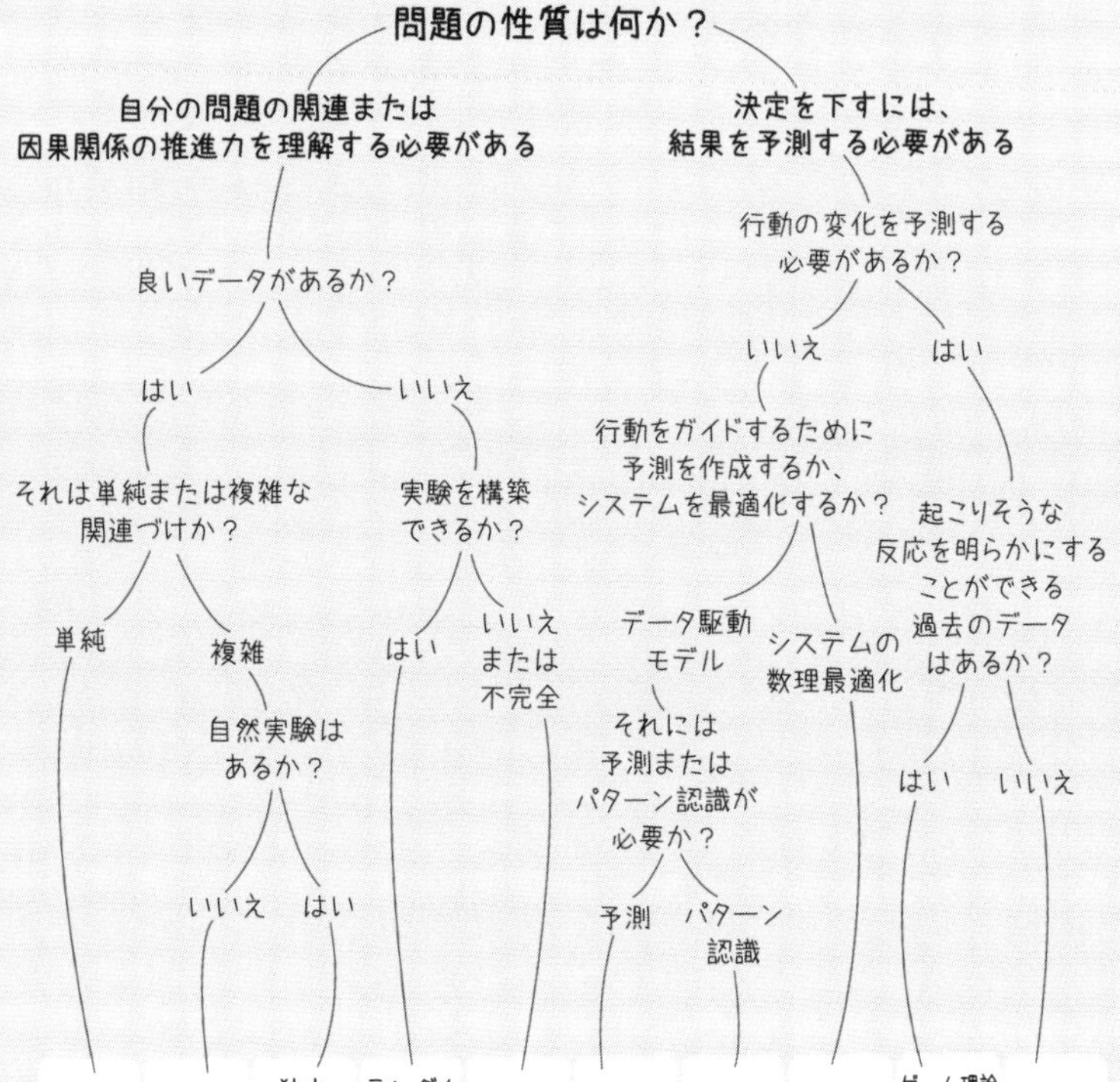

ツール	相関とデータマップ	重回帰分析	独立変数回帰およびその他統計	ランダム化比較試験とABテスト	ベイズ統計推論	不確実性の下での予測モデル	機械学習アルゴリズム	検索アルゴリズムの最適化	ゲーム理論モデルと確率によるシミュレーション	ゲーム理論モデル分析
備考	因果関係を説明しない。他の要因により引き起こされている可能性がある	主要な影響変数の方向と大きさを示すが、因果関係を説明しない	交絡因子のコントロールでは、見つけるのが非常に難しい	コントロールグループを作成できる場合に最適。高額になる可能性あり	事前確率を推定する必要あり。条件付き確率に適している	ドメイン知識とよく定義されたモデル。将来を予測するのは難しい	高品質のデータがあればさらに役立つ	適切に構造化されたモデルと大規模な計算リソースが必要	良いデータがある。リスク:対戦相手が行動を変える	対戦相手のペイオフと戦略をモデル化する必要がある
例	ロンドンの大気汚染と呼吸器疾患	米国の都市における肥満の原因	米国の投票における偏見	EA社のプロモーション・テスト	スペースシャトル、チャレンジャー号の別の事故原因調査	米国の郡レベルでの気候変動の経済的影響	睡眠時無呼吸、サメの発見、クラウドソーシング	スクールバスのルート設定の最適化	テニス・サーブに勝つための戦略	CISRO知的財産権の闘い

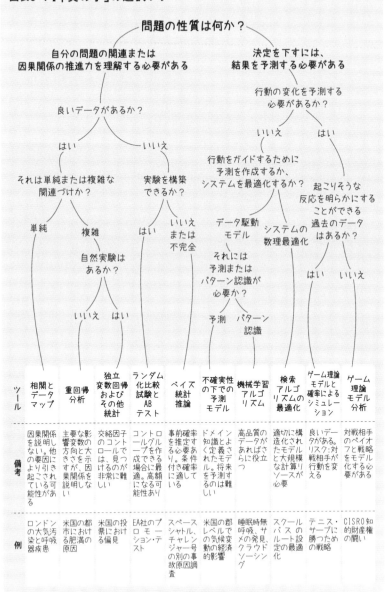

で手に入る。あなたの問題に関する外部データが存在しない場合もあるが、実験を設計し、独自のデータを開発することもできる。たとえば医療分野のような安全性が重要な分野では、薬が期待した効果や副作用を引き起こすかどうかをしっかり推測することが不可欠であり、そのため実験は長い間非常に重要視されてきた。また、ビジネスや経済学の分野でも、オンラインを中心とした手法の改善や実験コストの低下により、実験は広く行われるようになった。ただし、多くの場合、実験にはコスト、複雑さ、および倫理的なハードル（2つの類似したグループを異なる方法で扱わなければならない）がある。もしあなたがこの分野に明ければ（そして幸運であれば）、自然実験を見つけることができるかもしれない。自然実験とは、現実世界の状況が、処置群と対照群を同時に提供してくれるような特定の構造のことだ。また、部分的なデータしかなく、実験ができない状況に陥ることもある。その場合にはベイズ（条件付き）統計学が役立つ。

意思決定を下すために、世界の潜在的な状態や結果を予測することに焦点を当てている場合、まず、他のプレイヤーや競合他社の反応を予測し、モデル化することが重要かどうかを判断する必要がある。もし重要であれば、おそらく統計的知識で強化されたゲーム理論を採用することになるだろう。競合他社の戦略に焦点を当てていないのなら、おそらく何らかのシステムを最適化するか、不確実な結果を予測しているのだろう。前者であれば、機械学習のツールの使用方法を学習しているのかもしれない（正確な予測を知ることは大して重要ではない）。画像認識や言語処理に関する特定の問題は、ニューラル・ネットワークを用いるのが最も適しているかもしれない。後者の場合は、予測モデルやシミュレーションを採用することになるだろう。

「奥の手」を使った9つのケーススタディ

これが複雑な意思決定ツリーであることは、私たちにもわかっている。こうした分析ツールがそれぞれの問題解決の中で実際にどのように使われているかを説明するために、事例を示そう。単純なデータ分析から始めて、重回帰分析、ベイズ統計、シミュレーション、デザインされた実験、自然実験、機械学習、クラウドソーシングによる問題解決と進み、最後に競争環境におけるもう1つの奥の手であるゲーム理論で終わる。もちろん、こうしたツールはそれぞれが単独で1冊の教科書になるため、今回の説明では必然的に各テクニックの力と応用の紹介にとどめる。

「奥の手」のケーススタディの要点

ケース1　データを視覚化する——ロンドンの大気の質
ケース2　回帰分析——肥満と相関する変数を見つける
ケース3　ベイズ統計——なぜチャレンジャー号は爆発したか
ケース4　実験——ウェブサイトのトップバナー
ケース5　自然実験——有権者が隠し持つ偏見を見つける
ケース6　シミュレーション——気候変動
ケース7　機械学習——睡眠時無呼吸症候群の発症を予測する

ケース8　クラウドソーシング——音速の輸送システム
ケース9　ゲーム理論——テニスのサーブの狙いを決める

これをこなすのは相当量の努力が必要だが、ご容赦いただきたい。これらのケーススタディを読み、理解すれば、さまざまな問題解決に対し、どの高度ツールを使えばよいかについて、確かな感覚を与えてくれる。

ケース1　データを視覚化する——ロンドンの大気の質

公開データセットには、より広くアクセスできるようになっている。公開データセットを使った比較的単純な分析の威力を説明するために、ロンドンの大気質の事例を取り上げる（図表6－2）。大気質に影響を及ぼす主な要因の1つが、粒子状物質であるPM2・5とPM10であることはわかっている。PM2・5レベルが頻繁に高くなる場所には、呼吸器や心臓血管に影響を及ぼすため、住みたいとは思わないだろう。私たちは2015年の大気質データと郵便番号別の喘息入院者数を使い、ロンドンの状況を調べた。その結果のヒートマップは、リスクレベルが最も高い地域を示している。最初の切り口として、粒子状物質と1年間の入院者数の間に高い相関関係は特に見られなくとも、問題をさらに詳しく調査する必要があることを示唆している。そしてご存じのように、相関関係は因果関係があることを証明しない。PM2・5のホットスポットと喘息入院者の両方を引き起こす根本的な要因が存在する可能性があるのだ。実験、より詳細なデータ

図表6-2 ❙ どこに住むべきか問題2——大気の質

私たちが呼吸する空気は、私たちの健康の鍵を握っている。チャールズは、どこに住むべきかを分析する際に、これを考慮した。今回は、空気の質に着目して、ロンドンのどこに住むべきかを考える。

ロブは、数年前にイングランド公衆衛生局が発表したレポートに注目していた。このレポートによると、2010年にロンドンで3000人が大気中のPM2.5のために死亡し、PM2.5は喘息などの呼吸器の健康に影響を与え、心臓病や肺疾患と関連性があると結論付けている。また、多くの研究が、PM2.5への暴露に安全なレベルは本当に存在しないとの結論に至っている。

私たちは、データ分析と機械学習のスキルを持つ、私たちのチームのローズ奨学生ウィリアム・ラディーに、喘息とPM2.5のレベルの「ホットスポット」を特定できるかという問題に1時間を費やしてもった。ウィリアムは、2015年のデータをもとに、喘息のホットスポットがどこにあるのかを示す以下のような注目すべき写真を作成してくれた。左の画像は事故と救急の入院で計測されたもので、右はPM2.5のホットスポットで計測されたものである。視覚的に表現すると、かなり重なっていることがわかる。

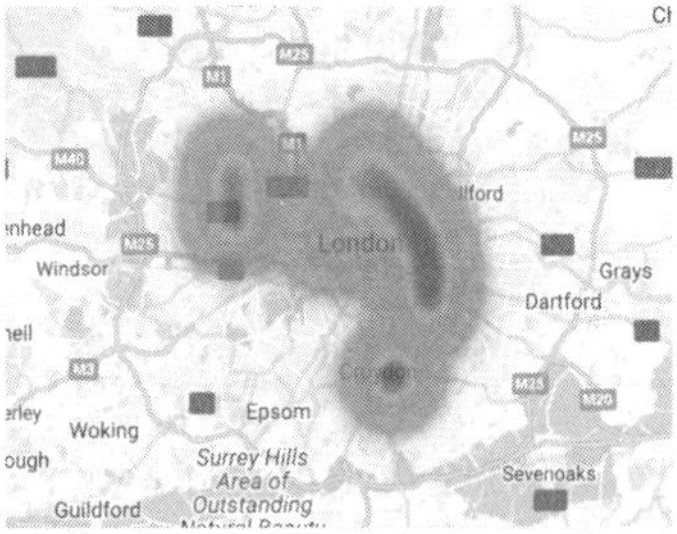

この分析結果は、時間とデータ分析技術を十分に活用することで、大気の質などに関して何が分かるかを示している。これは、住む場所を決める際に考慮すべき重要なポイントであると言えるだろう。

分析、および大規模なモデル化が次のステップである。

ケース2　回帰分析――肥満と相関する変数を見つける

肥満は真に「厄介な問題」であり、第9章でも取り上げる。肥満の蔓延と増加には複数の説明が存在し、地域社会によって大きく異なり、複雑な行動や政策の要因が作用している。さらに、私たちが知るかぎり、どのような規模の地域社会においても、この傾向を逆転させたというサクセスストーリーは存在しない。この例では、回帰分析は肥満問題の根本的な要因を理解するための強力な分析ツールであることを強調したいと思う。回帰分析が肥満という難問を解決するわけではないが、解決策を示す場所を教えてくれる。

私たちは、研究助手の1人で、ゲノム研究とビッグデータ分析の博士号を取得しているローズ奨学金受賞学者のボグダン・クネゼヴィチに、回帰分析を使って都市レベルでの肥満に関するいくつかの仮説を検証するよう依頼した。この仮説はマッキンゼー・グローバル・インスティテュート（MGI）が行った肥満に関する包括的な調査から導かれたものである。[*2] ボグダンは、アメリカの68都市について、肥満者比率、[*3] 教育水準、世帯収入の中央値、都市の歩きやすさ、[*4] 気候の快適性スコアなどのデータを収集した。[*5] 気候の快適性スコアは身体活動への天候の適合性を示すもので、気温と相対湿度の合計を4で割って計算される。快適性スコアは「ゴルディロックスのお粥」のようなもの、つまり熱すぎず冷たすぎず、温度と湿度がちょうど良い状態を表している。ボグダンの回帰分析の結果、教育、収入、街の歩きやすさ、快適性スコアのすべてが肥満と負の相関にあることを示した。また、歩きやすさを除くすべての変数が、個別に肥満と相関しているこ

図表6-3 ▍収入、学歴および肥満の関係

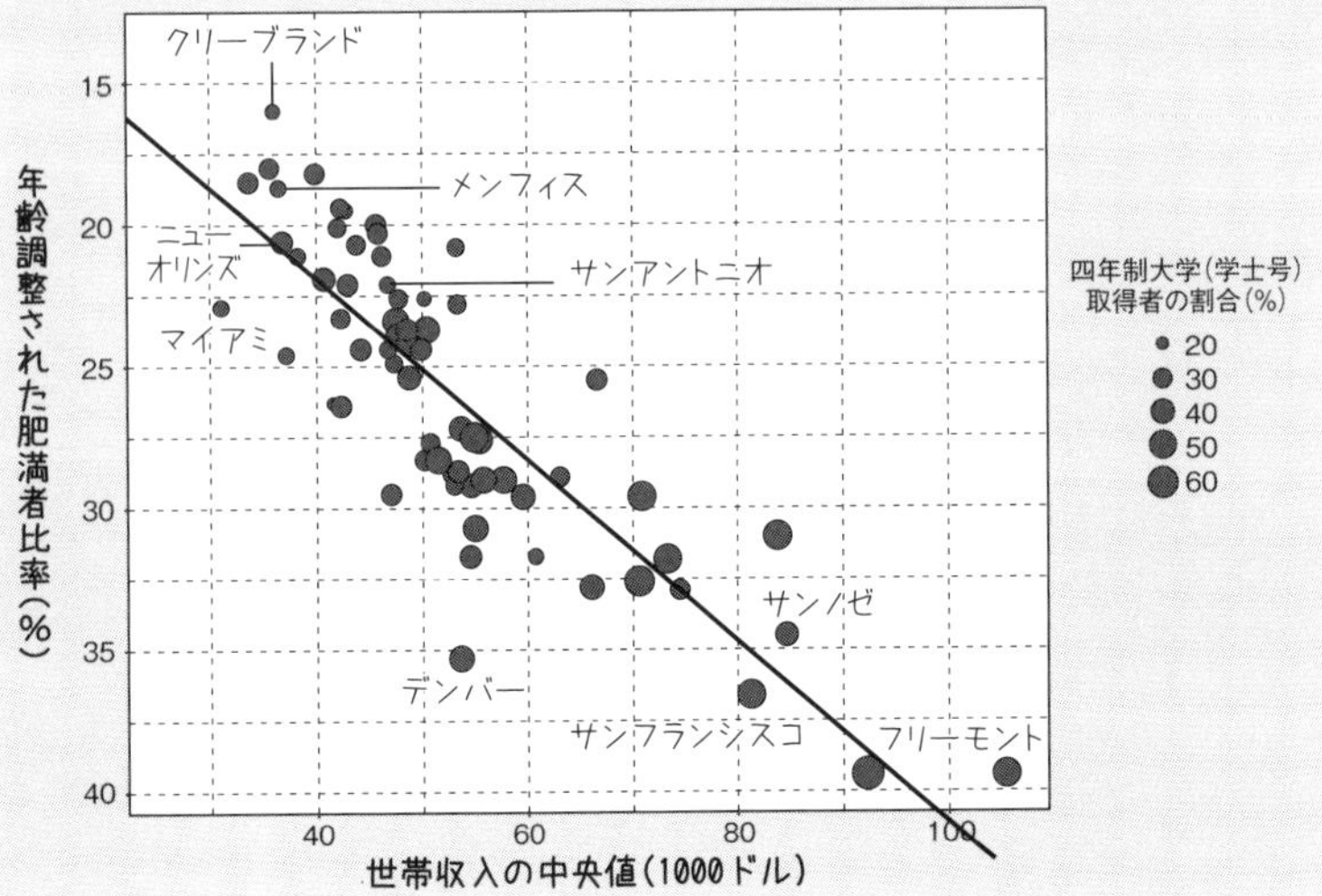

とを発見した。おそらく驚くべきことに、快適性スコアと歩きやすさの間にはほとんど相関がなかった。他の変数、特に収入と教育の間には高い相関があり（68%）、因果関係における相対的な影響度合を判定することが難しくなる可能性を示していた。[*6]

図表6-3では、各都市のボディ・マス指数（BMI）で測定した肥満者比率と世帯収入を比較したもので、快適性スコアは円のサイズとして示されている。肥満と収入の間の相関関係は大きく明確であり、都市間の肥満の分散の71%は収入で説明できる。各点から導かれた近似直線からは以下のことが見て取れる。つまり、世帯収入が8万ドルの家計と6万ドルの家計を比べると、前者は後者よりも肥満人口比率が7%ポイント低いのである。

肥満を82％説明する4つの変数とは

都市間の肥満度の違いを把握するのに最適なこのモデルは、世帯収入、教育水準、快適性スコア、街の歩きやすさ、そして収入と教育水準の2変数間の関係を説明する相互作用項の組み合わせによって決まる。すべての変数は統計的に有意であり、肥満と負の相関があった。4つの変数すべてを含めると、肥満の分散の約82％が説明できる。これは、私たちの経験上比較的高い説明力の水準である。ロバート・ウッド・ジョンソン財団などの非営利団体は、アメリカにおける肥満の差を説明するうえで、収入と教育水準の要因がいかに重要であるかを指摘している。

複数の説明変数を用いる重回帰分析では、変数を組み合わせてコントロールすることで、根底にある変数間の関係を説明することができる。たとえば、歩きやすさだけを使って線形回帰分析を実行すると、都市の歩きやすさと肥満率の間には有意な相関がないと結論づけられる。しかし、重回帰分析で歩きやすさと快適性スコアの両方を組み合わせると、天候をコントロールしたうえで歩きやすさと肥満の間に有意な相関があることがわかる。

この例は、回帰分析が問題の要因を理解するのにどのように役立つのかを示している簡単な例である。おそらく、都市レベルで積極的な政策介入をするための戦略を開発するのにも有用だろう。回帰分析は、理解を深めるのに役立つが、考慮すべきいくつかの落とし穴もある。

回帰分析の落とし穴

・**相関関係と因果関係は別であることには注意が必要**である。歩きやすい都市は、ほとんどの場合、歩きにくい都市よりも肥満率がはるかに低いようである。しかし、統計からだけでは、都市の歩きやすさが肥満率を下げる真の要因であるかどうかを知る方法はない。おそらく、歩きやすい都市は物価が高いので、本当の要因は社会経済的地位の高さなのかもしれない。あるいは、健康な人は、歩きやすい地域に転居しているのかもしれない

・**モデルでは考慮されていないが非常に重要な変数があるかもしれない場合、回帰モデルは誤解を招く**可能性がある。このモデルは都市レベルで構成されているため、個人レベルの行動や文化的要因のことは認識しておらず、モデルに反映されていない

・説明変数を追加すると回帰分析のパフォーマンスが向上するかもしれないが、**変数を追加するとデータの過剰適合になる可能性がある。**これは、回帰分析の基礎になる数学の問題である。現象を十分に説明できるモデルの中で、常に最も単純なものを使用すべきであることを忘れないでほしい

ケース3　ベイズ統計――なぜチャレンジャー号は爆発したか

スペースシャトル、チャレンジャー号の事故を知る人にとって、この事故は技術的な失敗として記憶されている。もちろん正しいのだが、それ以上に重要なことは、これは問題解決の失敗だったということである。この問題はOリングの損傷に関するリスク評価が関わっていて、現在ではベイズ統計学を使えば最も適

切に評価できることがわかっている。**ベイズ統計学は、不完全なデータ環境下で、特に複雑な状況における条件付き確率を評価する方法として役立つ。**条件付き確率とは、ある確率的な結果が、別の確率的な条件に依存する状況で発生する。たとえば、雨が降る確率は、空に雲があるかどうかで大きく変化するが、それ自体が確率論的である。

序章で紹介したスペースシャトル、チャレンジャー号の例をもう一度見て、この分析的アプローチがリスク評価にどのように役立つのかを見てみよう。チャレンジャー号が離陸直後に爆発した原因は、低温下でのOリングの不具合である可能性が高い[*7]。チャレンジャー号には、高温のガスが漏れることを防ぐためにゴム製のOリングが使われており、温度によって圧縮・膨張するように設計されていた。しかし、打ち上げ時の気温が、以前の打ち上げ時の最低気温より約12度も低い氷点下０・５度という異常な低温であり、また事故調査員によると、圧縮されたOリングは、摂氏24度のときのほうが氷点下１・１度のときよりも弾力性が５倍も高いことがわかった。この場合、Oリングが故障する確率は、特定の温度範囲を経験するという事象が起こったときの（部分的な）条件付き確率となる。

研究者たちはOリングの故障の状況を再検討し、Oリングに焦点を当てた実証的な結論に達した。この結論は、特に１９８６年１月28日の発射前に行われたデータ分析と問題解決に関係している[*8]。もしベイズ統計学を用いて正しくデータをサンプリングしていたなら、事故はほぼ避けられないとの結論に達していただろう。つまり、氷点下０・５度という打ち上げ時の気温を考えると、失敗が起こる確率はほぼ確実だったのである。

当時のエンジニアにとって分析を困難にしたのは、打ち上げ時の気温が摂氏11・７〜27・２度の範囲のデ

図表6-4 ▎Oリングに損傷が発生したフライトとその時の温度　1

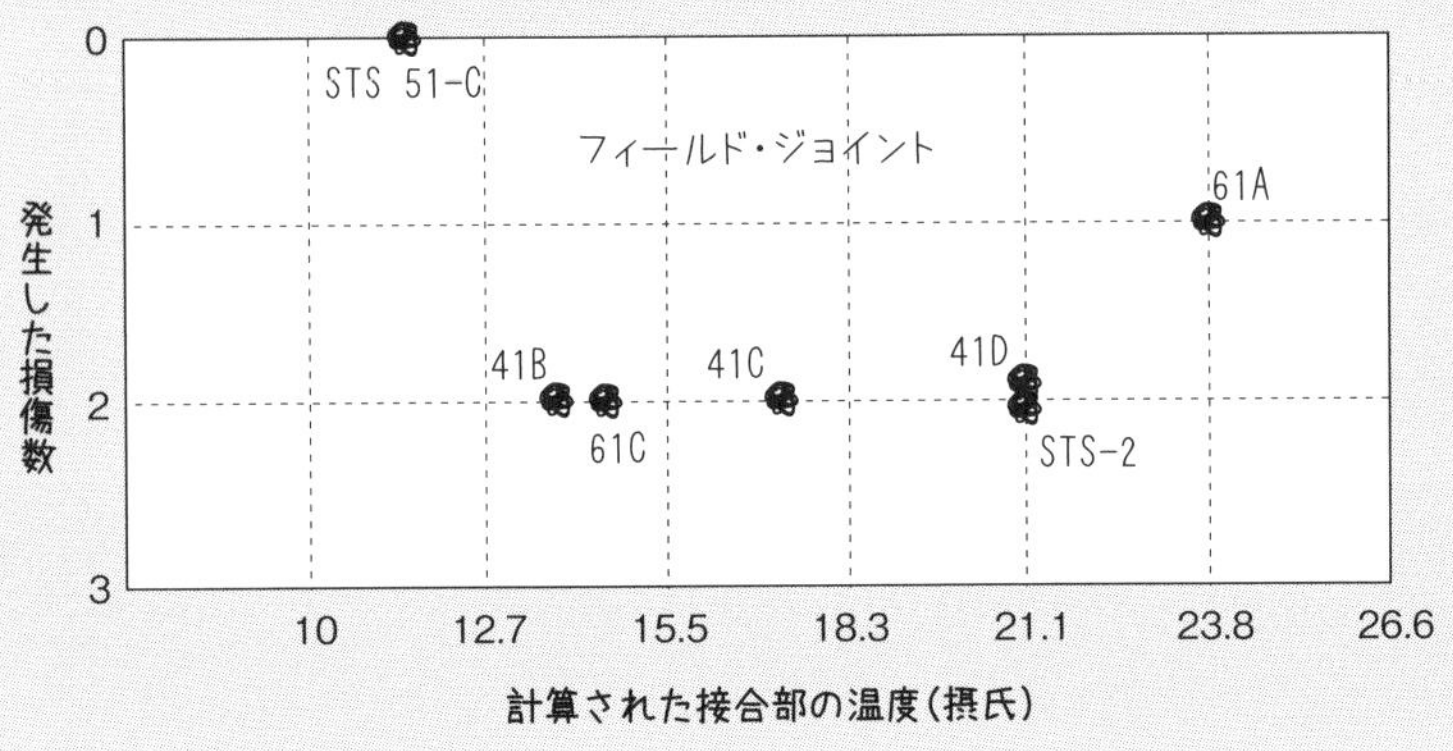

ータしか持っていなかったことである。しかし、現実の打ち上げ日は氷点下0・5度という異常に寒い日だった。彼らは、Oリングが損傷したときの温度を調べ、摂氏11~24度で発生したOリングの熱損傷のレベルについては指摘していたし、この温度範囲以下の限られたデータも見たが、明確なパターンを確認することはできなかった（**図表6−4**）。エンジニアリングチームはこの結論を打ち上げ前にNASAに報告し、打ち上げ時の気温がOリングに影響を及ぼす可能性があるという懸念に対処していたのだ。

しかし、彼らが見るべきだったのは、温度とOリングの損傷に関するすべてのフライトのデータだった。Oリングが損傷していないすべてのフライトを含めると、図表はまったく別のものになることがデータから明らかになった。摂氏18・3度以下では4つのフライトすべてに事故が発生、つまり事故率は100%だった。摂氏18・3度以上では20フライト中3フライト、つまり15%で損傷事故が発生していた。すべてのデー

図表6-5 ▍Oリングに損傷が発生したフライトとその時の温度　2

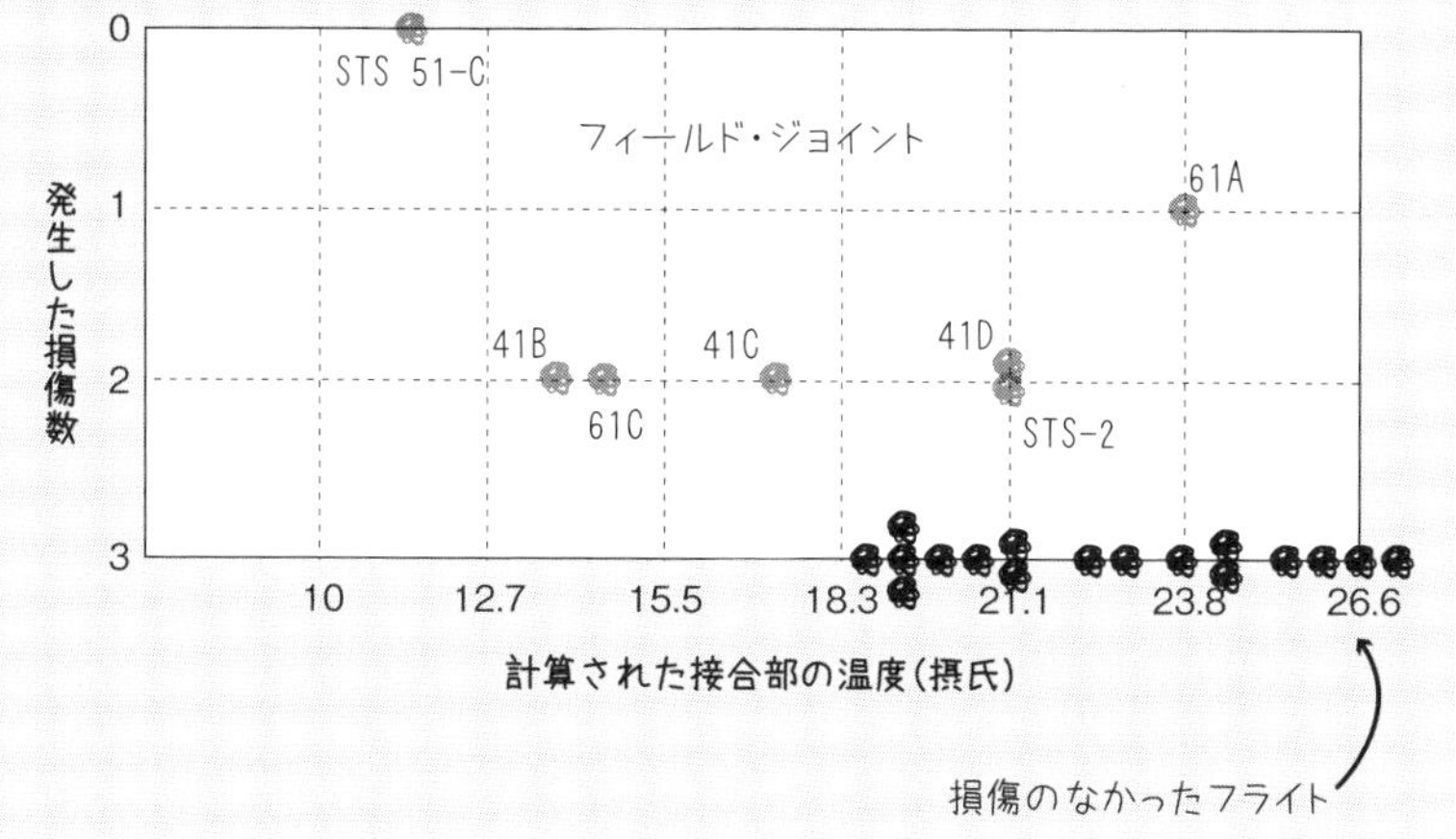

タを使用すると、温度とOリングの性能の関係がより明確になった（図表6－5）。

オーストラリア経営大学院でロブの同僚だったシドニー大学ベイズ統計学教授のサリー・クリップスは、このデータを使い、事故が起きる事前確率30％（23回中7回のフライトでOリングに損傷が発生する計算）で推定した。その結果、氷点下0・5度で打ち上げるという条件下では事故の事後確率は驚異の99・8％であり、別の研究チームによるベイズ統計学の推定とほぼ同じ値だった。

チャレンジャー号の事故から、データ分析で奥の手を使用することについて、いくつかの教訓が浮かび上がる。まず、モデルの選択（この場合はベイズ統計学）がリスク（特にこのケースの場合は大惨事のリスク）に関する結論に影響を及ぼす可能性があることである。2つめは、正しい条件付き確率を導き出すには、慎重に考える必要があることだ。最後に、データが不完全な場合、氷点下0・5度の打ち上げといった極端な値を処理する方法については、利用可能なデータに分布を適合させるという確率論的アプローチが必要であることである。ベイズ統計学は、新しい証拠によって事前確率を更新する機会が存在するなら、仮説を検証するための適切なツールかもしれない。この場合、これまで経験したことのない温度での成功と失敗の経験を十分に調査することができる。実際にベイズ統計学による計算が使われなくても、ベイズ統計学的思考アプローチ（条件付き確率を考慮する）は非常に役立つ。

ケース4　実験——ウェブサイトのトップバナー

多くの場合、問題に光を当てるためのデータは出来合いでは存在しない。自分でデータを作るには実験という方法があり、多くの利点がある。特に、競合企業があなたのデータを入手することはない。ここでは、企業の世界で人気を博している2種類の実験を見てみよう。

ランダム化比較試験（ＲＣＴ）では、他のすべての変数をコントロールしながら、１つの変数の変化を検証できる。先述の肥満の例で見たように、歩きやすい都市であることが人々の肥満を軽減しているわけではないのかもしれない。もしかしたら、健康な人は歩くことが好きなので、すでに歩きやすい都市に引っ越している傾向があるだけかもしれない。実験は、因果関係を理解するうえでのこの種の潜在的な誤りを回避することができる。しかし、実際には実験をすることが難しいことがよくある。現実に都市をより歩行者に優しいものにして他の都市と比較することは、簡単にはできない。しかし、うまく実験をデザインすることができれば、大きな説得力を持つことができる。

実験は、さまざまな種類の介入を評価するのに役立つ。たとえば、ランダム化比較試験は、1日8キロ歩くインセンティブを個人に提供するような新しいプログラムが、他のすべての要因をコントロールしたうえで、既存のプログラムよりも肥満を軽減するかどうかを検証するのに役立つ。ランダム化比較試験では、参加者を募集してプールし、2つ以上の処置群と1つの対照群にランダムに割り当てる必要がある。この場合、処置群では新しい運動インセンティブプログラムを実施する。特定の介入が結果の変化の原因である可能性が高いという証拠が必要な場合に、特に効果的である。処置群と対照群をランダムに割り当てることにより、処置群の他のすべての特徴、たとえば人口動態、一般的な健康状態、ベースライン［訳注：実験開始前］の運動率、食事などがランダムにしか変化しないことを保証することができる。サンプルサイズが十分に大きければ、一般的な母集団と比較して、バイアスが生じることはない。たとえば、ランダムに割り当てられれば、運動する処置群は、対照群と比較して、男性よりも女性の数が多くなることはない。処置群が対照群よりも統計的に有意に改善されたとしたら、性別やその他の変数ではなく、運動プログラムこそが改善を説明する有力な候補であることがわかる。いわゆる交絡因子を完全に取り除くわけではないが、良いスタートにはなる。[*9]

ランダム化比較試験のバリエーションである、特別なタイプの実験がある。市場トライアルはそのような実験方法の特殊なケースの1つで、新製品を完全に全国展開する前に小規模のテスト市場で試す。今日、ビジネスで最も頻繁に使われる実験手法の1つがABテストである。ABテストは、製品の提案をリアルタイムで調整するために使われる。たとえば、ウェブサイトのトップページで背景色を変更したら訪問者の滞在時間の長さは変わるのか、その効果を検証することができる。実験は素早く簡単にでき、あるデザインを別のデザインに置き換える根拠になる。ABテストでは、ウェブサイトへの訪問者を2つのグループにランダムに分け、一方のグループ（グループA）には新しいデザインのウェブページを表示し、もう一方のグループ（グループB、対照群）には古いデザインを表示する。各グループの利用パターンを追跡し、場合によってはサイトにアクセスした後でアンケートを行う。次に、デザイン、色、その他のバリエーションがユーザーの滞在時間やeコマースの利用率にどのように影響を及ぼすか、実際のデータを利用してトップページの色を選択することができる。ランダム化された実験を行ったので、ユーザー体験に影響を及ぼすのは他の変数ではなくデザインである可能性が高いことがわかる。

「ABテスト」でオンラインの売上高が43%増えた

ゲームメーカーのエレクトロニック・アーツ（EA）社は最近、ABテストを使い、新作ゲームの販売に与える売上とプロモーションの影響を調査した。[*10] シムシティシリーズの次回作であるシムシティ5のリリースと同時に収益目標を掲げたEAは、割引コードを掲載した見出し画像を入れた広告レイアウトをウェブサイトに掲示したが、予約注文の増加につながらなかったことに驚いた。事前注文の行動喚起（CTA）の配置が間違っていたのだろうか。EA社の広告チームは、A／B／C／Dというように、予約注文ページにいくつかのバリエーションを作成し、サイトの訪問者にランダムで表示するようにした。その中で、割引コードなしのオプションAと、割引コードの見出し画像付きのオプションBを**図表6-6**に示した。

その結果、割引コードのないサイトのほうが、新版ゲームの購入が43・4％増と大幅に増加したと結論づ

図表6-6 ABテスト

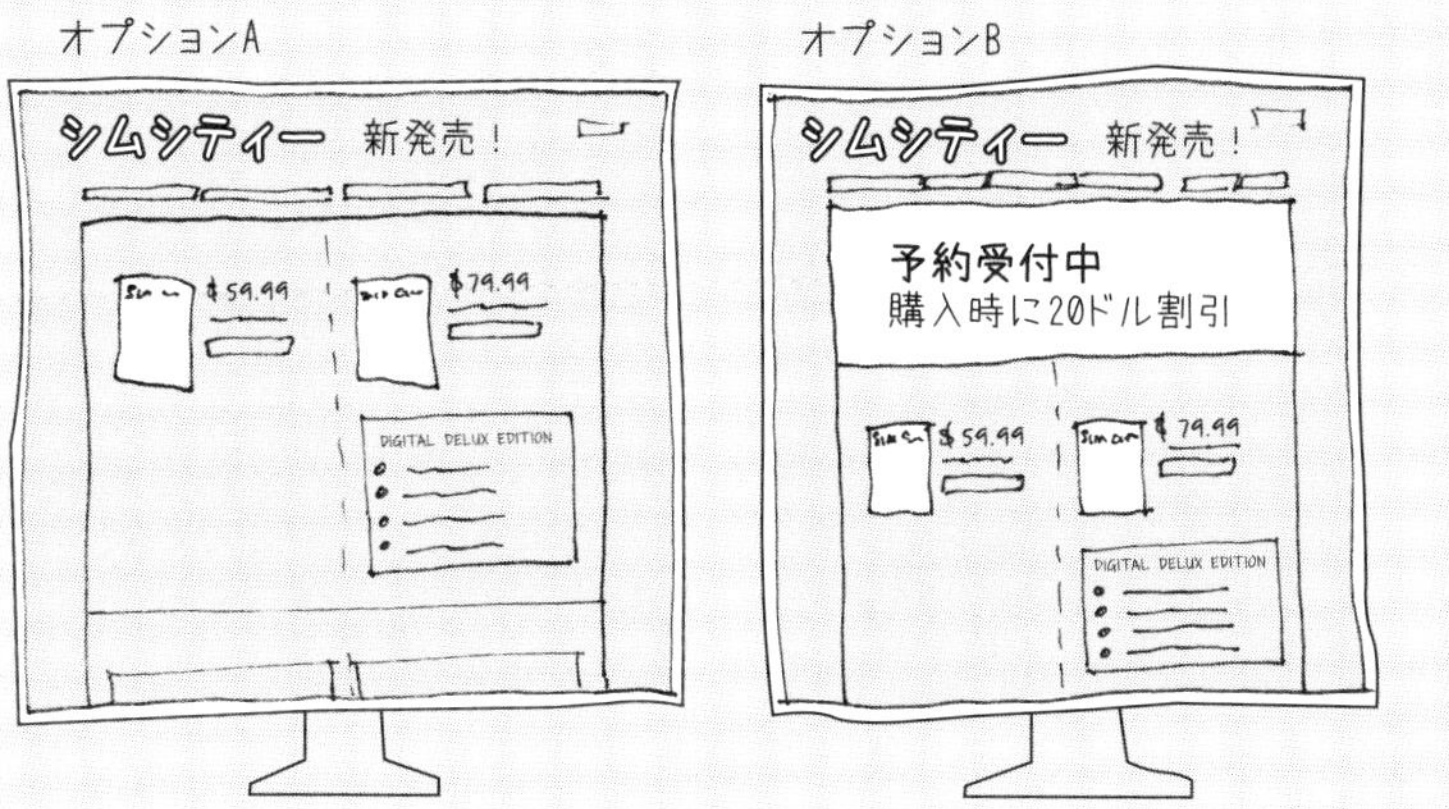

けた。このように、ABテストにより、販売や広告に対する顧客の反応を実験的に調査することができたのである。この過程でEA社は、シムシティの顧客の購買決定は割引コードに左右されないことがわかった。この種のテストは特にオンライン環境で簡単に実行できるが、異なる都市間や小売店レベルで行っても同様の結果が得られるだろう。

現実の世界で実験を行うことは、ヘルスケアの例でよく見られるように、交絡因子をコントロールするために多数の被験者が必要な場合や、被験者の同意なしに実験での選択を迫ることが非倫理的である場合などは、困難なものになる。このため、いわゆる自然実験に目を向けることになるかもしれない。

ケース5 自然実験——有権者が隠し持つ偏見を見つける

たとえ、実験をデザインすることで問いに答えることができるとしても、実験を実施できない場合がある。答えが得られるまでの時間や予算が制限されている場合や、倫理面に配慮すると実験という選択ができない場合もある。たとえば、政府は税金や福利厚生制度を変更したときの影響を知りたいと考えることがよくある。しかし、最良の公共政策の方向性を明らかにするために、一部のグループには税金や社会的福利厚生制度を調整し、他のグループ（対照群）では調整しないという実験をすることは困難（かつ多くの場合で違法）である。こういった制約の下で、どのようにして説得力のあるエビデンスを集められるのだろうか。

その答えの1つが、疑似実験とも呼ばれる自然実験である。自分で実験できない場合は、世の中ですでに実験が実行されていないか、あるいは、それと似たようなことがされていないかを確認する。公共および民間機関はしばしば、偶然にも実験のような環境を作り出す選択をすることがある。政府による多くのプログラムでは、どうしても恣意的な境界線を引いて対象者を絞らなければならないし、歴史と偶然の組み合わせによって一部の地域を他の類似する地域とは異なる扱いをする。そのため、影響を受けるグループと対照群が自然に形成されるのである。たとえばアメリカでは、全国最低飲酒年齢が21歳であるため、20歳364日の人と21歳0日の人の間で飲酒の法的地位が急激に変化する。政策の境界線の片側の人ともう片側の人、すなわち特定の介入によって大きな影響を受けた領域と、影響の少ない領域とを安全に比較できれば、私たちは自然実験によって実際の実験と同じように多くのことを知ることができる。

自然実験は、実験に適さない環境でも質の高いエビデンスを提供してくれる強力なツールになり得る。しかし、定義上、自然実験は実際の実験ではないため、どういう文脈で生まれた状況なのかということと、実験特性を損なう可能性のある潜在的な交絡因子に一層の注意を払う必要がある。実際の実験が行えず、かつ他の問題解決ツールも使えない状況で、自然実験で問いに答えた一例を紹介しよう。このケースは、ローズ奨学金学者のエヴァン・ソルタスと、スタンフォード大学の政治学者デイヴィッド・ブロックマンによってまとめられたものである（現在は「スタンフォード大学経営学大学院ワーキングペーパー」として出版されている）。エヴァンとデイヴィッドの問いは、「有権者は選挙で社会的少数者《マイノリティ》の候補者を差別しているのか」というものだ。

この問いに答えるために、まずどの方法が機能しないかを確認することが重要である。白人と非白人の候補者のデータを単純に収集し、平均投票数の差を計算し、その差を「差別」と断定することはできない。白人と非白人の候補者の間には、人種以外にも多くの潜在的な違いがある。たとえば、白人と非白人では、目指している公職が異なったり、選挙運動の方針が異なったりしているかもしれない。実験やそれに近いことをせずに、この謎を解き明かして差別単独の効果を見分けるのは絶望的に難しい。

あたかも「実験」しているような状況を見つけて利用する

エヴァンとデイヴィッドは、イリノイ州の共和党予備選挙での代議員選出という、あまり知られていない珍しい手続きの選挙データから、自然実験による分析ができる状況を見つけた。有権者はこの中で、大統領候補が正式に指名される共和党全国大会で大統領候補に投票する代議員を選出するため、複数票を投じる。たとえば、ドナルド・トランプを支持しているイリノイ州の有権者は、予備選挙では彼に直接投票することはできないが、大会に出席してこの候補を支持する法的義務がある3人の代議員になら、投票することはできる。この場合に自然実験を成立させている状況は次のとおりである。まず、代議員の身元はほとんど無関係なのにもかかわらず、投票用紙には彼らの名前が書かれていることだ。ほとんどの代議員は政治的に無名であり、グーグルで検索しても出てこないほど注目されていないので、ほとんどの有権者に知られていないと確実に言える。第二に有権者は、自分が支持する大統領候補の代議員全員に投票する必要はないことだ。したがって、同じ大統領候補を支持する代議員が同じ数の票を得なくても、大会でその候補を代表にすることができる。

ある有権者が、トムとディックという2人の推定白人の代議員と、ホセという推定非白人の代議員を指名するときのことを想像してほしい。大統領候補を完全に支持するためには、この有権者はトム、ディック、ホセに投票するはずである。ただし、一部の有権者は、トムとディックには投票するが、ホセには投票しないという微妙な差別をする可能性がある。十分な数の有権者がこうした差別を行うと、ホセのようなマイノリティだと示唆する名前の代議員は、トムやディックのような非マイノリティだと示唆する名前の代議員よりも得票数が有意に少なくなるだろう。これは、同じ時期にまったく同じ有権者層に直面し、同じ大統領候補を支持しなければならず、投票用紙に示されている名前によって示されるアイデンティティのみが異なるという意味で、完全に比較可能な代議員の選挙なのである。これは素晴らしい自然実験である。

自然実験の用語では、1人の代議員にマイノリティの名前をつけるという「処置」をし、マイノリティの名前をつけない２人の代議員という対照と比較する。エヴァンとデイヴィッドのイリノイ州の選挙データには、実際にこのような実験が８００件以上含まれていた。その結果、アメリカの有権者がいかに偏見を持っているかが明らかになった。非白人を示唆する名前の代議士は、対照となる白人の代議士と比較して、得票数が約10%少なかったのである。

図表６－７は、エヴァンとデイヴィッドの研究デザイン、つまり自然実験のアイデアから統計分析に至るまでを示している。単純な計算で、２人の実験における非白人と白人の代議員の間のパーセントの差を計算できるが、適切に指定された独立変数による回帰分析でも代用できる。Ｒ《アール》、Ｓｔａｔａ《スタータ》、あるいはさまざまなＰｙｔｈｏｎ《パイソン》のパッケージといった標準的な統計ソフトであれば、エヴァンとデイヴィッドの回帰分析と同様のものを簡単にサポートできる。

この分析において、重要な独立変数は、代議員の人種認識だった。このデータを取得するために、エヴァンとデイヴィッドは起業家精神を発揮して独創的な手段を採った。２人は代議員の姓を米国国勢調査のデータセットと照合した。このデータセットでは、姓ごとに、その姓を持つアメリカ人のうち非白人の割合が得られた。２人はまた、アマゾン社のメカニカル・ターク（Ｍｔｕｒｋ）マーケットプレイスというオンライン代行サービスで働くオンラインワーカーに報酬を払い、詳細な情報を与えずに名前のみで代議員の人種的背景を推測するという作業を依頼した。こうして、プライバシーが守られている投票ブースの中で有権者がとるかもしれない行動を再現した。これはクラウドソーシングの一種であり、後ほど説明する。従属変数である実際の投票数は、イリノイ州選挙管理委員会から出されたものである。国勢調査から公表されたものであれ、Ｍｔｕｒｋによる調査であれ、データをどこでどのように見つけるのかを知ることは、それ自体が分

図表6-7 ▎自然実験——投票パターンから有権者の偏見を見つける

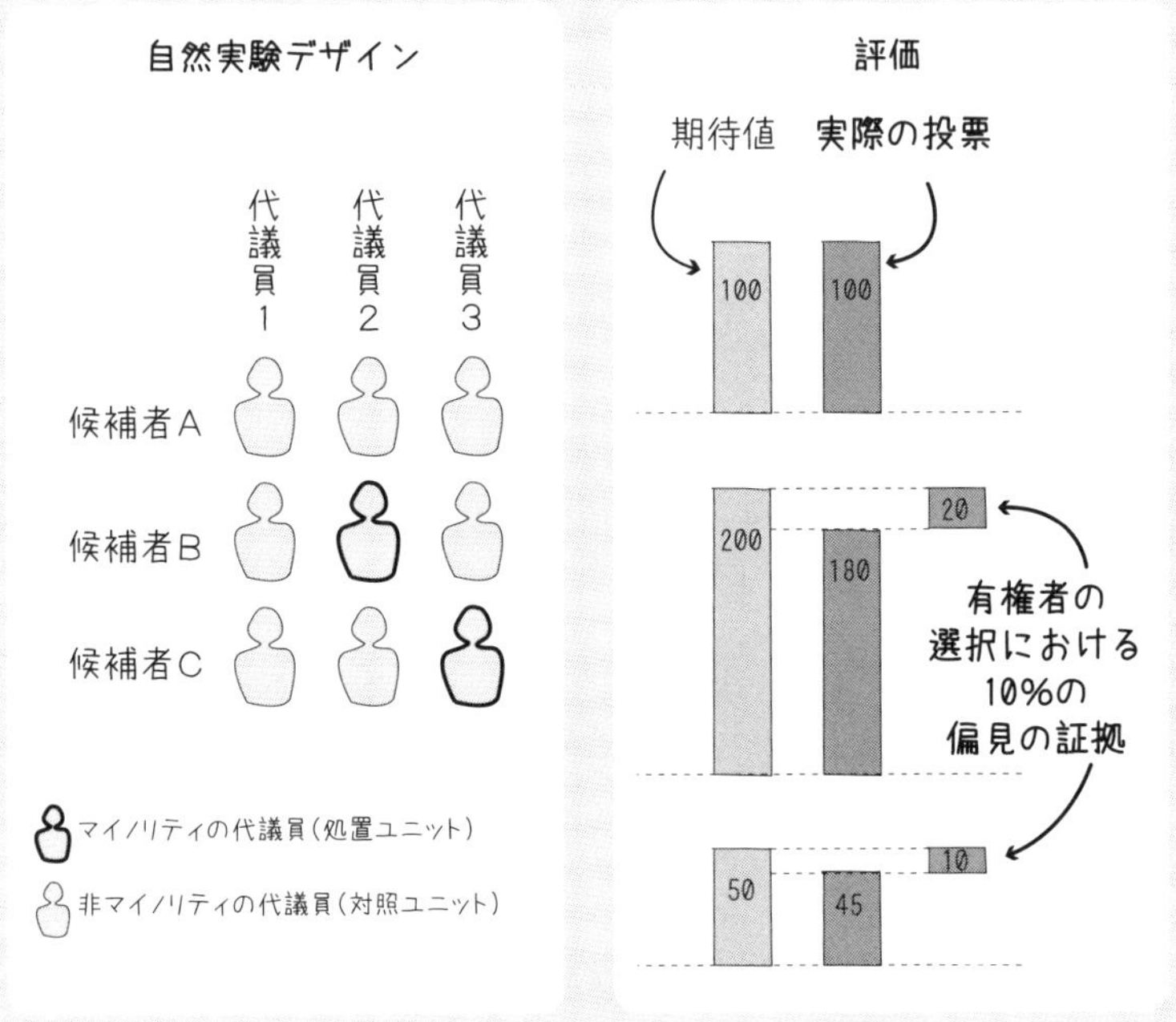

注)下記の形式で独立変数回帰分析を使用して、実際の証拠が得られた。

$$\log 票数_1 = a_c + b(非白人_1) + cX_1 = e_1$$

下記の定義を用いる。

$\log 票数_1$	＝代議員1[1は下付き]の投票数の対数
a_c	＝各候補の固定効果
$非白人_1$	＝代議員$_1$は非白人の氏名を持つと思われる
b	＝投票に対する非白人の因果効果
X_1	＝コントロール変数(例:在任期間)
e_1	＝誤差項

析に不可欠なツールなのである。

エヴァンとデイヴィッドが行ったような自然実験では、何が問題になるのだろうか？ 自然実験は、処置群と対照群が比較可能であるという仮定に依存している。一方、実際の実験では、処置をランダム化することによってこれが保障される。エヴァンとデビッドは、トム、ディック、ホセのような代議員のグループ内で、ホセがマイノリティであること以外の違いを除去しなければならなかった。この種の交絡因子の可能性としては、マイノリティの代議員が、非マイノリティの代議員よりも他の公職に就く可能性が低い場合が考えられる。その場合、一部の有権者は、トムやディックを支持するかもしれないが、ホセを支持しないかもしれない。それは、トムが市長であり、ディックが市会議員であるからであって、ホセがマイノリティであるという背景が不快であるからではない。エヴァンとデイヴィッドがこのプロジェクトに取り組んだのは、このような比較可能性の懸念に対処するためだったとエヴァンは語っている。

他の地域や有権者にこの分析の結論を外挿《がいそう》できるわけではない。この結果は、データが収集された正確な設定においてのみ真実であり、現認できたことなのである。

ケース6 シミュレーション――気候変動

シミュレーションとは、現実の世界で起こると予想されることをコンピューターで模倣したものである。**シミュレーションが強力なのは、異なる条件を仮定して、世界の多くの潜在的な状態を見ることができるから**だ。必要なものは、モデル、初期条件、そしてシミュレーションを実行するマイクロソフト・エクセルな

図表6-8 | 気候変動の直接被害の合計（%郡単位GDP）

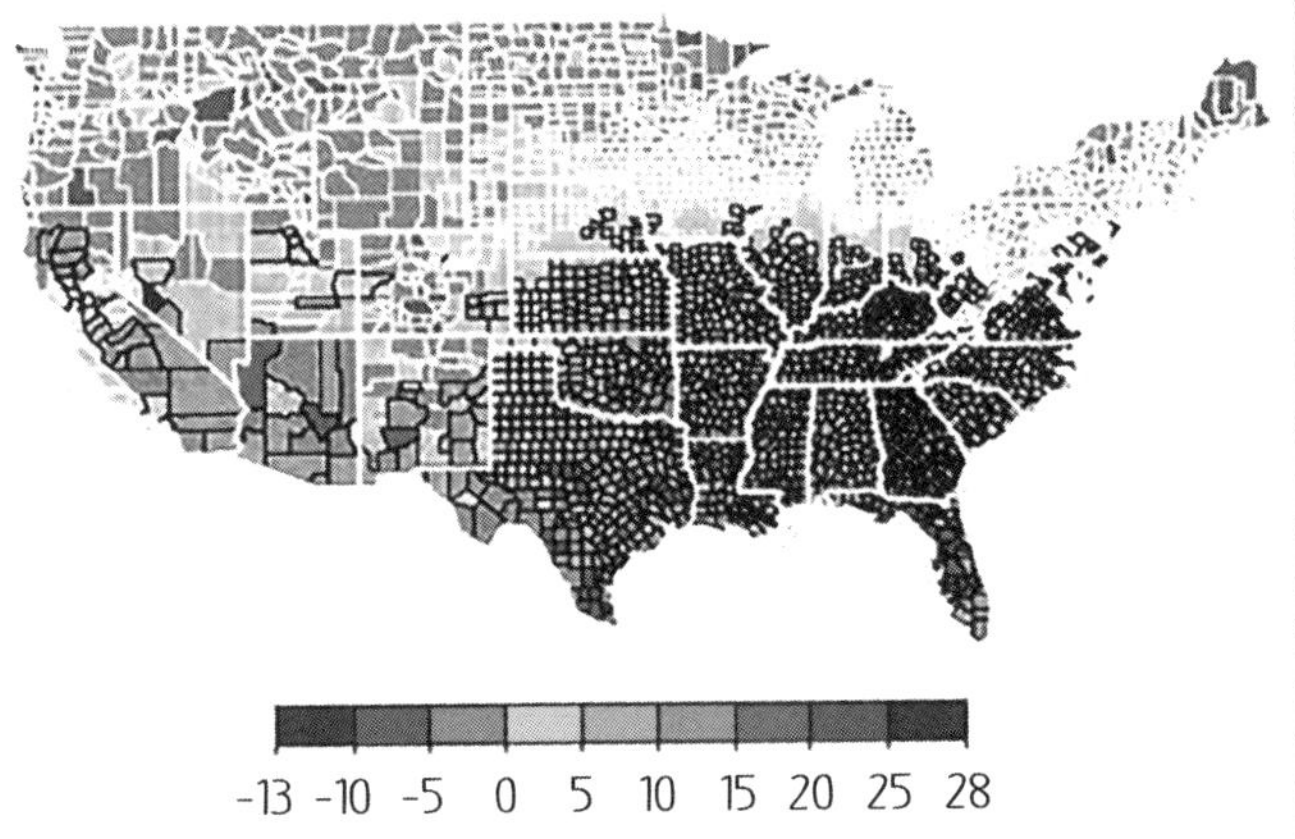

どのソフトウェアプログラムだけである。多くの場合、シミュレーションは高速かつ低コストでできる。適切に構成されたモデルがあれば（実はそれが難しいのだが）、高価な実世界のデータを収集することなく、パラメーターの変更を検証できる。シミュレーションは、分析ツール選択ツリーのどの枝においても役立つ。

シミュレーションは、気候変動や経済的な結果など、政策やパラメーターの変更が関心のある結果に対してどんな影響を及ぼすのかを予測するのに特に役立つ。既知のモデル（および不確実性の要因）がある場合、モデル内の異なる独立した入力値を変えると、結果の分布が変わる。これは感度分析と呼ばれ、最近『エコノミスト』誌で強調されているように、気候変動が地球の平均気温に及ぼす影響や、さらに国レベルの経済的な結果に対する影響をシミュレーションで検証できる。[*11] この論文の著者であるシャンらは、気候モデルから得られたさまざまな気温およびその他天候の結果と、さまざまな気候シナリオの下での郡レベルの結果を予測する一連の経済モデルとを組み合わせ、気候変動の将来の影響を調べた大規模シミュレーションを行った。

著者らが使ったシミュレーション・モデルには、44の別々の気候変動モデル、降雨量と気温の気象予測、および不確実性が組み込まれている。彼らはその予測を、考え得る経済的な結果の同時分布にマッピングし、労働力、暴力犯罪、死亡率、降雨量、電力消費量、気温、CO_2への影響をアメリカの郡レベルで調査した（**図表6－8**）。GDPに換算した経済的コストを計算するために、彼らは非市場的な影響を貨幣化し、各郡の予測を国レベルに集約した。この分析によって、気候変動の悪影響は、すでに貧しい郡が不当に受ける可能性が高いことがわかった。このような気候変動分析は、実際の実験ではなく、シミュレーションの主要な強みの1つを示している。気候の場合は、影響を調査するために地球の気温が上昇するのを待つことはできない。むしろ、将来起こりうる影響を、今確実にシミュレートし、不可逆的な被害を軽減・防止することが求められている。シミュレーションが最適に機能するのは、十分に構成されて検証された基礎モデルがあり、シミュレーションが元のデータの基礎的な範囲に沿った予測範囲を検証している場合である。

ケース7 機械学習――睡眠時無呼吸症候群の発症を予測する

機械学習の手法は、重回帰のような従来の統計的ツールと基本的に非常によく似た概念である。**機械学習は、適切な形式のデータが大量にあり、データの中に複雑なパターンや相互作用がある場合に、従来のツールよりもはるかに優れたパフォーマンスを発揮することが多い。**特にここ数年は、コンピューティング能力が向上し、大規模なデータセットと高度な学習アルゴリズムを管理するためのコストが妥当な価格で利用できるようになったため、これらのツールが普及してきた。ＰｙｔｈｏｎやＲなどの単純なスクリプト言語を習得すれば、最先端の機械学習ツールを使い始めることができる。これは、多くのチームの能力の範囲内にあるだろう。

たとえば、ある個人が肥満になるリスクが高いか低いかを分類する問題を見てみよう。個人のスマートフォン経由と考えられる歩行記録、人口統計、健康情報などの大量のデータがあり、その中でどのようなプロフィールの人が肥満になったのかという情報があれば、機械学習アルゴリズムに、データから肥満リスクの兆候を識別する方法を学習させる。線形回帰とは異なり、ここでは病気のリスクを示す特定の変数を見つけて測定することよりも（ただし、機械学習を利用してそうした変数を推測できることも多い）、正確な予測ができる学習モデルを構築することのほうに重点を置いている。このような手法では、学習プロセスへの関与が少なくなることが多い。どの変数を使用するか選択するかわりに、コンピューターアルゴリズムに正しい特徴の組み合わせを選択させることがよくある。適切な量のデータがあれば、機械学習は多くの場合、従来の統計手法よりも優れた予測能力を発揮することができる。

ここで、人命を救済し資源を節約する成果を生み出している機械学習のケースに目をむけよう。問題解決における機械学習の応用の多様性を示すために、医学分野、教育関連、ドローン技術分野からそれぞれ１つずつ選択した。

高コストの検査なしに病気の発症を予測できる

機械学習がこれほど大きな注目を浴びている理由の１つは、特定の領域において人間の判断よりも優れた予測を行う能力が実証されているためである。オックスフォード大学の博士過程に在籍しているローガン・グラハムとブロディ・フォイは、機械学習によって社会問題を解決しようとする学生主導の組織「ローズ人工知能研究所」の共同設立者として、臨床検査から６～12か月以内に子どもが睡眠時無呼吸症候群を発症するかどうかを予測する機械学習モデルの開発を主導した。このツールは、人口統計、患者のボディ・マス指数（ＢＭＩ）、喘息や胃食道逆流症などの併存疾患に関する情報を含む簡単なアンケートのデータを使用して予測を行い、その精度は常に臨床医を20％以上上回っていた。ローガンは、このモデルは医師の意思決定プロセスにおけるバイアスを排除したり、医師が見落としがちな予測因子の組み合わせを考慮したりすることにより成功したのではないかと考えている。医師が患者ごとに仕事をしているのに対し、彼らの開発したモデルは、一般集団を考慮したものである。このアルゴリズムは、４００人強の患者記録という比較的小さいサンプルで顕著な成功を収めた。従来の睡眠時無呼吸症候群の診断では、患者に高コストで侵襲的な睡眠テストを受けさせる必要があった。偽陽性のスクリーニング結果を減らす予測モデルは、患者と医師の両者にとって時間とお金を大幅に節約する可能性がある。

ローガンは、機械学習は将来の結果を予測するような問題には非常にうまく機能すると述べている。しかし、予測の問題には、一般的な人口分布と一致するデータセットが必要であるとも認めている。今回の睡眠時無呼吸症候群のデータは、すでに臨床医によって睡眠障害のリスクがあると診断された患者から得られたものである。そのため、このツールを一般集団に使用する場合、確実な予測を行うには、別のさらに大規模なデータセットが必要となる。ここで重要な点は、機械学習の要点は結果の予測にあり、解決策や意思決定の方法を理解することではないということである。

簡単なアルゴリズムでスクールバスのルートを最適化する

マサチューセッツ工科大学（ＭＩＴ）の研究者グループは、３万人の学生が使うスクールバスのルートを最適化することでボストンの公立学校システムの予算を５００万ドル節約するアルゴリズムを開発した。以前は、学校の管理者たちが手作業でバスのルートを設計していた。これは、毎年数週間かかる面倒なプロセスだった。ＭＩＴのアルゴリズムはほんの数分で実行され、それまで６５０台のバスが運行していた２３０の異なる学校に向かうルートの内、多数を廃止させたのである。

バスのルート設定は、事前に計算ツールの開発に投資することで、長期的に時間とお金を節約できる問題の一例である。このアルゴリズムは、バスのルート設定のプロセスを自動化してくれる。このプロセスは、人間が直感で行うこともできるが、計算量が非常に多いため、数学的なプロセスに頼ったほうがより適切な結果が得られる。これは自動化に適した問題である。ルート設定システムは毎年稼働させる必要があるが、基本となる意思決定エンジンは毎年使う度に変更する必要はない。人間の判断は必要ないし、むしろ人間の監視はかえって意思決定プロセスを妨げることになる。アルゴリズムの有効性を評価するための客観的な外部基準があるのである。

ドローンと機械学習でビーチのサメを発見する

サメによる被害は、世界中の多くのビーチで実際に認識されている危険である。サメによる被害のリスクを減らすために網が設置されることが多いが、多大な金銭的コストと、網のもつれによる種の喪失が伴う。ロブが関与しているリッパー・カンパニーという会社によって、オーストラリアのビーチで新しい解決策が生まれようとしている。この会社については第8章で詳しく説明する。この解決策は、カメラを搭載したドローンと機械学習の組み合わせによるものである。機械学習によるサメの発見を思いついたのは、インターナショナル・サーフ・ライフセービングの初代社長で、オーストラリアの出版社に勤めるケビン・ウェルドンと、オーストラリア初の宇宙飛行士であるポール・スカリー＝パワーだった。

その仕組みはこうだ。ドローンがビーチをパトロールし、オペレーションセンターに映像を送信する。リッパー・カンパニーは、シドニー工科大学（UTS）の機械学習の専門家と協力して、イルカや人間とは異なるサメの存在を予測する、この種のものとしては初の形状解釈アルゴリズムを開発した。アルゴリズムによりサメが検出され、オペレーターによって確認されると、ビーチパトロール隊は泳いでいる人に警告し、ドローンの監視によってビーチでのサメの目撃情報がなくなったと確認されるまで海に入らないようにするのだ。

アルゴリズムは計算に真陽性と偽陽性を使い、平均適合率の平均（MAP）は90・4%となっている。こ

図表6-9 | 画像認識でサメを識別する

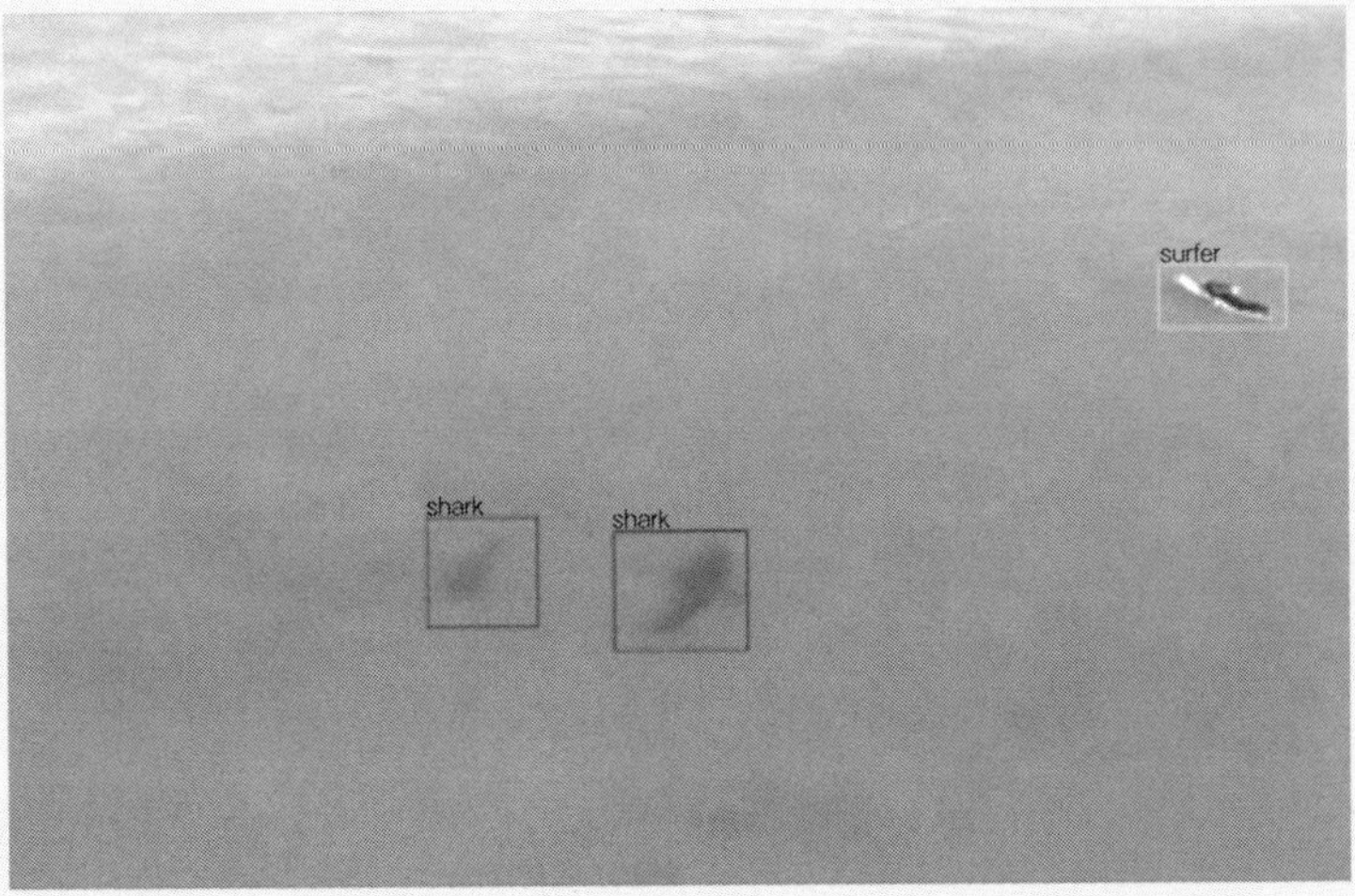

こでの精度は、画像全体から何枚の正しいサメの画像が識別されたかに関係している（図表6－9）。これは十分に印象的な結果である。しかし、これでは偽陰性の問題を未解決のまま残してしまう。つまり、何匹かのサメを未発見のままにしてしまう（これは重大な問題だ！）。イルカのような他種の動物を高精度で検出する能力が、偽陰性の数を最小限に抑えると考えられている。他の深層学習《ディープラーニング》のアルゴリズムと同様に、データを追加することでさらに結果が改善することが期待される[*12]。さらに、マルチスペクトルカメラなどの試験技術を試すことで、特に曇天の海域の見通しが良くなることが望まれている。

　リッパー・チームが思い描く未来のビーチには、次の3つのテクノロジーが組み込まれている。

リッパー・カンパニーが描く、未来のビーチが持つ3つの技術

技術1　ドローンに電力を供給し、ビーチの全景を見

渡せるケーブルの上に設置することができるドローン・デザリング・システム。24時間365日稼働できるが、おそらく実際はライフガードがビーチにいる時間のみが対象になるだろう

技術2 サメがサーファーの近くにいると警告を発信してくれる、ドローンから送られる映像と連動した機械学習アルゴリズム

技術3 サメの近くにいるサーファーに投下できる「シャーク・シールド®」と呼ばれるドローン積載物。「シャーク・シールド」は電子パルスを放出することで、サメに一時的な筋肉の痙攣を起こさせ、電子パルスのフィールドから逃げていくようにする

こうした例からわかるように、**機械学習は、非常に正確なモデルや最適化パスを作成したい場合、および意思決定プロセスに影響を及ぼす主要な変数を理解することにあまり関心がない場合にうまく機能する。**これは、意思決定メカニズムはすでに理解できているが、それが複雑で、多様なデータ例がたくさんある場合に最も役立つ傾向がある。機械学習のニューラル・ネットワークは、人間の視覚によるパターン認識のような複雑なプロセスを自動化することにより、素晴らしい結果を生み出すことができる。しかし、多くのビジネス上の意思決定には、学習アルゴリズムの採用に必要な大量の高品質データが不足していることが多い。[*13] ビジネスや人生の意思決定の中には、データが利用できない過去の出来事や将来の問題について、主観的な直観を必要とするものや、他のプレイヤーの反応を推測するものがある。他の何千もの個人の好みを慎重に吟味し、あなたの状況を考慮して決定を下すアルゴリズムに、どの都市に引っ越すかについての決定を委ねることが想像できるだろうか？ 明らかに違う。結果を見てみたいと思うかもしれないが。

ケース8 クラウドソーシング――音速の輸送システム

自分のチーム内で高度な分析を行うだけでなく、組織の外に出てより多くの分析力が活用できるようになった。クラウドソーシングは、解決策を探している企業と、それを実現できるアイデアを持っている個人のチームを結びつける方法として登場した。以前はコンサルタントや専門家との契約が必要だった難題を、今では参加者が賞金を賭けて競うことが多い。ハッカソンとは、プログラマーとアナリストが目前の問題を解決するために利用可能なデータを使って最高の解決策を求めて競い合う1日がかりのイベントである。

Kaggle《カグル》は、コンペティションを主催するプラットフォームの1つである。賞品、課題、参加者の幅広さは注目に値する。最近のコンペティションをいくつか紹介しよう[*14]。

Kaggleのコンテストの一例

・米国国土安全保障省による賞金150万ドルの乗客選別アルゴリズムの開発への挑戦には、518チームが集まった

・不動産会社のズィロウは、住宅価格予測モデルの開発を依頼した。3779チームの中から、優勝チームに120万ドルを報酬として支払った

・借り手のデフォルトの予測：924チームが5000ドルの賞金を競い合い、25万人の借り手のデータを評価し、今後2年間に借金をした人が財政難に陥る確率を予測する最高の予測アルゴリズムを競い合った

・漁船のカメラから魚種を特定し、漁獲量と魚類資源を推定する。ロブがアジア太平洋地域の評議員を務める自然保護団体ザ・ネイチャー・コンサーバンシーが設定したコンテスト形式で行われた。賞金総額は15万ドルで、世界中から２９３チームが集まった
・機械学習を使ったタイタニック号の生存率予測。１万を超えるチームがコンペティションに参加し、船の積荷目録、乗客、生存者に関するデータが提供された

グッド・ジャッジメント・プロジェクトは、クラウドソーシングを大規模な意思決定に適用した例である。[*15]創設者のフィリップ・テトロックは、このプロジェクトとウェブサイトを、群衆の英知という原則に基づいて開発した。ある予測に対して十分多くの人が参加すれば、個人のバイアスが相殺され、１人の予測者が出すよりも正確な結論に達する。これは、大勢の人が瓶の中のビー玉の数を推測するのとよく似ている。１人による推測は正確な数とは程遠いかもしれないが、十分多くの人の推測がプールされると、ズレが打ち消し合い、群衆の集合値はたいてい正しい結論に達するのである。軍事侵略の予測といった、世界の大きく時には非常に具体的な出来事を予測するなど、驚くほど正確な予測がなされた。このような優れた投稿者は「超予測者《スーパーフォーキャスター》」と呼ばれ、このプロセス全体の記録は『超予測力』という本にまとめられている。[*16]

図表6-10は、専門家との契約といった他の方法よりもクラウドソーシングによるコンペティションを使うかどうかを決めるのに役立つ意思決定ツリーである。達成可能な目標があるかどうか、利用可能なリソースが少ないか多いか、リスクを冒してコストを負担する意欲があるかどうかなどが考慮される。当然のことながら、Ｋａｇｇｌｅに寄せられた課題には、マラリアの治療法を見つけることなど、大きな賞金がかけら

図表6-10 ▌問題解決をクラウドソーシングする場合
——コンテストや賞金を利用する

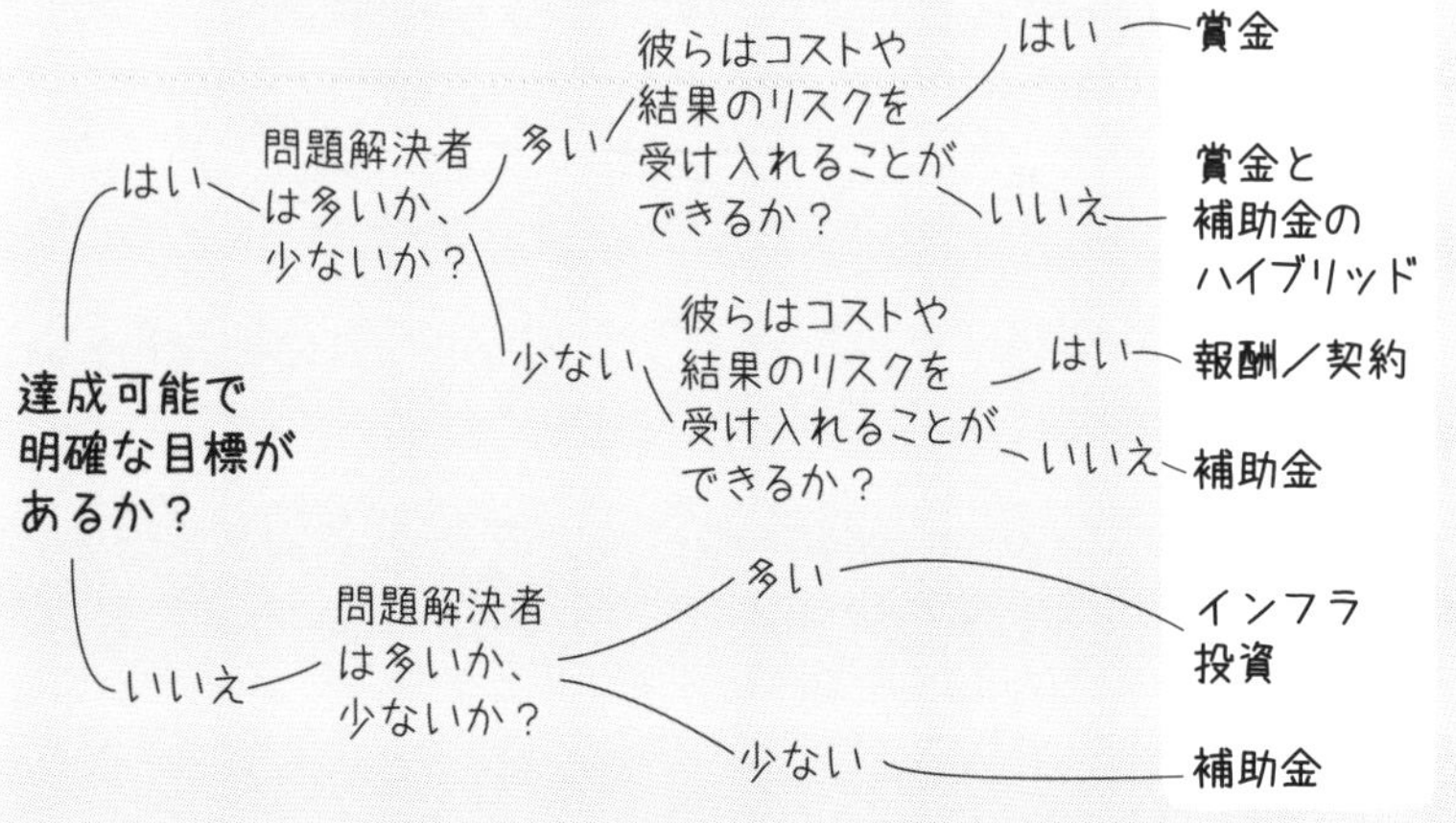

出典：Jonathan Bays, Tony Goland, and Joe Newsum, "Using Prizes to Spur Innovation," *McKinsey Quarterly*, July 2009.

れながら受賞者がいなかったエントリーがあった。これは、勝てると信じられる立場の人が少なく、リスクとコストが大きいように思えたため、短期的には達成不可能な目標だと考えた人が多かったためだろうと想像される。

イーロン・マスクの提唱したハイパーループ・プロジェクトは、輸送技術を急速に進歩させようとする試みである。ハイパーループは、現在開発中のポッド型輸送システムであり、超音速に近い驚異的な速度で長距離を移動するように設計されている。明確な目標と、多様な問題解決者、その多くはリスクを受け入れ、経験に飢えている学生であることを考えると、スペースXのハイパーループ・コンペティションは、クラウドソーシングの力を検証するのに優れた例と言えるだろう。自由に使えるテストコースを持つスペースXは、2017年1月にハイパーループ・ポッドのコンペティションを実施した。コンペティションを主催することで、同時に検討するプロトタイプの数を増やすことができた。ハイパーループが実行可能かどうかはまだ判断がつかないが、このプロセスは10年前にも見られなかった方法でリソースを活用している。

ケース9 ゲーム理論――テニスのサーブの狙いを決める

これまでに説明してきた奥の手は、主に統計的な手法に基づいている。複雑な問題に対応するための道具箱の中で、もう1つ強力なツールがゲーム理論である。ビジネスや人生における競争的な状況とは、自分の行動が他のプレイヤー（ここでは敵対者または対戦相手と呼ぶ）に影響を及ぼしたり、影響を受けたりすることを意味する。たとえば、あなたの戦略は、積極的に競争するか、それとも（独占禁止法で許可されている範囲で）協力するかを選択する必要がある。こうした戦略的な動きは、時には数時間、数日、数年にわたって繰り広げられる。私たちは、ゲーム理論に基づき、ロジックツリーを用いて、自社の選択と競合他社の選択を検討する。対戦相手の動きにどのように対応すべきかを評価するために、通常はチームを攻撃側と防御側に分けてシミュレーションを行い、相手チームが対応しなければならない一連の動きを作成する。1日のワークショップで18か月分のやり取りをカバーする場合もある。次に私たちは、事業部のリーダーを呼び、自社の動きと相手方の反応、そしてそれぞれが最善の戦略を追求することで得られるであろう報酬について考えてもらう。ゲーム理論家は、最小の利得を最大化する、または逆に最大の損失を最小化するような結果を選択する戦略を、ミニマックスやマクシミニといった用語を使って説明する。こうした理論は、本書でお伝えできる範囲を超えた、対戦相手の立場になって競合他社の対応を練る正式なゲームの構成要素である。**ゲーム理論は、難しい競争や敵対的な問題解決の場面で使うのに適したツール**なのである。

ゲーム理論の考え方を、2つの異なる例で示そう。ビジネスの例では「訴訟法廷に行くべきか」、個人の例では「テニスのサーブをどこに打つべきか」という課題である。

小さな研究機関でも、ITの巨人に訴訟を挑んでよいか？

もしあなたが、ビジネスパーソンの人に「裁判をするべきか」と問いかけたら、答えは通常「いいえ」である。裁判をするということは、結果についての不確実性が伴い、裁判で長い執行時間を過ごさねばならず、それに多額の費用が予想される。しかし、法廷で闘うことが理にかなっている場合もあり、ゲーム理論の考え方は、この決定を下すのに役立つフレームワークなのである。マイクロソフト、インテル、デル、HPなどの世界最大級のテクノロジー企業を相手に、CSIROというオーストラリアの小さな政府研究機関がWiFiの特許を守り、成功した例を考えてみよう。この事件は、最初は受動的で、次第に攻撃的になっていく一連の流れで展開された10年以上にわたる物語である。この戦略によりCSIROには4億ドルが支払われ、その資金はオーストラリアの国益を守るための追加的な研究資金として使われることになった。

CSIROは、WiFi技術には価値があり、その特許が侵害されており、適正な使用料を受け取る権利があると信じていた。一方、この技術を使用してきた巨大なハイテク企業は、CSIROが公的資金で運営されている研究機関であることなど、さまざまな理由から適切な譲渡価格はゼロであると考えていた。CSIROのアメリカ政府へのブリーフィングでは、このように報告された。「CSIROは、この製品のライセンスを取得しようとした。2003年と2004年に、特許を侵害していると思われる製品を把握し、28社に手紙を送り、CSIROからのライセンス条件について協議するよう申し入れた。しかし、28社のすべてがCSIROからの提案を受け入れなかった[*17]」。

CSIROは、裁判で争うかどうかを決めなければならなかった。訴えるとなると、コンピューターとネットワーキングの分野で、資金を豊富に持ち、特許訴訟に深い経験を持つ手強い企業に直面しなければならない。CSIROは、多額の法的費用と、好ましい結果が得られるかどうかの不確実性に加えて、ハイテク企業群から反訴を受けるかもしれないという潜在的なコストにも直面していた。一方では、この特許権を擁護しないと、今後アメリカで行おうとする取引に先例を作ってしまう。

彼らが裁判を起こす決断に至った経緯はこうだ。当時のCSIROの事業開発・商業化担当のエグゼクティブディレクターで、チャールズとロブの元同僚だったメルダッド・バハイは、この決断について次のように述べている。「最初に戻って、私たちはまず、自分たちが追求できる主張を持っていると、自分自身に納得させなければならなかった。そのために約100万ドルを費やし、専門家に事前にアドバイスを受けた。次に、仮に私たちが勝訴した場合、いくら受け取ることができるかを見積もった。私の感じでは、その額は1億ドル以上、場合によっては10億ドル以上だろうと思った。そこに辿りつくには、最初の訴訟に1000万ドルを投じる必要があった。大雑把な試算によれば勝率は10％必要だったが、その程度なら軽く上回っていると感じた。また、訴訟費用が急増した場合でも、撤収する選択肢もあった。つまり、訴訟を放棄し、知的財産訴訟を専門とするグループに請求の全部あるいは一部を売却するという選択肢のことだ[*18]」。こうして裁判の決断ができたところで、彼らが勝つためにどのようにゲーム理論を使ったのかを教えよう。

ITの巨人に勝訴する戦略をゲーム理論で立てる

ビジネスの競争戦略では、どこで、どのように競争するかということが、しばしば明暗を分ける。戦略は、市場セグメントに関する競合他社の選択と、コストと価値のどちらで競争するかを対比して描写されることが多い。CSIROのWiFiの特許防衛は、競合他社の意図を知り、最高レベルの成功を得るために自社の動きを決めるという一連の流れとして、戦略が時間とともにどのように展開されるかを示す一例である。

CSIROの競争戦略は、自社のライセンス料を要求する手紙を書くという、競合の自主性に頼った受動的なアプローチが失敗し、ハイテク大手を相手にした訴訟へと変化した。さらに劇的なのは、どこで競争するかという戦略だった。CSIROは、最初にどのプレイヤーをターゲットにするのかを決定する必要があった（**図表6－11**）。テストケースとして、バッファロー・テクノロジーという中小ネットワーク企業を特許侵害で訴訟することにした。バッファローはアメリカの大企業ではなく日本企業で、アメリカでの特許訴訟の経験も少なく、当時は急速にWiFiに移行しつつあったネットワーク技術にほぼ全面的に依存していた。CSIROの法律顧問たちは、アメリカ全土での特許訴訟の記録を調べ、訴訟成功の可能性を検討した。彼らは、テキサス州東部地区の連邦裁判所では特許権者の勝訴率がはるかに高く、原告の裁判所にかかる時間もはるかに速いことに注目した。今回のWiFiの事件を含む1995年から2014年の期間では、テキサス東部地区での原告の勝訴率は55％なのに対し、全米の勝訴率は平均33％だったのである。ま

図表6-11 IT巨人との訴訟――WiFi特許侵害

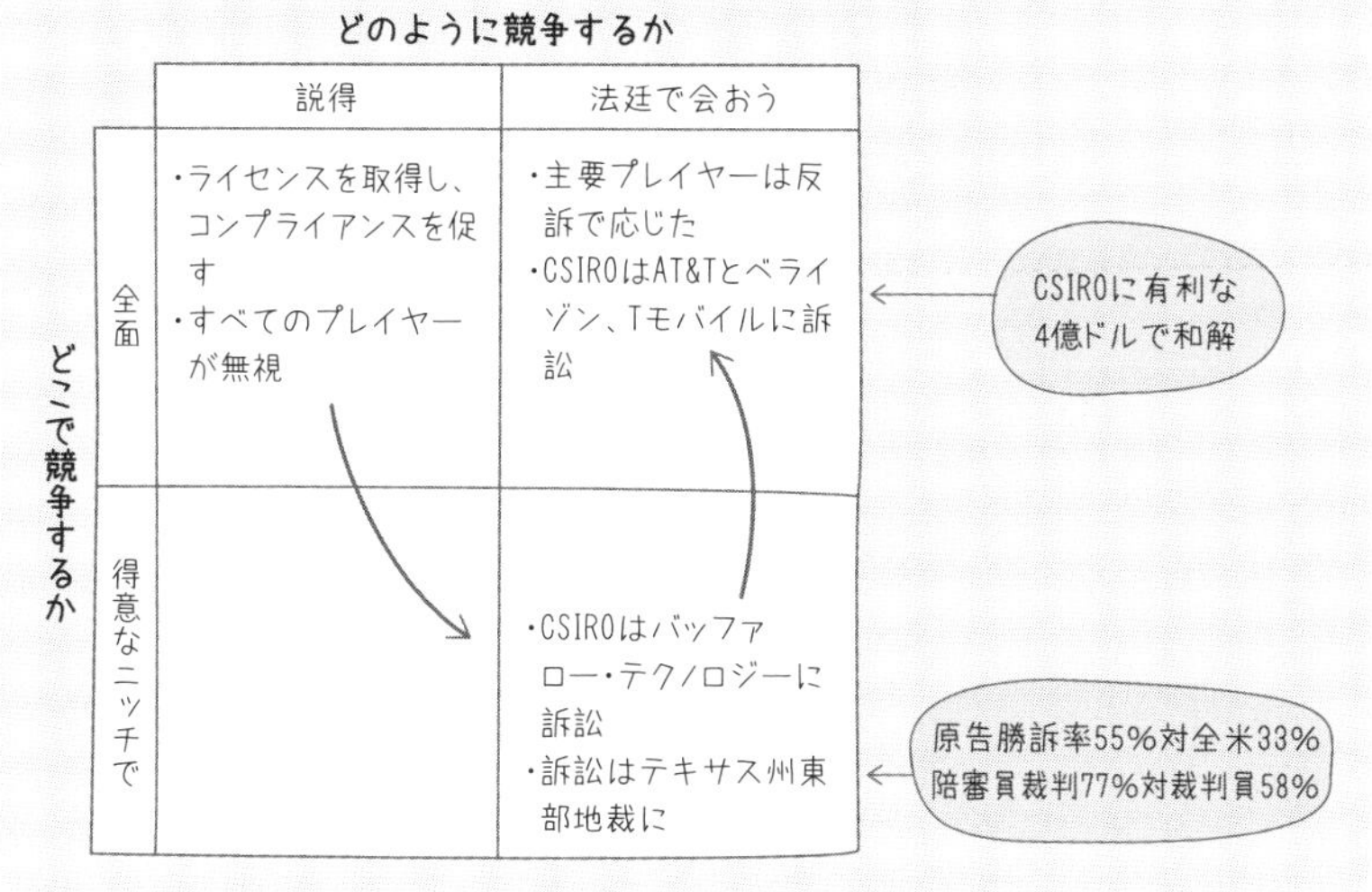

た、陪審員裁判の原告勝訴率が、裁判員裁判よりも高い事実にも注目した。２００５年から２００９年の期間では、陪審員裁判の原告勝訴率は77%で、裁判員裁判の勝訴率は58%だった。[*19]

ＣＳＩＲＯがバッファローに対して訴訟を起こした後、インテル、ＨＰ、マイクロソフト、デルなど他の特許侵害者からも反訴があった。ＣＳＩＲＯは、この攻撃的な行動に対して、どう対応すべきかを決定しなければならなかった。ＣＳＩＲＯは翌年、さらに8社を侵害者リストに追加することで対応した。間もなくＣＳＩＲＯは、14社に陪審員裁判を行うことになった。彼らの度胸はこれに耐えて持続したが、ＨＰが最初に折れて和解し、続いて他の13社が2億５００万ドルで和解した。２００９年にＣＳＩＲＯがＡＴ＆Ｔ、ベライゾン、Ｔモバイルに提起した訴訟は、特許が切れる１年前の２０１２年に2億２０００万ドルで裁判前に和解が成立した。

裁判を起こす決断には、敵対者がどのように対応するのかを考慮に入れた問題解決アプローチが必要である。この場合、CSIROは、特許を実証するために、まず自社にとって有利な裁判所を選び、弱い敵を相手に選び、それからより強い立場からより大きいプレイヤーと闘うことを選んだのが賢明だった。さらにCSIROは、ゲームに参加するのに1000万ドル失うくらいの余裕はあると判断していた。

ゲーム理論上、最も返されにくいテニスサーブの狙いとは

私たちの多くはテニスをし、その結果、激しい競争戦略に取り組んでいる。イェール大学経営大学院のゲーム理論家であるバリー・ネイルバフは、同じく戦略家のアビナッシュ・ディキシットとともに、テニスでどこにサーブを打つべきかを分析した。[*20] 彼らの答えは、シンプルかつ強力なものだった。彼らが推奨するのは、各サーブをランダムに見せることで予測可能性をなくし、40％の確率で相手のフォアハンドに、60％の確率でバックハンドにサーブを置く戦略である。分析では、対戦相手がフォアハンドとバックハンドの2種類のどちらで受けるかと、レシーバーがどちらのサーブを予想しているかについて説明している。相手がサーブのリターンに成功する可能性は、相手のフォアハンドに向かってサーブを打ち、相手がそれを予測して適切な場所に移動した場合に最も高くなる。ネイルバフとディキシットはこの結論に到達するために利得表を作成した（**図表6－12**）。これは次のように読む。

図表6-12 レシーバーが成功裏にサーブを返球する確率

レシーバーの期待 ＼ サーバーの狙い	フォアハンド	バックハンド
フォアハンド	90%	20%
バックハンド	30%	60%

出典：Avinash K. Dixit and Barry J. Nalebuff, *Thinking Strategically* (W. W. Norton, 1991).

利得表からわかること

・あなたが相手のフォアハンドにサーブを打ち、相手がそれを予測していた場合、相手は90％の確率でサーブを返す
・あなたが相手のフォアハンドにサーブを打ち、相手がそれを予測していない場合、相手は30％の確率でしかサーブを返せない
・あなたが相手のバックハンドにサーブを打ち、相手がそれを予測していた場合、相手は60％の確率でサーブを返す（ほとんどのアマチュアプレイヤーがそうであるように、バックハンド側が弱いと仮定する）
・あなたが相手のバックハンドにサーブを打ち、相手がそれを予測していない場合、相手は20％の確率でしかサーブを返せない

ロブは、この発見を心に留め、自分のゲームに適用しようとした。彼は左利きのアマチュアで、主に芝生

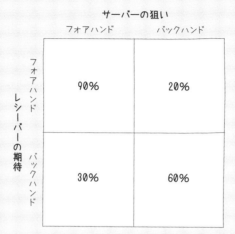

図表6-13 ▎3種類のサーブ

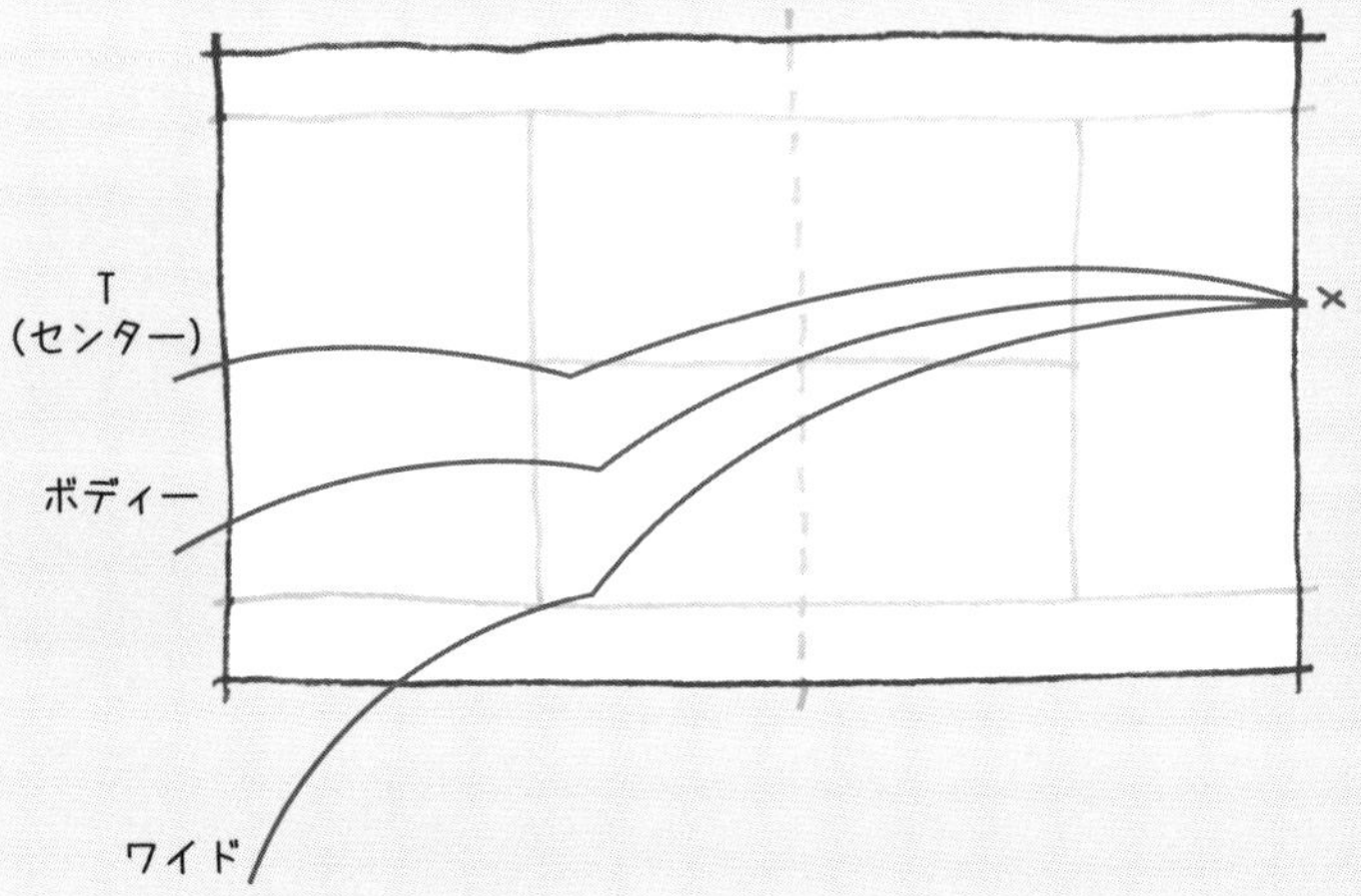

や人工芝のコートでプレイしている。

1991年にネイルバフとディキシットの著作『戦略的思考とは何か』が発行されて以降、テニスラケットの技術に大きな変化があり、その結果、サーブの威力も変化している。現在、コメンテーターは、ワイド、ボディ、T(センター)の3種類のサーブについて語っている(**図表6-13**)。今日のトッププレイヤーのサーブレシーブを見ると、レシーバーはサーバーに対して斜め45度のラインを取り、あまり予測せず、ただ3種類のサーブが来る場所すべてからサーブを返すのに最適なポジションを見つけようとしている。これは、サーバーには各サーブの予測不可能性が必要であり、サーブはフォアとバックの40/60の組み合わせであるべきだというネイルバフとディキシットの結論を無効にするものなのだろうか? ロブはこれが知りたかった。

サーブの狙いを意思決定ツリーで分析し直す

この問いに答えるにはデータ分析が役に立つ。ラインコール［訳注：ボールがラインの内側に落ちたか外側に落ちたかを判定すること］にホークアイ［訳注：カメラとコンピューター・グラフィックスを使った審判補助システム］技術を使用しているので、サーバーが実際にどのようにサーブをしているかを分析し、予測可能性を測定できる。また、アナリストが「クラッチポイント」と呼ぶ重要なポイント、つまり常にアドコートにサーブされる30－40やアドバンテージ・アウトのときのポイントに関連付けることができる。テニスの試合の分析を行うゲームセット・マップ社は、GIS技術を使い、2012年のオリンピック決勝戦、アンディ・マレー対ロジャー・フェデラー戦をレビューした。この試合はマレーが勝った。彼らは、マレーがクラッチポイントでサーブをするとき、フェデラーよりも空間的なばらつきのある（予測可能性が低い）サーブをしたこと、8本中7本のサーブをフェデラーのバックハンド方向に向けたことに注目した。[*21] これは予測不可能とは言えないが、マレーはフェデラーのバックハンド、つまり弱いほうにサーブを放っていたのである。この予測不可能性は、サーブの方向を変えて疑心暗鬼に陥らせることから生まれる。クラッチポイントにおいて、左利きの選手が主にアドコートに向かってサーブを打つのは、右利きの選手のバックハンド側に大きくカーブするワイドサーブが狙えるという利点があるためである。これは強い武器になるので、左利きの選手がよく使う。左利きのラファエル・ナダルは、おそらく3分の2の確率でアドバンテージ側にワイドサーブを打ち、残りはボディやTサーブを混ぜて使う。

ゲーム理論の問題は、利得表だけでなく、意思決定ツリーとしても設定できる。ロブがサーブを打つ場所を決める際に何をすべきかを考えるため、先述の要因をツリーに置き換えた。まず、サーバーが左利きか右利きか、相手は左利きか右利きか、相手はバックハンドよりもフォアハンドのほうが強いか、サーブはデュースコートかアドコートかから始める。これでゲームの本質をすべてとらえているので、ここでツリーを止めた（完全を期すために、クラッチポイントかレギュラーポイントか、ファーストサーブかセカンドサーブかという2つの枝を追加することもできた）。その結果の組み合わせは**図表6－14**のとおりである。フェデラー対マレーのように右利きの選手が右利きの選手にサーブする場合と、ナダル対フェデラーのように左利きの選手が右利きの選手にサーブする場合の2つのケースのみを示している。パーセント表示は実質的に条件付き確率である。相手によって、またはデュースコートかアドコートのどちらでサーブするのかによって、かなりの違いが見られる。この分析結果からは、もはや2サーブの場所の例のような単純な40／60の組み合わせではなく、より豊富な組み合わせが望ましいと結論づけられる。

つまり、テニスの名選手たちは、こうした要素に加え、ポイントの重要性、ファーストサーブかセカンドサーブかなどをふまえた独自のアルゴリズムに基づいてサーブを打つ準備をして、ベースラインに立っているのである。自分の長所と相手の短所を活かすために予測不可能性を少なくしているとはいえ、それぞれのサーブをランダムに見せるという『戦略的思考とは何か』の結論は、今も健全な助言であることは変わらない。これは、すべてのゲーム理論家の重要な目的である。サーブの方向について私たちが到達した結論は、3つから5つの問いが条件となっている。サービスラインに立ったとき、こうした要素を素早く考慮して一瞬で答えを出さなくてはならない。その結果、『戦略的思考とは何か』の著者らが主張したように混合戦略

図表6-14 ▍テニスの試合中にどこにサーブを狙うべきか？

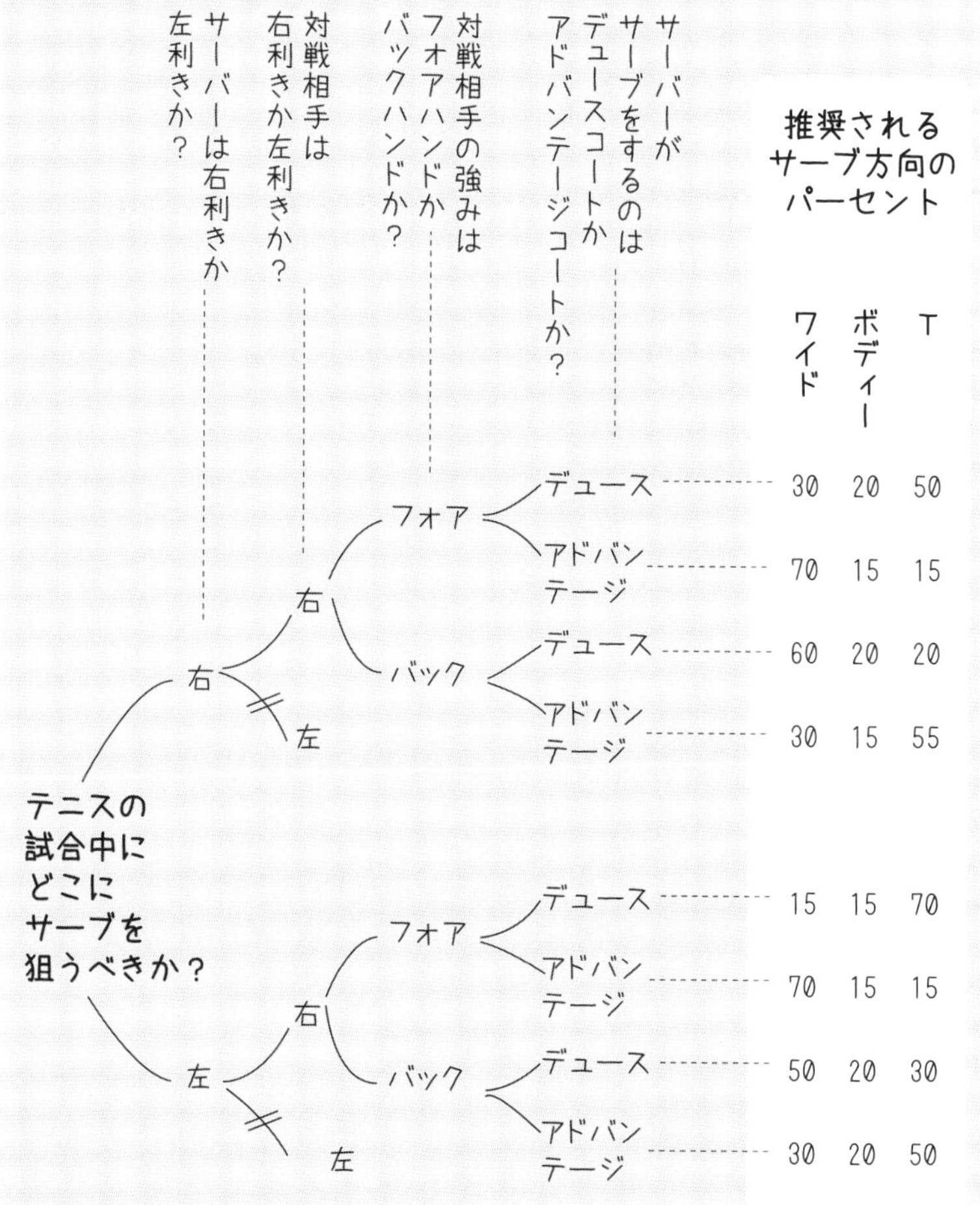

をとることになるが、左利きの場合は、クラッチポイントでのファーストサーブであれば、バックハンド側に打つことを明確に優先する。このツリーを手に取り、自分に当てはめて考え、いつもの相手とのシングルスの試合の重要なポイントで、どの方向にサーブを打つべきかを考えてほしい。

複雑な問題には、これまで説明してきた分析の奥の手が必要になることが多い。私たちは、問題解決のために現在利用可能な高度なツールについて検討してきた。今後、より大規模なデータセットが増え、実験費用がより安価になり、ソフトウェア・パッケージやスクリプト言語が広く使われるようになるにつれ、これらのツールは将来さらに採用されるようになると予想される。しかし、**高度なツールを使う前に、定評のあるヒューリスティックスに基づいたショートカット、簡単な統計、根本原因分析から分析を開始することを忘れないでほしい。**こうした最初のステップは、あなたの問題の状況には洗練されたツールが必要ないという判断につながるかもしれないし、いずれにせよ、採用すべき高度なツールに関して重要な情報を提供してくれるだろう。

第6章のまとめ

- 多くの複雑な問題の解決策にたどり着くためには、洗練された分析ツールを意識し、その使用方法を知る必要がある
- 出発点は常に、グラフ化、視覚化、要約統計を通じてデータを完全に理解することである

・どの高度なツールを使うかは、問題状況の推進要因を理解して介入戦略を開発するか、結果を予測してそれに応じた計画を立てるかによって決まることが多い
・実験は、強力でありながら、奥の手の武器庫では見過ごされがちなツールである。実験が構築できない場合は、自然実験が見つかることもある
・機械学習は、多くの問題領域において強力なツールとして浮上している。私たちは、深層学習アルゴリズムを採用する前に、問題の構造を理解し、仮説を立てることを強く主張する（悪いデータや悪い構造から大きな間違いが生じる可能性があり、これらの機械学習のモデルは、透明性をほとんど提供しない）
・ディープラーニングを含む問題解決は、Ｋａｇｇｌｅなどのプラットフォームでクラウドソーシングによって外注することができる
・自分の選択に応じて行動が大きく変化する敵対者がいる場合、ロジックツリーを使ったゲーム理論のアプローチで、最善の行動方針を見つけることができる

独学のための練習問題

問題１　図表６－１のフレームワークを使って、メンタルヘルスの問題の原因を理解するために、あなたはどの奥の手を選びますか？
問題２　次のオリンピックで、上位５か国のメダル獲得数をどのように予測するか、説明してください。
問題３　あなたが所属している会社や非営利団体では、実験を使ってどのようにソーシャルメディアキャン

ペーンの効果を検証しますか？

問題4　知的財産を侵害されたと判断した場合、競合他社を裁判にかけるかどうかを決定するためのロジックツリーを、あなたならどのように作成しますか？

第7章

結果をまとめ、ストーリーで伝える

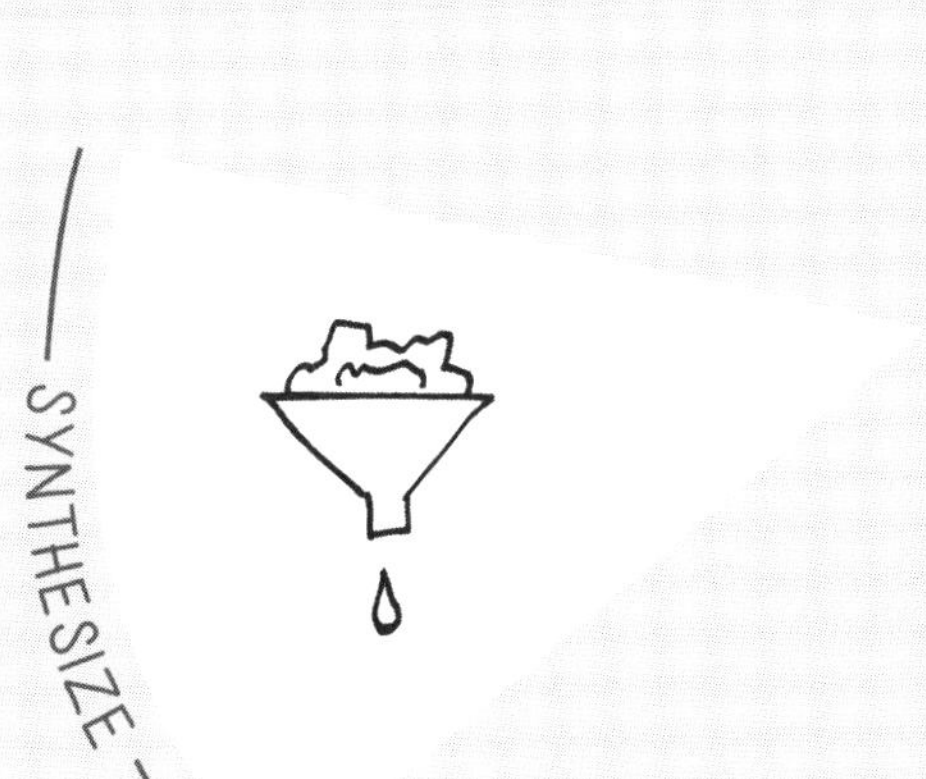

もう、プレゼンにびくびくしなくていい

7ステップの最後の要素である、発見を統合し、説得力のあるストーリーを伝えることは、最も楽しいものである。これは、あなたの努力の集大成であり、運が良ければ、あなたが解決しようとした難問に答えることができる。うまくいけば、あなたの結論は、事実、分析、議論に裏付けられた魅力的なストーリーとなり、あなたの推奨した方法のメリットを聴衆に納得させることができる。これによって、社会貢献活動へのボランティア、社会貢献団体や企業への資金提供、家族の調和、自分のキャリアパスへの自信などを引き寄せることができる。優れた問題解決とそれに伴うストーリーテリングは、私たちの生活をより良いものにする。なぜなら、優れた問題解決は、私たちの状況を改善するための行動につながるからである。

もちろん、常にこのようにうまく機能するとは限らない。ほとんどの読者は、職場やボランティア団体でのプロジェクトで、分析段階まで進んだものの、その後失敗したという経験があるだろう。巨大なモデルが完全に完成しなかったり、視点が定まらないまま大量のデータが作成されたり、インタビューや市場調査のデータが矛盾していたり、チームメンバーが向かうべき方向に関して対立していたりと、問題解決の後半段階での失敗にはさまざまな原因がある。私たちが若いコンサルタントだった頃、決してまとまらない細切れの事実のみで構成されたプレゼンテーションをびくびくしながらやっていたものだ。マッキンゼーでは、このことを「不安に満ちた知識のパレード《Anxious Parade of Knowledge》（APK）」と呼んでいた。

私たちが説明してきた7ステップのプロセスに従えば、チームが行き詰まったり、調査結果が混乱した

り、空疎なAPKになったりすることは決してない。あなたは、構成要素の分解から、強力で検証可能な仮説に至るまで、ロジックツリーを推進してきたはずだ。早期に代替仮説を浮上させ、確証バイアスやその他の問題解決の誤りを回避するために、優れたチームプロセスに従ってきた。さらに、プロセスの任意の時点での最善の理解をまとめ、その時点での最高の証拠を統合してサポートする「1日の答え」を実践してきただろう。

この章では、「1日の答え」から、より完全なストーリーテリングへの移行について説明する。データと分析の統合、ケース全体のピラミッド構造化、帰納的・演繹的サポート、難しい聴衆への対処を含む説得力のあるストーリーテリングを使ったアプローチについて述べる。

発見は「ツリー」上にまとめると伝わる

統合の質が意思決定の質を決める。だから統合が上手な人と一緒に、自分の見方を多面的な角度から見るのは割に合う作業だ。

——レイ・ダリオ[*1]

説得力のあるストーリーテリングに向けた最初のステップは、データ収集、インタビュー、分析、モデリングから得た知見を統合することである。第1章で概説した7ステップのアプローチに従っていれば、この作業は比較的簡単なはずだ。チャールズは、マッキンゼーの最初のプロジェクトで、このアプローチの威力を学んだ。彼は、クライアントとの初めてのミーティングに出席するためにカナダのカルガリー行きの飛行機に乗りこむと、プロジェクトの主幹を務めるシニアパートナーが隣の席に座っていることに気づいた。しかし、彼は挨拶もそこそこに、自分の仕事に戻った。猛烈な勢いで紙のパッドに何かを書いていて、書き終わったページをはぎ取っていたのである。チャールズが勇気を出して彼に何をしているのかを尋ねると、「最終プレゼンを書いているんだよ」と言う。最終プレゼン？　そんなことができるのか？　まだクライアントに会ってさえいないのに。「ほら、仮説は初期段階でいくつかは間違っているだろうが、今答えを考えておけば、クライアントに会ったときにどんな問いを立てればいいのかわかるだろう」と彼は答えた。そして彼は正しかった。この仮説があったからこそ、チームは最初のミーティングから焦点を絞ったデータを収集することができたのだ。

私たちが推奨するプロセスは、各ステップで反復され、「1日の答え」で得られた強力な仮説と作業改革の分析との相互作用によって推進される。代替仮説はすでに検証され、受け入れられ、あるいは拒否され、行き詰まった分析結果は剪定されている。定期的なチームミーティング（たとえ家族や近所の人に無理を言って交代で参加してもらうにしても）では、すでに分析と新たな発見を納得の行く方法で結びつけ始めているはずである。

最終的には、ロジックツリーの各枝と小枝で得られた個々の知見を、全体像にまとめる。**ほとんどの人は視覚から学習するため、作業から得られた洞察を強調するために、それぞれの発見を画像や図形の形で表現すると有益であることが多い**。可能な場合、最も強力な視覚化は、修正したツリー構造上の枝としてそれぞれの図形を表示することである。**図表7－1**は、第3章で紹介したホームセンター企業の巨人との戦いの例である。

図表7-1 ▍投下資本回収率分析——ヘチンガー対ホーム・デポ

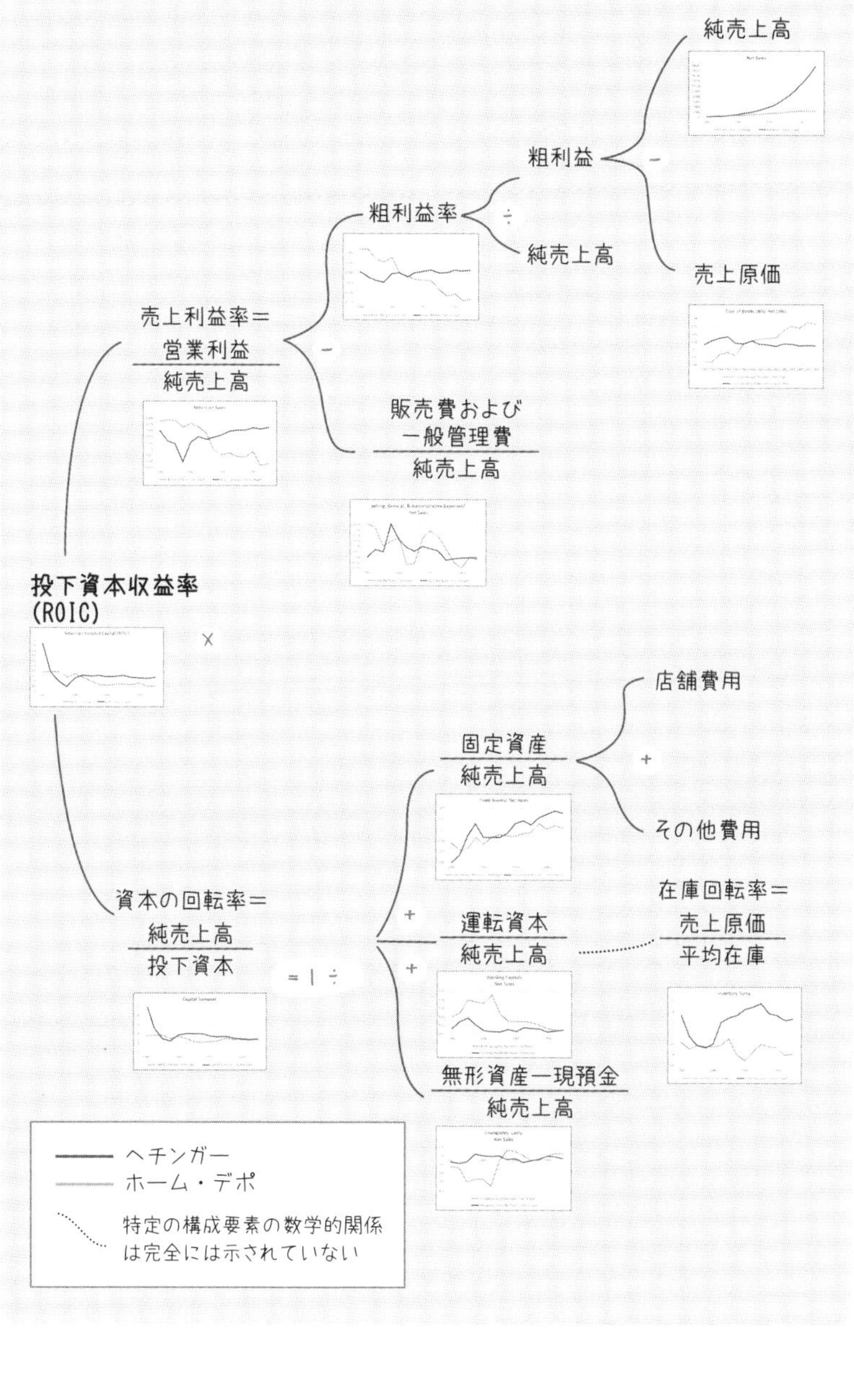

このように**調査結果を視覚化することで、問題全体が明らかになる**。これにより、さまざまな分析の枝を横断し、組み合わせた洞察が浮かび上がる。収益、コスト、資産生産性といった個々の枝から、全体的なストーリーが浮かび上がってくることがわかる。相対的な売上高成長曲線を見ると、ある事業（ホーム・デポ）が他の事業（ヘチンガー）をはるかに上回っている。販売価格データ、購買コスト、物流費、間接費、店舗設計、在庫回転率を調べていくと、異なる売上成長結果をもたらした要因の全体像が浮かび上がってくるのである。販売価格の低下が売上高の伸びを促進し、売上規模の拡大によって、店舗設計や物流システムの改善とともに、ビジネスのあらゆる部分で資産回転率や在庫回転率を高め、単位あたりのコストを削減することを可能にした。図表7－1の統合図は、競合する2つの異なるビジネスモデルについて、視覚的なストーリーを伝えている。

分析結果を絵にしてまとめることも推奨する。私たちがマッキンゼーで学んだ図解の方法を学ぶ優れた入門書がある。1つはジーン・ゼラズニーの『マッキンゼー流図解の技術』であり、もう1つはコール・ヌッスバウマー・ナフリックの『Ｇｏｏｇｌｅ流資料作成術』である。[*2] マッキンゼーのニューヨーク事務所に入社したばかりの若き日のロブは、ジーン・ゼラズニーのところに調査結果のまとめを持っていくと、「ロブ、ここで君が言いたいことは何だ？　この図は君がさっき言った結論の裏付けにならないから捨ててしまおう。クライアントの市場シェアが低下しているという君の指摘にはとても興味があるんだが、それに関する図がないね。その裏付けになる図を入れよう」と言われたものだった。ジーンの前向きで励ますスタイルにもかかわらず、時に傷つけられるこのプロセスは、若いコンサルタントにとって調査結果をどのようにまとめて図で裏付けるかを学ぶ軍隊式の実戦訓練キャンプなのである。

他のステップと同様、ここでも優れたチームプロセスが重要である。チーム全体をまとめて統合セッションを行い、集まったグループに対して各メンバーに分析と結果を発表してもらう。このセッションは、代替仮説に圧力テストをかけるもう1つのチェックポイントになり、単純な状況－複雑化－結論という流れのストーリーの要約から、より完全で裏付けのある議論に移行するための基盤を提供する。

この段階で、枝レベルの分析では明らかではなかった大きな洞察が生まれることがよくある。第8章で紹介するBHPの鉱業の例では、単一の鉱物の採掘可能性を分析し、統合していった結果、最初の鉱床の開発に必要な輸送インフラによって解放された近隣の他の鉱床が、巨大な潜在価値を示していることがわかった。

「1日の答え」を「ピラミッド構造」に移行させる

問題定義の初期段階から作業計画、分析の完了に至るまで、私たちの推論は研ぎ澄まされる。この過程を図式化したものを紹介する（図表7－2）。

初期の段階では、適切に設計された分析とデータの間を行ったり来たりすることで、示された結果の含意を推論するプロセスである。状況―複雑化―結論という構造で「1日の答え」を仮定し、作業計画に沿ったチームプロセスの構造の下で、分析でこれを常に圧力テストにかけていく。第4章で説明したように、この「1日の答え」はプロセスにとって重要である。「状況」を要約することで、問題に対する最善の理解を更新することができる。「観察」または「複雑化」することで、問題の緊張感、うまくいかないこと、それを解

図表7-2 ❙ 推論モードの進化

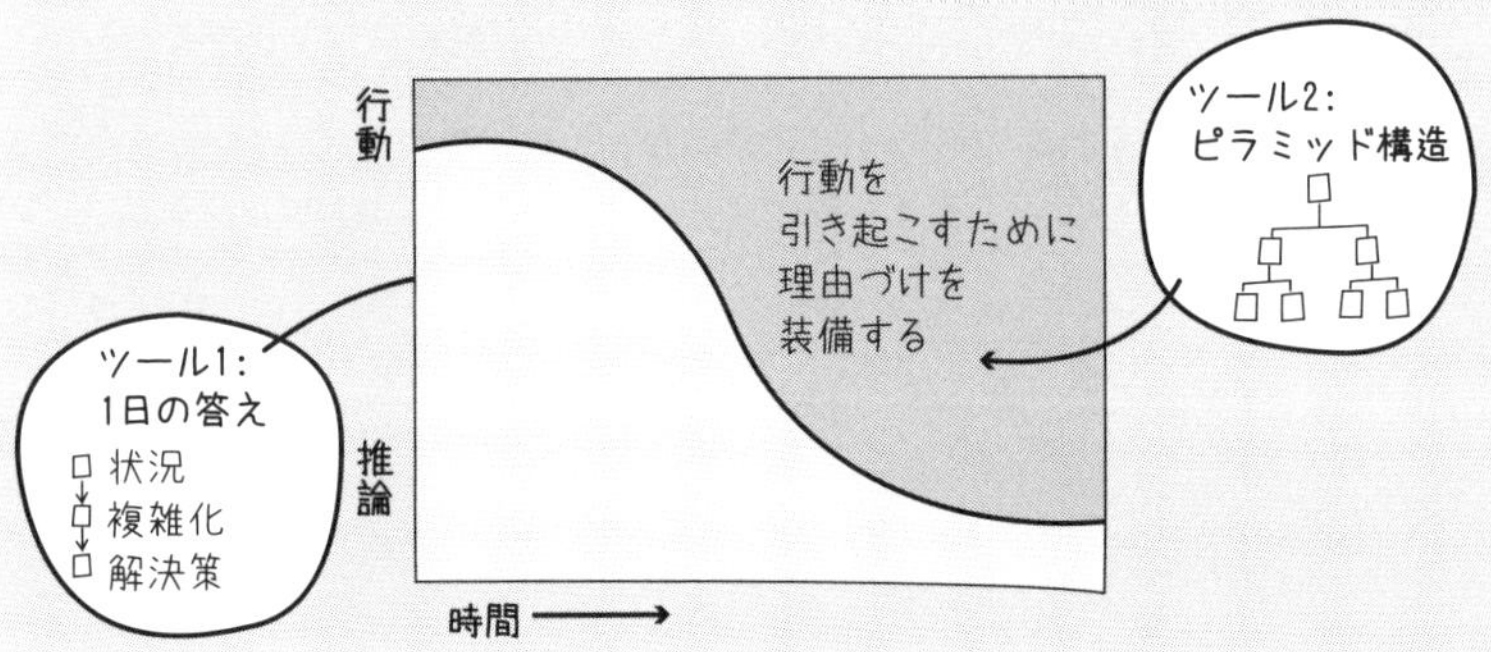

く方法に対する最善の洞察が得られる。「解決策」とは、私たちを答えに導いてくれる解経路に対する最善の理解なのである。

作業計画が実行され、クリティカルパス分析が実を結び始めると、私たちの思考様式は、理解から、行動を起こすための理由付けへと変化する。分析結果からの示唆を単に述べることから、その結果がどのように変革のための計画を動機づけるかへと移る。7ステップのアプローチは、常に証拠に基づく行動を指向している。つまり、「私たちは何をやり、どのようにそれを行うべきか」という問いに答えることを目的にしているのである。

説得力のあるストーリーは「ピラミッド構造」から作る

調査結果を圧力テスト済みの説得力ある一連の図解にまとめることができたら、聞き手にとって説得力のあるコミュニケーションを構築するという最終ステッ

図表7-3｜基本的なピラミッド構造

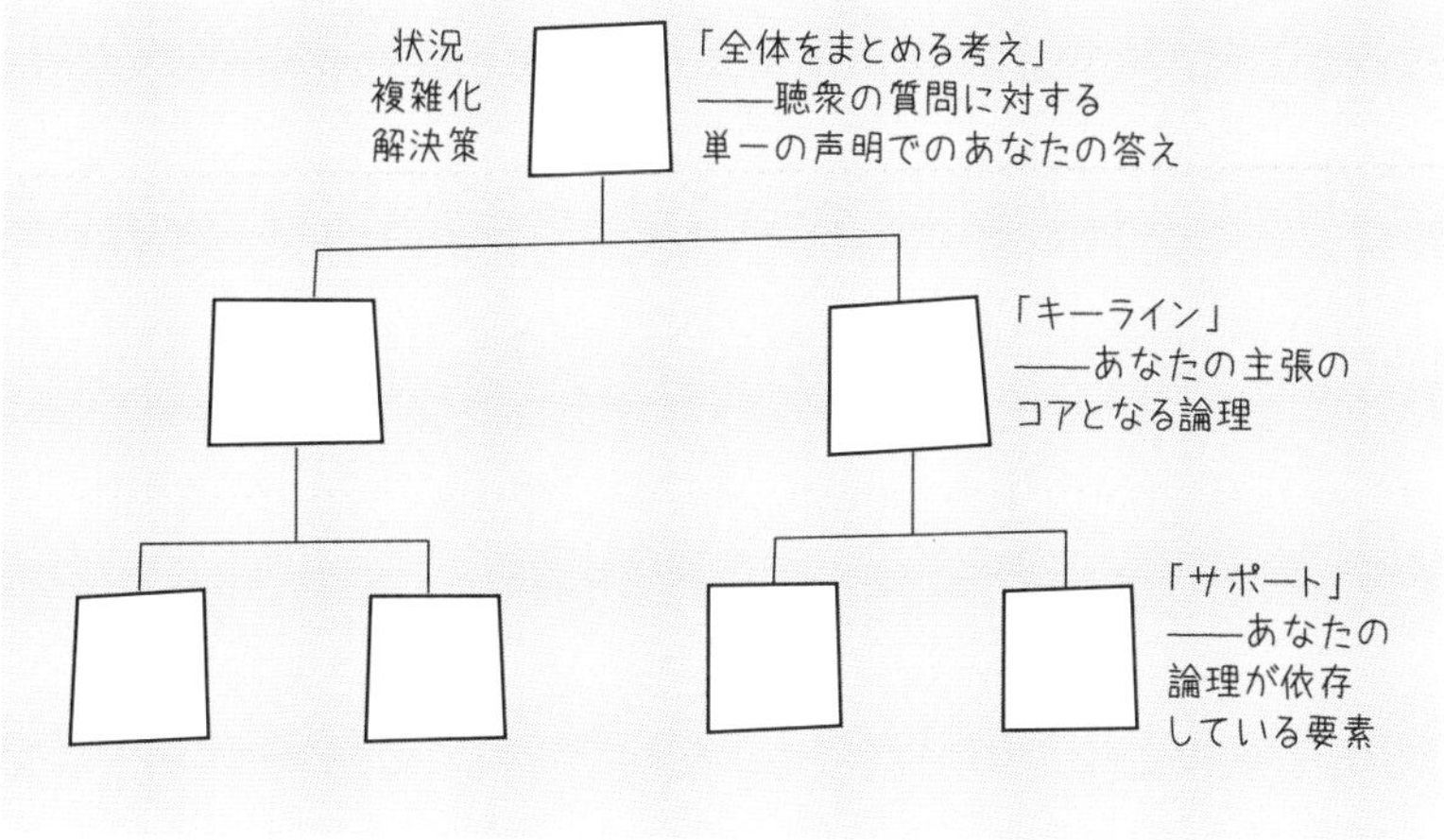

プに進むことができる。

問題定義ワークシートに戻り、次のことを思い出すのが出発点となる。

問題提議ワークシートを見て思い出してほしいこと

- 私たちは、どのような問題を解決しようとしているのか？　この問題は、どのように進化してきたのか？
- 私たちの意思決定者（あなた自身かもしれません）が事前に設定した成功のための重要な基準は何か？　このことをストーリーに明示的に反映することが重要である
- あなたは、意思決定者によって設定された問題の境界線を尊重したか？　そうではない場合（創造性のため、あるいは新しい可能性を開くために制約を緩和することを決定した、などの正当な理由がある場合）、ここでその理由を説明する必要がある

図表7-4 ❚ 議論を構造化する2つの方法

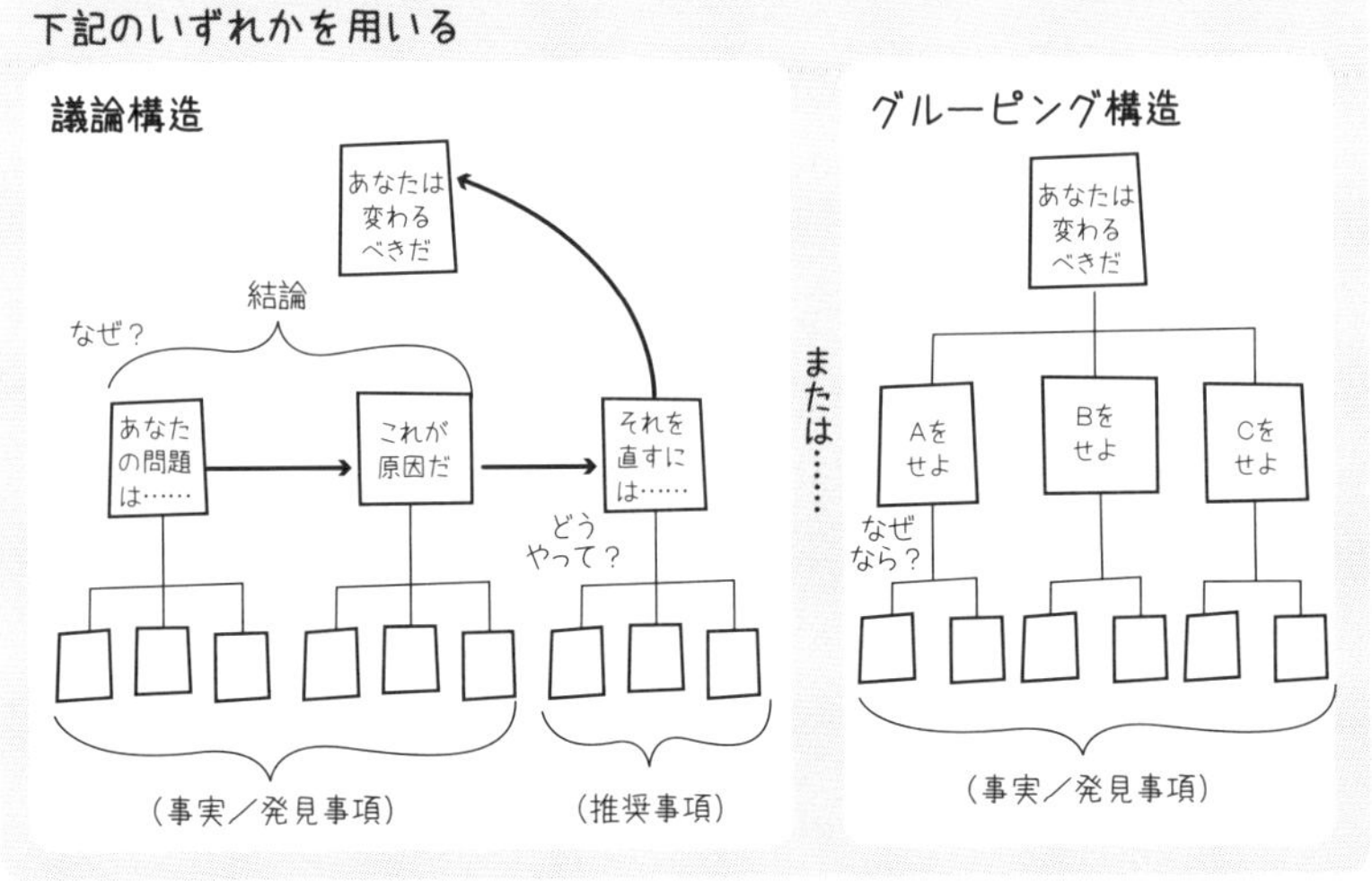

私たちがストーリー構造を表現するために使われる視覚的な構造は、伝統的にピラミッドであり、これは実際にはロジックツリーの1つを回転させたものにすぎない（**図表7ー3**）。これは、ジャーナリストやコンサルタントに教えられている標準的な組織構造であり、マッキンゼーの元同僚であるバーバラ・ミントが問題解決の文献で広めたものである。[*3] この図は、私たちの主張の各要素が、データ、インタビュー、分析によってどのようにサポートされているのかを明確に示すのに役立つ。

最上位には、問題に対する「リード文」、つまりメッセージ全体をまとめる記述がある。当然のことながら、最新の状況―複雑化―解決を記した記述が、通常、最もよくまとまった記述となる。しかし、聴衆に応じて、これら3つの記述要素の順序を入れ替えることができる。以下に示すように、状況、複雑化、解決、つまり推奨する行動へと聞き手を注意深く導くことが最善である場合がある。しかしながら、私たちの

図表7-5 ❙ 議論の種類

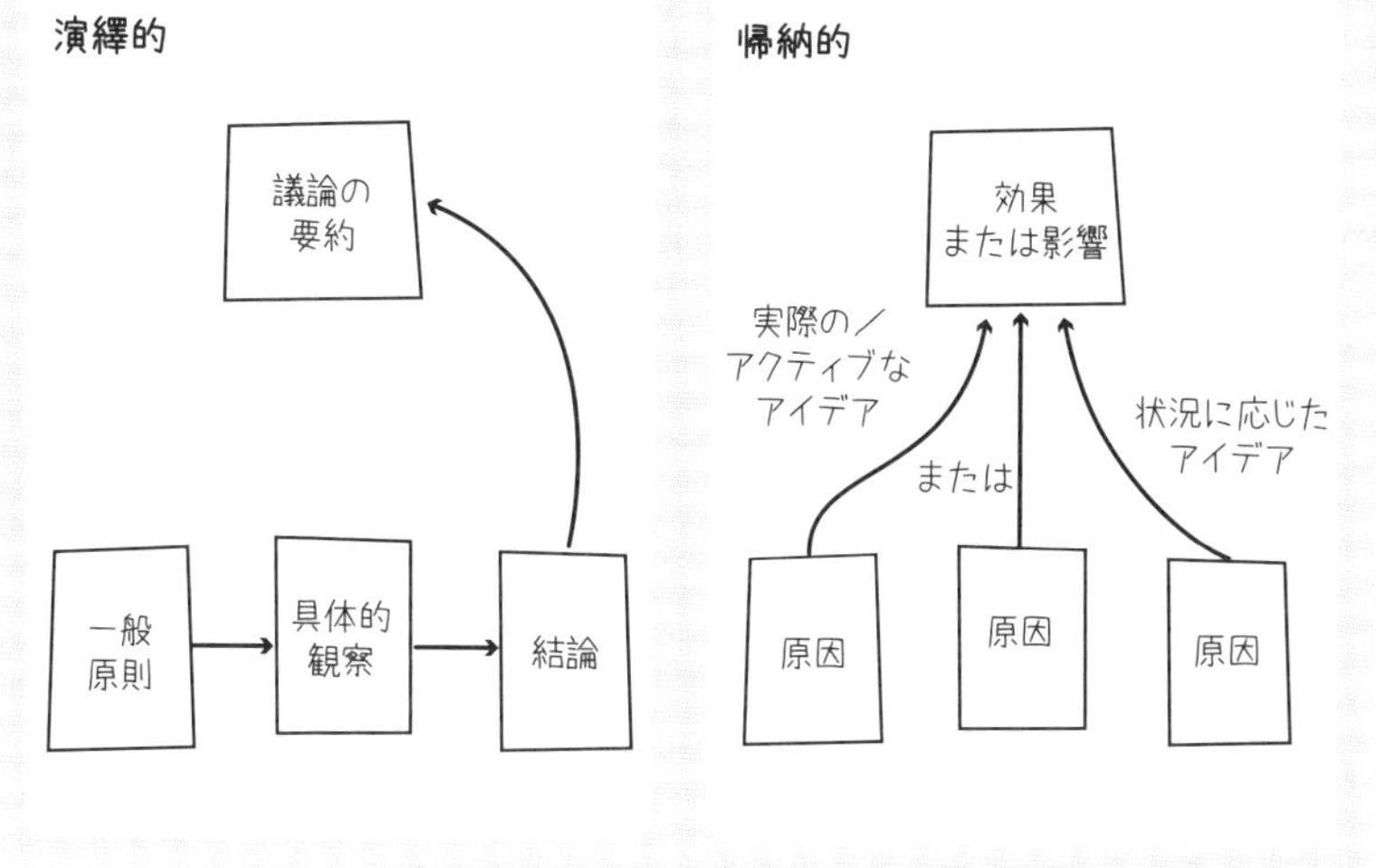

偏った見方からすれば、**「私は何をすべきなのか？」という問いに答える形で始め、状況を要約し、行動の根拠となる重要な観察事項を説明するという順序が採用されることがほとんどだ。**

統合の段階で得た洞察を使い、トップレベルの答えを裏付ける論点を埋めていく。問題の答えと聞き手の性質に応じて、議論の組み立て方にはいくつかの異なる方法がある。**図表7－4**に私たちがよく使う2つの構造を示した。

すでにお気づきになっているように、第3章で紹介した回答を生み出すための基本的な演繹的論理（一般原則から個々のケースを導く）と帰納的論理（個々の観察から一般的な結論を導く）のアプローチが、この2つの構造を支えている（**図表7－5**）。同じツリーの中で、帰納的な構造と演繹的な構造の両方を使うことができる。

ピラミッド構造において帰納的または演繹的推論のどちらを選ぶかについて一般的な好みはないが、

ミントは、絶え間なく演繹的議論に言及すると、労作、あるいは衒学的《げんがく》であると感じるかもしれないと主張している。

このセクションの終わりに、**図表7―6**の「ホームセンター業界の首位争い」ケースの完全なストーリーを見てみよう。これは、分析段階から得られた証拠を総合してまとめ、ストーリーを伝えるものである。ヘチンガーは、ホーム・デポからの競争上の脅威に対処するために、ビジネスモデルを迅速に変更する必要があった。

ここでは、ストーリーの全体像を1ページで見ることができる。上部には、全体をまとめる支配的な考えと行動を促す呼びかけ(簡潔な、状況―複雑化―解決策の構造でまとめられている)があり、支配的な考えを支える3つの主要な主張、行動の必要性の証明と、変化の公式となる論拠とデータで構成されている。このストーリーラインの要約ができたら、次の段階は、プレゼンテーション全体をストーリーボードに書き出す作業である。私たちは通常、紙面を9つのボックスに分割し、それぞれを漫画やダミーで表現し、各セルの上部にストーリーラインのリード文を記入する。これは、コール・ヌッスバウマー・ナフリックが「物語の水平論理の展開とチェック」と呼んでいるものである。[*4] 人間は物語を語る生き物であり、論理的なロボットではない。メッセージを作成するときには、このことを覚えておいてほしい。

聞き手に都合の悪い結論を伝えるには

数年前、ロブとチャールズは、オーストラリアに本社を置く大企業が所有する、オイルコという離島の製

図表7-6 ▎ヘチンガーへの提案書　ドラフト・ストーリーライン

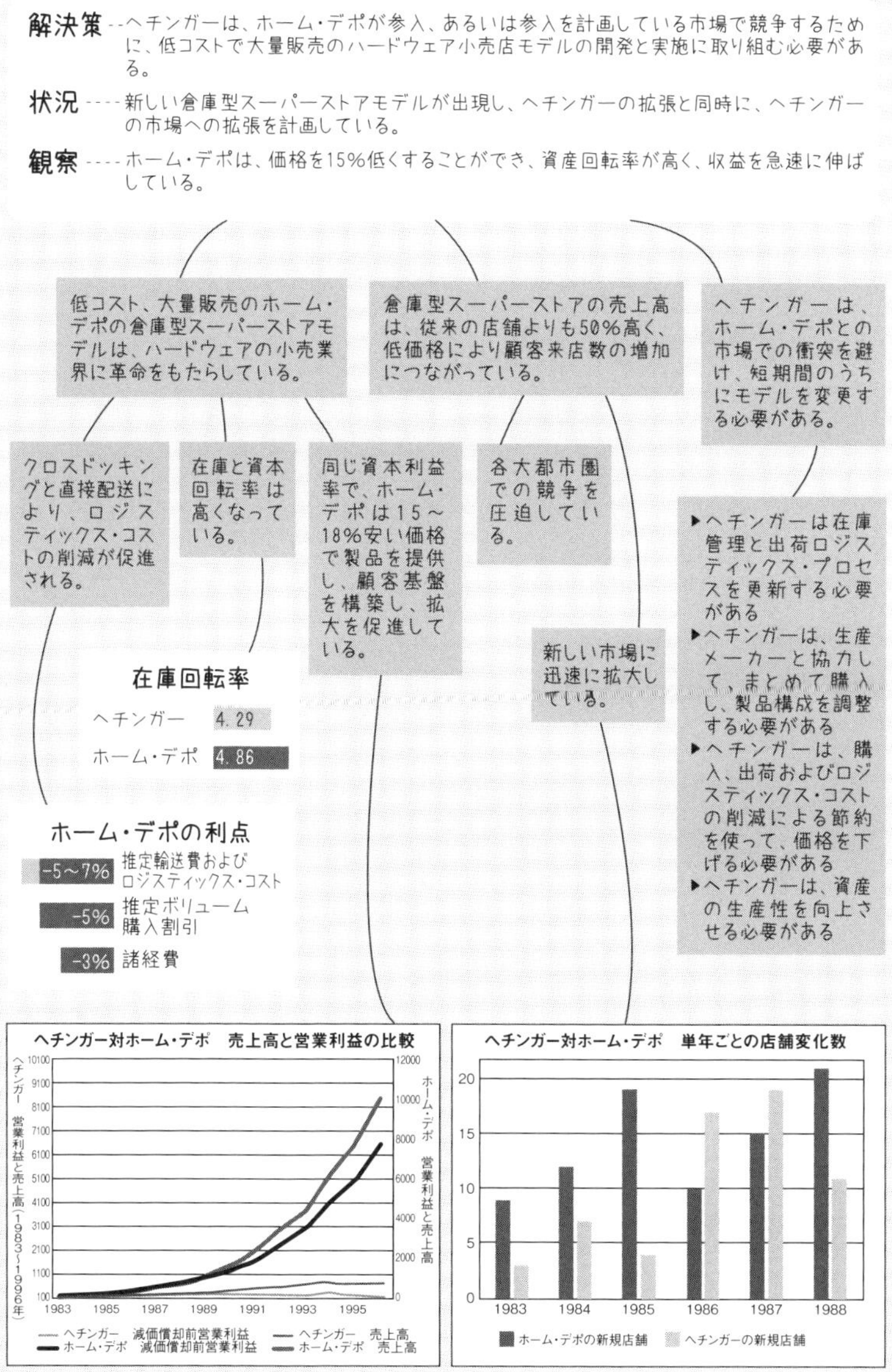
解決策 --ヘチンガーは、ホーム・デポが参入、あるいは参入を計画している市場で競争するために、低コストで大量販売のハードウェア小売店モデルの開発と実施に取り組む必要がある。

状況 ----新しい倉庫型スーパーストアモデルが出現し、ヘチンガーの拡張と同時に、ヘチンガーの市場への拡張を計画している。

観察 ----ホーム・デポは、価格を15%低くすることができ、資産回転率が高く、収益を急速に伸ばしている。

低コスト、大量販売のホーム・デポの倉庫型スーパーストアモデルは、ハードウェアの小売業界に革命をもたらしている。

倉庫型スーパーストアの売上高は、従来の店舗よりも50%高く、低価格により顧客来店数の増加につながっている。

ヘチンガーは、ホーム・デポとの市場での衝突を避け、短期間のうちにモデルを変更する必要がある。

クロスドッキングと直接配送により、ロジスティックス・コストの削減が促進される。

在庫と資本回転率は高くなっている。

同じ資本利益率で、ホーム・デポは15〜18%安い価格で製品を提供し、顧客基盤を構築し、拡大を促進している。

各大都市圏での競争を圧迫している。

新しい市場に迅速に拡大している。
▶ヘチンガーは在庫管理と出荷ロジスティックス・プロセスを更新する必要がある
▶ヘチンガーは、生産メーカーと協力して、まとめて購入し、製品構成を調整する必要がある
▶ヘチンガーは、購入、出荷およびロジスティックス・コストの削減による節約を使って、価格を下げる必要がある
▶ヘチンガーは、資産の生産性を向上させる必要がある
在庫回転率
ヘチンガー 4.29
ホーム・デポ 4.86
ホーム・デポの利点
-5〜7% 推定輸送費およびロジスティックス・コスト
-5% 推定ボリューム購入割引
-3% 諸経費
ヘチンガー対ホーム・デポ　売上高と営業利益の比較
ヘチンガー　営業利益と売上高（1983〜1996年）
ホーム・デポ　営業利益と売上高
1983 1985 1987 1989 1991 1993 1995
ヘチンガー　減価償却前営業利益
ホーム・デポ　減価償却前営業利益
ヘチンガー　売上高
ホーム・デポ　売上高
ヘチンガー対ホーム・デポ　単年ごとの店舗変化数
1983 1984 1985 1986 1987 1988
ホーム・デポの新規店舗
ヘチンガーの新規店舗

図表7-7 ▌オイルコ経営陣を納得させるストーリー・ライン

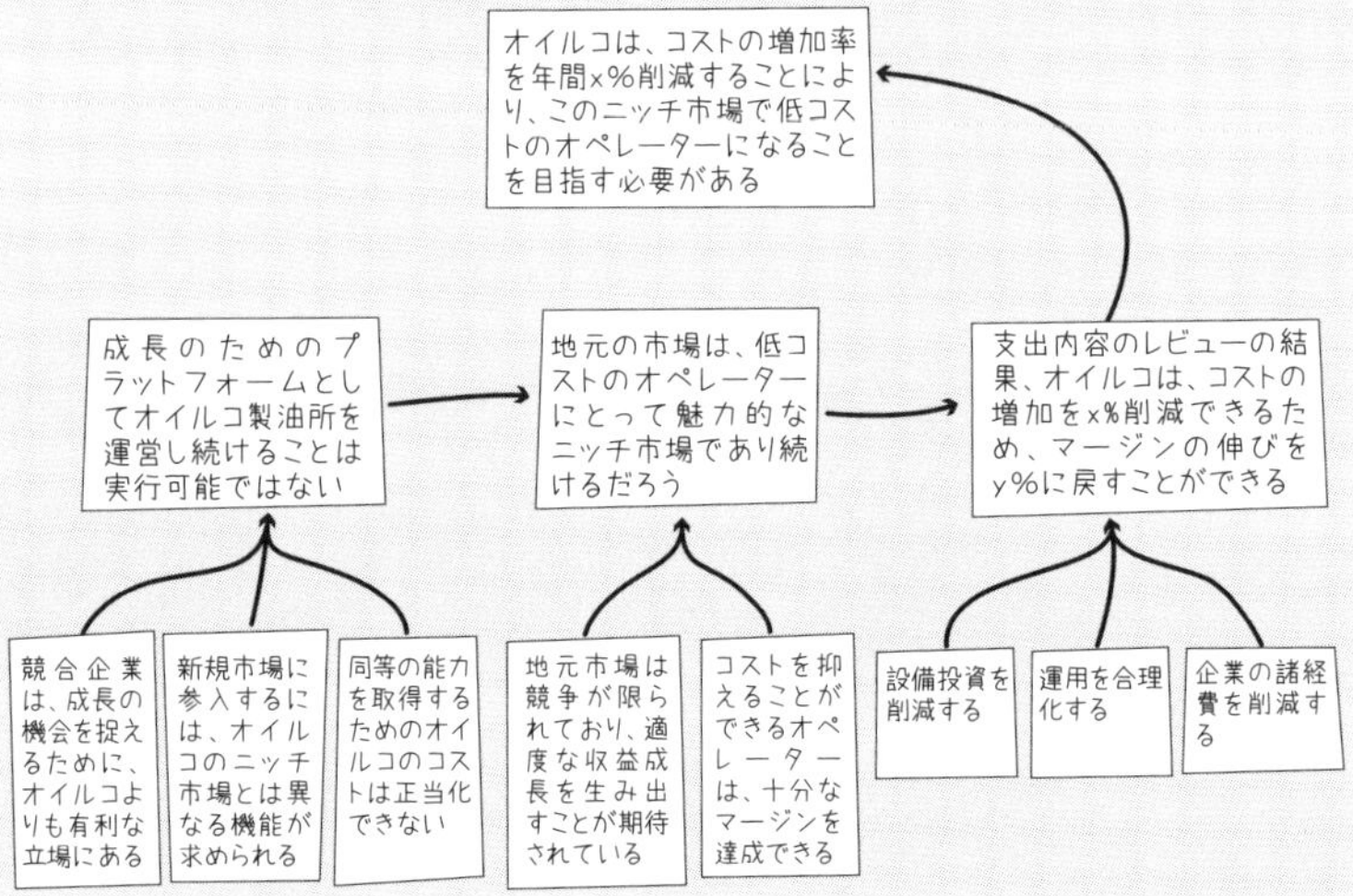

油所でコンサルティングをしていた。大変な状況だった。現地の経営陣は、自分らのビジネスに干渉してくる外国人オーナーに憤慨し、変化に抵抗していたからである。コンサルティングチームは、本書で紹介した問題解決プロセスを採用し、可能なかぎり最善を尽くした結果、**図表7－7**のような答えを出した。

ご覧のとおり、製油所事業は、コストを大幅に削減し、緩やかな成長を続けるニッチな事業者になることが推奨されていた。競合他社との比較分析に基づくこの結論は揺るぎないものだったが、現地の経営陣が聞きたかったものではなかった。**このような状況では、従来のピラミッド構造による伝え方ではなく、意思決定ツリー構造を使い、議論のプロセスを明らかにするアプローチを使うほうが理にかなっている。図表7－8**は、それがどのようにまとめられたのかを示す例である。

意思決定ツリーの最終的なストーリーライン構造では、ツリー内の「イエス」「ノー」の各枝に根拠を示

図表7-8 ▍分析アプローチの選択

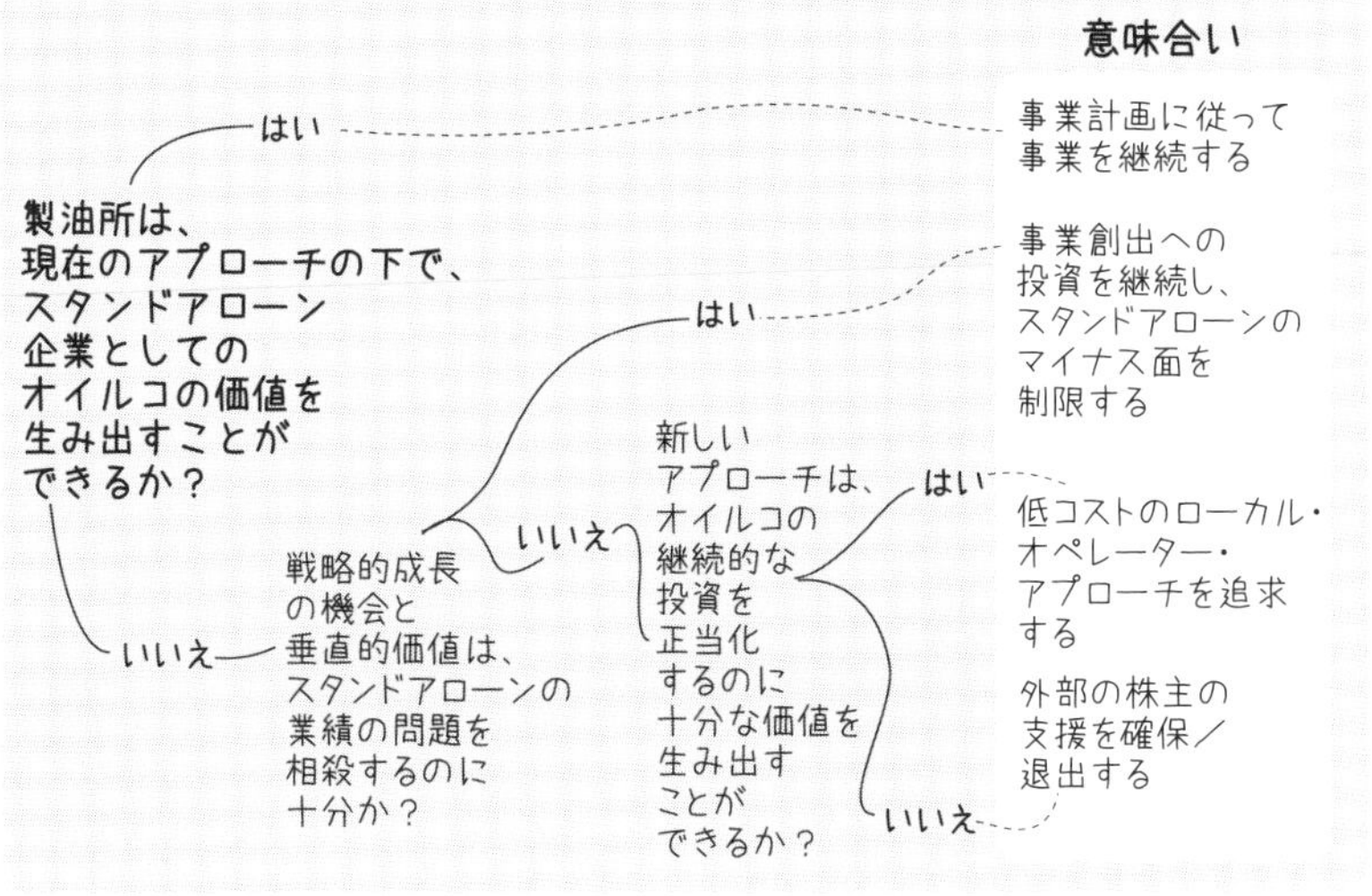
意味合い
はい
事業計画に従って
事業を継続する
製油所は、
現在のアプローチの下で、
スタンドアローン
企業としての
オイルコの価値を
生み出すことが
できるか？
事業創出への
投資を継続し、
スタンドアローンの
マイナス面を
制限する
はい
新しい
アプローチは、
オイルコの
継続的な
投資を
正当化
するのに
十分な価値を
生み出す
ことが
できるか？
はい
いいえ
低コストのローカル・
オペレーター・
アプローチを追求
する
戦略的成長
の機会と
垂直的価値は、
スタンドアローンの
業績の問題を
相殺するのに
十分か？
いいえ
外部の株主の
支援を確保／
退出する
いいえ

し、意思決定者をゆっくりと結論に向かわせる。あなたの役割は、答えを先導するのではなく、答えを明らかにすることである。オイルコのケースでは、チームは説得力のある競合他社のデータを何層にも分けて注意深く明らかにし、現地の経営陣が難しい結論に納得できるよう手助けをしたのである。

要約すると、優れた問題解決の最終段階は、分析で得られた知見を、洞察を強調する形で統合することである。そうすれば、当初の問題定義を再検討し、「何をすべきか」という意思決定者の問いに、行動を促す説得力のある形で答える準備が整う。ピラミッド構造は、主張と裏付けを強力なストーリーに構造化することに役立つ。

第7章のまとめ

・統合作業は、分析作業でバラバラになったものをまとめるもので、分析に没頭していたときには気づ

かなかった新しい洞察をもたらすことがよくある

- 恐ろしい「不安に満ちた知識のパレード《Anxious Parade of Knowledge》（ＡＰＫ）」に陥らないように、ロジックツリーのピラミッド構造を使い、説得力のあるストーリーに整理する
- 状況―観察―解決という「1日の答え」の構造は、通常、あなたの発見のために更新され、あなたのストーリーにおける支配的な考えの出発点となる
- いくつかのストーリー構造を試して、どれが最も明確で説得力があるかを試してほしい。受け入れにくい難しい結論や難しい聴衆には、答えを段階的に明らかにする意思決定ツリー形式が有効な場合もある
- ストーリーボードを使って、スライドの組み合わせを考え、各スライドのリード文をストーリーの議論の流れに合わせる（退屈なタイトルをつけるわけではない）。スライド全体を読み、水平論理と一貫性を確認する

■独学のための練習問題■

問題1　第1章のロブのソーラーパネル問題のストーリーラインを、ピラミッド構造で書いてください。

問題2　良い新聞記事を取り上げ、議論をピラミッド構造で整理してください。

問題3　リンカーンのゲティスバーグでの演説や、シェイクスピアの『ジュリアス・シーザー』中のマーク・アントニーの演説を読み、どういった物語の構造を使って、あれほどまでの説得力を生んだのかを考えてください。

第8章

不確実性に対処する

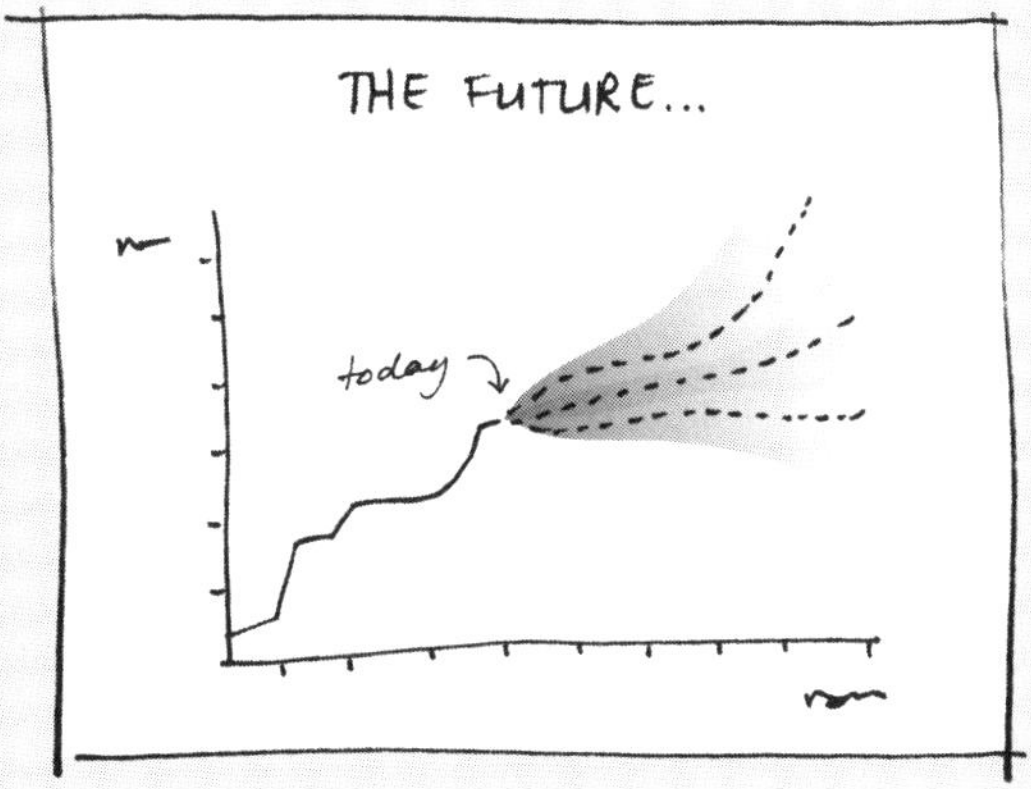

期間が長く、複雑で、失敗が許されないケースの対処法

問題解決者である私たちは、高い不確実性に直面したとき、戦略のカードを切り直す。リスクを回避し、大胆に行動する前に学ぶ機会を探し、可能なかぎり掛け金をヘッジし、能力と将来の回復力を高めるための手段を講じる。私たちは、不確実性と長い時間軸に直面したとき、体系的で、さまざまな可能性のある戦略を駆使することに価値があることを知っている。

これまで見てきたように、7ステップのフレームワークは、個人、仕事、社会のさまざまな問題に対処するうえで、堅牢で適応性がある。これまでのケースの多くは、不確実性が低いか中程度であり、問題解決を失敗してもコストは比較的低く、時間枠が比較的短い。しかし、期間が長く、複雑で不確実性が高く、失敗の結果が重大であるような問題もある。これまでの章で見てきた「パシフィックサーモンの保護」が良い例である。サーモンの問題の結果は、気候変動のような本質的に不確実なものを含む多くの変数に左右される。種の成功は数か月ではなく数十年にわたって繰り広げられ、悪い結果が出た場合の影響は、人間の収入減や生態系の損失として広範囲に及ぶ。私たちは、7ステップのモデルが、不確実性の高い複雑な問題、特に反復アプローチを重視する問題に有効だと考えているが、より困難で長期的な問題に対処するために、問題解決ツールキットにいくつかのフレームワークを追加する。問題のいくつかは、第6章の分析ツールを使って実践しよう。

この章では、不確実性のレベルとその問題解決への影響を定義する。それから、さまざまなレベルの不確

図表8-1 ▎不確実性のレベルはどれくらいか？

不確実性のレベル		不確実性はどのように定義されるか	例
未知の未知	5	予期しない、または予測できない状態	隕石が地球に衝突
	4	真の曖昧さ——予測不可能	マンハッタンの2050年の海面水位
	3	先物の範囲	2025年のエネルギー需給バランス
	2	代替先物	英国のEU離脱
既知の未知	1	合理的に予測可能な未来	携帯電話の販売台数

実性に対処するためのエスカレーション対応を含む問題解決ツールキットを提供しよう。長期的な資源投資、キャリアの選択、貯蓄を使い果たす時期を超えて長生きするリスクがあるかどうかの判断、複数のイニシアティブのポートフォリオを形成する戦略の開発まで、私たちがこうしたアプローチを採用した多くのケースを通じてツールを実証する。

不確実性には5つのレベルがある

不確実性を理解し評価する方法は、統計的なばらつきの尺度や条件付き確率など、数多く存在する。これまでは、不確実性を危険なほど過小評価するスポット予測をすることなく、さまざまなレベルの不確実性を記述し、それに対応する方法はなかった。マッキンゼーの元同僚たちは、不確実性を評価するための5段階の区分モデルを開発し、このニーズに応えた。*1 彼らは、現在広く使用されている「大きな賭け《ビッグベット》」や「悔い《ノー》

《リグレット》のない」手段など、不確実性に対応した行動を起こすための新しい用語を持ち込んだのである。このモデルでは、不確実性のレベルは、合理的に予測可能な未来であるレベル1から、未知の未知《アンノウン・アンノウンズ》（知らないことさえわからない）であるレベル5まである（**図表8－1**）。単純な予測や短期予測などのレベル1の不確実性は、前の章で説明したとおりで、優れたチームプロセスで対処することができる。より困難な設定は、不確実性レベルが、レベル2、3、4まで上昇する場合である。

不確実性のレベル

レベル2　法改正や技術革新によって生じる代替的な未来があり、その結果が勝ち負けという意味で二律背反するような状況である。イギリスのEU離脱の決定がその一例だ。もう1つは、普及する時期が不透明で、保険を提供する自動車メーカーの役割も不明確な自動運転の公道走行に対して、自動車保険会社はどう備えるかである。これらの例は両方とも、5年から10年の間に不確実性が解消される可能性が高い

レベル3　さまざまな未来があり得るが、どれがより可能性が高いのかが明確ではない場合である。たとえば、15年後のエネルギーミックス［訳注：さまざまなエネルギー資源による発電方法の組み合わせのこと］の中で、化石燃料がどのような位置付けにあるかという問いなどだ。考えられるシナリオは、現在と同じようなものから、役割が大幅に減少したものまでさまざまである。もう1つ頻繁に議論されるトピックは、人工知能や機械学習、ロボット工学の進歩により、将来どのような仕事ができるようになるかという問いである。これは、10年から20年という時間枠で明確にな

るであろう

レベル4　真の曖昧さを表し、すべての潜在的な結果を想像することも、確信を持って予測することも不可能な状態である。２０５０年のマンハッタンの海面レベルは、気候科学者の中には異なる見解を持つ人もいるが、このカテゴリーに入るだろう。『不確実性の下での戦略』著者のヒュー・コートニーは、その改訂版で、レベル４の不確実性を持つ初期段階のバイオテクノロジーへの投資を例示している[*2]

レベル5　現在の知識や技術ではほぼ予測できない、ほぼ絶対的な不確実性を持つ事象で、「未知の未知」とも呼ばれる

不確実性レベル1から4は、レベル5に対して「既知の未知」と色分けされて呼ばれる。私たちは、このグループを「難しすぎる」というラベルをつけて分類はしない。そうではなく、不確実性のレベルと種類を認識して定量化し、自分たちが制御できるレバーを管理することによって、望ましい結果に向かって進むためのアプローチを開発するのである。次に難しいのは、特定のレベルの不確実性に対処するために、どのような行動を取ることができるかを特定することだ。

このトピックに飛び込むにあたって、次の言葉を覚えておくことが重要である。不確実性は、戦略的な問題解決者にとって好材料になり得るのだ。ヘッジファンドやその他の賢い投資家は、分析的な優位性があれば、不確実で不安定な市場を望んでいる。あなたの問題解決が正しければ、他の投資家が低迷している間に、あなたは良いリターンを得て、損失から身を守ることができる。

図表8-2 ▌不確実性に対処するためにできること

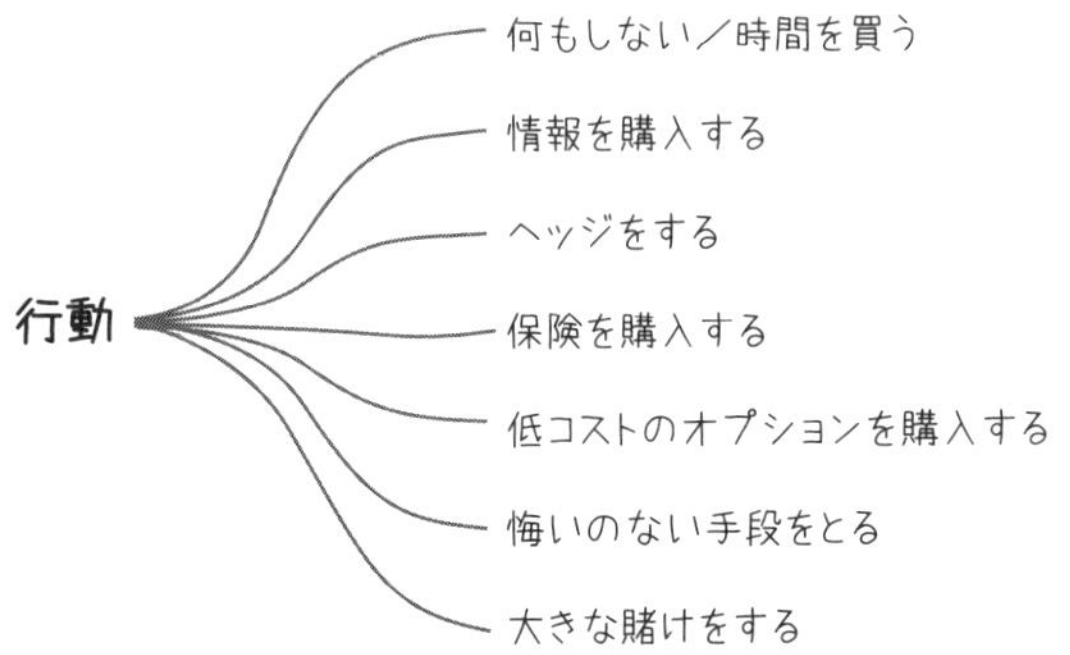

出典：Albert Madansky, "Uncertainty," in *Systems Analysis and Policy Planning*, edited by Edward S. Quade and Wayne I. Boucher (American Elsevier Publishing, 1968); and Hugh Courtney, Jane Kirkland, and S. Patrick Viguerie, "Strategy Under Uncertainty," *McKinsey Quarterly*, June 2000.

不確実性に対処するための6つの行動

レベル2からレベル4の不確実性に直面したときに取ることができる行動の範囲は、時間を買う（基本的に何もせず、詳細情報が出るのを待つ）ことから、大きな賭けをすること、悔いのない手段をすることに至るまで多岐にわたる（図表8－2）。一般的に、不確実性のレベルに応じた行動は以下のようになる。

行動1　情報の購入

不確実性の原因や中心人物の動機を明確にするために、データ収集や基礎的なプロセスの分析が含まれるかもしれない情報を購入する。[*3] レベル3や4の不確実性のための情報は、観察可能なものごとの事実収集ではなく、遠方の事象に対するモデリングである可能性がある。完全な情報を求めるには高いコストがかかり、それ以上の情報を取得するにはコストが高くなりすぎる可能性がある。[*4]

行動2　ヘッジ

ヘッジとは、下振れイベントに対抗するために、合理的なコスト移動や投資を行うことで、不確実性に対処する方法である。一例は、化石燃料会社が再生可能エネルギーに投資することが挙げられる。気候変動により降雨量の減少が予想される地域で水利権を購入することもヘッジの一例である。このようなヘッジには、オプションや先物契約などの金融商品が使われる場合もあるが、多くの困難な問題が必要とするほど長期的な金融ヘッジの仕組みはほとんどない。

行動3　低コストの戦略オプション

複数のプロジェクトのポートフォリオを通じて低コストの戦略オプションを取得することは、競馬で複数の馬に賭けることに似ていて、不確実性に対処するもう1つの方法である。大手金融機関は、金融テクノロジー（フィンテック）の新興企業に比較的少額の出資をして、既存のプレイヤーに挑戦するイノベーション技術をまず理解して、次にそれを活用できるポジションを確保している。第2章で紹介した新聞と新しいメディアの例でも、破壊的技術の時代には情報収集がいかに重要であるかを見た。こうした投資は低コストのオプションであり、多くの場合、競合する技術に賭けることになる。IBMがPC事業を失った理由は、主要サプライヤーに対して持っていた低コストのオプションを行使しなかったことにある。「IBMは、早くからインテルとマイクロソフトの両社に大きな資本参加をする資金力があった。1982年にはインテルに投資し、20％の株式とさらに10％のワラントを持っていた。ところが、皮肉なことに、IBMは1986年と1987年に6億2500万ドルで全部売ってしまったのである。10年後、この20％のインテル株式は250億ドルの価値があったはずである。マイクロソフトに関しては、IBMは1986年半ばに3億ドル以下でマイクロソフトの株式の30％を購入する機会があった。もし買っていたら、1996年には、この3億ドルは330億ドルの価値になっていただろう」[*5]。これは、単なる金銭的な機会損失ではあるが、学習価値の損失は計り知れない。

行動4　保険の購入

地球温暖化の脅威は、保険の問題と見なされることがある。CO_2濃度を摂氏2度の上昇以下に抑えるためには、世界のGDPの1％強の年間保険料の支払いを義務付けなければならないという試算がある。今のところ実現されていないが、これに向けた国際協定に向けていくらか進展している。台風やハリケーンなど、さまざまな不確実な事態をカバーするキャットボンド（災害債券）と呼ばれる保険商品もある。

行動5　悔いのない手段

不確実性のレベルに慣れている場合、あるいは段階的な学習によって競争の激しい領域に突入できる場合に、**悔いのない手段**が発揮される。これは、結果がどうあれあなたが必要としている能力開発を伴うことが多い。

行動6　大きな賭け

大きな賭けは、他の人に知られていない結果について、ある程度自信がある場合に行われる。アメリカのサブプライム住宅ローンのクレジット・デフォルト・スワップの空売りを描いた書籍『世紀の空売り』（『マネー・ショート　華麗なる大逆転』として映画化）は、不確実性が高いまま大きな賭けに出た好例である。[*6]この本で取り上げられた投資家は、住宅ローン証券が誤って評価されていると感じ、他の投資家がまだ準備できていないときに大きな賭けに出た。もちろん、不確実性が解消され、資産投資が立ち行かなくなった場合でも、大きな賭けは失敗する可能性がある。たとえば、10年前のスペインの太陽光発電に対する多額の固定価格買取制度は、あまりにも良すぎたようだ。このケースでは、政府の行動に関する仮定が正しくなかったことが判明した。不確実性がレベル2以上の場合、ほとんどの意思決定者は不可逆的なコミットメントを延期しようとする。これは競争がない場合は有効だが、先取りの可能性がある場合は、状況はより困難となる。ヒュー・コートニーが指摘したように、大きな賭けに出られるのは、多くの現金を生み出し、負債が少ないビジネスモデルを持っている一部の人だけである。私たちの元同僚らが最近出版した本によれば、こうした賭けは勝利の戦略を形作ることができる。[*7]

不確実性のパラメーターを推定できる場合、数学を使うと、公正な賭けが何かを計算し、さまざまなオプションの価値を推定することができる。実験やサンプリングを通じて条件付き確率を推定したり、結合確率を使って意思決定に伴う複雑なリスクを推定したりすることができる。ロブの同僚である統計学者の言葉によると、「すべては確率論的に考える必要がある」。彼女の見解では、私たちが本来持っている意思決定のバイアスは、システムや優れた数学的な規律がなければかなりひどくなる。彼女は人間を「直感的ではない統計学者」と呼んでいる。[*8] 第5章からわかるように、優れたプロセスとチームの規範によって、こうしたバイアスに抗うことができる。

高い不確実性の下で戦略を立案する5つのケース

不確実性のレベルを評価するためのフレームワークと、リスクのある状況に対処するための行動を理解したところで、個人、ビジネス、社会レベルのさまざまなケースを取り上げ、不確実性の下での戦略がどのように組み合わされるかを見てみよう。対象となるケースは次のとおりである。

ケース1　20、30年後の仕事の内容と範囲が不透明な中で、教育とキャリアを選択する方法

自動化と人間レベルの機械知能（HLMI）の進歩が、仕事にプラスとマイナスの両方の影響を及ぼすだろう。ある予測は正しく、ある予測はひどく間違っていたことが証明されるだろう。間違っていた場合の高いコストを回避し、キャリア目標を実現する可能性を高めるために、今からどのように教育投資とキャリア決定を進めるべきだろうか。オックスフォード大学の若い研究者のチームが、この問題に取り組むことを後押ししてくれた。キャリアの選択には、レベル3、さらにはレベル4の不確実性の要素がある。

ケース2　遠い将来の出来事を計画する方法

私は貯金を使い果たすよりも長生きするだろうか？　これは、私たちが個人として直面する最も不確実性の高い事象の1つである。この問題は比較的最近のもので、かつて人は60歳で定年を迎え、平均で72歳まで生きることができた。現在では、65歳で定年を迎え、85歳以上まで生きることも少なくない。このレベル2の問題に取り組むうえで、確率論的な評価は重要である。

ケース3　成長オプションを使って本当に長期的な投資を行う方法

インフラなどの長い時間軸の投資では、不確実性と開発オプションの役割に特に注意を払う必要がある。ここでは、レベル3の不確実性を持つ資源会社の投資の例を取り上げて、私たちのツールがどのように機能するかを説明する。これは、ロブが20年以上にわたって投資がどのように機能していたのかを振り返ることができるケースである。

ケース4　階段戦略アプローチで、新規事業を構築する方法

急速に変化する環境で新規事業の構築に乗り出す場合、不確実性を減らすための情報の購入と、リスクを減らすための新しい能力開発を同時に行うという段階的なアプローチが必要である。チャールズとロブは、マッキンゼーの同僚とこのアプローチを開発した。[*9]　このアプローチは、大企業にもスタートアップ企業にも有用だと証明されている。このケースの特徴は、不確実性がレベル2であることだ。

ケース5　不確実性の高い環境下で、戦略の複雑なポートフォリオを構築する方法

不確実性の高い環境では、長期的な目標に至る複数の道筋を選択し、現実の世界の展開に合わせて戦略間のトレードオフを行う必要があることが多い。チャールズはムーア財団で、パシフィックサーモンを保護するために、しばしば競合する戦略を採用した大規模な助成金のポートフォリオを管理する際、こうした技術を使った。ここでの問題は、ほとんどがレベル3か4の不確実性だった。

これらのケーススタディを、それぞれ見てみよう。

ケース1　将来のキャリアをどのように選ぶべきか

オートメーションと人工知能が果たす役割がますます拡大するにつれて、労働市場の予測は、25年、50年前と比較して、多くの面で不確実性を帯びている。[*10] 10年前には存在しなかったような、非ルーティーンで認知的な仕事の周りに追い風が吹いている。世界経済フォーラムの新しい仕事のリストをご覧になったことがあるかもしれない。つまり、アプリ開発者、ソーシャルメディア・マネジャー、自動運転車エンジニア、クラウドコンピューティングの専門家、ビッグデータ・アナリスト、サステナビリティー・マネジャー、ユーチューブ・コンテンツ・クリエーター、ドローン操縦者、ミレニアル世代エキスパートなどだ。しかし、10年後には、このリストはまた異なる顔ぶれの職業が入っていることだろう。

それでは、キャリアを選ぶ若者として、あなたはこの変化する労働環境の中で自分をどのように位置付け

図表8-3 ▍現在の労働市場に関するデータ

職業グループタイプ		スキル	既存の役職名	職業シェアの変化	給与水準
非ルーティン	認知的	問題解決 クリエイティブおよびデザイン システム思考 抽象的思考 コラボレーション	管理職 専門家 研究者	大規模で成長中 ＋9.2%	高い
非ルーティン	マーユアル的	企画 介護 実施	サービス業 建築家	中規模で成長中 ＋16.1%	低～中
ルーティン	認知的	分析 知識の応用	バックオフィスの管理職 いくつかの専門職	中規模で縮小中 −11%	低～中
ルーティン	マニュアル的	信頼性 コミュニケーション 職人技	製造業職	中規模で縮小中 −11%	低い

出典：St. Louis Fed, Jobs Involving Routine Tasks Aren't Growing (2016); Jaimovich & Siu, The Trend Is the Cycle: Job Polarization + Jobless Recoveries.

るのが最良なのだろうか。まず、経済的な労働環境を把握するためのツリーを作成する（**図表8－3**）。これを見ると、非ルーティーンの認知的な仕事の雇用シェアが非ルーティーンのマニュアル的な仕事と同様に拡大している一方で、ルーティンの認知的とルーティーンのマニュアル的な仕事の雇用シェアが縮小していることがよくわかる。

あなたは、個人の能力レベル、興味、リスク許容度などの内部知識を、教育やキャリア選択の判断材料にすることができる。ワークマーケット社の共同創業者兼社長であるジェフ・ウォルドは、「あなたは何に情熱を持っていますか？　そのためにはどのようなスキルセットが必要ですか？」と問いかける。[*11] このために、まずは簡単なチャートに記入する。チャートの横の行は、あなたが最終的に働く可能性のある幅広い潜在的な分野やセクターを表す。縦の列は4つあり、1列目はその分野の経済予測、次の列は自分の能力レベル、興味、リスク許容度に関する個人的な評価を表す。最初の列は、経済予測を使って記入し、更新することができる。

候補となる分野、科目、雇用セクターごとに、2列目、3列目、4列目に、自己評価した強み、興味、リスク許容度を記入する。**図表8－4**は、ある研究チームメンバーの記入したマトリックスを示している。では、この情報は、どのようにあなたを決断に導くのだろうか。まず、自分の能力や興味が低い分野を排除することから始める。そして、最も有望な分野、つまり最も高い関心と能力を持つ分野から始めて、このツリーを次のステップやアクションの指針として利用することができる。私たちは、3つの戦略やアクションの可能性を定義している。

図表8-4 ▍キャリアの選択

分野／スキルエリア	この分野の経済予測（予測と誤差）（低ー中ー高）	私の強み（低ー中ー高）	私の興味（低ー中ー高）	私のリスク許容度（低ー中ー高）
アート／デザイン	中	高	高	低
ビジネス／金融	中	低	低	低
健康サービス	高	低	低	低
数学／科学	高	低	低	低
社会科学	低	高	中	低
対人サービス	中	中	中	低
商業／技術	低	低	低	低

キャリアの3つの戦略

戦略1　大きな賭けをして、かなりのリスクを伴う道に踏み出す
戦略2　悔いのない手段をとり、安全な分野で基本的な教育や訓練を受け、リスクから身を守る
戦略3　2つ以上の分野や職種の教育や訓練に時間とエネルギーを投資することで、賭けをヘッジする

こうした戦略の中には、起業家としての道と教育者としての道という2つの大きな道がある。高い能力、高い興味、高いリスク許容度、そして高い経済的機会に直面したときに、起業家精神があなたの名前を呼ぶかもしれない。しかし、すべての星が完全に一列に並んでいない可能性のほうが高い。その場合、悔いのない手段をとって学問の基礎を身につけるか、2つの分野にまたがって賭けをヘッジすることを選び、2分野専攻や、生涯教育などの戦略を立てる必要がある。

図表8-5は、こうした戦略的選択を示している。

図表8-5に示したツリー、表、一連のアクションツリーは、個人が教育やキャリアを選択する過程で、自分の情熱、スキル、リスク許容度に適した意思決定を行う際に、簡単に適用し、繰り返し行うことができる。

ケース2　老後のためにどれだけ貯金すればいいか

将来のキャリア選択と同様、終末期の計画についても不確実性がつきまとう。かつては、退職後の貯蓄

図表8-5 ▎キャリアの戦略的選択

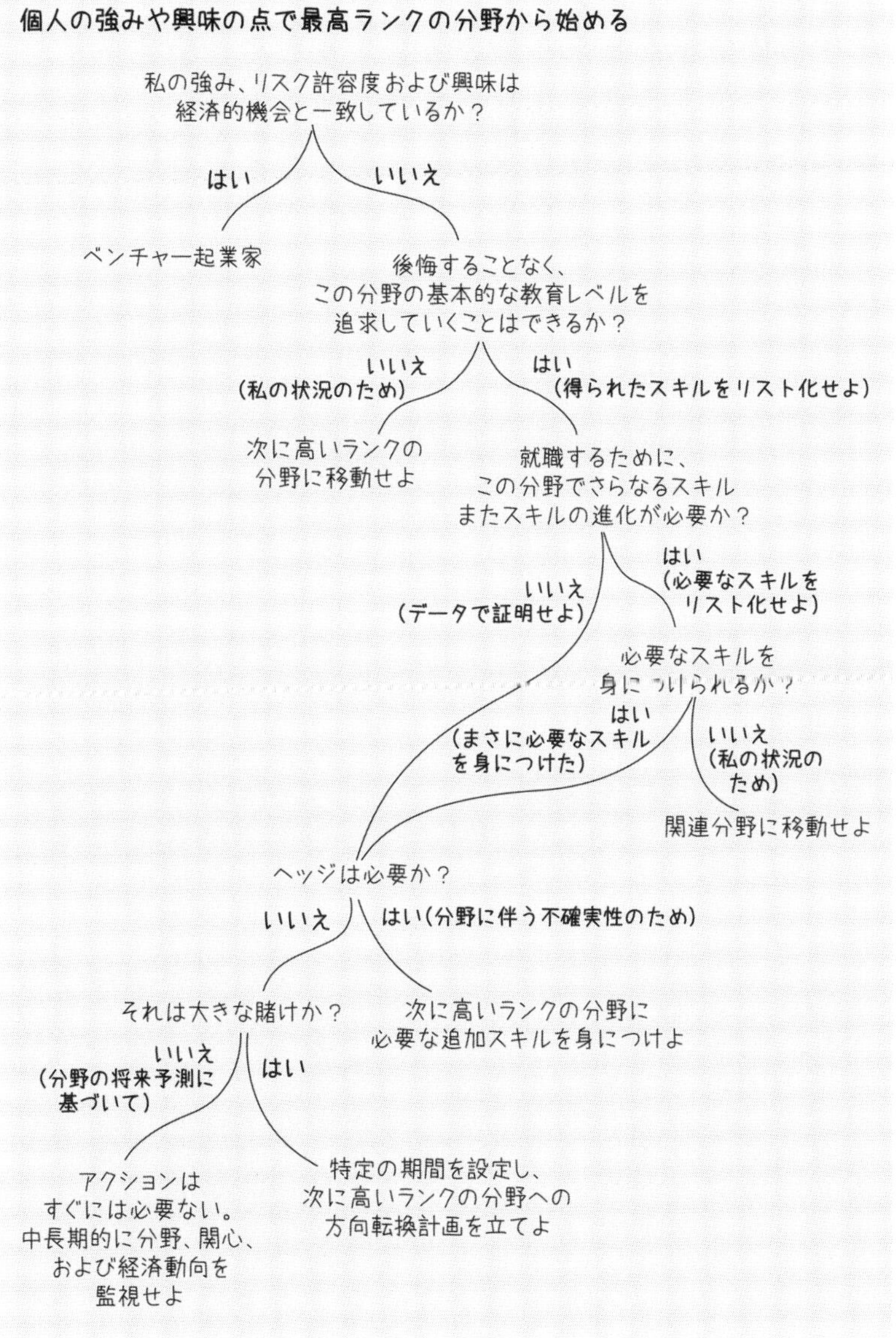

図表8-6 ❙ 老後の備えは「滑走路の終わり」まで保つか?

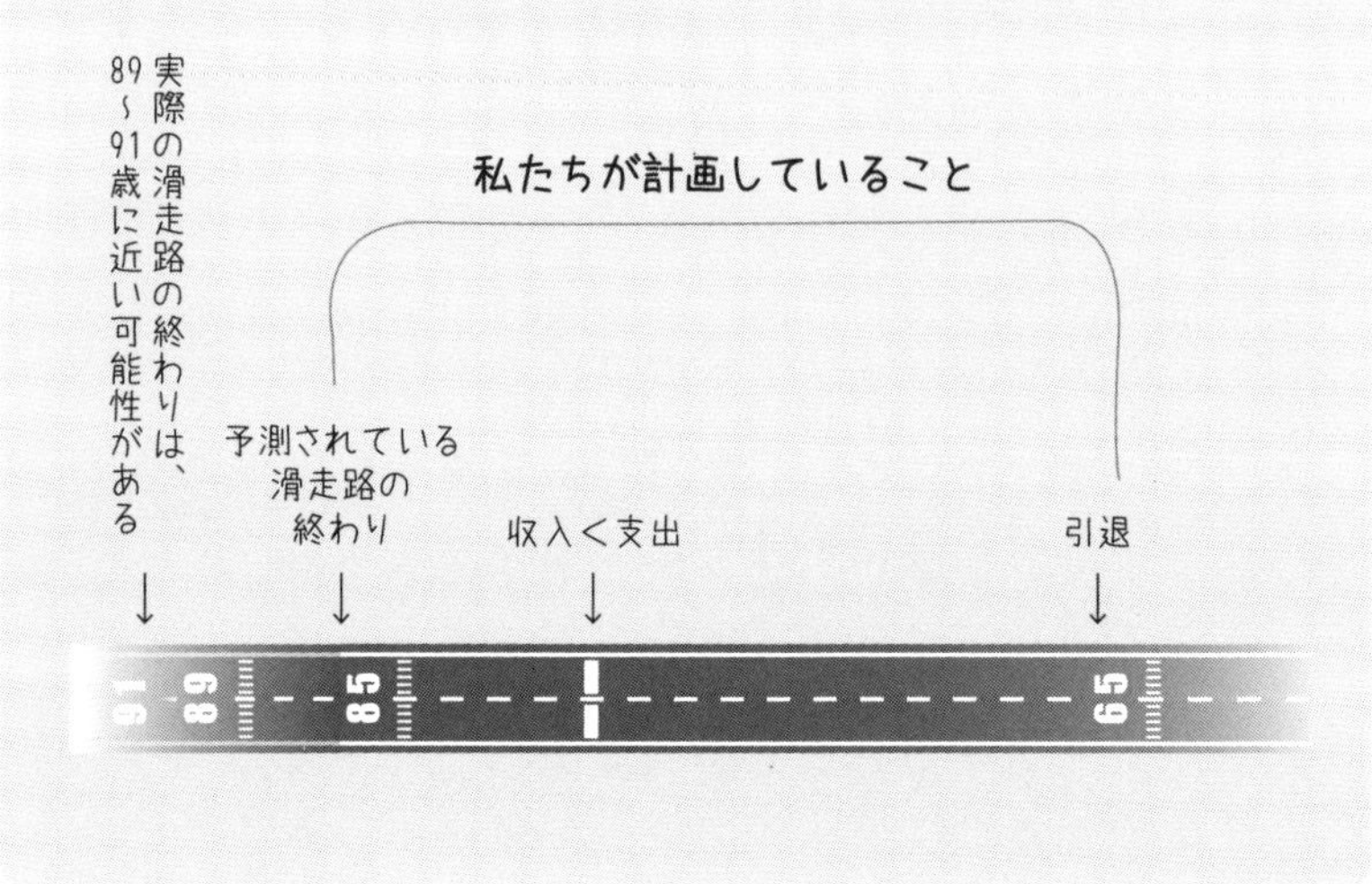

は、通常10～15年分あればよかった。しかし現在では、早期退職が行われ、長寿命化が進んでいるため、退職後の収入の必要性が25～35年にまで延びている場合が多い。多くの退職者は現在、「私の退職後の貯蓄はもつのか?」という問いに直面している。この問いへの答えは、あなたが乗っている長寿の滑走路と、あなたが生み出すことのできる収入プールの額、そしてあなたのリスク選好に依存する（**図表8－6**）。平均寿命が延び、従来の貯蓄のリターンは控えめなままの中、貯蓄を使い果たすリスクを負う人が増えている。退職を控えた人の頭の中には、次のような問いが浮かんでいる。

退職を控えた人が抱える問い

問1 この不確実性に対処するために、どのような計画を立てれば良いのか?

問2 このリスクを軽減するために、今とるべき行動はあるか?

問3　後回しできる決定事項はあるか？
問4　会計士やファイナンシャルプランナー以上のアドバイスが必要か？

これは毎日対処したいと思うような種類の問題ではないと認めるが、シンプルかつ包括的に対処する方法があるのだ。それは、あなたの長寿の滑走路を推定し、バイアスを調整し、投資戦略におけるリスク選好を考慮することだ。

この問題を解決するために、最初の切り口の計算から始める。リスクに直面しているかどうかを判定するためには、退職後の貯蓄が目標収入の何年分に相当するかを単純に計算し、それを自分の年齢から予想される寿命と比較すればよい。これは、あなたの退職時貯蓄を目標退職所得から支出を指し引いた金額で割るという単純なもので、確定給付企業年金がある場合はそれを調整する。これがあなたの老後生活年数である。[*12]

このヒューリスティックスは、あなたの状況を把握するための良い出発点ではあるが、完全な答えを提供してくれるわけではない。どうしてか？　定義によれば、誰もが平均余命に達するわけでもなく、個人によってリスク許容度も異なるからだ。また、あなたの溜めた金の卵は、さまざまな資産に投資することができる。その資産は稼ぐかもしれないし、大して稼がないかもしれない。ボラティリティは高いかもしれないし、低いかもしれない。こうした変動要因を考慮するには、ヒューリスティックスよりもさらに踏み込んだ分析が必要である。

あなたはどれだけ長生きするのか

長寿の滑走路をもっと詳しく見てみよう。あなたが健康な35歳とした場合の平均余命は80歳だが、もしあなたが60歳とした場合は平均余命は82・2歳に増加する。[*13]

60歳では、次のことが起こる確率が50％ある。

60歳時点で50％の確率で起こること

・男性の平均余命は85歳を超える
・女性の平均余命は88歳を超える
・男性と女性のカップルの少なくとも1組は、2人とも91歳を超える[*14]

計画は通常カップルのために行われ、関係するのは生き残ったパートナーの死亡時年齢である。この場合も同時確率で計算することになり、この同時長寿の問題についてはインターネットで表を見つけることができる。この場合、どちらかが90歳を超えて生きる可能性は50％であり、30年の計画滑走路であり、22歳から60歳までの労働寿命とほぼ同じ長さである。皮肉なことに、人は平均余命を4年以上過小評価する傾向がある。[*15] もしあなたに90歳代の祖父母がいるなら、平均余命は延びる。あなたが健康的なライフスタイルを送っているなら、また延びる。環境の質が高い街に住んでいれば、呼吸器や循環器系の病気などが減る。あなたの滑走路にすべてのプラス要素がある場合は、自分が長生きすることを計画しておく必要がある。

老後の「リスク許容度」で購入する金融商品が変わる

退職後のお金の動きに対する投資リターンのボラティリティは、収入の不確実性を生み出す。この不確実性をどのように扱うかについて、個人によってリスク許容度が異なる。もしあなたが長寿で、貯蓄を使い果たすリスク許容度が低いと思われる場合は、生涯をカバーする年金保険を購入し、支出と収入のバランスをとるために予算を調整することを検討すればいい。年金保険の購入は、不確実性に対処するための古典的な保険契約である。あなたは、年金で一生続く貯蓄を持つという安心感を得られるが、その分リターンは低くなる。一方、長生きすることが予想され、リスクに寛容である場合には、いわゆるバランスファンド［訳注：株式と債券からなる投資信託のこと。リスクをヘッジしながら適度なリターンを狙う］ではなく、グロースポートフォリオ［訳注：ハイリスク・ハイリターンの資産の組み合わせ］を保有することを検討すべきである。

複利を考えれば、老後でもグロースファンドを買ってもいい

あなたが取り得るアクションを図表8−7の意思決定ツリーに示した。

ここで、説明しておかなければならない驚くべき結論がある。それは、長寿と複利計算との関係である。

図表8-7｜退職後の金融商品を選ぶための意思決定ツリー

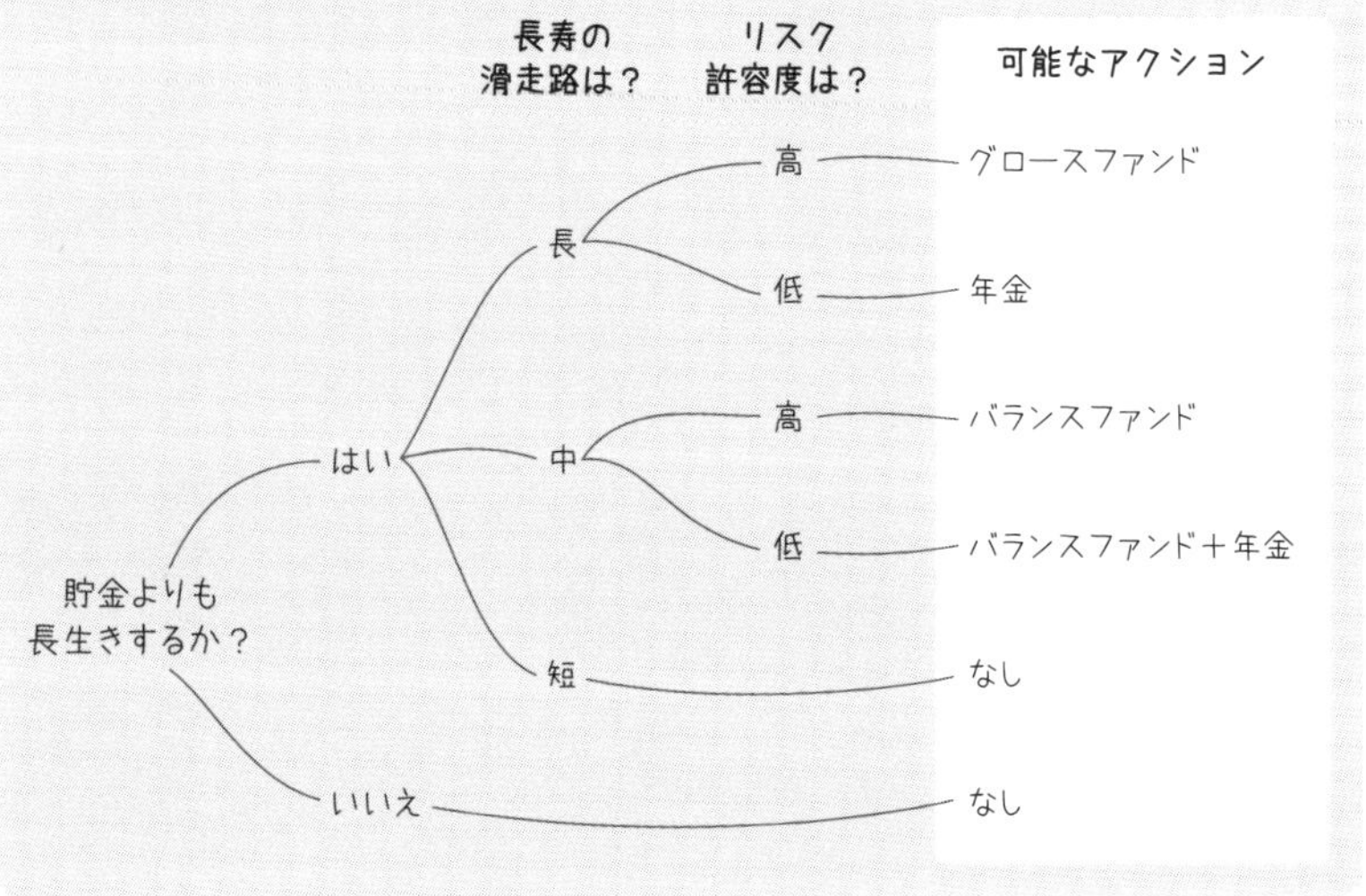

私たちが知っているほとんどのファイナンシャルプランナーは、退職を控えた顧客に対して、株式市場のボラティリティに対する安全性を提供し、安定した現在の収入を提供するために、バランスファンドを推奨する。これは典型的に投資期間が10年から20年の投資家を対象とした商品だ。しかし、60歳時点での投資期間が25年、さらには35年であるとしたらどうだろう。以下の簡単な表は、投資期間と複利効果が非常に重要である理由を示すのに役立つ。

　グロースファンドからのリターンは、投資期間が25年の場合は34％、35年の場合は51％と驚異的に高い（**図表8－8**）。しかし、退職後の収入の年次変動が大きくなることに対して、ある程度の寛容さが必要である。要は、退職後の貯蓄の妥当性に関して、直感に反するかもしれない別の考え方を発見したということだ。さらに、この問題解決の道を歩み始めることで、60歳の退職者は、より早期に収入が必要になるなど状況が変化した場合に、資金を切り替えることができ

図表8-8 ▌60歳時点で10万ドルを投資したときのリターン

平均余命	85	95
バランスファンド（40%株式、60%長期債券） 加重リターン7.73%	64万ドル	135万ドル
グロースファンド（60%株式、40%長期債券） 加重リターン9.0%	86万ドル	204万ドル

出典：Thomas Kenny, thebalance.com, 2017年6月23日
1928年から2013年の長期リターンは、株式投資が年当たり11.5%に対し、財務省長期債券（T－ボンド）が年当たり5.21%

る。一方、残りの滑走路が短くなる80歳以上の時点でバランスファンドから切り替えることはまずないだろう。

ここでは、多くのファイナンシャルプランナーからは聞くことのない結論に達した。つまり、自分やパートナーの長寿を期待する場合は、退職を迎えるにあたって、グロースファンドへの投資を検討していただきたい。リスク許容度を加味すると、年金保険を購入してヘッジするのとは異なる戦略が浮かび上がる。長寿の滑走路や複利成長といったヒューリスティックは、非常に現実的な問題に対して豊富な解決策を与えてくれる。また、多くの人が貯蓄率を上げて滑走路を延長する必要もある。これは、貯蓄を使い果たすことを避けるために、資産配分と同時に対処すべき問題である。

ケース3　鉱山を買うべきか

橋、鉱山、道路などのインフラ投資は長寿命である。将来の運用環境には不確実性があり、問題解決のために前もって織り込んでおかなければならない。また、考えられるさまざまな結果に対処する必要があり、しばしば、今日の決定によって可能になった、あるいは阻止された将来の開発オプションの価値に対処する柔軟性が求められる（ある種の条件付き確率）。私たちは、オーストラリアの巨大企業BHPが過去に鉱業ベンチャーに対して長期投資を行った際の実例をもとに、こうした問題への対処法を説明しよう。

資源企業は、コスト曲線（第3章で気候変動のCO_2削減費用曲線とともに紹介したツール）が低く、高品質で生産寿命の長い埋蔵物を発見し、取得しようとしている。これは口で言うのは簡単だが、実際に行うのは難しい。BHPのような低コストのサプライヤーは、好況の時も不況の時も生産物を販売できることを期待している。そして、過去1世紀がそうであったように、彼らは通常、実質的な価格が下落することを想定しなければならない。ロブは、BHPが低コスト・高品位で、かつ50年以上の産出寿命を持つ主要な鉱業資産を買収する際に、コンサルティングを行うチームを率いた。問題解決のアプローチは、長い時間軸とそれに伴う不確実性に対処するために、2つの特徴的な機能を備えていた。1つは、価格や数量など、鉱山の価値を決める要因に関連する重要な不確実性を定義することであり、もう1つは、シナリオを作成して、さまざまな可能性をモデル化することだった。

開発オプションを含むと全体の価値はどうなるか

チームは、既存の鉱山から推定される正味キャッシュフローを見積もり、それを資本コストで割り引くことで、BHPの典型的な評価ツリーを作成した[*16]。このツリーは、以前の章でトラックギアとヘチンガー用に作成した投資収益率のツリーに似ていることにお気づきになるだろう。この計算は簡単で、エクセルやその他のソフトウェアツールで正味現在価値（NPV）のスプレッドシートをオンラインで見つけることができる。資本コストは、プロジェクトのリスクプロファイル、BHPの資本調達コスト、減少する資源に対するターミナル・バリュー［訳注：個別にキャッシュフローの試算ができず、予測精度が高くない期間について算定された企業評価価値］についての仮定をもとに算出した。

ロブのチームがこの分析に使ったツリーには、開発オプションの価値と呼ばれる枝が追加されている（**図表8－9**）。この枝を追加したのは、既存の資産と将来の成長または開発オプションの問題を明確にしたためである。今回の分析で開発オプションが非常に重要になったのは、比較的低い行使価格で「お金に代える」ことができたからである。なぜそうなったのか。それは、既存の鉱山の鉄道や港湾施設などのインフラを利用することができたからである。不確実な状況下で長寿命の資産を評価する場合は常に、今日の動きによって将来のどのようなプロジェクトが容易になるか、あるいは困難になるかを考えることだ。ときにはそれが、目前の決定よりも大きな価値を持つ場合がある。

この場合の正味現在価値を見積もるには、鉱物の世界価格、オーストラリアドルに対するアメリカドルの

図表8-9 ❙ BHP社の価値

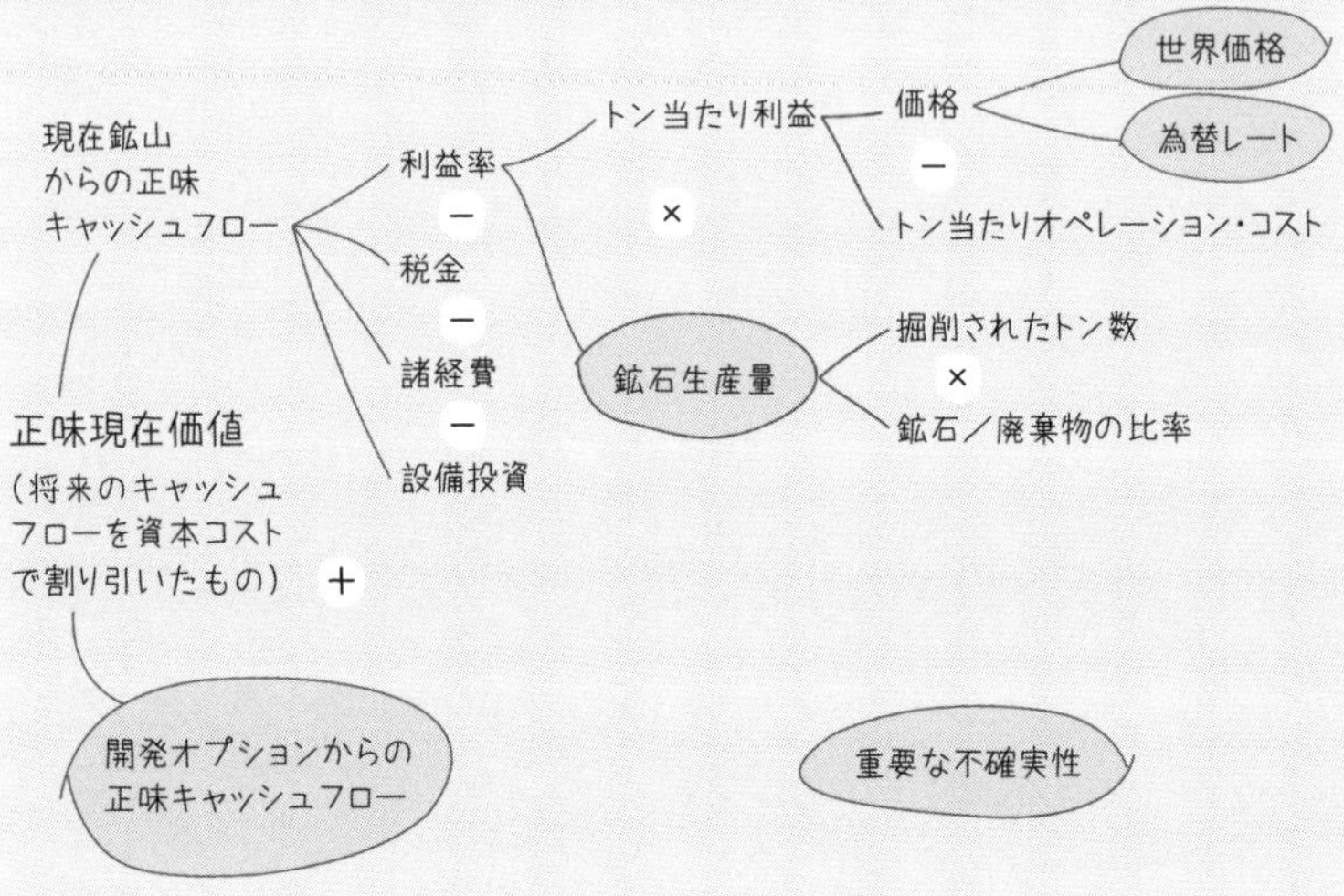

為替レート、鉱石生産量、開発オプションの価値という4つの主要な不確実性に対処する必要がある。鉱石生産量は、他の要因よりも変動の範囲がはるかに小さいため、分析ではあまり注目されなかった。しかし、将来の結果には幅広い差があり、この問題はレベル3と判定された。

「利得表」で不確実性のシナリオをまとめる

商品予測や資源投資におけるシナリオの利用には長い歴史があり、ロブが主導した研究よりも先行している。現在では、大規模なコンピューティング能力の活用により、大規模なモンテカルロ・シミュレーションの実行が容易になり、ブラック・ショールズモデルやその他の評価アプローチを使ってオプションの価値をより正確に測定できるようになった。

私たちのアプローチはよりシンプルだった。オークションという時間的プレッシャーがあり、大規模なシミュレーションモデルを必要とせずに、不確実性に対処できると確信していた。10年後の世界の鉱石市場の需給バランスを調べ、価格予測の幅を広げた。これらは、現在と将来予想されるコストポジション、生産が開始される埋蔵量、コスト削減の機会をふまえて、業界の費用曲線（供給曲線）が将来どのようになるかに基づいていた。10年先の商品の需要予測の幅を費用曲線に重ね合わせ、予想される価格帯を算出した。また、95％信頼区間を持つ、２標準偏差下の価格水準と２標準偏差上の価格水準といった極端なケースも検討した。[*17] 10年先まで金融ヘッジができないため、為替レートの想定も重ね合わせた。そして、価格、数量、為替レートの仮定に対する正味現在価値計算のマトリックスをまとめることができた（**図表８－10**）。

分析結果を利得表にすることで、前提条件、特にベストの推測の範囲についてどう感じたのかをクライアントと話し合うことができた。重要なのは、価格が急落し、実質為替レートが大幅に上昇するという、まさに最悪の事態が発生する可能性を検討のテーブルに載せたことである。この組み合わせは、可能性は極めて低いが、まったくないとは言えない。これは、物価が急落する可能性と為替レートが極端に不利になる可能性はどの程度か、という同時確率の事例である。それぞれが発生する可能性が10％の場合、両方の同時確率は１％にすぎない。「大当たりのケース」についても同じことが言える。これは、価格が平均値よりも２標準偏差高く、為替レートも競争力が高い場合である。

50年以上の生産寿命をもつ資産なのに、なぜ10年先しか見ないのかとあなたは言うかもしれない。私たちは、不確実でキャッシュに制約のある環境において、これが保守的な評価アプローチだと考えたのだ。10年目以降のキャッシュフローを、最初の10年間が10％であるのに対し、はるかに高い資本コスト（20％）で割り引くことにより、ターミナルバリューの見積もりを行った。その結果、考えられるすべてのシナリオにお

図表8-10 ▍BHP社の鉱山：評価シナリオ

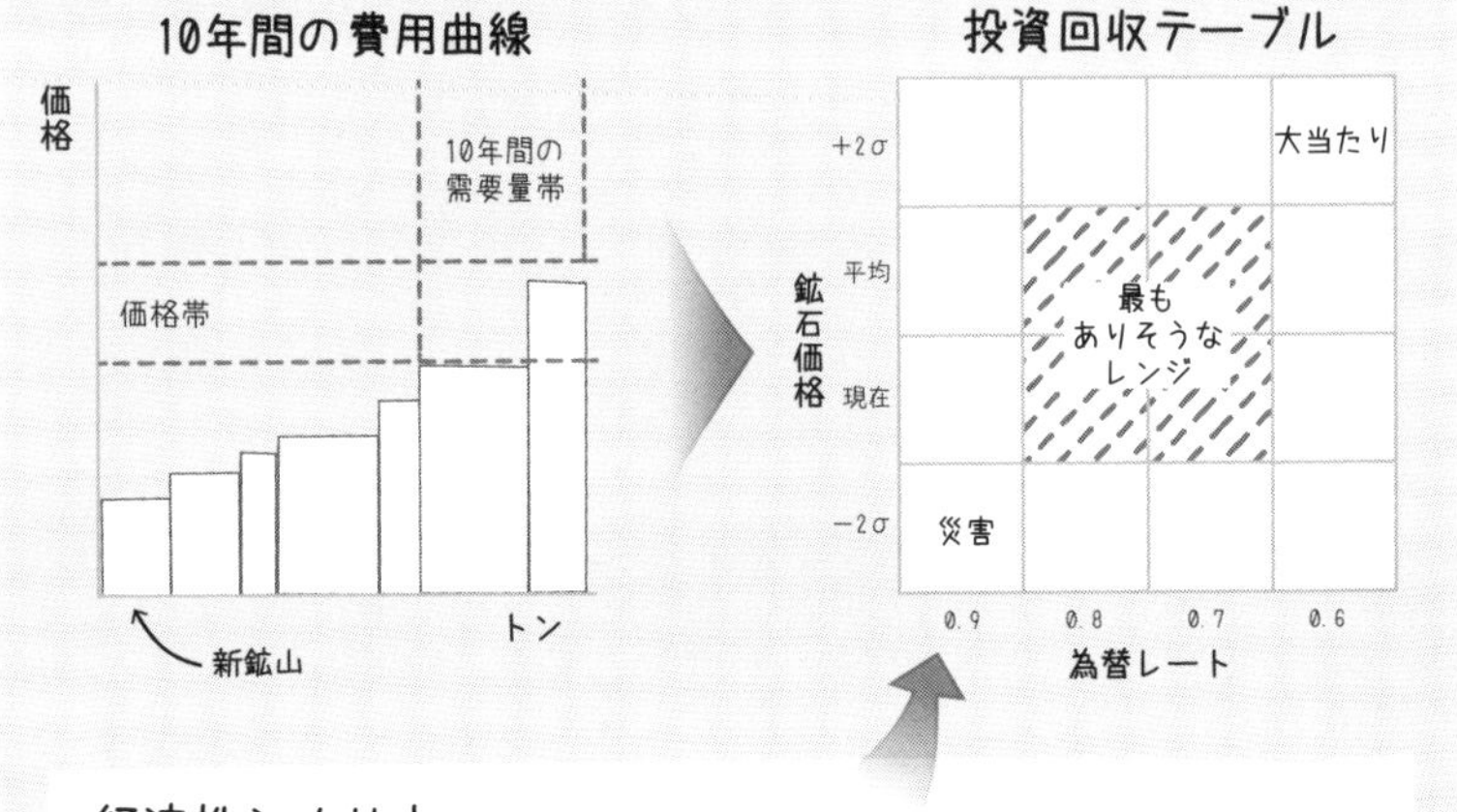

経済性シナリオ

シナリオ	実質為替レート	仮定
1	豪ドルの価値が0.9に低下	予期せぬ構造改善
2	豪ドルの価値が0.8に低下	購買力平価説の推定実質実効為替レート
3	豪ドルの価値が0.7に低下	豪ドルが正しく評価される
4	豪ドルの価値が0.6に低下	予期せぬ構造悪化

いて、最初の資産購入のNPVが購入価格を上回ったため、最終的に私たちは安心して買収を推奨した。

　これまで、優れた問題解決に対するバイアスについて詳しく説明してきた。企業買収や重要資産の取得などの大規模な投資は、バイアス、特に確証バイアスが忍び寄る可能性がある。人は、オークションの場面では興奮し、入札に勝ちたがるものだ。シナリオの活用、問題の構造化、感度分析などの分析的な努力に加えて、取締役会での意思決定のためのインプットとして、クライアントが冷静な外部の視点を純粋に求めるというチーム環境もある。チーム内では、分析力が高い賛成派と、アンチテーゼの視点から意見を述べるメンバーが1人いるというチーム

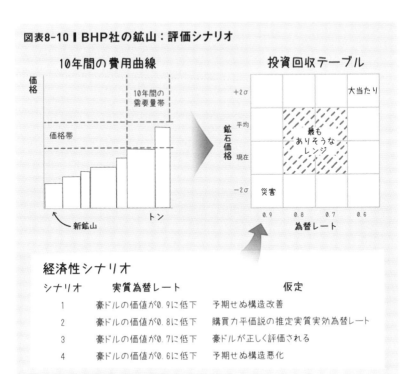

図表8-11 ▎開発オプション

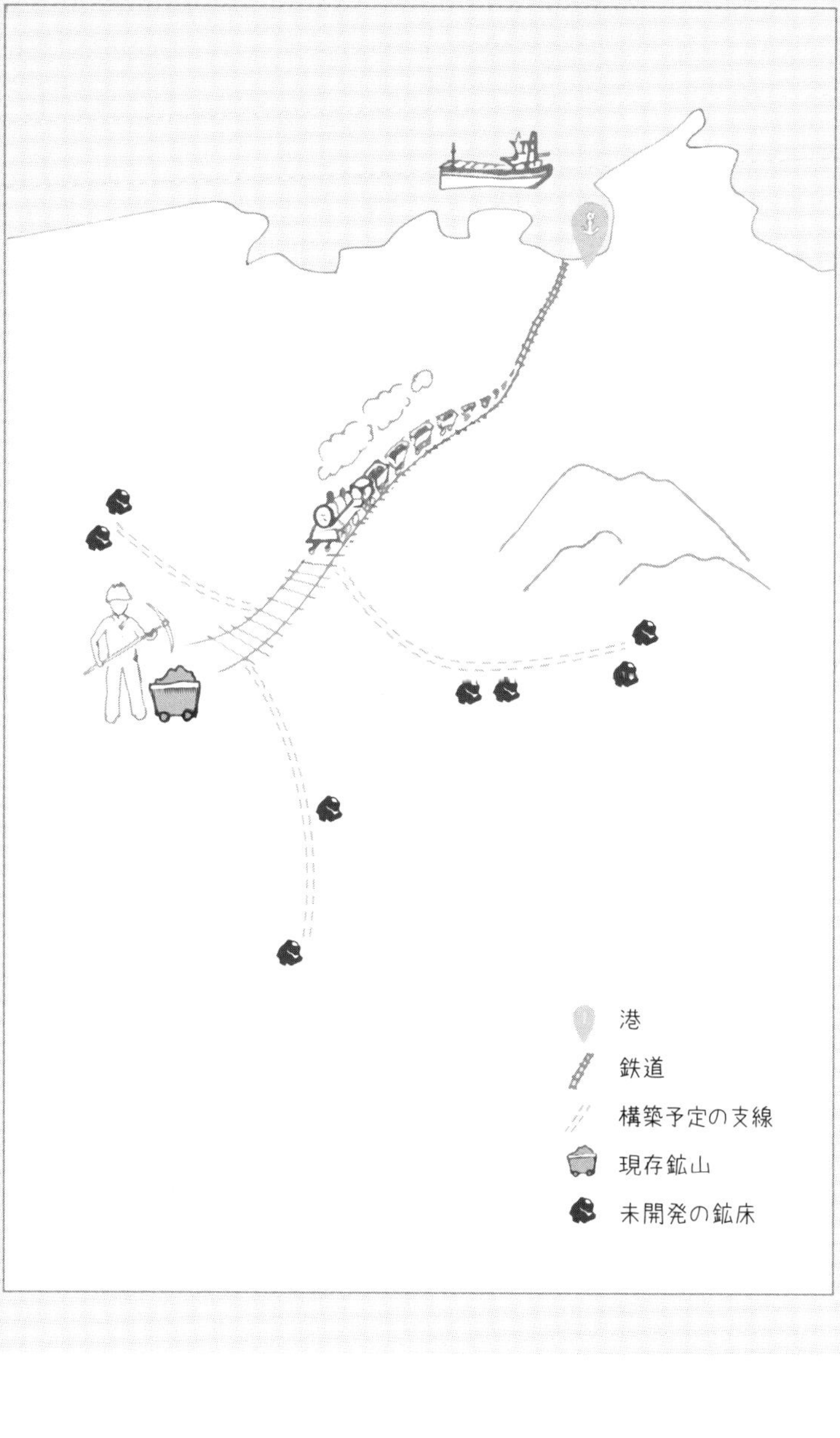

の多様性があった。こうした点は、確証バイアスや現実的な最悪のケースに対処するための取り組みとして第4章で紹介した。

プロジェクトの「振り返り」は、企業が設備投資のプロセスの堅牢性を評価するためのツールである。私たちのチームは、この提案を20年後に公開資料から非公式に振り返ったところ、ロブの元のチームは非常に保守的だったという結論に至った。20年後の中国の資源ブームは予想外だった。資源ブームは、商品の価格も入荷量も劇的に変化させた。そのため、買収に伴う開発オプションの価値が非常に高くなり、最終的には「大当たり」のシナリオに近いものが実際の結果となった。

この場合、さらなる開発オプションの価値は、不確実性のリスクを軽減するための重要な手段である。BHPの場合、開発オプションは買収のNPVの22％と見積もられていた。これは重要な要素であるが、振り返ってみるとあまりに保守的だった（**図表8－11**）。今にして思えば、BHPが取得したコア鉱山資産の価値を上回る数十億ドルの価値が算出されていたと推定される。

ケース4　新規事業を立ち上げる

企業戦略を策定するには、業界の状況や企業の特性に応じてさまざまな方法がある。マイケル・ポーターの5フォース分析やマッキンゼーのSCP（構造―行為―パフォーマンス）モデルは、参入すべきかどうかを評価するために業界のダイナミックスを調べる。[*18] ディキシットとネイルバフは、第6章のCSIROの例のように、競争ゲームの進化をマッピングすることに焦点を当てている。[*19] ここで紹介するフレームワークは、私たちが「成長の階段」（一部の出版物では「地平線《ホライズン》」）と呼んでいるもので、成功した企業が不確実な環境下で新規事業に参入するためのステップを決定することを目的としており、学習、購入オプション、能力開発に重点を置いている。

階段と地平線《ホライズン》のフレームワークは、チャールズとロブ、それにマッキンゼーの同僚が、あるエネルギー業のクライアントのために、新規事業の成長を目指していたときに生まれた。[*20] 私たちは、この10年余りの間に、企業が価値ある新規事業を立ち上げた事例を数多く集めた。市場に参入し、なじみのない分野で熟練した人材を採用し、企業買収をするといった取り組みを、階段のステップに見立てて描き出した。そして、どのようなステップをどのような順序で踏んで、能力を高め、資産を増やし、不確実性を減らしていったかを分析した。私たちが視覚的に示した階段のアプローチには、次のものが含まれている。

「成長の階段」アプローチの特徴

特徴1　計画された結果から逆算し、成功に必要な能力、資産、ビジネス学習について考える

特徴2　不確実性のレベルに関連している戦略的な動きに対して段階的なアプローチをとり、不確実性が減少するのに合わせてコミットメントを拡大する

特徴3　取得した知識と構築中の能力を、階段のステップの時間枠にフレーミングする

ジョンソン・エンド・ジョンソン（J&J）が10年余りでコンタクトレンズ事業をグローバルに展開したのは、階段戦略の代表的な好例の1つである。これは、最初は小さなステップを積み重ね、その後より大き

図表8-12 ❚ ジョンソン・エンド・ジョンソン　コンタクトレンズ事業
――能力開発の階段図

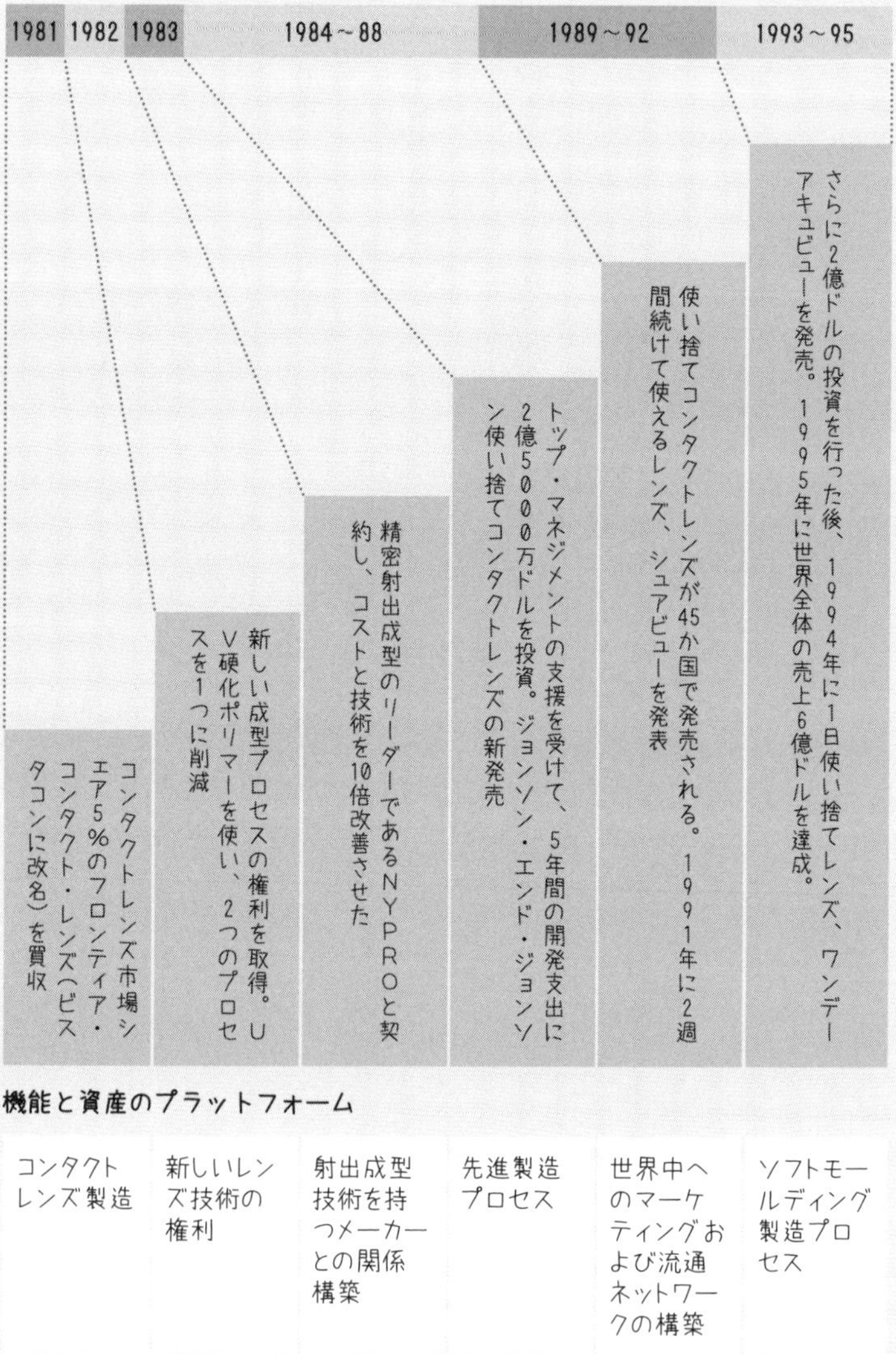
1981
1982
1983
1984～88
1989～92
1993～95
コンタクトレンズ市場シェア5%のフロンティア・コンタクト・レンズ(ビスタコンに改名)を買収
新しい成型プロセスの権利を取得。UV硬化ポリマーを使い、2つのプロセスを1つに削減
精密射出成型のリーダーであるNYPROと契約し、コストと技術を10倍改善させた
トップ・マネジメントの支援を受けて、5年間の開発支出に2億5000万ドルを投資。ジョンソン・エンド・ジョンソン使い捨てコンタクトレンズの新発売
使い捨てコンタクトレンズが45か国で発売される。1991年に2週間続けて使えるレンズ、シュアビューを発表
さらに2億ドルの投資を行った後、1994年に1日使い捨てレンズ、ワンデーアキュビューを発売。1995年に世界全体の売上6億ドルを達成。
機能と資産のプラットフォーム
コンタクトレンズ製造
新しいレンズ技術の権利
射出成型技術を持つメーカーとの関係構築
先進製造プロセス
世界中へのマーケティングおよび流通ネットワークの構築
ソフトモールディング製造プロセス

出典：Mehrdad Baghai, Stephen Coley, and David White, *The Alchemy of Growth* (Perseus, 1999).

く、より広範な動きで行われた。その階段と関連する能力のプラットフォームを図表8－12に示す。

J&Jのように後から階段を見るのも1つの方法だが、ゼロから階段を作るにはどうしたらいいのだろうか。階段のステップの成功や、競合他社の行動に関する不確実性にはどのように対処するのか。階段構築の議論と建設中の階段の例で、アプローチの概要を示そう。

「成長の階段」を建てるときの3つの考慮事項

階段の建築には、3つの考慮事項がある。

考慮事項1　ストレッチ

確立されたプラットフォームからの踏み出しの距離、踏み出しの対象となる新機能の複雑さ、必要な統合の度合い。新しいスキルを吸収する能力と、市場での存在感を確立するためのスピードという競争力の要求とのバランスで、ストレッチが大きすぎるかどうかが決まる。

考慮事項2　勢い

初期の成功が、組織の学習と自信にもたらすプラスの効果。多くの場合、小さな動きに基づく。規模拡大に伴う収穫逓増《ていぞう》を特徴とする市場、事実上の標準化、商品・サービスが設定される状況を伴う市場、または勝者総取りの市場において、勢いは重要な要因となる。

図表8-13 ❚ 階段の建築：3つの主要な推進要因

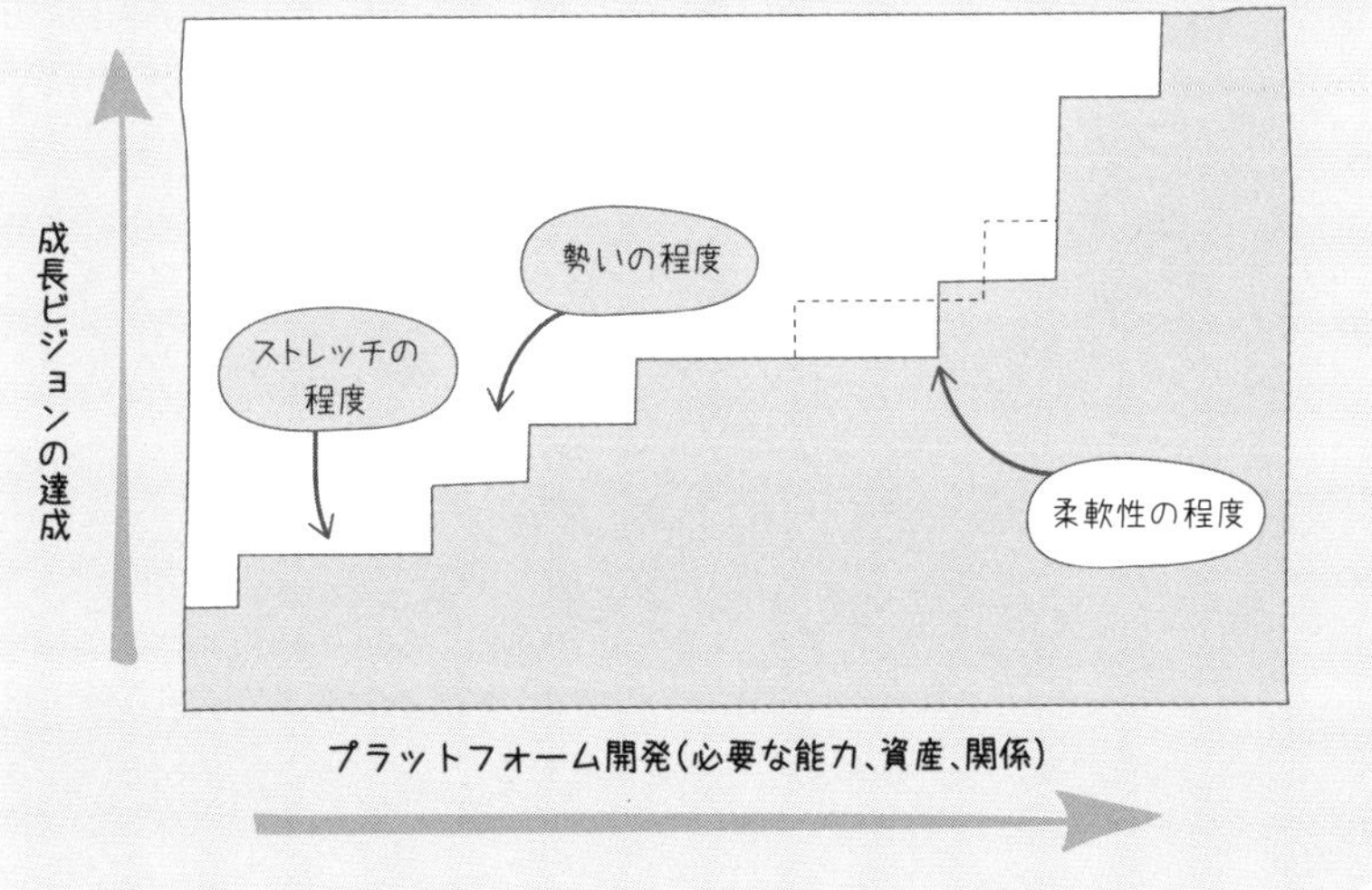

考慮事項3 柔軟性

不確実性の中で流動性を維持するには、いくつかの手段がある。たとえば、後続の取り組みに対して最大のオプション値を生み出すような出口を選択することや、パシフィックサーモン戦略の例で説明したように、1頭だけでなく複数の馬をレースに参加させる準備を整えておくことなどが挙げられる。柔軟性を維持するためには、後々行きづまる可能性のある埋没資産を作らないようにすることが重要である。これは、契約やアウトソーシングなどの変動費構造によって実現できる。

階段の建築には、これら3つの考慮事項をまとめて、階段のステップとその順序を選択する（**図表8-13**）。チームは、小さなステップと大きなステップのトレードオフ、オプション満載の移転と集中的なコミットメント（競合他社をブロックするのに適している可能性がある）、勢いを生み出すことができるが既存事業との統合が困難な動きの速度について、議論を重ねる必要がある。ロールプレイングや競合企業への割り当てといった、通常の手法で階段のステップを計画する際のチームの議論を充実させることができる。グーグルは、何百もの新しいベンチャーに投資している。このアプローチでは、興味深い分野に中小規模の賭けを多数行うが、同じレースに複数の馬を投入することがよくある。これとは対照的に、スタートアップ企業の場合、市場への参入ルートは1本しかなく、選択肢は2、3しかない。ベンチャーキャピタルの資金があれば、集中的に取り組むことができるかもしれない。

「成長の階段」をドローン企業にあてはめる

階段は、スタートアップ企業がビジネス目標をマッピングし、学習手順と能力開発によって目標に到達するための望ましい戦略的道筋を示すために使用することができる。逆算してから前進することの価値は、どのような能力をどのような順序で構築する必要があるかに関して合意を得ることにある。「1日の答え」を出すことや、7ステップを反復するのと同様に、次の12～18か月間の階段のステップについて詳細に合意し、状況を把握し、市場や能力の軌道に関する新しい情報が入手できた時点で次の12～18か月を計画することが目的である。次に、市場と競合他社の現実を反映して、最終目標やそのタイミングを変更する。アジャイル開発、フェイルファスト（早く失敗しなさい）、スプリント［訳注：短期間で、小さな単位で計画と実装を繰り返して全体の完成度を高める開発手法］が、この戦略的問題解決アプローチの特徴である。

リッパーグループのサメ発見アルゴリズムについては第6章で説明した。リッパーは、インターナショナル・サーフ・ライフセービングの社長だったケビン・ウェルドンと、オーストラリア人として初めて宇宙に旅立ったポール・スカリー＝パワーが設立したオーストラリアを拠点とする企業である。リッパーの目標は、無人航空機（ＵＡＶ）やドローンを使った緊急サービスにおけるグローバルリーダーになることであり、現在のビーチ・ライフセービングから、洪水時の救助や被害調査、山火事の検出や対応へと発展している。国家安全保障やその他の自然災害もその範囲に含まれている。

　リッパーの最初の階段は、多くのスタートアップが直面するものと似ている。つまり、有料顧客から始めて、運用能力を構築するために自助努力《ブートストラップ》を試みるのだ（**図表８－14**）。自分たちがいるエコシステムとどのように競争するつもりなのかについて、早い段階で判断を下す。この場合、彼らは独自の運用能力を持つことに基づいて、緊急サービスに焦点を当てた顧客と、ハードウェアではなくソフトウェアに焦点を当てることを選択した。

　リッパーグループは、みずからを初期段階の顧客、規制当局、ハードウェア・サプライヤー、ソフトウェアおよびデータ分析からなるエコシステムのプレイヤーであるとみなしている。これにより彼らは、目視外飛行（ＢＶＬＯＳ）や夜間飛行などの安全性と性能の問題に対処するために、主要な規制当局と協力する道を歩んできた。ビーチで人命を救うという使命を果たすために、彼らは機械学習の科学者と協力して、世界初のシャークスポッター・アルゴリズムを開発した。これは、ドローンから送られる画像データから、人、イルカ、サメを区別するソフトウェアで、第６章で紹介している。

　彼らの階段は、数年で築き上げた基盤と能力、そして２０２０年までに設定した目標に到達するための大きな動きを示している。現在、参入障壁が低いこの分野で、彼らは最も困難な任務を引き受けることができ

図表8-14 ❙ リッパーグループの成長の階段

2016
・免許認証
・世界で初の救助ポッド開発
・最初のBVLOSテスト
・最初の顧客
2017
・BVLOSテスト成功
・世界初の人工知能／機械学習、シャープ・プロテクター
・最初の抑制ボール出荷
・垂直市場でのパートナーシップ実現
2018
・全国的緊急対応サービス
・BVLOS免許
・その他の人工知能および機械学習アプリケーション
・垂直市場でのパートナー拡大
2019
・「ドローン・イン・ボックス」を世界に販売開始
・スケーラブルなクラウド・ベースの3Dと分析
・非GPSおよび夜間運用を開発
2020
・類似業種の中で最高の操作性とペイロード技術
・グローバル販売の拡大
・他種業界向けアプリケーション開発
・統合されたフリート管理システム
機能と資産のプラットフォーム
・規制当局の承認
・テストと開発
・ワールドクラスの運用とトレーニング
・複数の垂直市場
・多数のパートナー
・ハイテク・サービス
・グローバル・セールス
・世界で最高品質のドローン・サービス

る、信頼できるオペレーターとしての評判を築くことに注力している。そのためには、フライト・オペレーション、積載能力、データ分析に関する能力を構築し続ける必要がある。鉱山が尾鉱ダムで直面するリスク、洪水や火災による被害が発生した公共施設の資産検査、雑草防除のための農業用ドローンなど、関連する垂直市場における機会に対応している。ドローン使用に関する規制が市場の可能性を拡張あるいは制限するかもしれないため、不確実性はレベル2または3である。

リッパーグループの階段のさらに先には、グローバルな販売と流通を実現するための、現時点では不完全なステップがある。また、クラウドの活用と分析のスキルを深めて、独自の技術力を身につけることも重要である。リッパーグループは、定期的に海外に招かれ、オーストラリアで行っていることを再現するよう求められている。しかし現時点では、現地のパートナーなしでそれを実現するためのリソースも時間もない。1つのアイデアは、他のソフトウェア・サプライヤーにならって、ソフトウェアとオペレーション機能をパッケージにして、緊急用の「ドローン・イン・ボックス」と呼ばれるものを提供することだ。海外の顧客は、オーストラリアにある同社の訓練アカデミーに出席し、さまざまなアプリケーションの積載を検証し、BVLOS、LIDAR［訳注：レーザー光を使って物体までの距離や方向を測定する技術］、非GPS飛行、緊急サービスにおける機械学習アルゴリズムの使用などのイノベーションについてトレーニングを受ける機会が設けられている。

階段フレームは、成長計画を可視化し、階段のステップの規模と範囲について活発に議論することを可能にする。市場の進化や規制環境の不確実性を低減し、企業が先走らないように計画されている。また、柔軟性も組み込まれている。たとえば、BVLOSや夜間飛行に関わる規制について新しい情報が明らかになると、階段は描き直される。同様に、海外販売が早期に成功すれば、第6章で説明した未来のビーチのような製品のグローバル展開が加速化する可能性がある。

ケース5　パシフィックサーモンの保護

解決すべき問題のうち、最も長期的で不確実性が高いのは、社会と環境の分野の問題である。チャールズが十数年にわたって取り組んできたパシフィックサーモンの事例は、その好例と言えるだろう。問題の規模は文字どおり海洋規模（4か国と北太平洋全域をカバー）かつ数十年単位であり、パシフィックサーモンを要点とする生態系全体、および生活と文化の両面で膨大な数の人々に影響を及ぼす。これは大変なことである！

これまでの章で紹介したツールはここでも十分適用可能であり、チームは15年にわたるプロジェクトの間、これらを頻繁に反復して使用した。しかし、他のいくつかのツール、特に戦略のポートフォリオ管理に関するツールも、この規模の問題を解決するのに重要だった。それらを見てみよう。

「変化の理論」で全体をマッピングする

大規模で複数年にわたる問題の場合、全体的な変化の理論（TOC）、すなわちこの規模での社会または環境の変化を視覚化するための戦略マップを持つことが重要である。チャールズが一緒に仕事をしていたパ

図表8-15 ❙ パシフィックサーモン　保護の戦略マップ

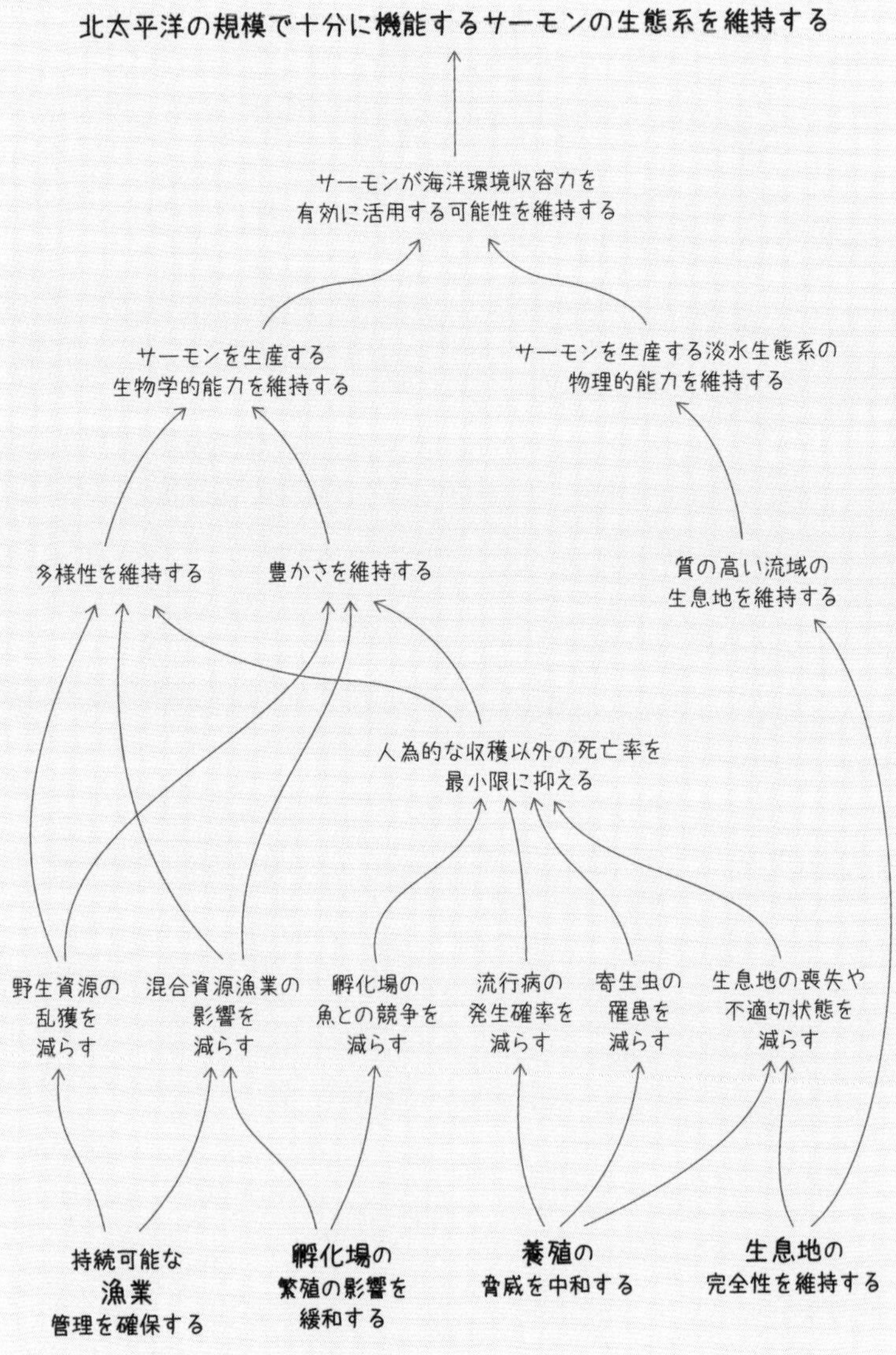
北太平洋の規模で十分に機能するサーモンの生態系を維持する
サーモンが海洋環境収容力を有効に活用する可能性を維持する
サーモンを生産する生物学的能力を維持する
サーモンを生産する淡水生態系の物理的能力を維持する
多様性を維持する
豊かさを維持する
質の高い流域の生息地を維持する
人為的な収穫以外の死亡率を最小限に抑える
野生資源の乱獲を減らす
混合資源漁業の影響を減らす
孵化場の魚との競争を減らす
流行病の発生確率を減らす
寄生虫の罹患を減らす
生息地の喪失や不適切状態を減らす
持続可能な漁業管理を確保する
孵化場の繁殖の影響を緩和する
養殖の脅威を中和する
生息地の完全性を維持する

シフィックサーモンのチームの場合、そのTOCマップは、第3章で紹介したロジックツリーを発展させたものだった。

図表8－15にあるように、このマップには、北太平洋規模で、サーモンとサーモンの生態系機能を維持するための、チームの全体戦略がまとめられている。これには、（1）生息地の完全性の維持、（2）オープンネットペン［訳注：沖合などに吊るされた大きな網状の檻の中で魚を飼育する養殖システム］による養殖がもたらす脅威の無効化、（3）孵化場繁殖の影響の緩和、（4）持続可能な漁業管理の確保、に関する戦略が含まれていた。これらのハイレベルな戦略により、10年半の間に約100の団体に300以上の助成金が交付されたが、その管理は大変なものだった。

変化の段階を3つに分ける

チームは、大規模な戦略や投資のポートフォリオを管理し、伝達する方法の1つとして、投資の段階と、漸進的な変化または根本的な変化として表現される志のレベルとの両方をとらえたマトリックスでそれらを可視化した（図表8－16）。

チームは、パシフィックサーモンの生態系への投資を、変化の論理的な段階にわたってバランスよく行うことを望んでいた。

変化の段階1　**種蒔き**

変化の初期条件を整えるための戦略で、政府管理機関の理解を深めるための基礎科学への投資、土地計画や先住民の所有権に基づく初期段階の生息地保護投資、その他の長期的な変化のための努力への支援基盤の動員などが含まれる。

変化の段階2　**栽培**

利害関係者がテーブルに着き、生態系と経済的利用者双方のための解決策をともに考えようとする戦略である。これは主に、現状維持を求める複数の利害関係者に、古い資源収穫体制を変えてもらうための交渉への投資なのである。

変化の段階3　**収穫**

これは、保全の成果を定着させ、新たな保全中心の資源管理プロセスに対する組織的支援を強固にするための投資のことである。

そしてチームは、高価でリスクが高い変革を目指すものと、漸進的ではあるが重要な変化を目指すものとの間で、バランスを取ることが求められた。

このように複雑なポートフォリオを視覚化することにより、財団の価値観に照らしてバランスが崩れていないかを簡単に確認することができた。これは、一方では高投資、高リスクの戦略のみ、他方では漸進的な

図表8-16 ▍サーモンの保護　戦略ポートフォリオ

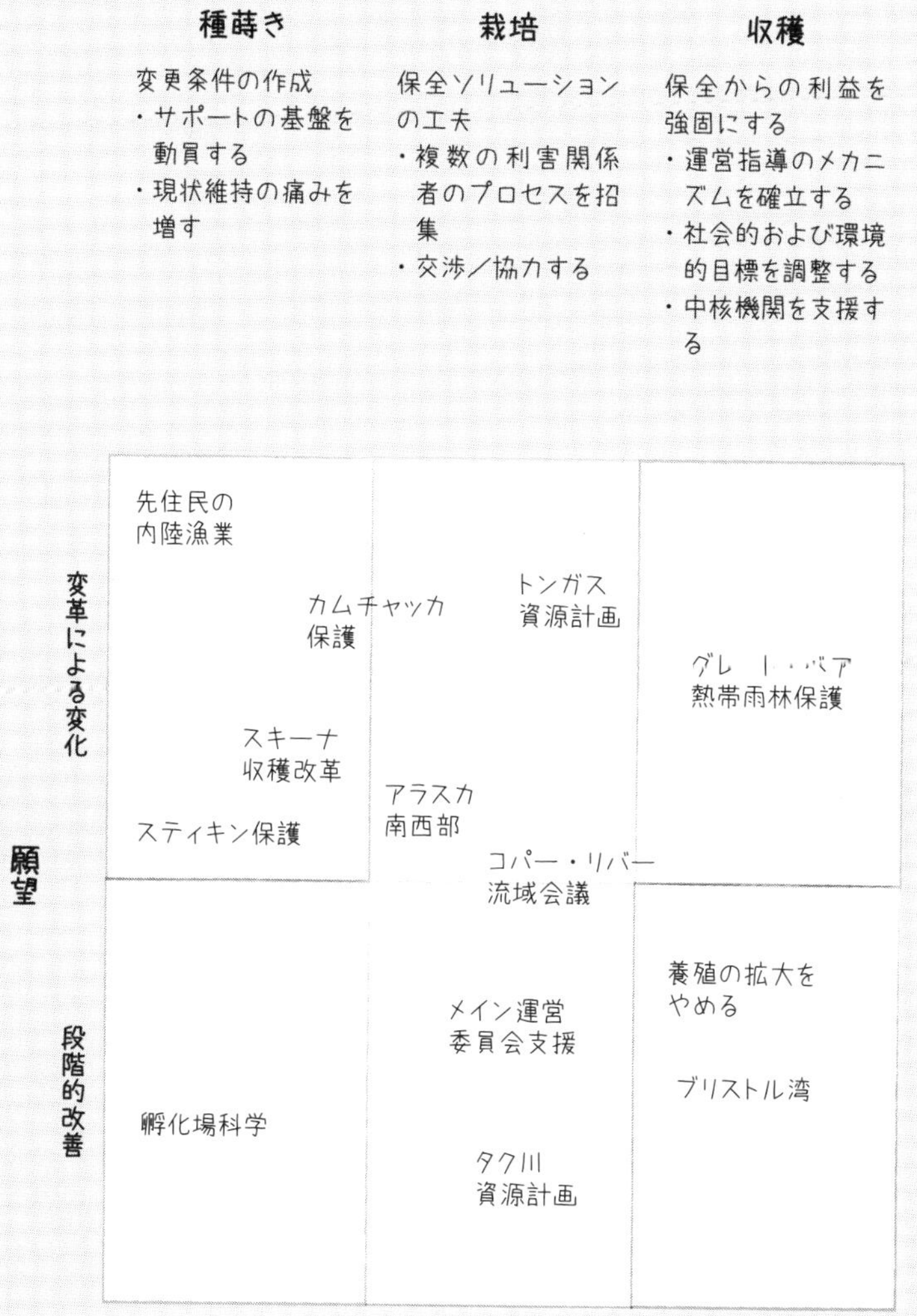
種蒔き
栽培
収穫
変更条件の作成
・サポートの基盤を動員する
・現状維持の痛みを増す
保全ソリューションの工夫
・複数の利害関係者のプロセスを招集
・交渉／協力する
保全からの利益を強固にする
・運営指導のメカニズムを確立する
・社会的および環境的目標を調整する
・中核機関を支援する
願望
変革による変化
段階的改善
先住民の内陸漁業
カムチャッカ保護
トンガス資源計画
グレ ト・バア熱帯雨林保護
スキーナ収穫改革
アラスカ南西部
スティキン保護
コパー・リバー流域会議
養殖の拡大をやめる
メイン運営委員会支援
ブリストル湾
孵化場科学
タク川資源計画

変化をもたらすだけの賢明な実務的アプローチの一群に当てはまる。このことは、個々の戦略のリスクを他の戦略とトレードオフし、財団の評議員や上級意思決定者に全体のリスクとリターンのプロファイルを伝えるための効果的な図式となった。

どの利害関係者も同意しなかったら、どうしたらいいか

このように大規模な問題では、個々の地域戦略やトピック戦略は、それぞれ論理的に分解され、優先順位付けされ、戦略マッピングされる必要があった。具体例を挙げると、チャールズが取り組んだパシフィックサーモンの地域戦略の1つは、巨大なスキーナ川流域を中心とするブリティッシュ・コロンビア州北部だった。

スキーナ川には、ヨーロッパ人の漁師が現れる前から、先住民による持続可能な漁業の非常に長い歴史があった。その後さまざまな漁業者がシェアを巡って争い、また連邦政府と州政府の漁業管理機関の間でも対立が続いている。ここ数十年、この争いはサーモンの遡上の減少と漁業資源利用者の厳しい経済状況を背景にしている。連邦政府はエビデンスに基づくサーモン漁の管理方針を策定したが、実施することはできなかった。サーモンとサーモン経済へのアクセスが漁師に制約され、環境保護団体が管理者への圧力を強めるにつれ、対立は激化した。現状維持を好む者は誰もいなかったが、漸進的にでも変化への道筋を見つけることは困難な状況だった。

このような複雑な状況では、多くのものが壊れているにもかかわらず、どの利害関係者も解決策に同意し

ない場合、ほぼ全員が合意できる変革のビジョンを設定するのが有効である。これによって、対立する当事者がビジョンのどの要素を共有しているのかを確認し、協調的な問題解決につなげることができる。図表8－17は、多くの関係団体が作成したスキーナ川流域の変革のためのビジョンを示している。

このビジョンは即座に和解につながるものではなかったが、スキーナ川流域の状況について、独立科学評価（ＩＳＲＰ）を実施するという合意への橋渡しになった。ＩＳＲＰの調査結果は、エビデンスに基づく強力な管理計画の策定と、複数の利害関係者によるガバナンスの協議に役立ち、現在も改善が続いている。

チャールズが協力した財団チームとスキーナ川流域の協力者にとって、変革に向けた地図を一連の戦略として視覚化することは有益であり、その中には競合するもの（つまり、どちらかが成功しそうだが両方は成功しない）と相互に補完するものがあった。図表8－18は、その戦略のマッピングを示したものである。

ご覧のとおり、このマップは流域の変化のための大きなレバーをロジックツリーで分解したもので、変化を促すために重要だったさまざまな支援活動や政策、制度を示している。複雑な社会問題では、問題解決を複数のレベルで管理するために、詳細な戦略マップを作成することが有効である。ゲーム理論ツリーはここでも役に立つ。

不確実性は、問題解決の最大の課題の1つであることに変わりはないだろう。しかし、あなたの長い時間軸と複雑な問題解決のためのツールキットがある。不確実性をフレーム化し、分析を繰り返して、不確実性に対処するためにどのような行動をとるべきかを決定する。不確実性とは、主観的・客観的な確率のことであり、それによって選択肢を追求し、公正な賭けをし、保険契約を買ってヘッジをかけ、悔いのない手段を取ることができるのである。

図表8-17 ▍変化のビジョンを設定する：スキーナ川流域の例

ここから ──→ ここまで

	従来の競争型混合漁業	ワイルド・サーモン政策の下でのコミュニティ・ベースの生態系管理
外郭の認識	他の利益や生態系との衝突を最小限に抑えて、商業的収穫を最大化する	適切な収穫レベルでの長期的な魚と生態系の回復力と持続可能性
意思決定	公式および非公式の影響チャネルがほとんどないトップダウン制御	長期的な持続可能性に最大の利益をもたらす複数の利害関係者のコンセンサス＋科学的思考
科学の利用	控えめ：ピア・レビューされていない存在量モデルと、いくつかのモニタリング・ポイント。ワールド・サーモン・ポリシーとの一致はない	多くの地点でのリアルタイム監視と遺伝データを含む保全ユニット／サブストック、目的地、タイミングの完全なマップを作成
割り当て	予測不可能で潜在的に危険な商業的ダービー・システム。先住民やその他の人々は自分たちが2番目に来ると感じている。リスクがいくつかのレクリエーション・セグメントに存在	先住民とのなんらかの形の共有システム。商業漁業と同等のレクリエーション・フィッシング
経済性	非常に希薄で商業的な変動費をほとんどカバーしていない。食用漁業が不足している	価値の高い、地元で加工されたブランド商品
製品	低価格普及クラス商品	商業、先住民、遊漁事業者向けの堅実な事業
ギアとキャプチャー・ポイント	わずかに選択された場所、タイミング、ギアを用いて、主に海または河口で捕れる	最適な場所に配置され、選択性と低コストが最適化される
施行	控えめ	底引き漁業のようにより包括的
「感じ」	「今、私のものを手に入れるため戦う」	余剰分を公平に配分し、資源の長期的な持続可能性を確保するための共同作業

図表8-18 ▍地域レベルでの計画戦略——スキーナ川流域

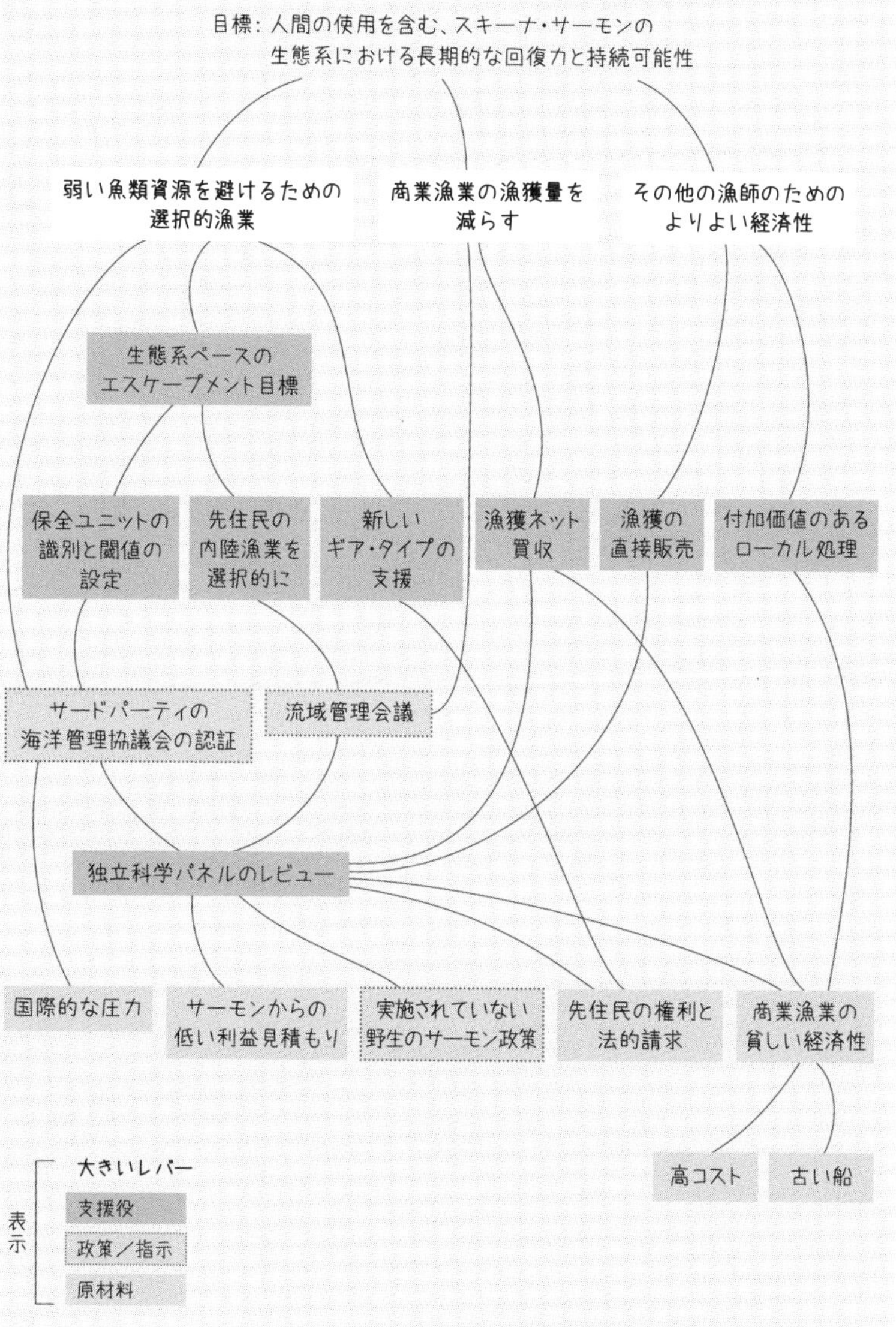

第8章のまとめ

・不確実性は、最も難しい問題に共通の特徴である
・不確実性の種類とレベル、そして自分のリスク許容度を理解することが、不確実性の下で問題を解決するための最初のステップである
・不確実性とリスクに対処するために、戦略立案に組み込むべき一連の行動がある。情報の購入、低コストのオプションの取得、保険の購入、能力と知識を構築する悔いのない手段をとることである
・不確実な環境下での戦略的な行動によって得られる、あるいは阻害される長期のオプションの価値は、計算の重要な要素になり得る
・階段アプローチは、企業が新しく、不確実な市場に参入する際に、新しい能力や資産を構築しながら、ストレッチを管理し、柔軟性を維持し、勢いをつけるのに役立つ
・本当に長期的で不確実性の高い戦略には、戦略全体を可視化し、管理するための変革の理論マップと戦略ポートフォリオのマトリックスが必要である

独学のための練習問題

問題1　あなたの勤める会社や非営利団体が直面している長期的な問題を、5段階のフレームに分類してください。

問題２　それぞれのレベルに対して、どのような不確実性を低減する仕組みを採用していますか？

問題３　あなたの個人的な長期間の問題を取り上げ、それを解決するために取るべき方法を見つけてください。

問題４　あなたが現在策定中の成長計画について、今後5年間の階段を描いてください。

問題５　あなたが興味を持っている長期的な社会的問題に対して、変革の理論マップと戦略ポートフォリオを策定してください。

第9章

「厄介な問題」を解決する

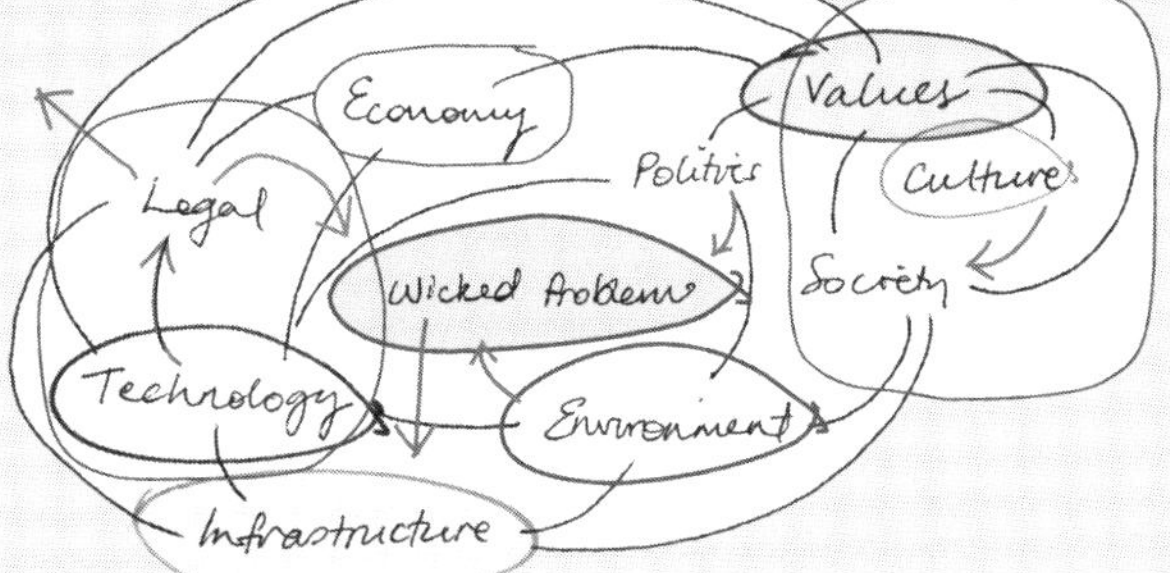

2つの「厄介な問題」に「完全無欠《ブレットプルーフ》の問題解決」を当てはめる

「厄介な問題」とは、複雑なシステムと不可分に結びついているため、問題の定義や解決に失敗したように見える問題の一群を説明するために付けられた名前である[*1]。こうした問題には、複数の原因、利害関係者間の大きな価値観の相違、意図しない結果、問題を解決するための実質的な行動変容が含まれていることが一般的である。テロ、環境破壊、貧困などは、しばしば「厄介な問題」の例として挙げられる。厄介な問題は異質であり、簡単に解決できるものではない。しかし、私たちは7ステップのアプローチが、こうした最も困難な難問にも光を当てることができると信じている。市民として、私たちは政治家や政策立案者が提案する解決策を理解し、評価するためのツールを持たなければならない。

この章では、「厄介な問題」と呼ばれてきたさまざまな問題について説明する。これらは、通常、社会的、あるいは地球規模で発生する。ここでは特に、肥満と共有地の乱獲という2つの事例について、「厄介さ」を取り上げる。

問題1　世界的な肥満の流行をどう解決するか

肥満は、経済的、社会的、個人的に莫大なコストを伴う世界的な現象である。マッキンゼー・グローバル・インスティテュート（MGI）は、肥満が喫煙、武装暴力、テロと同様の社会的負担（2兆ドル）を強いていると推定している。この記事の著者らは、「肥満は、単一あるいは単純な解決策のない、複雑で体系的な問題である。この拡大する問題をどのように前進させるかをめぐる世界的な不和は、潜在的な解決策を総合的に評価する必要性を強調している」と述べている。[*2] 肥満には何十もの原因があり、その複雑さと相互依存性から、厄介な問題のすべての要素を備えている。[*3] 遺伝的、環境的、行動的、文化的、社会的、そして所得や教育的な側面が関与している。では、そのような問題をどのように解決していけばよいだろうか。

MGIレポートでは、マッキンゼーのチームが、問題の範囲と解決策の制約を定義し、使い慣れた需要供給の線に沿って問題を分解し、よく知られている公衆衛生の枠組みを使って介入オプションを包括的に分析し、統合と行動を促すフレーズで締めくくるという、本書を通じて説明したのと同様の方法で肥満問題に取り組んだことを確認することができる。問題解決のためのこうした要素をさらに詳しく調査し、7ステップでどのように厄介な問題への取り組みを進展させることができるかを説明しよう。

5年以内に過体重・肥満の20％を正常体重に戻せるか？

MGIのレポートは、問題の方向性を次のように定めている。

肥満問題の方向性

- 太りすぎや肥満の人は、イギリスの成人人口の30％を占めると推定され、その割合は増え続けている
- イギリスにおける経済的負担は、2012年時点で年間730億ドルと推定されており、喫煙の900億

ドルに次ぐ規模である

・太りすぎや肥満に関連する症状の直接的な医療費は、イギリス政府によって年間60億ドルにも上る

・医療費はBMI（ボディ・マス指数）に応じて上昇する。肥満の人は、標準体重の人と比べて58～86％高い医療費が負担されている

MGIによる問題定義では、イギリス政府を意思決定者として想定していた。プロジェクトの過程で、イギリス政府、臨床医、研究者が協議した。問題解決にはほとんど制約を設けなかった。高糖度飲料への課税や公衆衛生プログラムなどの規制的介入が検討された。主な要件は、費用対効果が高いと判断されること、大きな影響を及ぼすこと、そして介入を正当化するためにエビデンスに基づくことだった。医療費負担者は、イギリスでは国民保険サービスがユニバーサルケアとしての役割を担っているため、このレポートでは除外された。2014年のMGIの研究では、5年以内に過体重・肥満者の20％の割合を正常体重カテゴリーにするという、厳しい目標が提示された。

肥満の問題を分解する

第3章では、社会的な問題を切断する方法をいくつか例示した。発症率と重症度、行動と臨床の観点、さらには財政および非財政の観点で問題を切り分けることができる。MGIは、気候変動の例でCO_2排出量を削減するために使ったアプローチと同様に、費用曲線を採用し、需要と供給の観点から問題を切り分ける

ことを選択した。この切断の視点がもたらす価値は、コストと影響の大きさを降順で示し、機会の選択肢を提供してくれることである。

「費用曲線」で74の介入策の費用対効果を分析する

MGIチームは、介入を高カロリー食品や飲食の入手可能性、体重管理プログラム、食事量制限、公衆衛生教育など18のグループに分類し、全部で74の介入を検討した。それぞれの介入について、世界保健機関（WHO）の疾患影響評価尺度である障害調整生存年（DALY）あたりのドル換算で、コストと影響を推定した。その結果、エビデンスの評価と相まって、5年間で目標の肥満者20％削減を達成できる、費用対効果が高いと考えられる44の介入策を選択した。介入策を実施するためにイギリス政府が負担するコストは400億ドルと見積もられた。**図表9－1**にMGIのコスト曲線を示した。

示された費用曲線は、政策立案者にいくつかの点で役に立つものだが、最も重要なのは優先順位を決めることである。一般に、まず低コストで効果の高い取り組み、特に「小さな勝利《スモールウィン》」と呼ばれる取り組みを先に実施し、その後に、より意見が分かれやすく、コストのかかる取り組みに着手することになる。図表9－1でいうと、左側で最も幅の広い棒グラフがそれである。時間の経過とともに、コストと効果に関する情報が収集されるにつれて、費用曲線上の取り組みの順序は変化し、政策立案者にとってダイナミックなツールになった。また、街の歩きやすさについては後述するが、介入により費用対効果が変わることもある。たとえば、資産価値が高くなったことで、徒歩や自転車のための都市の再設計にかかる正味コストが減少すれば、

図表9-1 ▍イギリスにおける肥満への介入の費用曲線

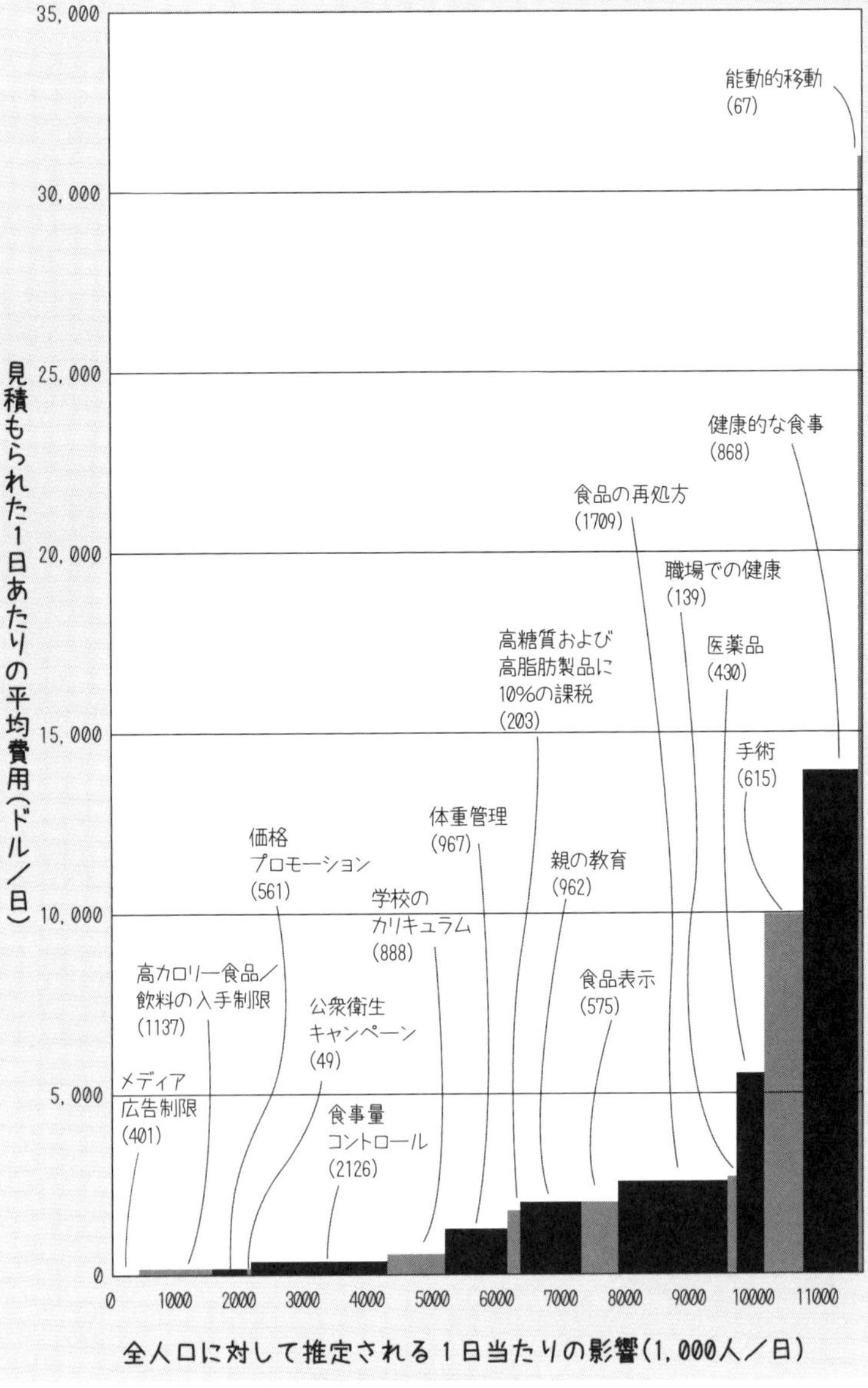
35,000
30,000
25,000
20,000
15,000
10,000
5,000
0
見積もられた1日あたりの平均費用（ドル／日）
能動的移動 (67)
健康的な食事 (868)
食品の再処方 (1709)
職場での健康 (139)
高糖質および高脂肪製品に10%の課税 (203)
医薬品 (430)
手術 (615)
体重管理 (967)
親の教育 (962)
価格プロモーション (561)
学校のカリキュラム (888)
食品表示 (575)
高カロリー食品／飲料の入手制限 (1137)
公衆衛生キャンペーン (49)
メディア広告制限 (401)
食事量コントロール (2126)
0 1000 2000 3000 4000 5000 6000 7000 8000 9000 10000 11000
全人口に対して推定される1日当たりの影響（1,000人／日）

（固定資産税の財源を通じて）能動的な交通手段の導入が容易になる。

CO_2削減曲線で見たように、費用曲線の底辺にある負のコスト、つまりそれを行うことで利益が得られるような介入を見たかったのである。MGIの分析では、肥満の人は正常体重の人と比較して、1人あたりの医療費が年間750ドルから1100ドルも高くなることを示している。

こうした費用の大部分が国民健康保険制度によって負担されている場合、個人の節約へのインセンティブは鈍る。それにもかかわらず、雇用機会の改善と寿命の延長につながると考えられる個人は、規制がなくても減量やフィットネスプログラムに投資することを選ぶかもしれない。インセンティブの問題については、また後ほど触れることにする。

「費用対効果の高さ」と「エビデンス」で人を動かす

MGIチームは、肥満の傾向を逆転させ、この個人的および社会的コストを削減するという指針となる目的を表明した。複数のプレイヤーや利害関係者がいる場において、費用対効果が高く、ほとんどの場合、強力なエビデンスに基づいた介入策を提案すると、鋭敏に反応されることが多い。コストと影響度の観点から、さまざまな選択肢を検討した結果、レポートは、ありもしない銀の弾丸のような解決策の出現を待つのではなく、意思決定者が今すぐ介入策のポートフォリオに取り組むように促す行動への呼びかけを設定した。MGIのレポートは、問題の明確化という観点から、他の種類の行動よりも政府による介入を強調している。人間の行動を変えるのは実に難しいことだが、このレポートには、私たちがこの本で説明したアプローチと一致する厳密さと実用主義が混在しており、単純な問題にも厄介な問題にも同様に有用であることがわかる。

肥満問題への5つの追加提案

この本では、分析から行動までの間の反復を強調してきた。肥満のような厄介な問題は、反復の必要性を例示している。MGIレポートの次の版が来たとき、私たちは追加の介入、特に行動的介入を含める機会があると考えている。ここでは、私たちのブレーンストーミング、分析、この分野の専門家へのインタビューから浮かび上がった5つの提案を紹介する。問題解決には、全体的なアプローチ、行動変容のためのインセンティブ、有効性の高いイニシアチブが必要であるため、これらの提案を選択した。

提案1　肥満の政策変数として「所得」と「教育水準」を含める

アメリカでは、最近のロバート・ウッド・ジョンソン財団による分析で、成人の肥満率が「横這いの兆候を示している」というエビデンスが報告されている。この良いニュースは、「大学教育を受けておらず、年収が1万5000ドル未満の成人の肥満率は、他の成人と比較して約30％高い」という調査結果によって調整されている。[*4] こうした知見は、第6章のアメリカの都市ベースの回帰分析から得られた結果とも類似していて、アメリカの68都市の人口における肥満率の違いの82％を、歩きやすさと快適さとともに、収入と教育、が説明している。これらの結果は、総合的な観点から、所得、教育、予防・治療プログラムを関連付けることを主張している。

提案2　個人の行動に対するインセンティブをさらに活用する

もうかなり前から、保険会社は、肥満に関連する保険料に掛け金を上乗せしている。なぜ医療保険者は、肥満によるコスト削減分を個人と共有する用意がないのだろうか。私たちは、肥満の軽減によって節約された費用の半分を個人と共有する報奨金制度を考えている。保険会社は、大幅な減量に適しているとみなされた参加者を募り、12か月の間にＢＭＩを許容範囲に戻し、それを12か月間保持した人ごとに契約を結ぶことができる。プログラムの開始前に、フォーカスグループを使って報奨金の組み合わせを検証することもできる。雇用主も、このアイデアを支持するかもしれない。アメリカの雇用主が従業員の報奨金プログラムとして駐車スペースを提供するのが一般的であるのとは異なり、日本の雇用主の中には公共交通機関の定期券や補助金を提供しているところもある。また、両国の企業の多くは、社員の健康維持のためにスポーツジムの月会費を助成している。

提案3　肥満を解消する鍵としてのソーシャルネットワーク

アメリカでの肥満に関する大規模な研究で、32年間で肥満人口比率が23％から31％に増加したことが指摘されている。研究者らの結論は劇的なものだった。「肥満は、社会的なつながりの性質に応じた定量的かつ識別可能なパターンでソーシャルネットワークに広がる可能性がある[*5]」。彼らの調査結果は、１人が肥満になると、配偶者が肥満になる可能性が37％高くなり、兄弟姉妹では40％、友人では57％高くなるというものだった。彼らは、このつながりに基づいて、「ある人の健康増進が他の人に広がる可能性があるため、医療や公衆衛生の介入は、当初の想定よりも費用対効果が高いかもしれない」と主張した。この洞察は、素晴らしい社会的解脱プロジェクトにつながるだろうか。そして、いわゆる「ナッジユニット」である英国行動科学洞察チーム以外に誰を巻き込むのがいいだろうか。彼らはどこから始めるだろうか。1人が肥満になると他の人に影響を及ぼすのと同じように、配偶者、友人、兄弟姉妹などの1人が主導権を握り、正常体重に戻すのを約束することでうまくいくかもしれない。私たちは、ソーシャルネットワークについて、10年前よりもずっと多くのことがわかっている。得られたこの知識を使って肥満に取り組むのは、賢明な方法のようである。

提案4　妊娠中・幼児期の体重増加を抑制する

妊娠中の過度の体重増加は、30年以上にわたって連鎖反応のように影響を及ぼす。イギリスでは、40%の妊婦が体重過多または肥満の状態で妊娠し、出生時および6歳時の子どもの肥満リスクが33%増加し[*6]、アメリカの体重過多の子どもの40%が思春期にも体重過多であり続け、肥満の青年の75~80%が、肥満の大人になると言われている[*7]。生涯にわたる肥満の累積効果は甚大である。妊婦への介入によって妊娠期間（6~20週）の体重増加を抑えられるかどうかを調査する研究が進行中である。これがランダム化比較試験で実証できれば、特に利用価値が高く、低コストで介入できる可能性が高い機会がまた1つ増えることになる。

WHOの幼児肥満委員会のメンバーだった研究者、ルイーズ・バウアー教授は、0歳から2歳までに急激に体重が増えた幼児は、その後の人生で体重過多や肥満になる可能性が約4倍になるという17件の研究結果を引用している。バウアー教授は、具体的には、保護者に栄養に関するアドバイスをすること、最初の12か月間は母乳育児を推進すること、毎月医師の診察を受け、体重の増加を確認するなどを推奨している。[*8] 子どもの肥満とその影響という問題に対して、比較的シンプルでわかりやすい行動をとることにより、並外れた効果が得られるかもしれない。

提案5　都市の歩きやすさや能動的な乗り物を活用する

ニューヨークや東京のような都市は、歩きやすい都市の好例である。私たちは、アメリカの68都市における歩きやすさを調査することにした。歩きやすさは、肥満度の違いを説明するうえで統計的に有意な変数なのである。歩きやすさが10％増加すると、肥満が0・3％減少する。これは、イギリスでいえば、高糖質・高脂肪食品に10％課税することと同様のインパクトがある。MGIレポートによれば、この関係は費用対効果の高いグループに含まれるかどうかという限界の位置にあるが、もし高い固定資産税が含まれていれば、便益・費用比がさらに改善される可能性がある。たとえば、アメリカの上位30都市圏では、「歩きやすい都市部は、運転しやすい郊外部よりも平米あたりの賃貸価格が74％も高い」[*9] ことから、将来の固定資産税が歩きやすい都市への転換の資金になる可能性があることが示唆されている。日本人の平均的な歩行距離は、アメリカ人の2倍である。

体重過多や肥満の人口は、世界中の政策立案者にとって大きな問題である。文化的、行動的、社会経済的、生物学的に複数の原因があるかもしれないが、だからといって、これを厄介な問題と決めつけ、放置していいわけではない。私たちは逆に、野心的な目標を設定し、社会的なレベルで優れた問題解決アプローチを採用し、複数の介入経路を用意することを支持する。私たちのチームが初めてこの厄介な問題について議論したとき以上に、肥満を考察して解決策を見出せると自信を持って確信するようになった。私たちは、この問題が解決されたと主張しているわけではない。しかし、この研究は、強力なエビデンスに基づき、この疫病が社会に与える経済的負担と比較して妥当なコストを持つ、肥満と闘うための有望な手段を数多く示している。

問題2 共有地での資源乱獲を減らす

環境破壊は、最も蔓延している厄介な問題の1つである。1968年に書かれたギャレット・ハーディンの有名な論文「共有地の悲劇《コモンズ》」[*10]は、公有地、水、漁業などのいわゆる「公共財《コモンプール》」は、過剰利用を避けるために政府の介入か私有化が必要であるという見解に多くの人が合意するのに影響を及ぼした。ノーベル経済学賞を受賞したエリノア・オストロムは、こうした公共財の問題には解決策があることを示した。その解決策とは、資源利用者の間で長年にわたって行われてきた取り決めで、規範によるコミュニティ管理の要素と、ある種の収穫権による私有化を模倣する要素を持つものである。[*11]ではここで、はるかに良い結果を達成するために、巧妙な問題解決を行った漁業改革の事例を見てみよう。

米国西海岸の底魚を保護するには

今回取り上げるのは、カリフォルニア沖のアメリカ西海岸の底引き漁業で、アメリカ・カナダ国境とアメリカ・メキシコ国境の間の200海里に及ぶ広大な漁業の一部である。この漁業は、以前から衰退傾向にあり、1987年には1億1000万ドルと評価された漁獲量が、2003年にはわずか3500万ドルにまで減少してしまった。2001年、連邦裁判官は太平洋漁業管理評議会（PFMC）に対し、実質的に海底を掃討するトロール網が海洋生息地に与える影響を調査するよう命じた。その結果、トロール網は生息地と種の多様性に大きな悪影響を及ぼしていることが確認された。漁具の種類や入漁規制に関する政府の介入は、漁業資源の減少を遅らせるという点ではほとんど成功していないにもかかわらず、この報告の後、すべての関係者が、連邦政府による規制が始まることを想定していた。カリフォルニア沿岸漁業は、過剰なアクセスと漁獲能力、魚の繁殖のための安全地帯の欠如、生産的な海底生息地を破壊する漁具の種類、魚の個体数の減少、漁師にとってますます厳しくなる経済性など、共通資源問題の典型的な要素がすべて存在していたのである。

従来の解決策はほとんど機能していない

PFMCによるレポートで問題は特定されたものの、底引き網漁の悪影響を軽減するための解決策は、実

図表9-2 | 乱獲に対する従来の解決策

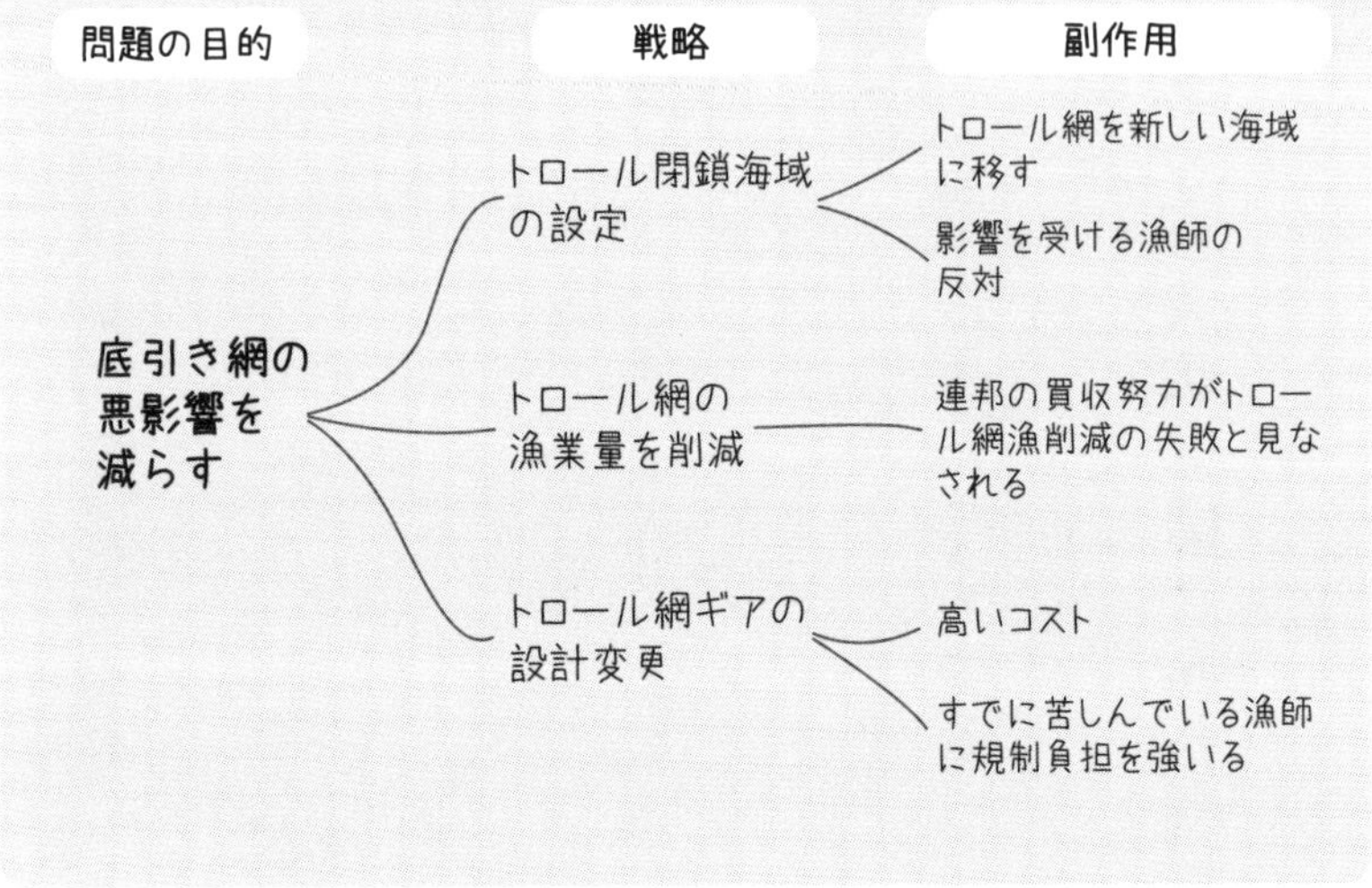

行するのが困難なものだった。トロール閉鎖海域の設定、許可証の買い戻しによるトロール漁業量の削減、種や混獲による影響を低減するための漁具の修正提案の3つの戦略は、他の場所では採用されていたが、ほとんど成功していなかった。1回かぎりの方法で採用された各戦略の典型的な結果や成果は、**図表9－2**に示されている。

何かを変えなくてはならなかった。従来のトップダウン規制アプローチでは成功率が低く、残された漁業関係者の経済状況は脆弱で、悪化の一途を辿っていた。そこで登場したのが、チャック・クックと自然保護団体ザ・ネイチャー・コンサーヴァンシー（TNC）だった。TNCのベテラン・スタッフであり、現在は上級漁業アドバイザーを勤めるチャック・クックは、カリフォルニアの漁業の再建に多大な貢献を行った。[*12]

彼とチャールズは以前、太平洋中部のパルミラ環礁の保全プロジェクトに携わったことがあった。チャックは、地域社会、政府、パートナーとの協力のもと、持続可能な漁獲の問題について共通の認識を持ち、実行可能な解決策を見つけることに深い経験を持っていた。チャックは、土地保全のための地役権や市場取引の類型を海洋環境に適用することで、解決策を見出すことができると考えていた。

再構築への新しいアプローチとは

TNCが2004年から漁業者と緊密に協力し、より優れた解決策を見出した。[*13] チャックが22本のトロール許可証の所有者と会った際、380万エーカーの広さの底引き網漁を禁止する海洋保護区の設立を支持することを条件にして、TNCがトロール許可証を買い取ることに関心を示した。漁師とTNCとの間で話し合いが進み、2006年、TNCは許可証の50％以上を700万ドルで購入し、西海岸で2番目に大きい底魚収穫権保有者となった。その後TNCは、保護制限付きで漁師に許可証をリースし直したのである。

さらに、トロール機器よりも魚に傷を与えにくい、釣り針やトラップといった漁具の使用を漁師に奨励するには、もう一段階障害を克服する必要があった。このプロジェクトの第2段階では、TNCのベテランスタッフであるマイケル・ベルが主導し、漁業者と自主的な民間協定を結び、漁業を行う場所、魚種、混獲の厳格な制限、地域ごとの漁具種類の制限を規定した。カリフォルニアの中央海岸海域では、競争が激しい個人間の漁業とは対照的に、協力的な漁業が常態化し、漁業の経済性と環境性を向上させる結果になった。2011年、米国海洋漁業局は、完全な漁獲シェアと個人譲渡が可能な漁獲枠の制度を導入した。漁獲シェアは、漁獲対象種と混獲種の両方に制限を設けたうえで、各許可保有者に種ごとの総漁獲量を割り当てるものである。これは、沿岸部の底引き漁業再編に関する最後の重要な要素だった。

この革新的な漁業保全協定は土地の地役権にたとえられ、使用条件付きで売買可能な許可と割当という形で、限定的な財産権を付与する。この協定は、太平洋漁業管理評議会、漁業者、ＴＮＣとの間で結ばれ、持続可能な漁獲、魚類資源の科学、そして自然保護活動家、科学者、漁業者、政府間の協力的アプローチに関する原則に基づいている。また、エリノア・オストロムが、コモンプール資源（ＣＰＲ）の成功例を分析した際に引用した多くの要素を取り入れている。

モロベイのケーススタディ

こうした変化に対応するため、カリフォルニア州の地方港の1つであるモロベイに、漁業コミュニティ、モロベイ市、科学者、経済学者からなる理事会を設置し、地元の非営利団体として地域割当基金《コミュニティクオータファンド》（ＣＱＦ）が設立された。[14] ＴＮＣは、コミュニティの資産として、漁業許可証と漁獲権を保有しているカリフォルニア中央海岸が個々の漁師に貸し出しを行っているように、これらの権利のほとんどをＣＱＦなどに売却した。この仕組みの構造は**図表９−３**に示されている。

太平洋での底引き漁業に加わっているカリフォルニア州中央海岸の主要4港の1つであるモロベイの漁獲量は、１９９５年には１０００万ドルと評価されていたが、魚類量の減少を反映し、２００３年には２００万ドルまで減少した。その後、上記の新たな取り決めにより、２０１０年には４００万ドル、２０１４年には８３０万ドルにまで回復した。こうした改善は、魚数の回復にもよるが、割当漁業では漁獲量が長期間に

図表9-3 ▌コミュニティ漁業の所有権

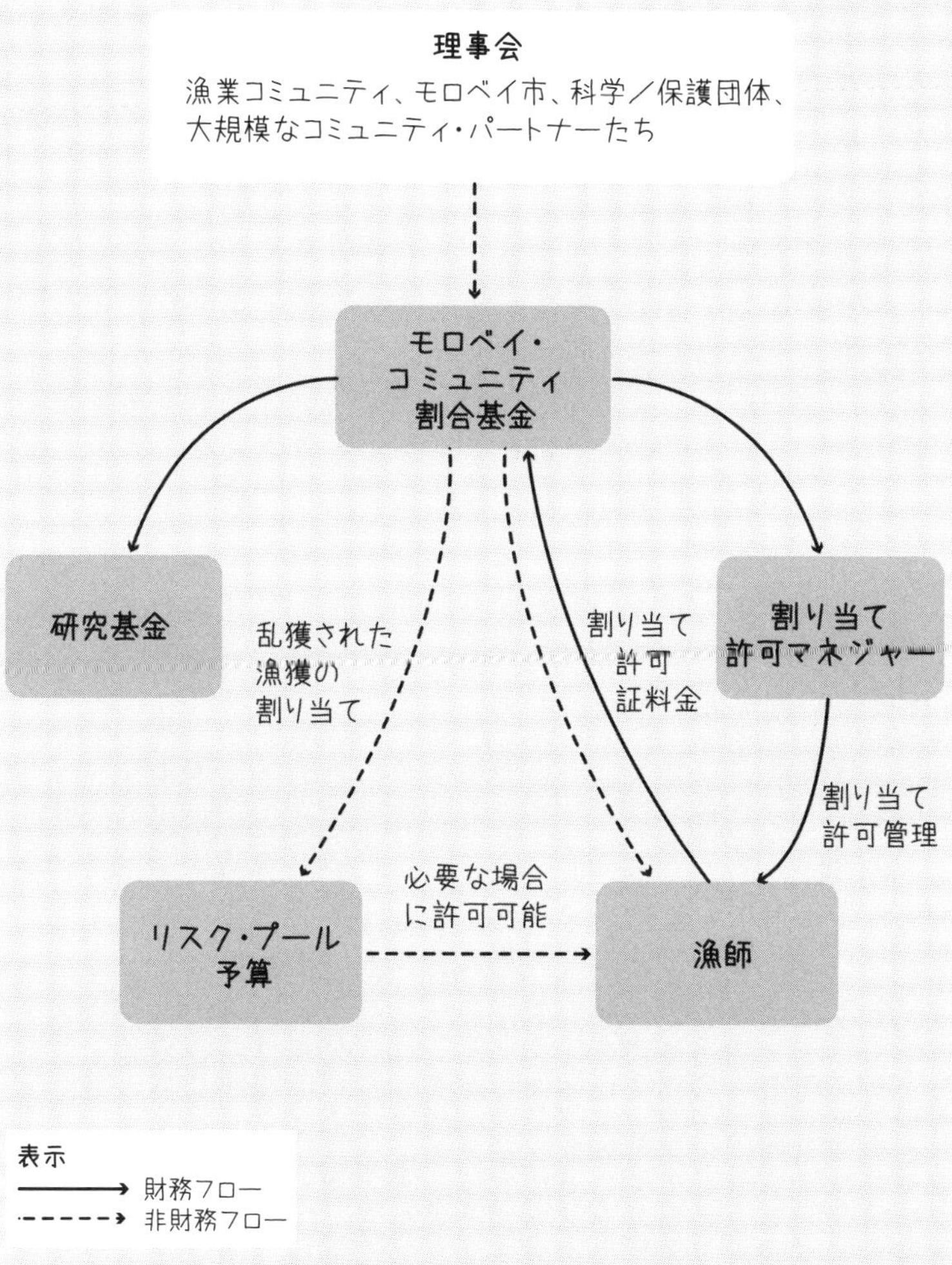

図表9-4 | モロベイ収穫価値——モロベイ、全魚種、船外出荷価格

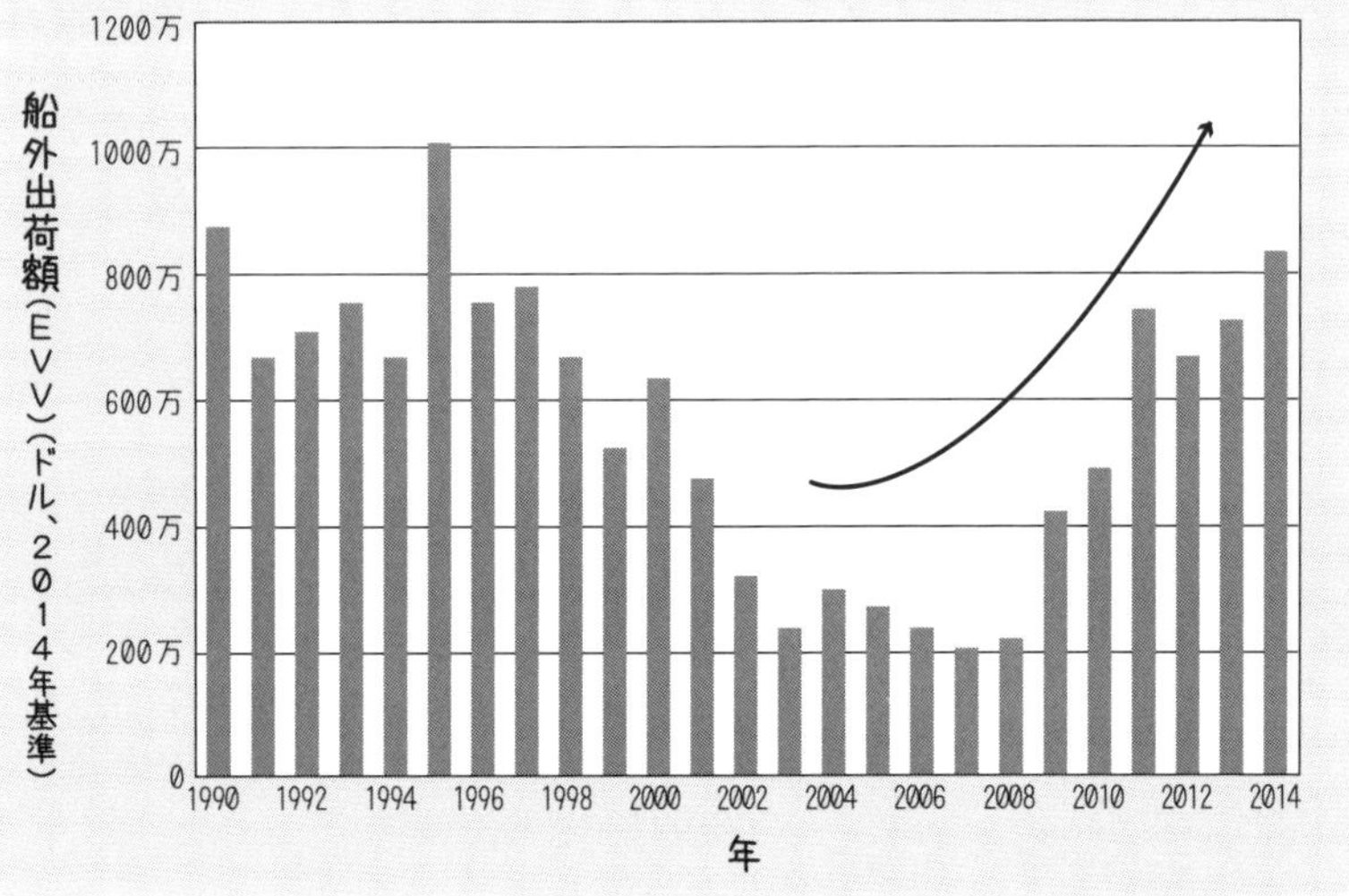

わたって分散され、漁師がより効果的な市場にアクセスできるため、重量あたりの価格が高くなることにも起因している。**図表9－4**は、規制と集団行動による市場の解決策を組み合わせることで今のところ対処できている、漁業の臨死体験からの復活を示している。

「2015年モロベイ商業漁業　経済インパクト報告書」によると、「モロベイはトロールと大量の水揚げに依存した大規模船団から、魚種と漁具の種類に多様性を持つ小規模船団への転換移行にうまく成功している。これは、25年ぶりの低水準だった2007年からの収益の大きな伸びによって証明されている。2015年は、過去20年間で最も好調な年になった[*15]」。こうした経済的な措置の先にあるのは、種の多様性と、キンムツなどの一時絶滅したと思われた種類の再出現であり、この漁業を将来にわたって維持するために好都合な要素である。商業漁業は、モロベイの漁師、湾岸労働者、水産物加工のため、1

95の雇用を占めている。さらに、観光客が毎年200万人訪れる。観光客の多くは稼働中の港を見たり、新鮮な魚介類を買ったり、食べたりするためにモロベイにやってくるのである。

乱獲は、モロベイをはじめとするカリフォルニア州沿岸の港で解決されたかもしれないが、世界的には依然として大きな問題であることに変わりはない。コモンプールの解決策と集団行動の例は、この問題が難しすぎるからといって放置したままにする必要はないという励みになる。2016年にセイシェルで実施された革新的な自然保護債務スワップは、やはりTNCとその傘下のネイチャーベスト・ユニットが主導し、ドイツと同じ広さの9890万エーカーの海洋保護区（MPA）が作られた。カリフォルニアやセイシェルなど集団行動で見られたのは、問題の定義、問題の分解、分析によって、従来の規制介入よりもうまく機能する新しい解決策を導き出すというものだ。厄介な問題の特徴の1つである外部性は、体系的な問題解決アプローチによって開発された革新的なメカニズムを通じて、内部化され、中和することができる。

厄介すぎる4つの問題とその対応

私たちは、いくつかの厄介な問題の革新的な解決策を開発する方法を探求してきた。解決策は、何が解決策の一部となり得るかという前提を緩和することから、外部性を内部化するためのインセンティブを修正する準備、介入策への新しい洞察を明らかにするために問題を異なるやり方で切断することまで、多岐にわたっている。こうした問題はより難しく、より多くの原因があり、克服すべき困難な社会問題が含まれている。しかし、そうした問題も、第1章で見てきた単純な問題と同じように、体系的な問題解決には適しているのである。

私たちの問題解決アプローチに限界があるような厄介な問題は他にもあるだろうか。厄介な問題の中には、極端な次元のものがあり、特別な困難を伴うが、だからといってそれが問題解決の範囲外になるとは考えていない。下記はそうしたものの例である。

問題1　介入の結果、問題の形が変わってしまう場合

生活保護費への対応などの社会問題は、しばしばこうした性質を持っており、介入が依存につながり、積極的な行動を損ねる可能性がある。第8章で使用したような変化の理論は、負の可能性を持つフィードバックループをマッピングし、インセンティブを正しく得ることを求めるために必要である。

問題2　問題に対する唯一の正しい答えがない場合

たとえば、ある国のエネルギーミックスにおいて、原子力発電の果たす役割があるかどうかを判断する場合がそうだろう。私たちは、意見が大きく対立するような問題では、正しい答えが存在しない可能性もあると考えている。その場合は、合理的に正しい答えと、場合によっては最も悪い結果との間のトレードオフを探る。このような問題には、チャールズの嗜好マップをより洗練させたものを使って住む場所を決めたり、ゲーム理論を使って損失の最大値を最小限に抑えるミニマックス・ソリューションを実現したりすることができる。

問題3 価値観が重要な役割を果たす場合

アメリカの銃規制は、問題についての議論を形成するうえで、価値観が重要な役割を果たす問題である。時には、この議論は手に負えないように見える。それでも、銃の所有による事故死や殺人死の原因、比較的簡単な介入（精神衛生や犯罪歴の身元調査の強化、購入までの待機期間の設定、販売時の抜け穴の封鎖など）でこれらの原因のいくつかに対処できる可能性についての優れた問題解決から、共通の基盤が生まれる可能性が最も高い。死刑に関する法律も同様な問題であり、死刑判決における高い誤判率に直面したときに、価値観の橋渡しをすることになるだろう。私たちは、異なる価値観を持つグループに問題の分解と事実の収集に参加してもらうことで、共通の地盤への橋渡しができることを発見した。

問題4 実際の問題が、より明白な他の問題の入れ子になっている場合

たとえば、現在、世界中の多くの都市で問題となっているホームレス問題が挙げられる。ホームレス問題に取り組んでいる団体の中で、シェルターが中心的な問題だとみなしているところはほとんどない。シェルターを提供するだけでなく、その背後にある社会的、経済的、精神衛生的な懸念に目を向け、それらに対処する方法を考えなければならない。たとえば、シェルターや安全な場所を求めている女性のかなりの部分は、家庭内暴力から逃れている被害者である。この主に男性の行動の根本的な問題を理解し、対処することは複雑だが、長期的な問題解決の鍵となるものだ。私たちは、肥満のケースで示した費用対効果の高い解決策を導き出すためのアプローチとツールが、ホームレスの問題にも同様に適切であると確信している。

厄介な問題についての考察から、最も挑戦的な問題であっても、7ステップのプロセスを使うことで、効果的かつ洞察的に解決できると確信できた。難し過ぎるという理由で問題を分類する必要はない。情報に敏感な市民や有権者になるためには、私たち全員が問題解決の創造性を発揮して、これらの最も困難な社会問題に取り組む必要がある。

第9章のまとめ

・問題の中には、複雑なシステムの一部であり、複数の原因や多くの利害関係者が存在し、外部性が関与し、影響を及ぼすには難しい行動変容を必要とするため、特に解決が困難なものがある。過去40年の政策文献では、テロ、気候変動、ホームレス、肥満などが「厄介な問題」と呼ばれている
・こうした問題の解決は難しいが、同じ7ステップのフレームワークを使えば、解決策への洞察を解き放つことができると信じている
・こうした最も困難な問題では、多くの場合、部分的な解決策ではなく、システムによる解決策、外部性を問題の内部化すること、そして問題の新しい切断方法を見つけることが有効だと考えられている

独学のための練習問題

問題1　多くの関係者と複数の原因を持つ複雑なシステムである問題について、思いつくものをすべて挙げてください。

問題2　ホームレスの原因を理解するためのツリーを構築してください。その枝の1つを選び、外部性を問題の内部化する方法を考え出すことができるかどうか確認してください。

問題3　西側諸国でのテロリズムの推進要因についての問題のツリーを構築してください。この問題を分解して、まったく新しい解決策への道筋を明らかにする新しい方法を考えてください。

第10章

優れた問題解決者になる

優れた問題解決者になるための10のポイント

私たちは、この本の冒頭で、人生のあらゆる場面で創造的な問題解決能力が求められていることを解説した。かつて問題解決は、科学、工学、経営コンサルティングなど一部の専門職の限られた領域と見なされていた時期があった。しかし、21世紀の加速する変化に伴い、問題解決はもはや限られた領域のスキルではなく、ビジネス、非営利団体、および政府のあらゆる分野の個人とチームに期待されるようになった。分析スキルと思考スキルを評価され、創造的な問題解決を評価され、変化する需要に迅速に対応するためのアジャイルチームを動員する能力を評価され、昇進する人が増えている。今は、問題解決の世紀なのだ。

私たちは、優れた問題解決者は生まれながらに存在するのではなく、みずから育てるものだと確信している。この本では、優れた問題解決とはどういうものかを詳しく見てきた。私たちの目標は、皆さんが自信を持って創造的な問題解決を行えるようになること、そしてあらゆる規模の問題に対してもこの手法を用いることができる能力と権限を身につけるようになることである。私たちが概説した7ステップのプロセスは、あなたが直面しているビジネス、個人、社会の問題を取り上げ、解決に導く方法を提供するものだ。今回議論した30のケースは、あなたが仕事や生活の中で遭遇する可能性のあるあらゆる問題を網羅している。優れた問題解決には何が必要なのか、謎が残っていないことを願う。

この7ステップからなる完全無欠《ブレットプルーフ》の問題解決プロセスには、高等数学や論理学の学位は必要ない。優れた問題解決は、鋭い仮説を導く優れた問い、問題のフレーミングを決めて分解する論理的アプローチ、時間を節約するための厳密な優先順位付け、創造性を育みバイアスに抗うための強固なチームプロセス、ヒューリスティックスから始まり適切に選ばれた奥の手の分析道具に移行する賢明な分析、そして最後に調査結果を統合して行動を喚起するストーリーにする取り組みから構成される。私たちは、実践と経験を積むことで、あなたが新しく巧妙な方法で問題を解決し、根本原因を症状から分離することを学び、効率的な問題解決のためのクリティカルパス上にとどまることができると確信している。このような自信があるのは、私たちのキャリアの中で、優秀な新入社員が短期間で素晴らしい問題解決能力を身につけるのを目の当たりにしてきたからである。

この本の最後の章で、いくつかの励ましとアドバイスを皆さんにお伝えしておきたい。これらは、私たちがチームとアプローチについて議論する際に強く感じている、7ステップのプロセスのキーワードであり、ポイントは全部で10個ある。

ポイント1　問題を理解するために時間をかける

最初に提起される問題は、正しい問いではないことがよくある。分析を行う前に、関係する意思決定者とともに、時間をかけて問題を慎重に調査していただきたい。問題の境界線（創造性を最大限に引き出すには、境界線を検証する価値がある）、必要な精度、割り当てられた時間枠、その他問題に作用する力を把握していただきたい。学習しながら、問題定義文を修正する準備をしておき、「1日の答え」で反復的に改良する。忘れないでいただきたいのは、全体の目標は、変化のための行動を動機づけるためであることだ。

ポイント2　問題定義文から始める

巨大なデータセットや豪華なコンピューターモデルを待つ必要はない。大きな紙と鉛筆、あるいはホワイトボードを用意して、問題のロジックツリーを描き始めよう。データに飛び込むと、思考が進化し、単純な構成要素の構造からより洗練された仮説へと移行することが期待できる。この段階では、仮説を裏付けるために、何が真実でなければならないのかを探っているにすぎない。

ポイント3　ツリーでいくつかの切り口を試す

私たちはよく、付箋にツリーのパートや枝を描き、論理的なグループ分けに納得がいくまで移動させる。これは、最も具体的で既知の部分から逆方向にパズルを解くものだと考えることができる。1つまたは複数の切断フレームを試して、どのフレームが最も多くの洞察をもたらすかを確認する。次に、選択した分解から導かれる主な関係を、理想的には数学的な方法で、あるいは可能性を網羅する方法で並べていただきたい。

ポイント4　可能なかぎりチームを使う

チームは、考え方と経験の多様性によって、創造性の豊かさを深め、確証バイアスやその他の持続的なバイアスの可能性を低減し、問題解決に大きな利点をもたらしてくれる。もしあなたが1人で問題解決をしているのなら、同僚、友人、家族、隣人などとのチームを作ろう。私たちは、特に深い領域の専門知識が必要な事例については、知識豊富な人たちで仮想のチームを作り、自分たちの思考と仮説を検証してもらっていた。これによって、私たちは1人でいるよりもはるかに賢くなり、また楽しくもなった。権威バイアスを克服するためのチーム投票、別の視点を意識するためのレッドチーム／ブルーチーム対抗戦、アンチテーゼを押し進めるための模擬裁判などのテクニックを試していただきたい。

ポイント5　優れた作業計画に適切な投資をする

優れた作業計画には、前もって少し時間がかかるが、後で無駄な労力を大幅に節約してくれる。あなたが動かすことのできるインパクトの大きなレバーに焦点を合わせることにより、あなたのツリーを厳しく剪定していただきたい。特定の最終成果はどのようなものであるべきか、どのような仮説を立て、誰がいつまでにその分析を行うのかなどについて、徹底的に正確なものにしてほしい。2週間から4週間先までの綿密な計画を立てることで、最初に考えたことを実行しすぎないようにし、無駄のないガントチャートによる進行管理で仕事を軌道に乗せる。

ポイント6　要約統計、ヒューリスティックス、経験則から分析を始める

巨大なデータセット、機械学習、モンテカルロ・シミュレーションなどの分析の「奥の手」に飛びつく前に、データを調査し、その品質を知り、重要な変数の大きさと方向を理解し、介入を計画するために推進要因を理解しようとしているのか、世界の状況を予測しようとしているのかを見極めることが不可欠であると私たちは信じている。洗練された分析も必要だが、私たちの経験では、優れたロジックとシンプルなヒューリスティックスに支えられた「1日の答え」があれば、多くの問題を解決し、より困難な別の問題へと進む

ことが可能となる。

ポイント7 「奥の手」を恐れず使う

大都市を横断するバスのルート設定、医療画像による病気の検出、グローバル企業の生産施設の最適化などの複雑な問題には、高度な分析が必要な場合がある。統計学やオペレーションズリサーチの講義で習ったようなツールのほとんどは、今ではシンプルで強力で、直観的なソフトウェアパッケージとして、より身近な存在となっている。また、奥の手が必要な問題を解決するために、クラウドソーシングで機械学習を行う熱心なチームにアウトソーシングすることもできる。そうしたチームは、ささやかな励ましと時折の報酬でデータを分析し、予測結果を提供してくれる。もし、あなたの目的が、あなたの動きによって行動が変化する他の主体を含む場合、特に、より長期間で、より不確実な期間にわたって続く場合は、ゲーム理論モデル、リスク管理行動、戦略階段、それに長期的な変化の理論の出番である。

ポイント8 分析と同程度、結果の統合とストーリーの説明にも力を入れる

強力な分析が完了し、問題についての優れた洞察が明らかになったとき、問題は解決したと宣言するのは自然なことである。しかし、あなたがビジネスや非営利団体、政治の世界で行う問題解決のほとんどは、誰かにこれまでとは違うことをするように説得することが求められる。このため、あなたが問題を理解したからといって、その瞬間に問題が解決されたことにはならない。強力な利害関係者を説得して、あなたの計画に従わせる必要がある。人間は視覚的な学習者であり、なによりもストーリーテリングが大好きなことを覚

えておいてほしい。

ポイント9　7ステップのプロセスを反復し、ときには圧縮・拡張する

私たちは、7ステップは反復のプロセスだとよく言ってきた。また、問題に応じてステップを圧縮したり拡張したりできることも強調してきた。ある意味でこれはアコーディオンのようなものである。チームメンバーと意思決定者は、問題が必要とする分析レベルに到達するための動機付けとして、「1日の答え」を使用する。

ポイント10　どんな問題も恐れない

もし、7ステップのプロセスをマスターするために時間を費やすなら、あなたは個人的、ビジネス的、社会的な問題のほとんどに取り組む用意ができると感じられる、と私たちは確信している。これは思い上がりではない。単に、体系的な問題解決に合理的な投資をすれば、どんな問題でも解決できると言っているだけである。だからこそ、完全無欠《ブレットプルーフ》の問題解決は、上手になれば超能力のように強く感じられる。

私たちは、個人、労働者、市民としての生活の問題が、簡単なものに変化するとは思えない。私たちの属する企業や団体、機関のほとんどは、巧妙な解決策を見つけ、格差を埋めるための十分な投資をしてこなかった。今、私たちはその機会を得た。今世紀の課題に対する解決策に貢献するために、あなたの役割を果たすことを、私たちは願っている。

補講

独学者のための問題解決ワークシート

図表補-1 ▌問題定義ワークシート

問題の説明：	
意思決定者	努力を成功に導く基準／措置
意思決定者に作用する主要な力	解決のための時間枠
問題の境界線／制約	求められる精度

図表補-2 ▌投下資本利益率(ROIC)に影響を与えるレバー
——小売業の例

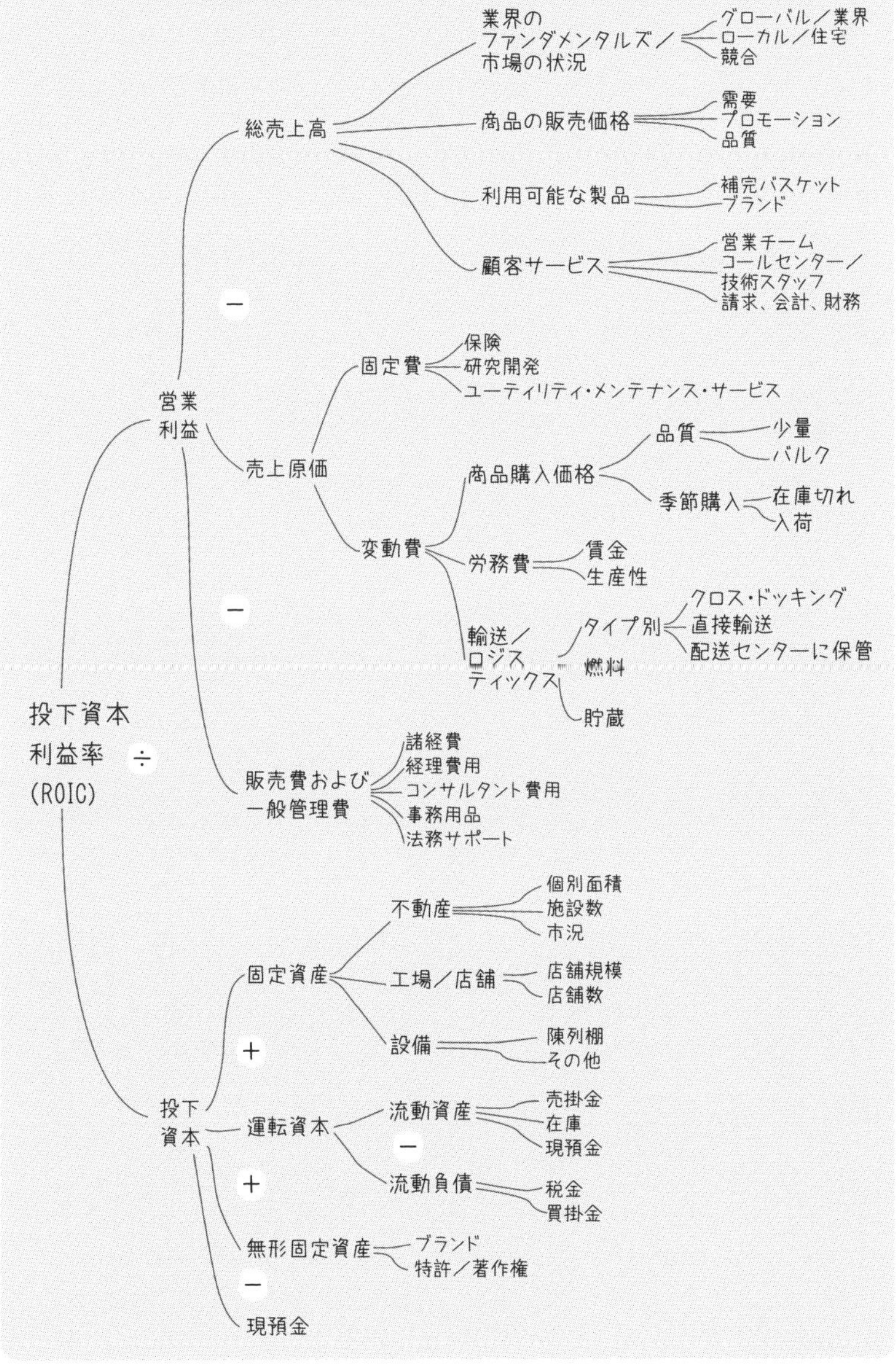

図表補-3 ▍優先順位付け

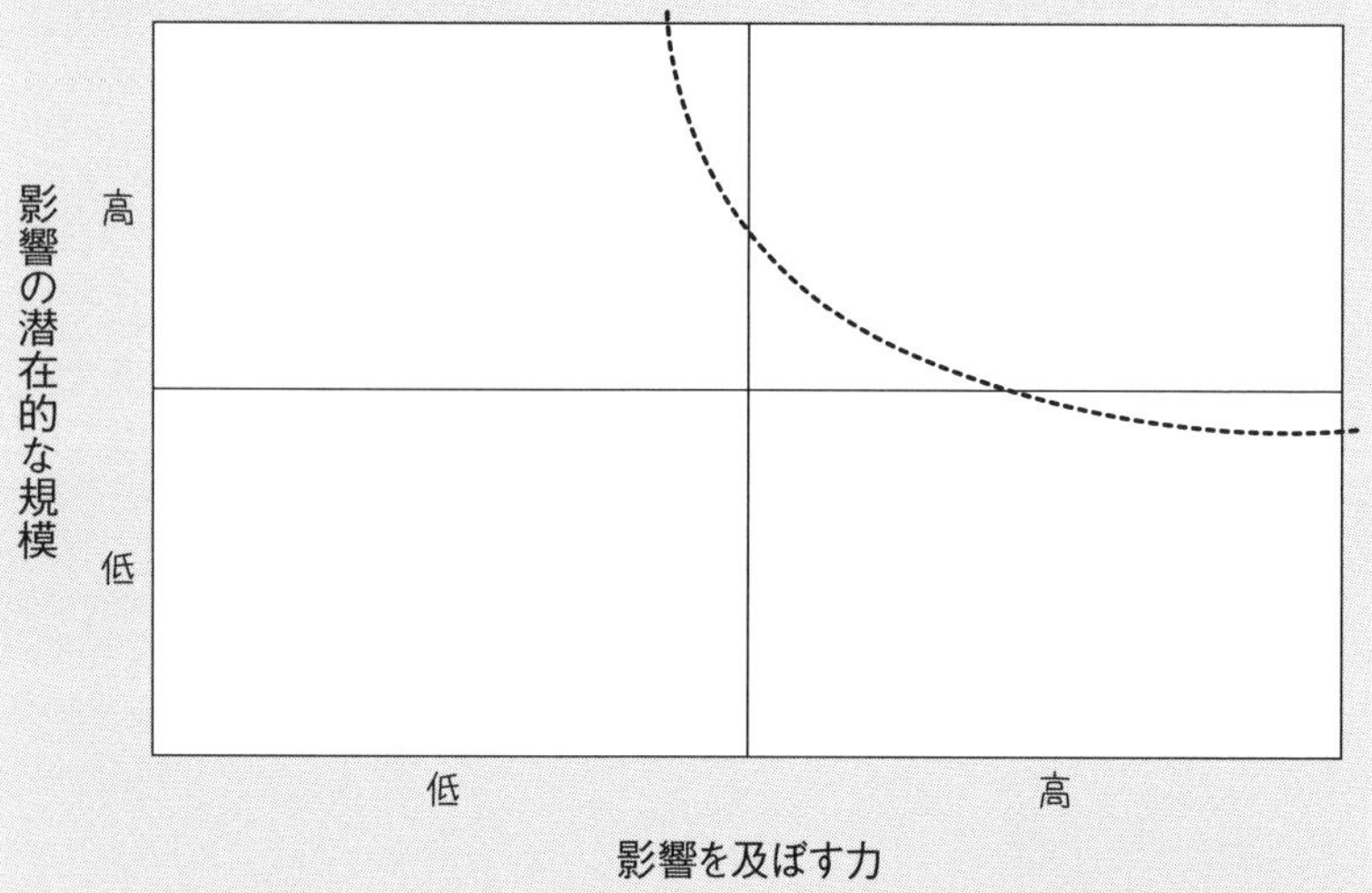

図表補-5 ▍ストーリーライン：議論の構造化

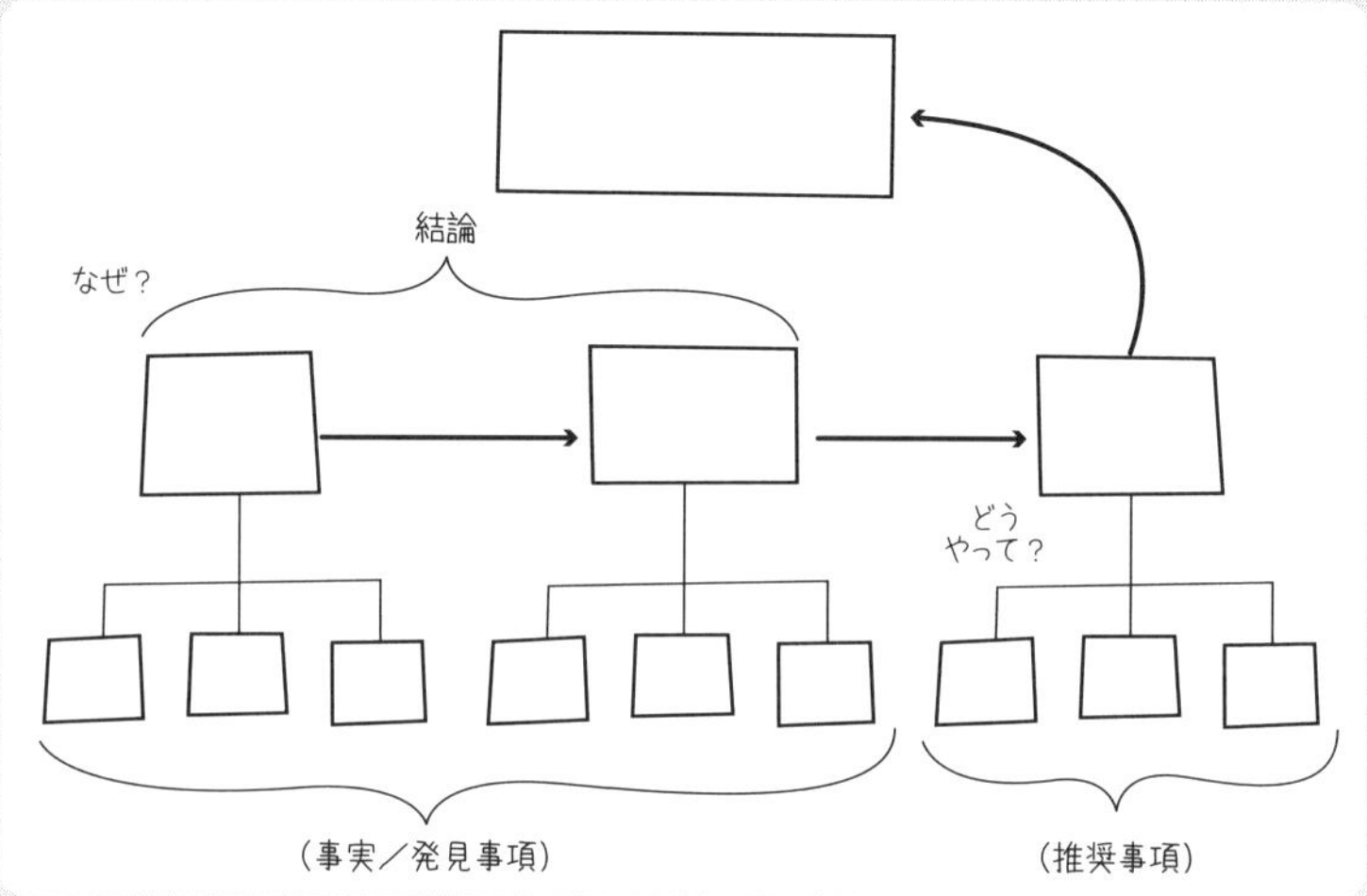

図表補-4 ｜作業計画

	課題	仮説	分析	データの出所	責任者とタイミング	最終成果物
定義						
行動						

著者について

ロブとチャールズは、25年前にマッキンゼー・アンド・カンパニーで出会い、クライアントのために、最高品質の問題解決を行うことを通じ、絆を結んだ。マッキンゼーのあと、彼らは、この問題解決方法論を拡張し続け、特に自然保護への共通の関心を中心に、社会規模の問題へのアプローチを開発した。著者のどちらもが、世界中の大学院生、企業、非営利団体に対して問題解決を教えている。

チャールズ・コン

チャールズは、オックスフォード大学のローズ奨学金財団のCEOとしての任期を最近終えた。この役割において、チャールズは、学者のための問題解決トレーニング・プログラムの開発を含む、100年を超える歴史を持つ財団組織の戦略と運営を刷新するための改革の取り組みを成功させた。彼は、パタゴニア社、南アフリカのマンデラ・ローズ財団、アルカディア財団など、多くの企業や財団の理事会、役員会に参加している。それ以前には、チャールズは、ゴードン&ベティ・ムーア財団の上級顧問を務め、その保護プロジェクトには、野生のサーモンの生態系イニシアチブとパルミラ環礁研究ステーションが含まれていた。チャールズはまた、技術系企業の起業家であり、ティケットマスター・シティーサーチ社の創設代表取締役として、同社の株式上場およびマッチ・ドット・コム社、エヴィート社その他の会社の買収を通じ率いている。

彼は、ボストン・コンサルティング・グループでキャリアを開始し、マッキンゼー・アンド・カンパニーのパートナーになった。彼は、ハーバード大学とボストン大学、そしてローズ奨学生としてオックスフォード大学大学院を卒業している。

ロバート・マクリーン

ロブは、マッキンゼー・アンド・カンパニーの名誉ディレクターである。彼は、マッキンゼーのオーストラリアとニュージーランド共同事務所の総責任者として8年間主導し、同社のグローバル・ディレクター委員会の委員を務めた。オーストラリア経営大学院（AGSM）の学部長として、ロブは将来のビジネスリーダーのためには、強力な問題解決能力の必要性が高まっていることに気づいた。彼は現在、数学教育およびデータ分析ソフトウェアへの投資家であり、環境保護と社会的な利益への慈善活動にも関心を持っている。彼は、オーストラリアとアジア地域の自然保護区の管財人として、こうした技術を採用し、湿地での水質保全、貝類の種の回復、都市の緑地からもたらされる人間の健康の改善に取り組んでいる。彼は、オーストラリア最大の慈善財団であるポール・ラムゼイ財団の理事である。オーストラリアのニューイングランド大学と、米国コロンビア大学のビジネス大学院を卒業している。彼はまた、ビジネス、社会福祉、環境への貢献により、2010年にオーストラリア勲章を受章した。

ローズ奨学金財団

英国人セシル・ローズは、南アフリカに渡り、キンバリーでダイヤモンド鉱山を掘り当て、デビアス社を設立、さらにローデシアを植民地化し、アパルトヘイト政策にも影響を与えたが、同財団は、1902年、彼の歿後遺言により莫大な遺産の一部を基金として設立された。この奨学制度は、世界中から優秀な学生を、オックスフォード大学の大学院に招聘し、学費、寮費、生活費など年間5万ポンドを超える額を奨学金として贈り、2年間から3年間学ぶ機会を与えるものである。米国は、当初から参加し、ビル・クリントン米国大統領や、マイケル・サンデル・ハーバード大教授や政界・ジャーナリストなど多彩な学者や人材を生み出している。2021年4月には、中国からの学生も対象とすることが発表された。

謝辞

私たちは、30年以上にわたり、さまざまな分野で問題解決を続け、その同僚たちとの交流から、多大な恩恵を受けてきた。創造的な問題解決は、重要な友人たちと行う場合に最もうまく機能し、私たちにはたくさんのそうした友人がいた。私たちの記憶は不完全であり、私たちが誤って犯した失敗や間違いが本書にあるとすれば、前もって謝罪する。

まず、問題解決アプローチを推進するうえで、手強いリーダーであるマッキンゼーの同僚から謝辞を始める。そうした人たちには、私たちの親しい同僚であるデイヴィッド・ホワイト、ジョン・スタッキー、メハルダッド・バーグハイ、デイヴィッド・コート、ニック・ラブグローブ、アンドルー・ネヴィン、デイヴィッド・ラベッチ、エヴァン・ソーンリイ、ケイト・ハービン、ジェレミー・リウ、グレッグ・リード（チャールズと彼とは、１９９２年の社内トレーニング用のドキュメント「完全無欠《ブレットプルーフ》の問題解決への簡単な７つのステップ」を共同執筆した）が含まれる。ロブはキャリアの早い段階から多くを学んだ同僚に感謝している。サー・ロデリック・カーネギー、フレッド・ヒムラー、ドン・ワターズ、ロバート（ボブ）・ウォーターマン、イアン・シェファード、チャールズ・ショーの方々である。そして、この本の執筆のあらゆる段階で指導してくれたリック・カークランドと、チャールズのローズ奨学生時代の同級生で、マッキンゼーのマネージング・ディレクターを引退したドミニク・バートンには特に感謝する。

私たちは、ローズ奨学生とオックスフォード大学の大学院生の研究チームと、素晴らしい夏を過ごした。ジェス・グレニー、彼は分析思想家、イラストレーターとして並外れた存在である（この本の全ての図表、挿画を描いた）、ブロディ・フォイ、ボグダン・クネセビッチ、アシュリー・オー、ウィリアム・ラティー、ティム・ラドナーとエヴァン・ソルタスの皆様にも感謝する。それに、特定のケーススタディに協力していただいた方々に、ジャナリー・チェルネスキー、リンダ・エガート、ナディア・フィゲロア、マックス・ハリス、マイケル・ラム、マイルズ・アンテライナーの皆様にお礼を申し上げる。そしてこの本の執筆作業を奨励し協力していただいた、ローズ財団の会長であるサー・ジョン・フードに特別の感謝を申し上げる。

チャールズはまた、ボストン・コンサルティング・グループの以前の同僚たちである、スティーブ・ガンビー、ゲイリー・ライナー、スティーブ・カプラン、トーマス・レイトと、それぞれ非常に洞察に満ちた問題解決者たちに、感謝する。またパタゴニア社の創設者とシニア・チームの皆様にも感謝する。この方々は、私たちの知るかぎり、環境とビジネスにおける最も大胆な問題解決者たちである。

ロブとチャールズは2人とも、環境保全の仕事に加わり、本書で紹介した問題解決スキルを使うという幸運に恵まれた。アイリーン・リー、イワン・トンプソン、マイケル・ウェブスター、ピック・ウォーカー、モーリーン・グリーシー、ヘザー・ライト、グレッグ・ノックス、グレッグ・テイラー、ブルース・ジュリア、アーロン・ヒル、マーク・ブリーレ、ジャック・スタンフォード教授、ジェフ・バーミリオン、スペンサー・ビーベ、グイド・ラーといった方々を含む、ゴードン&ベティ・ムーア財団の同僚や、助成対象団体の方々に感謝する。また、ザ・ネイチャー・コンサーバンシーで、多くの複雑なプロジェクトに携わっていた人々、チャック・クック、ナンシー・マッキノン、マーク・テルチェク、ビル・ギン、マイケル・ルッカー、リッチ・ギルモアなどの環境に関する素晴らしい問題解決者の方々にも感謝する。

この本は、多くの読者や支持者から批判的な目で読んでいただき、それによって恩恵を受けた。そういった方々には、イェール大学のバリー・ナバレフ教授、西オーストラリア大学のダン・ロバロ教授、デイビッド・ラビン教授、スティーブン・ロバーツ教授、シドニー大学のサリー・クリップス教授、アショク・アレクサンダー教授、ポール・スカリー・パワー、ジョン・アイアランド、ナイジェル・プール、キャメロン・コン、歴史的正義と和解研究所のティモシー・ライバック博士、および2名の匿名査読者の方々が含まれる。

ロブの妻であり、編集者でもあるポーラ・マクリーンからは、素晴らしい編集という助けがあった。彼女は夏をオックスフォードのチーム・ルームでチームとともに過ごし、すべての章の草稿を読み、私たちにより詳細に論理を説明するように、常に思い出させてくれ、この本を、できるだけビジネス用語を使わずに綺麗な文章に直し、わかりやすく読みやすいものにしてくれた。ロブの娘であり、編集者でもあるバージニア・グラントは、出版社に提出する前の原稿を編集する仕事を引き受けてくれた。忙しいスケジュールにもかかわらず予定を組んでくれ、本の内容を大幅に改善してくれたことに感謝する。

また私たちは、著作権代理人を雇わず、オーストラリアの大手出版社の元編集長、マーギー・サールに助言を仰いだ。ここに感謝の言葉を送る。

この本が成功することと、初めて著者となる2人を信じてくれた、ジョン・ワイリー&サンズ社のビル・ファルーンに心から感謝する。ワイリー社の編集チームのカヤラクシュミ・エルカシル・セヴァルカンディ、マイケル・ヘントン、リチャード・サンソンの皆さんとは、原稿を印刷に持ち込むまで、楽しく作業をさせていただいた。

カミーラ・ボーグとポーラ・マクリーンは、調査研究、執筆、編集に費やした長い夜と週末を通じて、私たち2人をサポートしてくれた。この本を2人に捧げる。

20　オーストラリア事務所の同僚で、*The Alchemy of Growth*（Perseus, 2000）の共著者であるデイヴィッド・ホワイトとメルダッド・バハイは、この仕事の重要なパートナーだった。

第9章

1　Horst W. J. Rittel and Melvin M. Webber, "Planning Problems Are Wicked Problems," *Polity* (1973).

2　Richard Dobbs et al., Overcoming Obesity: An Initial Economic Analysis, McKinsey Global Institute (November 2014).

3　Bryony Butland et al., Foresight:Tackling Obesities: Future Choices – Project Report, 2nd ed. (UK Government Office for Science, 2007).

4　State of Obesity: Better Policies for a Healthier America. Trust for America's Health and Robert Wood Johnson Foundation. August, 2017.

5　Nicholas A. Christakis and James H. Fowler, "The Spread of Obesity in a Large Social Network over 32 Years," *New England Journal of Medicine* 2007, no. 357 (2007): 370–379.

6　H. T. Tie, et al., "Risk of Childhood Overweight or Obesity Associated with Excessive Weight Gain During Pregnancy: A Meta-Analysis," *Archives of Gynecology and Obstetrics* 289, no. 2 (2014): 247–257.

7　US data source provided by Professor Desiree Silva, the ORIGINS project at Joondalup Health Campus, Western Australia.
アメリカのデータソースは、西オーストラリア州ジューンダラップ・ヘルス・キャンパスのORIGINSプロジェクト、デジレ・シルバ教授から提供された。

8　Submission 10 to Senate Select Enquiry into the Obesity Epidemic in Australia, July 2018.

9　Walk Economy, The Place Report (2016), 7.

10　Garrett Hardin, "The Tragedy of the Commons," *Science* (December 13, 1968).

11　Elinor Ostrom, *Governing the Commons* (Cambridge University Press, 1990).

12　2017年8～10月のチャック・クックとチャールズ・コンの口頭でのやり取り。

13　Mark Tercek and Jonathan Adams, Nature's Fortune (Island Press, 2015).

14　Morro Bay Commercial Fisheries. 2015 Economic Impact Report Working Waterfront Edition.

15　Morro Bay Commercial Fisheries. 2015 Economic Impact Report Working Waterfront Edition.

5　Adam Brandenberger and Barry Nalebuff, *Co-Opetition* (Currency Doubleday, 1996), 156. アダム・ブランデンバーガー、バリー・ネイルバフ著、嶋津祐一、東田啓作訳『ゲーム理論で勝つ経営：競争と協調のコーペティション戦略』日本経済新聞社、2003年

6　Michael Lewis, *The Big Short* (W. W. Norton, March 2010). マイケル・ルイス著、東江一紀訳『世紀の空売り：世界経済の破綻に賭けた男たち』文藝春秋、2010年

7　Chris Bradley, Martin Hirt, and Sven Smit, *Strategy Beyond the Hockey Stick: People, Probabilities, and Big Moves to Beat the Odds* (Wiley, 2018). クリス・ブラッドリー、マーティン・ハート、スヴェン・シュミット著、野崎大輔監訳、細谷仁詩、加藤千尋、河内誉帆、乙部一郎、田口弘一郎訳『マッキンゼーホッケースティック戦略：成長戦略の策定と実行』東洋経済新報社、2019年

8　サリー・クリップス教授（シドニー大学統計学教授）。

9　Mehrdad Baghai, Stephen C. Coley, and David White with Charles Conn and Robert McLean, "Staircases to Growth," *McKinsey Quarterly* 4 (November 1996).

10　McKinsey Executive Briefing. Technology, Jobs, and the Future of Work. www.mckinsey.com/featured-insights/employment-and-growth/technology-jobs-and-the-future-of-work

11　"The Digital Future of Work," McKinsey Global Institute, July 2017, https://www.mckinsey.com/featured-insights/future-of-work/the-digital-future-of-work-what-will-automation-change

12　先進国では、個人資産と貯蓄が退職後の所得の重要な部分を占めている。年金に加えて個人資産を保有することを認める政府の慣行はさまざまである。年金計算に資産を含めることを義務付けている国もあれば、オーストラリアのように、年金計算外で保有することを認めている国もある。そのため、読者が住む国のルールによって、計算方法が異なる。

13　www.helpage.org/global-agewatch

14　Australian Bureau of Statistics.

15　International Longevity Council UK, 2015.

16　Tim Koller, Marc Goedhart, and David Wessels, *Valuation: Measuring and Managing the Value of Companies*, 5th ed. (Wiley, 2010). マッキンゼー・アンド・カンパニー、ティム・コラー、マーク・フーカート、デイビッド・ウェッセルズ著、本田桂子監訳、柴山和久、中村正樹、三島大輔、坂本教晃、坂本貴則、桑原祐訳『企業価値評価：バリュエーションの理論と実践（第5版）　上』『同　下』ダイヤモンド社、2012年

17　M. H. Bazerman and D. A. Moore, *Judgment in Managerial Decision Making* (Wiley, 1986)で指摘されているように、私たちが知らない事象に対する信頼区間は、しばしば低すぎることがある。これは、レベル3や4の不確実な環境下で大きな問題となり得る。M・H・ベイザーマン、D・A・ムーア著、長瀬勝彦訳『行動意思決定論：バイアスの罠』白桃書房、2011年

18　M. E. Porter, *Competitive Advantage: Creating and Sustaining Superior Performance* (Free Press , Collier Macmillan, 1985). M・E・ポーター著、土岐坤、中辻萬治、小野寺武夫訳『競争優位の戦略：いかに高業績を持続させるか』ダイヤモンド社、1985年

19　Avinash K. Dixit and Barry J. Nalebuff, *Thinking Strategically* (W.W. Norton, 1991). アビナッシュ・ディキシット、バリー・ネイルバフ著、菅野隆、嶋津祐一訳『戦略的思考とは何か：エール大学式「ゲーム理論」の発想法』ティビーエス・ブリタニカ、1991年

15 Philip E. Tetlock and Dan Gardner, *Superforecasting: The Art and Science of Prediction* (Crown Publishing, 2015). フィリップ・E・テトロック、ダン・ガードナー著、土方奈美訳『超予測力：不確実な時代の先を読む10カ条』早川書房、2016年

16 Philip E. Tetlock and Dan Gardner, *Superforecasting: The Art and Science of Prediction* (Crown Publishing, 2015). フィリップ・E・テトロック、ダン・ガードナー著、土方奈美訳『超予測力：不確実な時代の先を読む10カ条』早川書房、2016年

17 CSIRO briefing to US government, December 5, 2006, https://wikileaks.org/plusd/cables/07CANBERRA1721_a.html

18 メルダッド・バハイとの私的なやりとり。

19 PriceWaterhouse Coopers, Patent Litigation Study: A Change in Patentee Fortunes, 2015.

20 Avinash K. Dixit and Barry J. Nalebuff, *Thinking Strategically* (W.W. Norton, 1991). アビナッシュ・ディキシット、バリー・ネイルバフ著、菅野隆、嶋津祐一訳『戦略的思考とは何か：エール大学式「ゲーム理論」の発想法』ティビーエス・ブリタニカ、1991年

21 GameSet Map, February 19, 2013.

第7章

1 Ray Dalio, *Principles: Life and Work* (Simon & Schuster, 2017) (referenced in Shane Parrish's blog Brain Food #233). レイ・ダリオ著、斎藤聖美訳『PRINCIPLES：人生と仕事の原則』日本経済新聞出版社、2019年

2 Gene Zelazny, *Say It with Charts: The Executive's Guide to Visual Communications* (McGraw-Hill, 2001), and Cole Nussbaumer Knaflic, *Storytelling with Data: A Data Visualization Guide for Business Professionals* (Wiley, 2015). ジーン・ゼラズニー著、数江良一、菅野誠二、大崎朋子訳『マッキンゼー流図解の技術』東洋経済新報社、2004年、およびコール・ヌッスバウマー・ナフリック著、村井瑞枝訳『Google流資料作成術』日本実業出版社、2017年

3 Barbara Minto, The Pyramid Principle, 3rd ed. (Prentice Hall, 2009). バーバラ・ミント著、グロービス・マネジメント・インスティテュート監修、山崎康司訳『考える技術・書く技術：問題解決力を伸ばすピラミッド原則　新版』ダイヤモンド社、1999年

4 Cole Nussbaumer Knaflic, *Storytelling with Data: A Data Visualization Guide for Business Professionals* (Wiley, 2015), 181. コール・ヌッスバウマー・ナフリック著、村井瑞枝訳『Google流資料作成術』日本実業出版社、2017年

第8章

1 Hugh Courtney et al., "Strategy Under Uncertainty," *McKinsey Quarterly*, 2000.

2 Hugh Courtney, "A Fresh Look at Strategy Under Uncertainty: An Interview," *McKinsey Quarterly*, December 2008.

3 Uncertainty, Chapter 5 by Albert Madansky in Systems Analysis, Quade and Boucher, RAND Corporation, 1968.

4 James C. Morgan and Joan O'C. Hamilton, *Applied Wisdom: Bad News Is Good News and Other Insights That Can Help Any Anyone Be a Better Manager* (Chandler Jordan Publishing, November 2016).

17　David Nield, “New Hydrogel That Mimics Cartilage Could Make Knee Repairs Easier,” *Science Alert*, April 25, 2017.

18　Taichi Ohno, “Ask ‘Why’ Five Times about Every Matter,” *Toyota Traditions*, March 2006.

19　Susan Wolf Ditkoff and Abe Grindle, “Audacious Philanthropy,” *Harvard Business Review*, September–October 2017.

第6章

1　オックスフォード大学のスティーブン・ロバーツ教授との私的なやりとり。

2　MGI Obesity Study, 2013.

3　American Fact Finder, https://factfinder.census.gov/faces/nav/jsf/pages/index.xhtml

4　Tim Althoff, Rok Sosic, Jennifer L. Hicks, Abby C. King, Scott L. Delp, and Jure Leskovec, “Large-Scale Physical Activity Data Reveal Worldwide Activity Inequality,” *Nature* 547 (July 20, 2017): 336–339.

5　Sperling’s Best Places, www.bestplaces.net.

6　多重共線性（ある独立変数が別の独立変数から線形予測できる程度）を確認したところ、所得と教育の間は正だったが、他の変数と両者の間は負の相関が示されたため、両変数を保持した。

7　Presidential Commission on the Space Shuttle Challenger Accident, 1986.

8　C. J. Maranzano and R. Krzysztofowicz, “Bayesian Re-Analysis of the Challenger O-ring Data,” *Risk Analysis* 28, no. 4 (2008): 1053–1067.

9　*The Book of Why* by Judea Pearl and Dana Mackenzie (Allen Lane, 2018)には、ノーベル賞受賞者数と出身国の1人あたりのチョコレート消費量の相関を例に、交絡因子の良い例が紹介されている。裕福な国は教育への投資も多く、チョコレートもよく食べるので、出身国の豊かさが交絡因子となる。

10　“How EA turned a big win into a metropolis”, Optimizely, 2013. https://blog.optimizely.com/2013/06/14/ea_simcity_optimizely_casestudy/

11　『エコノミスト』誌の記事は、Hsiang、Koppらの研究（“Estimating Economic Damage from Climate Change in the United States,” *Science* 2017）に言及し、アメリカの気候変動によるコストは、華氏1度上昇するごとにGDPの0.7%に相当する額だけ上昇すると述べている。

http://science .sciencemag.org/content/356/6345/1362.full?ref=finzine.com%20

“Climate Change and Inequality,” *The Economist*, July 13, 2017,

https://www.economist.com/news/finance-and-economics/21725009-rich-pollute-poor-suffer-climate-changeand-inequality

“Study maps out dramatic costs of unmitigated climate change in the U.S,” Berkeley News, 2017.

https://news.berkeley.edu/2017/06/29/new-study-maps-out-dramatic-costs-of-unmitigated-climate-change-in-u-s/

12　リッパー・カンパニーCTOポール・スカリー・パワー氏とのやりとり。

13　機械学習は、使用するデータによって強くも弱くもなる。もしモデルに大きな誤差がある場合（データセットに10%以上の誤差がある例も見られる）、そのデータの持つすべてのバイアスが本質的に予測に組み込まれる。

14　Kaggleウェブサイト。

奈美訳『超予測力：不確実な時代の先を読む10カ条』早川書房、2016年
9 Nassim N. Taleb, *The Black Swan: The Impact of the Highly Improbable* (New York: Random House, 2007). ナシーム・ニコラス・タレブ著、望月衛訳『ブラック・スワン：不確実性とリスクの本質 上』『同 下』ダイヤモンド社、2009年
10 Daniel Kahnemann, Dan Lovallo, and Olivier Sibony, "Before You Make That Big Decision," *Harvard Business Review*, June 2011.

第5章

1 Nassim N. Taleb, *The Black Swan: The Impact of the Highly Improbable* (New York: Random House, 2007). ナシーム・ニコラス・タレブ著、望月衛訳『ブラック・スワン：不確実性とリスクの本質 上』『同 下』ダイヤモンド社、2009年
2 Gerd Gigerenzer, Peter M. Todd, and the ABC Research Group, *Simple Heuristics That Make Us Smart* (Oxford University Press, 2000).
3 Report prepared for the United Kingdom's Department of International Development by The Nature Conservancy, WWF, and the University of Manchester, "Improving Hydropower Outcomes through System Scale Planning, An Example from Myanmar," 2016.
4 Warren Buffett, "My Philanthropic Pledge," *Fortune*, June 16, 2010.
5 私たちの友人であるイェール大学のバリー・ネイルバフ氏は、実際の規則は69.3だが、暗算を簡単にするために、通常は切り上げて72で割ると指摘している。
6 CB Insights, May 25, 2015, www.cbinsights.com.
7 Nate Silver, *The Signal and the Noise* (Penguin, 2012). ネイト・シルバー著、川添節子訳『シグナル&ノイズ：天才データアナリストの「予測学」』日経BP社、2013年
8 Dan Lovallo, Carmina Clarke, and Colin Camerer, "Robust Analogizing and the Outside View: Two Empirical Tests of Case Based Decision Making," *Strategic Management Journal* 33, no. 5 (2012): 496–512.
9 "'Chainsaw Al' Axed," *CNN Money*, June 15, 1998.
10 この問題は、イェール大学のバリー・ネイルバフ氏が提案したものである。
11 Nicklas Garemo, Stefan Matzinger, and Robert Palter, "Megaprojects: The Good, the Bad, and the Better," *McKinsey Quarterly*, July 2015 (quoting Bent Flyvberg, Oxford Saïd Business School).
12 Daniel Kahneman, Dan Lovallo, and Olivier Sibony, "Before You Make that Big Decision," *Harvard Business Review*, June 2011.
13 Gerd Gigerenzer, Peter M. Todd, and the ABC Research Group, *Simple Heuristics That Make Us Smart* (Oxford University Press, 1999)［カリフォルニア大学サンディエゴ校メディカルセンターにおけるBreiman et al. (1993)の研究に基づく］
14 R. Sihvonen et al., "Arthroscopic Partial Meniscectomy versus Sham Surgery for a Degenerative Meniscal Tear," *New England Journal of Medicine,* 369, no. 26 (December 26, 2013): 2515–2524.
15 R. Sihvonen et al., "Arthroscopic Partial Meniscectomy versus Sham Surgery for a Degenerative Meniscal Tear," *New England Journal of Medicine,* 369, no. 26 (December 26, 2013): 2515–2524.
16 カリフォルニア大学サンフランシスコ校でのハーバート・キムへの幹細胞による軟骨修復に関する2015年のインタビュー。

2007)を参照。ナシーム・ニコラス・タレブ著、望月衛訳『ブラック・スワン：不確実性とリスクの本質　上』『同　下』ダイヤモンド社、2009年
3 「救済」の定義を以下に示す。
・偉業を文脈化／プラカードに示す：歴史的遺物はそのままに、攻撃的な行為における本人の役割について語る。
・バランスをとる：物理的またはデジタルな空間に、不当な扱いを受けた人を含む他者の声やイメージを取り込み、修復的司法行為のバランスをとることも含まれる。
・移設：歴史的遺物を研究可能な場所に移動する。
・形状を変える、または文面を編集する：元々のモニュメントはそのままに、不快な部分を強調するような形で改変する。
・名称を変更する：字義どおり
4 J. Hammond, R. Keeney, and H. Raiffa, *Smart Choices* (Broadway Books, 1999), 48–49. ジョン・S・ハモンド、ラルフ・L・キーニー、ハワード・ライファ著、小林龍司訳『意思決定アプローチ「分析と決断」』ダイヤモンド社、1999年
5 McKinsey & Company, Pathways to a Low-Carbon Economy: Version 2 of the Global Greenhouse Gas Abatement Cost Curve, September 2013.
6 Health at a Glance 2017: OECD Indicators, Health Stats NSW, EPA NSW, iTree assessment of canopy cover, Figure 6, UTS, Institute for Sustainable Futures, May 2014.

第4章

1 Daniel Kahneman, *Thinking, Fast and Slow* (New York: Farrar, Straus and Giroux, 2011). ダニエル・カーネマン著、村井章子訳『ファスト&スロー：あなたの意思はどのように決まるか?　上』『同　下』早川書房、2012年
2 Philip E. Tetlock and Dan Gardner, *Superforecasting: The Art and Science of Prediction* (Crown Publishing, 2015). フィリップ・E・テトロック、ダン・ガードナー著、土方奈美訳『超予測力：不確実な時代の先を読む10カ条』早川書房、2016年
3 Rolf Dobeli, *The Art of Thinking Clearly* (Sceptre, 2013)を参照。ロルフ・ドベリ著、安原実津訳『Think clearly：最新の学術研究から導いた、よりよい人生を送るための思考法』サンマーク出版、2019年
4 Daniel Kahneman, Dan Lovallo, and Olivier Sibony, “The Big Idea: Before You Make the Big Decision,” *Harvard Business Review*, June 2011および、シドニー大学でのダン・ロバロ教授との私的な会話。
5 Philip E. Tetlock and Dan Gardner, *Superforecasting: The Art and Science of Prediction* (Crown Publishing, 2015). フィリップ・E・テトロック、ダン・ガードナー著、土方奈美訳『超予測力：不確実な時代の先を読む10カ条』早川書房、2016年
6 Caroline Webb, *How to Have a Good Day* (Random House, 2016), 167. キャロライン・ウェッブ著、月沢李歌子訳『最高の自分を引き出す脳が喜ぶ仕事術』草思社、2016年
7 Caroline Webb, *How to Have a Good Day* (Random House, 2016), 170–172. キャロライン・ウェッブ著、月沢李歌子訳『最高の自分を引き出す脳が喜ぶ仕事術』草思社、2016年
8 Philip E. Tetlock and Dan Gardner, *Superforecasting: The Art and Science of Prediction* (Crown Publishing, 2015). フィリップ・E・テトロック、ダン・ガードナー著、土方

参考文献

はじめに

1 Larry Bossidy and Ram Charan, *Execution: The Discipline of Getting Things Done* (Random House, 2008). ラリー・ボシディ、ラム・チャラン、チャールズ・バーク著、高遠裕子訳『経営は「実行」：明日から結果を出すための鉄則　改訂新版』日本経済新聞出版社、2010年

2 Josh Sullivan and Angela Zutavern, *The Mathematical Corporation: Where Machine Intelligence and Human Ingenuity Achieve the Impossible* (Public Affairs, 2017). ジョシュ・サリヴァン、アンジェラ・ズタヴァーン著、尼丁千津子訳『人工知能時代に生き残る会社は、ここが違う！：リーダーの発想と情熱がデータをチャンスに変える』集英社、2018年

3 Future of Jobs: Employment, Skills and Workforce Strategy for the Fourth Industrial Revolution (World Economic Forum, 2016).

4 Boris Ewenstein, Bryan Hancock, and Asmus Komm, "Ahead of the Curve: The Future of Performance Management," *McKinsey Quarterly*, May 2016.

5 David Brooks, "Everyone a Changemaker," *New York Times*, February 18, 2018.

6 Beno Csapo and Joachim Funke (eds.), *The Nature of Problem Solving: Using Research to Inspire 21st Century Learning*. (OECD Publishing, 2017).

7 Douglas Belkin, "Exclusive Test Data: Many Colleges Fail to Improve Critical-Thinking Skills," *Wall Street Journal*, June 5, 2017.

8 Philip Tetlock and Dan Gardner, *Superforecasting: The Art and Science of Prediction* (Random House, 2015). フィリップ・E・テトロック、ダン・ガードナー著、土方奈美訳『超予測力：不確実な時代の先を読む10カ条』早川書房、2016年

9 Tobias Baer, Sven Hellistag, and Hamid Samandari, "The Business Logic in Debiasing," *McKinsey Latest Thinking*, May 2017.

10 Planting Healthy Air (The Nature Conservancy, 2016).

11 Herbert Simon, *The Sciences of the Artificial* (MIT Press, 1968). H・A・サイモン著、倉井武夫、稲葉元吉、矢矧晴一郎訳『システムの科学』ダイヤモンド社、1969年

第2章

1 たとえばClayton M. Christensen, *The Innovator's Dilemma: When New Technologies Cause Great Firms to Fail* (Harvard Business School Press, 1997)を参照。クレイトン・クリステンセン著、伊豆原弓訳、『イノベーションのジレンマ：技術革新が巨大企業を滅ぼすとき』翔泳社、2000年

第3章

1 Margaret Webb Pressler, "The Fall of the House of Hechinger," *Washington Post*, July 21, 1997.

2 確率と意思決定の誤りに関する深い洞察に満ちた議論については、Nassim N. Taleb, *The Black Swan: The Impact of the Highly Improbable* (New York: Random House,

ゆ

ユーザーエクスペリエンス …… 85-6, 89
優先順位付け ……11, 37, 93, 98, 118-9, 121, 133, 135, 139, 144, 152, 161, 308, 341, 350
輸送費 …… 58-9, 106, 261

よ

養魚場 …… 97-8
要約統計 …… 188, 194, 200, 246, 343
予測因子 …… 227

ら

ラインコール …… 243
ラディー、ウィリアム …… 206
ランウェイ …… 180
ランセットグローバルヘルス研究所 …… 83
ランダム化比較試験→RCT

り

リード文 …… 258, 260, 264
リーン …… 164-5
利益レバーツリー …… 57-8, 66, 103, 135
理学療法 …… 187-9
リスク許容度 ……278, 280-1, 283, 285-7, 312
リッパー・カンパニー …… 229-300
利得表 …… 240-1, 244, 290-1
流域の質 …… 53, 55, 97
粒子状物質→PM2.5

る

類推による推論 …… 172, 178-9

れ

レギュラーポイント …… 244
レッドチーム／ブルーチーム対抗戦 …… 343
レバーツリー …… 57-8, 66, 96, 103, 135

ろ

労働力 …… 114, 225
ローズ奨学金財団 …… 352-3
ローズ奨学生 …… 18, 206, 353, 355-6
ローズ人工知能研究所 …… 227
ロールプレイング …… 38, 160, 167-8, 299
ロジックツリー …… 18, 34, 36-7, 39-41, 45, 47-8, 50, 65-7, 92-6, 99-100, 102-4, 112-5, 121, 132-5, 138-9, 141, 145, 161, 168, 188, 193, 235, 247-8, 251-2, 258, 264, 305, 309, 342
ロバーツ、スティーブン …… 200, 357
ロバート・ウッド・ジョンソン財団 …… 209, 322
ロバロ、ダン …… 155, 179, 357
ロボット工学 …… 268
ロングテール分布 …… 162

わ

ワークマーケット社 …… 278
ワイド …… 242-3, 245
割引現在価値分析 …… 162
ワンデーアキュビュー …… 296

弁証法……156, 160
変数……16, 34-5, 43-5, 50, 52, 54, 56, 138, 144, 199-200, 202, 204, 207-10, 214-6, 221, 226, 231, 266, 322, 325, 343
ベンド……55
変動費……59, 111, 121, 180-1, 298, 310, 349

ほ

ホイットマン、ウォルト……116
暴力犯罪……225
ホークアイ……243
ポーター、マイケル……294
ポートフォリオ効果……75-6
ポーポイズ現象……82
ホームセンター……18, 103, 110,121, 149, 252, 260
ホーム・デポ……104-10, 122, 149, 253-4, 260-1
ホームレス……193-4, 196, 335-7
ボールダー……55-6
他の人との調整……8
歩行記録……226
ポジディ、ラリー……7
ボディ……242, 245
ボディ・マス指数……208, 227, 318
保有効果……157
地平線（ホライズン）……3
ボラティリティ……283, 285-6

ま

マージン／資本回転率……122
マイアミ……208
マイクロソフト……145, 223, 236, 239, 271-2
マイノリティ……219-20, 222-3
マクシミニ……235
マサチューセッツ工科大学……228
マスク、イーロン……234
マッキンゼー……1-3, 5, 8, 16, 39, 41, 46, 80, 83, 140, 145, 147, 159-60, 163, 180, 207, 250-1, 254, 258, 267, 275, 294-5, 316-7, 352-3, 355
マッキンゼー・グローバル・インスティテュート→MGI
マルチスペクトルカメラ……230
マレー、アンディ……243-4

み

未知の未知……267, 269
ミニマックス……235, 334
ミント、バーバラ……258, 260

む

無人航空機→UAV

め

メカニカル・ターク→Mturk
目立ちバイアス……156
メンタルマップ……157
メンタルモデル……93, 132
メンフィス……208

も

燃え尽きリスク……165
目視外飛行→BVLOS
目的別区分広告……71
モデリング……156, 162, 199, 251, 270
モデル……4-5, 34-5, 43, 45, 57, 71, 74, 76, 81, 85, 93, 103, 105, 110, 121-2, 132, 141-2, 149-50, 154, 157, 160, 162, 170, 172, 174, 179, 194, 198-203, 206, 209-10, 213, 223-7, 231-2, 247, 250, 254, 260-1, 266-8, 273, 288, 290-1, 294, 310, 342, 344
求められる精度……70, 72-3, 76, 88
問題解決……1-15, 18, 20, 35-42, 47, 50, 56, 61, 63, 65-7, 70-1, 73, 80-1, 85-8, 92-3, 102, 105, 110, 114, 118, 121, 123-4, 126, 129, 131-4, 139, 141-2, 145-8, 150-2, 154-6, 158-62, 164-8, 170, 178, 184, 187, 190-2, 194, 198-202, 204-5, 210-1, 219, 226, 234, 236, 240, 246, 247, 250-2, 258, 262-3, 266-7, 269, 277, 286, 288, 292, 299, 309, 316-8, 322, 325-6, 333-6, 340-2, 344-5, 352-3, 355-7
問題解決者……1, 4, 7, 9, 18, 20, 85, 123-4, 131-2, 159, 164, 167, 170, 234, 266, 269, 340, 356-7
問題定義文……14, 39, 42, 56, 72-3, 75, 77-9, 82, 84-5, 88-9, 95, 103, 120, 133-4, 145, 149, 341-2
モンテカルロ・シミュレーション……38, 198, 199, 290, 343

や

夜間飛行……300, 302
厄介な問題……3, 316-7, 322, 325-6, 333-4, 336

バハイ、メルダッド……237
バフェット、ウォーレン……83, 175
バランスファンド……285-7
パレート、ヴィルフレード……174
パレートの法則……172, 174, 191
ハロー効果……179
半月板損傷……186-7
反事実……16, 88
判断力……8
販売価格·19, 41, 56, 105-6, 108, 111, 254, 349
販売費および一般管理費……106, 111, 253, 349

ひ

非GPS飛行……302
ピーターズ、トーマス・J……163
非営利団体·1-2, 4, 6, 9, 12, 14, 84-5, 135, 209, 247, 312, 330, 340, 344, 352
ビクトリア……55
膝関節鏡手術……19, 86, 185-6 ,189
ビッグデータ……139, 207, 276
批判的思考……7-9
ひまわりバイアス……156
肥満……11, 19-20, 159, 202, 204, 207-10, 214-5, 226, 316-26, 335-6
ヒューリスティックス……11, 38, 66, 93, 156, 170-8, 180-2, 184, 188-9, 194, 198, 246, 283, 341, 343
病気の診断……7
費用曲線……127-8, 130, 288, 319, 321
標準偏差……183, 291
費用対効果…112, 120, 128, 318-9, 321, 324-5, 335
平等／自由……125-6
ピラミッド原則……14
ピラミッド構造……251, 255-7, 259, 262-4
ビル&メリンダ・ゲイツ財団……83

ふ

ファーストサーブ……244, 246
ファインマン、リチャード……13
分厚い作業計画と無駄のないプロジェクト計画·146
不安に満ちた知識のパレード→APK
フィッシュボーン図……190-1
ファイナンシャルプランナー……283
フィンテック……271
フェイルファスト……299
フェデラー、ロジャー……243-4
フォアハンド……240-1, 244-5
フォイ、ブロディ……227, 356
フォートブラッグ……55
不確実性……4, 11, 202, 224-5, 236-7, 266-76, 280-2, 285, 288, 290-1, 294-5, 297-8, 302-3, 309, 312
孵化場……97-8, 101, 119-20, 304-5, 307
複雑化……38-9, 148-9, 255-8, 260
複雑な問題解決スキル……1, 5
複利……156, 172, 174-5, 285-7
物流費……254
フライト・オペレーション……302
プラウウティウス、アウルス……118
ブラック・ショールズモデル……290
ブランドマネジメント……179
フリーキャッシュフロー……81
フリーモント……208
プリンシパル・エージェント問題……124
プリンシパル／エージェント……122, 124
ブルックス、デイヴィッド……8
フレーミング……63, 82-3, 88, 154, 295, 340
ブレーンストーミング……50, 52, 86, 92, 96, 118, 132-3, 151, 158-60, 191-2, 322
完全無欠（ブレットプルーフ）の問題解決…1-3, 5, 10-1, 35, 37, 39, 165, 340, 345
プロジェクトマネジメント……139-40
ブロックマン、デイヴィッド……219
フロンティア・コンタクト・レンズ……296
分割フレーム……121-3, 125, 129, 135, 158-9
分散投票……161

へ

平均降雨量……53, 55
平均在庫数……106, 253
平均値……156, 177, 183, 200, 291
平均適合率の平均→MAP
米国国勢調査……221
米国国土安全保障省……232
ベイジアン思考……156, 172, 178
ベイズ統計……13, 178, 198, 202, 204, 210-1, 213-4
ベースライン……215, 244
ベストプラクティス……38, 113, 132, 139-40, 146, 149, 153, 163
ヘチンガー…103-10, 122, 149-50, 253-4, 260-1, 289
ヘッジ…266, 269-71, 280-1, 285, 287, 291, 309
ペッツ・ドット・コム……176
ベライゾン……239
ヘルズバーグ……55
ベル、マイケル……329
変化の理論→TOC

ダリオ、レイ……251
タレブ、ナシーム・ニコラス……162, 171
短期的／長期的……129
探索戦略……163
探索的研究……100
ダンラップ、アルバート……179

ち

地域需要……43-4
チームプロセス……16, 38, 93, 133, 139, 147-8, 151, 155-6, 160, 167, 170, 251, 255, 268, 341
知的財産権……126, 177, 202
地方債……61-5
チャラン、ラム……7
チャレンジャー号……12-3, 19, 178, 202, 204, 210-1, 213
中央値……177, 200, 207-8
中間締切日……36, 167
頂点種……74
帳簿上の損失忌避……156-7

て

ディキシット、アビナッシュ……240, 242, 294
テーゼ……156, 160
デザイン思考……2, 85-9
テトロック、フィリップ……154, 158, 166, 233
デフォルト……232
デュースコート……244-5
デル……236, 239
デンバー……208
店舗費用……106, 253
店舗設計……107, 254
電力消費量……225

と

投下資本利益率→ROIC
投資／収穫……122
投資信託……285
洞性頻脈……185
独占禁止法……235
独立科学評価→ISRP
独立変数……202, 221-2
トップダウン推論……102
ドメイン指向……1
トラックギア……56-60, 100, 180, 195, 289
トランプ、ドナルド……220
トレーラーロード……108
トロール網……327-8
ドローン……19, 226, 229-31, 276, 299-302
ドローン・イン・ボックス……301-2

な

ナダル、ラファエル……243-4
ナチュラル・オーナー……125
ナッジ……126, 324
ナッジユニット……324
ナフリック、コール・ヌッスバウマー……254, 260

に

ニッチ市場……121, 262
ニューイングランド・ジャーナル・オブ・メディシン→NEJM
ニューオリンズ……208
ニューヨーカー……170
ニューラル・ネットワーク……203, 231
認知の柔軟性……8
認知バイアス……10-11, 14, 155-6, 158

ね

ネイチャーベスト・ユニット……333
ネイルバフ、バリ……240, 242, 294
年金保険……285, 287

の

能力開発……3, 84-5, 272, 275, 295-6, 299
ノーショー……181
ノックアウト分析……140, 144, 166-8, 173, 195

は

ハーディン、ギャレット……326
ハーバード・ビジネス・レビュー……193
バイオテクノロジー……5, 269
敗血症……112, 114
陪審員裁判……239
ハイパーループ……234-5
バウアー、ルイーズ……324-5
パシフィックサーモン……73-4, 76-7, 79, 98, 102, 119-20, 266, 276, 298, 303, 305, 308
ハッカソン……232
バックハンド……240-1, 243-6
発見モード……159
発生率／重大度……125, 127
バッファロー……238-9

203, 205, 211, 219-20, 231, 235, 246-7, 250, 255-62, 264, 268, 273, 274, 281, 283, 286, 289, 294, 297, 299, 308-9, 328, 343, 349
商業漁業……78, 81, 97-8, 101, 120, 310-1, 332
条件付き確率……172, 178, 202, 211, 213-4, 244, 267, 273, 288
消費者行動……7, 97-8
正味現在価値→NPV
ショートカット……11, 38, 170-2, 246
初期条件……223, 306
処置群……203, 215, 223
所有構造……103
ジョンソン・エンド・ジョンソン→J&J
新規作成／再配布……125
人工知能……7, 142, 268, 276, 301
人口統計……62, 64, 226-7
人材管理……8
深層学習……201, 230, 247
心臓血管疾患……17
ジンテーゼ……156, 160
真陽性……229
信用リスク……7

す

推進要因……37, 92, 112, 247, 298, 337, 343
睡眠時無呼吸症候群……19, 204, 225, 227
ズィロウ……232
超予測者（スーパーフォーキャスター）……166, 233
スカリー＝パワー、ポール……229, 300, 357
スキュー……200
スクールバス……202, 228
スクラム……164-5
スコット・ペーパー社……180
スタッキー、ジョン……125, 355
スタンフォード大学……219
スチームポート……55
ストーリーテリング……250-1, 344
ストレッチ……297-8, 312
スプリント計画……165
スプリントの振り返り……165
スプリント・レビュー……165
スペースX……234
スポーツフィッシング……74, 78, 101, 119-20
小さな勝利（スモールウィン）……319
スロット価格……44

せ

性感染症……83
正規分布……162, 177, 183, 200
政策要因……42
精神的筋肉……7, 165
生態学者……17
生態系サービス……17
成長戦略のための地平線までのアプローチ……3
成長の階段……295, 297, 299, 301
政府機関……1, 76, 100, 199
生物資源……74
世界経済フォーラム……1, 7, 276
世界保健機関→WHO
セカンドサーブ……244
積載能力……302
世帯収入……207-9
ゼラズニー、ジーン……254
選挙管理委員会……221
喘息……15, 17, 130, 200, 205-6, 227
全体をまとめる考え……39, 257
専門家……34, 38, 62, 70, 92, 98, 100, 121, 133, 138, 146, 161, 186-8, 198-200, 229, 232-3, 237, 276-7, 322

そ

相関関係……83, 199-201, 205, 208, 210
相互依存性……11, 317
相互に排他的、集合的に網羅的→MECE
創造性……8-9, 72, 85, 88, 120, 133-4, 139, 153-5, 158-9, 161, 167, 257, 336, 341-2
ソーラーパネル……19, 41, 45-8, 50-1, 129, 138, 144, 264
測定可能……9, 52, 72, 74-5, 77, 79, 162
底引き漁業……327, 330
ソルタス、エヴァン……219, 356
損益分岐点……57, 172, 177, 180, 195
損失回避……16, 155-7, 163

た

ターミナル・バリュー……289
大気の質……19, 53, 55, 204-6
体重過多……324-5
対照群……203, 215-6, 218, 223
退職時貯蓄……283
タイタニック……233
太平洋漁業管理評議会……327, 330
太平洋十年規模振動……77
ダグラス、フレデリック……116
種蒔き……306
ダミーチャート……142, 168
多様性……78-9, 88, 97-8, 101, 119, 156, 158, 226, 294, 304, 327, 332, 342

公衆衛生 …………1, 18, 82-3, 206, 317-20, 324
交渉力……………………………………………………8
構成要素 ……………15, 37-8, 41-2, 65, 92, 94-6, 98-100, 103, 106, 110, 146, 199, 235, 251, 253, 342
構成要素ツリー ………………………………94-8, 134
降雪量……………………………………………53, 55
行動喚起→CTA
行動経済学 ……………………………………126, 155
購入価格 …………………………106, 111, 292, 349
交絡因子 …………………202, 215, 217, 219, 223
コートニー、ヒュー……………………………269, 273
ゴードン&ベティ・ムーア財団 … 73, 276, 352, 356
顧客セグメント……………………………………60, 179
国民健康保険制度 ……………………………………321
固定価格買取制度 ………………45, 47-9, 51, 138
固定資産税 ……………………… 61, 182, 321, 325
地域割当基金（コミュニティクオータファンド）→CQF
共有地（コモンズ）の悲劇 …………………………326
コモンプール資源→CPR
ゴルディロックスのお粥 ……………………………207
コントロールの錯覚 ……………………………… 156-7
根本原因分析→RCA

さ

サービス指向……………………………………………8
債券 ……………………………………………… 285, 287
在庫回転率 ……………………107, 109, 253-4, 261
在庫管理ユニット ……………………………………106
最終成果物 …………………………141-3, 152, 351
最終成果物指向的 ……………………………………152
栽培 ………………………………………………306-7
裁判員裁判 ……………………………………………239
最頻値……………………………………………………200
サイモン、ハーバート………………………………… 20
先物契約 ………………………………………………271
作業計画 ……… 6, 10-1, 14, 38, 44, 66, 87, 118, 138-43, 145-7, 152, 161, 164, 166-7, 255-6, 343, 351
削減貢献量 ……………………………………………47
ザ・ネイチャー・コンサーバンシー→TNC
サポート…………………………………………………257
サメ………………………… 19, 202, 229-31, 299-300
サンクコストの錯誤 ……………………………156-7
サンクコストバイアス …………………………………16
参照クラス ……………………172, 175, 178-9, 184
サンノゼ …………………………………………………208
サンビーム社 ……………………………………………180
サンフランシスコ ……………18-9, 112, 142-3, 208
サンプルサイズ ………………………………………215

し

ジェファーソン、トーマス ………………… 116, 118
時間枠………14, 36-7, 70, 73, 76, 88, 141, 266, 268, 295, 341, 348
事業戦略 …………………………………………………2
事後確率 ………………………………………………213
仕事／遊び ……………………………………………129
資産／オプション ……………………………… 122, 124
市場／競争力 …………………………………………122
自信過剰 ……………………………………………156-7
システム1 …………………………………………153-5
システム2 …………………………………………153-4
事前確率 ……………………………178, 202, 213-4
自然実験 ………………………… 202-4, 217-23, 247
自然保護債務スワップ ………………………………333
下振れシナリオ ………………………………………162
実験 ……17, 86, 131, 201, 203-5, 214-19, 221-2, 225, 246-7, 273
実験心理学 ……………………………………………155
シドニー工科大学……………………………………229
シドニー大学 ………………………………… 213, 357
指標変数 ………………………………………………… 56
死亡前死因分析……………………… 156, 162, 167
死亡率 ……………15, 112, 131, 225, 304
資本回転率 ……………………………………… 103, 261
資本コスト ………………………………………289, 290-1
資本収益率ツリー ……… 100, 103, 110, 121, 123, 135, 154
シミュレーション ……184, 201-4, 223-5, 235, 291
シムシティ ………………………………………………216-7
社会的少数者→マイノリティ
シャム対象RCT …………………………………187
シュアビュー …………………………………………296
収益性…………………………… 2, 60, 103, 110, 183
重回帰分析 …………………………… 202, 204, 209
収穫 ………………………………………………306-7, 310
銃規制………………………………………… 125, 335
従属変数 …………………………………………………221
集団思考 …………………………………………………16
柔軟性………………2, 8, 80, 288, 298, 302, 312
住民投票 …………………………………………………61
種の喪失 …………………………………………………229
樹木被覆率 ………………………………………… 15, 131
需要／供給 ………………………………… 125, 127, 159
シュライヒャー、アンドレアス …………………………9
障害調整生存年→DALY
状況 ……… 9, 20, 35, 38-9, 73, 80, 92, 111, 122, 134, 144, 146-52, 156, 165, 171, 188, 201,

仮説………5, 10, 18, 36-8, 40, 43, 46, 82, 85-6, 93-6, 98-100, 102, 121, 130, 139-43, 145-8, 152-3, 156, 159-60, 163, 166, 170-1, 186, 195, 198-200, 207, 214, 247, 251-2, 255, 340, 342 3
仮説主導的……………………………………………152
仮説ツリー…………………………39, 93-5, 100, 121
滑走路…………………………………………43-5, 282-7
滑走路利用率……………………………………43-4
家庭内暴力…………………………………… 193, 335
過度の楽観……………………………………155-7
株式…………………………103-4, 175, 272, 285-7
可用性バイアス……………… 15, 155-7, 173, 194
カルフーン、ジョン・C………………………………118
環境収容力………………………………………78-9, 304
幹細胞治療……………………………………187-8
観察……82, 86-7, 102, 112, 114-5, 147-8, 255, 259, 261, 264, 270
ガンジー……………………………………………116
感情指数→EQ
関節鏡視下半月板切除術→APM
間接費…………………… 80, 105, 107-8, 121, 254
カンバン……………………………………………165
緩和／適応……………………………………125-7

き

キーライン…………………………………………257
気温…………………………13, 207, 211-3, 224-5
機械学習………5, 7, 11, 38, 186, 198-204, 206, 225-9, 231, 233, 247, 268, 300-2, 343-4
機械筋肉…………………………………………7
機会損失…………………………………………272
起業家精神…………………………………… 221, 280
気候変動 ……3, 18, 20, 51, 80, 120, 125-7, 202, 204, 223-5, 266, 271, 288, 318, 336
疑似実験…………………………………………218
規制／インセンティブ……………………………125-6
期待値……………………… 144, 162, 172, 177, 222
既知の未知…………………………………… 267, 269
帰納的……… 14, 39, 94-5, 114-5, 118, 121, 135, 186, 251, 259
帰納的推論…………………………114-5, 118, 121
帰納的ロジックツリー……………………………95, 114-5
寄付効果…………………………………………156-7
規模／範囲………………………………………122
キャッシュフロー……………… 162, 289-91, 57, 81
キャットボンド…………………………………272
キヤノン……………………………………34, 50, 65
教育支援委員会→CAE
教育水準…………………………………… 209, 322
境界線………37, 42, 47, 70, 72-3, 75-6, 88, 218
偽陽性…………………………………………… 227, 229
協同問題解決能力………………………………9
協力／競争…………………………………… 122, 125
共和党全国大会…………………………………220
共和党予備選挙…………………………………219
議論構造…………………………………………258
近似直線…………………………………………208
近親交配…………………………………………120
キンムツ…………………………………………332

く

悔いのない手段………… 270, 272, 280, 309, 312
偶発損失…………………………………………183
クック、チャック…………………………… 328, 357
グッド・ジャッジメント・プロジェクト……………233
クネゼヴィチ、ボグダン…………………………207
クラウドソーシング……… 19, 221, 232-4, 247, 344
クラッチポイント…………………………243-4, 246
グラハム、ローガン………………………………227
クリーブランド……………………………………208
クリップス、サリー…………………………… 213, 357
クリティカルパス‥ 37-8, 66, 139, 145, 166-7, 256, 341
グルーピング構造…………………………………258
クレジット・デフォルト・スワップ…………………273
グロースファンド…………………………………286-7
グロースポートフォリオ……………………………285
クロスドック………………………………………107
群衆の英知………………………………………233

け

経験則……………………38, 66, 170-1, 180, 194
経済協力開発機構→OECD
経済的／非経済的………………………………129-30
ゲイツ、ビル……………………………………… 83
ゲームセット・マップ社……………………………243
ゲーム理論· 11, 38, 125, 198, 201-5, 235-8, 240, 244, 247, 309, 334, 344
結果の分布……………………………172, 183-4, 224
ケッチャム………………………………………54-6
限界分析……………………………162, 172, 181-2
現金主義………………………………………… 57
健康情報…………………………………………226

こ

広域市場…………………………………………121
降雨量…………………………………54, 225, 271

石川ダイヤグラム……190-1
意思決定……2, 4, 8,10, 14, 16, 18-20, 34-5, 37-8, 50, 57, 61, 65-6, 87-8, 93, 129, 144, 154-5, 167, 187, 194, 201, 203, 227-8, 231, 233, 243-4, 251, 273, 280, 292, 310
意思決定者……10, 14, 37, 70, 72-3, 76, 88, 116, 141, 149, 151, 257, 263, 273, 308, 318, 321, 341, 345, 348
意思決定ツリー……39, 63, 66, 93-5, 118, 121, 134, 152, 184-5, 201, 204, 233, 243-4, 262, 264, 285-6
意思決定バイアス……16
イシューツリー……18, 39
胃食道逆流症……227
痛みを感じる点……86-7
遺伝子移入……101, 120
因果関係……83, 115, 199, 201-2, 205, 208, 210, 214
インセンティブ……122, 124-6, 215, 321-3, 333-4
インターナショナル・サーフ・ライフセービング……229
インタビュー……34, 70, 84, 86-7, 140, 143, 147, 161, 163, 250-1, 258, 322
インテル……236, 239, 271-2
インバーター……48, 51

う

ウェッブ、キャロライン……159-60
ウェブバン社……176
ウェルドン、ケビン……229, 300
ウォーターマン、ロバート・H……163, 355
ウォールストリート・ジャーナル……9
ウォルド、ジェフ……278
海の牧場……120
売上原価……105-6, 111, 253, 349
売上税……61
運営時間……44

え

営業利益……106, 109, 111, 253, 261, 349
エクセル……199, 223, 289
エコノミスト……224
エネルギーミックス……268, 334
エビデンス……114, 218-9, 308-9, 318-9, 321-2
エレクトロニック・アーツ社→EA
エレベーターテスト……36
演繹的……14, 39, 121, 251, 259-60
演繹的推論……102, 259
演繹的ロジックツリー……66, 93-5, 102-3, 112-5, 121, 134
遠近法……160

お

オイルコ……146, 260, 262-3
大きな賭け……163, 270, 273, 280
オーストラリア経営大学院……213, 353
オーストラリア自然保護区……130
大きさの程度（オーダー・オブ・マグニチュード）分析……172-3, 199
オープンネットペン……305
置換バイアス……154, 156, 173
奥の手……170, 198-202, 204, 213, 235, 246-7, 341, 343-4
オストロム、エリノア……326, 330
オッカムの剃刀……171-3
オックスフォード大学……18, 200-1, 227, 274, 352-4, 356
オプション……17, 48, 120, 122, 124-5, 164, 271, 273, 275, 288-90, 293-5, 298, 312, 317
オペレーションズリサーチ……344
重み付け……34-5, 50, 52, 54-6, 66, 138

か

カーネマン、ダニエル……153, 155, 183
回帰分析……11, 16, 38, 198-199, 201-2, 204, 207, 209-10, 221-2, 322
解決策……4, 11, 15, 20, 36-9, 72, 75, 81-2, 87-8, 92, 96, 99, 120-1, 123, 133, 147-9, 151-2, 154, 160, 171, 178, 184, 188, 207, 228-9, 232, 246, 256, 261, 287, 306, 308, 316-7, 321, 326-9, 332-3, 335-7, 345
概算……11
外挿……223
快適性指数……53
快適性スコア……207-9
海洋栄養素……74
海洋生産性……77, 119
海洋保護区→MPA
下位四分位数……163
価格感応度……58, 60
価格／数量……122-3
価格弾力性……60
学習到達度調査→PISA
確証バイアス……15, 38, 139, 147, 155-6, 163, 194, 251, 292, 294
確定給付企業年金……283
確認モード……159
確率論……166, 211, 214, 273, 275
過剰適合……210

索引

数字

1日の答え……36, 139, 147-9, 155-6, 166-8, 251-2, 255-6, 264, 299, 341, 343, 345
3Dバイオプリンタ……188
5回のなぜ……86, 190-4, 196
5フォース分析……194
72の法則……175
80：20の法則……144, 174
95%信頼区間……291

アルファベット

ABテスト……164, 215-7
APK……250-1, 264
APM……186-8
AT&T……239
BHP……17, 255, 288-9, 294
Brexit……67, 168
BVLOS……300, 302
CAE……9
CLAプラス……9
CO_2排出量……45, 47, 49-51, 127, 138, 144, 318
CPR……330
CQF……330
CSIRO……125, 177, 236-40, 294
CTA……216
DALY……319
EA……216
EQ……8
HIV……18-9, 82-3, 86, 153
HP……239
IBM……271-2
ISRP……309
J&J……295-7
K-12……62
Kaggle……232-3, 247
LIDAR……302
MAP……229
MECE……99-100, 118, 121, 168
MGI……207, 316-9, 321-2, 325
MPA……329, 333
Mturk……221
NASA……12-3, 212
NEJM……186-7
NPV……289, 292, 294
OECD……9, 131
Oリング……12-3, 210-3
PISA……9
PM2.5……15, 17, 131, 205
Python……221, 226
Pプロジェクト……199
R……221, 226
RCA……2, 190-1, 193-4
RCT……164, 188, 198, 202, 214-5, 324
ROIC……103, 105, 107-8, 110
SCP……294
SMART……14, 72
Stata……221
S字曲線……175-6
T……242
TNC……328-30, 333
TOC……303, 305
Tモバイル……239
UAV……300
UV硬化ポリマー……296
WHO……319, 324
WiFi……125, 177, 236, 238

あ

アヴァハン・インド・エイズイニシアチブ……83
アジャイル……2, 6, 164-5, 167-8, 299, 340
圧力テスト……152, 167, 170, 255-6
アドコート……243-4
「あなたが信じなければならないこと」……156
アナリシス・ツールパック……199
アムハースト……54-56
粗利益率……106, 253
歩きやすさ……207-10, 319, 322, 325
アルゴリズム……11, 42, 186, 194, 199, 201-2, 226-32, 244, 247, 299-300, 302
アレクサンダー、アショク……83, 357
アンカリングバイアス……15, 38, 155-7
アンチテーゼ……88, 156, 160, 292, 343

い

イェール大学……118, 240, 357
勢い……297-8, 312
異議を唱える義務……159, 167

［著者］
チャールズ・コン（Charles Conn）
ハーバード大学、ボストン大学卒業、およびローズ奨学生としてオックスフォード大学大学院修了。ボストン コンサルティング グループでキャリアを開始した後、マッキンゼー・アンド・カンパニーのパートナー、ティケットマスター・シティーサーチ社の創設代表取締役、オックスフォード大学ローズ奨学金財団CEOを歴任。100年を超える歴史を持つ財団組織において、学者のための問題解決トレーニング・プログラムの開発を含む戦略と運営を刷新するための改革を成功させる。ほかにもパタゴニア、南アフリカのマンデラ・ローズ財団、アルカディア財団など、数多くの企業や財団の理事会、役員会に参加。ゴードン＆ベティ・ムーア財団の上級顧問を務める。野生のサーモンの生態系イニシアティブとパルミラ環礁研究ステーションを含む環境保護プロジェクトに参加。

ロバート・マクリーン（Robert McLean）
ニューイングランド大学（オーストラリア）卒業、コロンビア大学ビジネススクール修了。マッキンゼー・アンド・カンパニーの名誉ディレクター。オーストラリアとニュージーランド共同事務所の総責任者として8年間同社を主導し、グローバル・ディレクター委員会委員を務める。オーストラリア経営大学院学部長、オーストラリア最大の慈善財団であるポール・ラムジー財団理事を歴任。オーストラリアとアジア地域の自然保護区の管財人として、湿地での水質保全、貝類の種の回復、都市の緑地からもたらされる人間の健康の改善に取り組んでいる。ビジネス、社会福祉、環境への貢献により、2010年オーストラリア勲章を受章。

［訳者］
吉良直人（きら・なおと）
国際基督教大学教養学部卒業。ハーバード大学経営大学院修了（MBA）。帝人未来事業部、帝人ボルボを経て、マッキンゼー・アンド・カンパニージャパンに入社。以来、大前研一氏の同社退職まで共に働いた。『マッキンゼーが予測する未来』（ダイヤモンド社）ほか訳書多数。

完全無欠の問題解決
——不確実性を乗り越える7ステップアプローチ

2022年9月27日　第1刷発行
2024年1月31日　第5刷発行

著　者——チャールズ・コン、ロバート・マクリーン
訳　者——吉良直人
発行所——ダイヤモンド社
〒150-8409　東京都渋谷区神宮前6-12-17
https://www.diamond.co.jp/
電話／03·5778·7233（編集）　03·5778·7240（販売）
装丁デザイン—竹内雄二
本文・図版デザイン—松好那名、桜井淳
DTP————桜井淳
校正————鷗来堂
製作進行———ダイヤモンド・グラフィック社
印刷————信毎書籍印刷（本文）・新藤慶昌堂（カバー）
製本————本間製本
編集担当———上村晃大

ISBN 978-4-478-11224-3